Gerd König

Fiasko eines Bruderbundes

Erinnerungen des letzten
DDR-Botschafters in Moskau

Herausgegeben von

Karl-Heinz Fehlberg und Manfred Schünemann

edition ost

ISBN 978-3-360-01830-4

2. Auflage
© 2011 edition ost im Verlag Das Neue Berlin, Berlin
Umschlaggestaltung: Buchgut, Berlin
unter Verwendung eines Motivs aus dem Archiv des Autors
Druck und Bindung: freiburger graphische betriebe, Freiburg

Ein Verlagsverzeichnis schicken wir Ihnen gern:
Das Neue Berlin Verlagsgesellschaft mbH
Neue Grünstraße 18, 10179 Berlin
Tel. 01805/309999 (0,14 Euro/Min., Mobil max. 0,42 Euro/Min.)

Die Bücher der edition ost und des Verlages Das Neue Berlin
erscheinen in der Eulenspiegel Verlagsgruppe.

www.edition-ost.de

Das Buch

Dieses Buch ist ein einzigartiges historisches Zeugnis. Nicht nur, weil sein Autor in einer wichtigen Phase der Weltgeschichte an einem der entscheidenden Schauplätze war, sondern weil der Diplomat König einen sehr genauen Blick sowohl auf die politischen Verhältnisse des Gastlandes als auch auf sein Heimatland hatte, insbesondere auf die beiden Parteien, die als die führenden galten. Als exponierter Insider beschreibt er wie kein anderer vor ihm (und vermutlich auch keiner mehr nach ihm), wie sich das spannungsreiche Verhältnis zwischen Moskau und Berlin in der Gorbatschow-Ära entwickelte. Er wartet mit Fakten und Details auf, die oft unbekannt sind. Aber er tut dies mit der Diplomaten eigenen Zurückhaltung, nicht als Besserwisser, sondern als Zeuge. Seine nachgelassenen Aufzeichnungen sind darum eine zeitgeschichtliche Quelle ersten Ranges, aus der noch Generationen von Historikern zitieren werden.

Der Autor

Gerd König, Jahrgang 1931, Sohn eines Bergmanns in der Lausitz, studierte von 1953 bis 1959 am Moskauer Institut für Internationale Beziehungen (IMO) und war über dreißig Jahre im diplomatischen Dienst tätig. In den 70er Jahren vertrat er als Botschafter die DDR in Prag. Danach, 1982, wurde er Stellvertretender Außenminister. 1976, auf dem IX. Parteitag, wurde er erstmals ins ZK der SED gewählt.

1987 berief man ihn an die Spitze der größten Auslandsvertretung der DDR: Er war von 1987 bis zum Ende der DDR Botschafter in der UdSSR.

Gerd König verstarb 2009 nach Fertigstellung des Manuskriptes, das von seinen ehemaligen Kollegen Karl-Heinz Fehlberg und Manfred Schünemann redigiert und zum Druck vorbereitet wurde.

Inhalt

Vorwort der Herausgeber 11
Gedanken auf der Heimreise 13

Teil 1: Vertrauensbeweis und Herausforderung
Als Botschafter nach Moskau 22
Gerüchte werden Realität 23
Vorbereitung auf die neue Aufgabe................................... 34
   DDR und Sowjetunion im engen Bruderbund................ 34
   1985: SED-Führung begrüßte Führungswechsel 41
   Erste Zweifel an Gorbatschows Kurs 49
   Von Gromyko zu Schewardnadse................................... 52
   Neuer Umgang mit den sozialistischen Brüdern............. 61
Erfolge und Probleme
in der wirtschaftlichen Zusammenarbeit........................... 71
Aufträge und Ratschläge – Gespräche vor der Ausreise 81
   Auftrag Honeckers: Vertiefung des Bruderbundes........... 83
   Schwieriger Gesprächspartner: Günter Mittag 92
   Hermann Axens Zweifel 96
Erste Schritte in Moskau 101
   Treffen mit den Mitarbeitern 101
   Akkreditierung bei Gromyko 107

*Teil 2: Meinungsverschiedenheiten erhalten
eine neue Dimension*
Beginn des diplomatischen Alltags in Moskau 116
   Wachsende ideologische Meinungsverschiedenheiten..... 116
   Gespräch Axen – Dobrynin 120
   Ideologie-Beratung in Warschau 125
Neue Probleme in der wirtschaftlichen Kooperation......... 135
   43. Tagung des RGW.. 138
   DDR-Wirtschaftsausstellung in Moskau 146
Erste Arbeitsbilanz – Berichterstattung in Berlin 150

Teil 3: Die KPdSU verliert an Autorität
Wachsende Widersprüche in Innen- und Außenpolitik 158
   Gorbatschows Konflikt mit den Militärs 159
   Streit über die Abrüstungspolitik 161
   Ein Zwischenfall kommt gelegen 165
   Versäumnis eines Botschaftsmitarbeiters 166
   Abrechnung mit der militärischen Führung 167
   Glasnost und die Geschichtsdiskussion 170
Die 19. Parteikonferenz der KPdSU 178
   Kritische Reaktion der SED 180
   Medwedew versucht Zweifel zu zerstreuen 184
   Schwächung der Führungsrolle im Bündnis 188
Gorbatschow beteuert: Beziehungen zur DDR
bleiben prioritär 192

Teil 4: Die internationale Rahmenbedingungen ändern sich
Botschafter in schwieriger Zeit 196
   Meinungsverschiedenheiten werden offensichtlich 197
   Streit über Geschichtsfragen 198
SED stoppt Studium an KPdSU-Parteischulen 205
   Das »Sputnik«-Verbot 210
   Hermann Axen hat wenig Verständnis
   für Zweifel und Widerspruch 214
   Zur Rolle westlicher Medien im Ideologiestreit 222
Magnitogorsk – Honeckers letzter Staatsbesuch 225
Reaktionen des Westens auf die Reformpolitik Gorbatschows . 235
   Die so genannte Berlin-Initiative 235
   DDR drängt auf Konsultationen 237
Zum Luftverkehr von und nach Westberlin 241
Das »Neue Denken« kommt zum Tragen 245
   Wiener KSZE-Folgekonferenz 246
Sozialistische Länder ziehen keine Schlussfolgerungen 247
Die Antwort Bushs 250
   Sonderfall DDR 252
Eigene Zweifel wachsen 258
Die Deutschlandpolitik Moskaus ändert sich 261
   Legenden und Wahrheiten 265
   Signale aus Moskau? 266
   Professor Daschitschews Überlegungen 272

Dokumente aus dem »Bogomolow-Institut« 277
Stellenwert der BRD in der sowjetischen Politik............ 283
Gorbatschows Konzept von der »Freiheit der Wahl« 295

*Teil 5: Mit dem Zerfall des sozialistischen Systems
verlor die DDR ihre Existenzgrundlage*
Botschafter und Parteifunktionär in stürmischen Zeiten.. 304
   In der DDR eskaliert die Systemkrise..................... 304
   Das Bündnis der sozialistischen Länder zerbricht.......... 306
   Vorbereitungen zum 40. Jahrestag der DDR 312
   Mit Gorbatschow in Berlin.............................. 316
   DDR-Kulturtage in Moskau 319
   Ungewohnte Offenheit Kurt Hagers...................... 322
   Die Mission Harry Tisch 327
Der Führungswechsel bleibt ohne Wirkung..................... 331
   Auftrag des neuen Generalsekretärs..................... 331
   Inhaltsreiches Gespräch mit Rafael Fjodorow................ 335
   Treffen Gorbatschow – Krenz 339
   Ungereimtheiten zur Grenzöffnung 343
   Ende einer kurzen Amtszeit 348
   Alltag und Ende einer Parteikarriere 355
   Ständiges Pendeln zwischen Moskau und Berlin 356
   Verantwortung als ZK-Mitglied 360
   Nur noch Botschafter 369

Teil 6: Die Überwindung der deutschen Zweistaatlichkeit
Botschafter im Wendejahr 1990......................... 376
   Umbruch der Haltung Moskaus zur deutschen Frage.... 376
   Verärgerung über Kohls 10-Punkte-Plan................. 377
   Veränderte Grundpositionen.......................... 388
   Gorbatschow schwenkt endgültig um 397
Entscheidende Monate – die Regierungs Modrow........... 405
»Für Deutschland, einig Vaterland«...................... 409
   Treffen Gorbatschow – Gysi 421
   Vielfältige Kontakte vor der Volkskammerwahl........... 424
   Volkskammerwahl in Moskau........................ 436
Botschafter unter der letzten DDR-Regierung 440
   Kein Bedarf an Informationen der Botschaft 442
   Zu den Eigentumsfragen in der DDR 448

Widmung

Es freut mich, dass es dank der Bemühungen der Herausgeber und des Verlages doch noch gelungen ist, die Erinnerungen und Gedanken meines Ehemannes an unseren letzten gemeinsamen Auslandseinsatz in Moskau für einen interessierten Leserkreis zugänglich zu machen. Die Jahre als Botschafter in Moskau haben ihn bis zu seinem Lebensende beschäftigt. Leider konnte er die Arbeit an seinem Buch nicht mehr abschließen. Es war immer seine Absicht, mit seinen Aufzeichnungen und Einschätzungen zu den Gesellschaftsumbrüchen der 1980er/1990er Jahre einen Beitrag zur Aufarbeitung der jüngsten Zeitgeschichte zu leisten. Ganz in diesem Sinne hoffe ich, dass sein Buch viele Interessenten – gerade auch der jüngsten Generation – finden.

Maria König
Im Juni 2011

Vorwort

Gerd König war von Januar 1987 bis September 1990 letzter DDR-Botschafter in Moskau. In seinen »Erinnerungen« beschreibt er als Zeitzeuge und Mitakteur die welthistorischen Umbrüche am Ende des 20. Jahrhunderts, in deren Folge beide Staaten, die DDR und die Sowjetunion, von der politischen Weltkarte verschwanden. Fragen nach den objektiven und subjektiven Ursachen dieser Zeitenwende, nach der Verantwortung der Partei- und Staatsführungen beider Länder für das »Fiasko des Bruderbundes« und nach der Mitverantwortung politischer Funktionsträger, die zwar kaum Einfluss auf die Entscheidungen hatten, aber so wie Gerd König als Botschafter und Mitglied des ZK der SED diese Entscheidungen in der täglichen Arbeit mitgetragen und umgesetzt haben, bestimmen Gerd Königs »Erinnerungen«. Er machte sich die Antworten auf diese Fragen nicht leicht – weder in der Zeit als er Verantwortung trug, noch in den 20 Jahren nach der Wende, als er an seinen »Erinnerungen« arbeitete.

Mit großer Genauigkeit und Ehrlichkeit bemühte er sich um eine möglichst umfassende Darstellung der damaligen Zeitabläufe, analysierte dazu seine persönlichen Unterlagen, Archivmaterialien und hinterfragte immer wieder die einmal getroffenen Einschätzungen. Das ist auch der Grund dafür, dass Kraft und Lebenszeit nicht ausreichten, seine »Erinnerungen« abschließend zu bearbeiten.

Als Gerd König am 27. November 2009 verstarb, lagen etwa 800 Manuskriptseiten vor, z.T. sorgfältig ausformuliert, viele Abschnitte aber nur als Entwurf. Sie sind eine außerordentlich wertvolle Darstellung der Entwicklung der Beziehungen zwischen der DDR und der Sowjetunion in den stürmischen Perestroika-Jahren und vermitteln zugleich die zeitgeschichtlichen Zusammenhänge in den 80er Jahren. Darüber hinaus fußen sie auf den persönlichen Erfahrungen Gerd Königs, dessen Lebensweg untrennbar mit der deutschen Nachkriegsentwicklung, mit dem Entstehen und Wachsen der DDR sowie mit der

Herausbildung und Formung der existenziell unabdingbaren Beziehungen zur Sowjetunion verbunden war. Gerd König gehörte zu der jungen Generation nach dem Kriege, die in der DDR die Chance für einen gesellschaftlichen Neuanfang sah, die umfassende Bildungs- und Qualifizierungsmöglichkeiten erhielt und die in den späteren Jahren Verantwortung in allen Gesellschaftsbereichen übernahm.

In seinen »Erinnerungen« gibt Gerd König viele interessante Einblicke in seine Tätigkeit als Botschafter und Parteifunktionär in den entscheidenden Jahren 1987 bis 1990. An den Gipfeltreffen zwischen Michail Gorbatschow und der DDR-Führung unter Erich Honecker, Egon Krenz oder Hans Modrow und an anderen hochrangigen sowjetisch-deutschen Treffen von Akteuren der Vereinigung nahm er persönlich teil. Mit vielen »Ideengebern« aus den Führungsapparaten, sowohl der Sowjetunion als auch der DDR, unterhielt er enge Kontakte. Das ermöglichte ihm, gute Einblicke zu bekommen und später auch interne Dokumente aus russischen Archiven heranzuziehen. So tragen seine »Erinnerungen« zur Aufklärung von bis heute mitunter umstrittenen Fragen bei, etwa bei der sowjetischen Haltung zum Restitutionsverbot. Sie sind eine Bereicherung der geschichtlichen Analyse dieser bewegten Periode der jüngeren deutsch-russischen Beziehungen.

Die tiefe Überzeugung von der Freundschaft zur Sowjetunion, seine Geradlinigkeit und Ehrlichkeit ermöglichten es Gerd König, bis zuletzt seine Aufgaben als Botschafter wahrzunehmen, sich hohe Anerkennung bei vielen sowjetischen Partnern zu bewahren und das Vertrauen bei seinen Mitarbeitern in der Botschaft zu behalten.

Bei Herausgabe der »Erinnerungen« musste das vorliegende Manuskript redaktionell bearbeitet, inhaltlich gegliedert und gekürzt werden. Als Herausgeber haben wir dabei keinerlei substanzielle Veränderungen des Inhalts, der Einschätzungen und Wertungen vorgenommen. Notwendige Kürzungen erfolgten wegen der Konzentration auf die Botschaftertätigkeit in Moskau, bei Wiederholungen und bei offiziellen Dokumenten.

Karl-Heinz Fehlberg und Manfred Schünemann
Berlin, Frühjahr 2011

Gedanken auf der Heimreise

Der 16. September 1990 war ein sonniger, warmer und freundlicher Tag in Moskau. An diesem Tag verließen wir, meine Frau und ich, nach mehrjähriger diplomatischer Tätigkeit Moskau. Der Zug sollte uns zurück nach Berlin bringen. Unsere Stimmung entsprach nicht der Wetterlage, sie war weder freudig noch hoffnungsvoll. Fuhren wir doch einer Zukunft entgegen, die kaum ungewisser und hoffnungsloser sein konnte. Fast vier Jahre hatte ich die Deutsche Demokratische Republik als Botschafter in der UdSSR vertreten. Niemand hätte mir vor meiner Akkreditierung sagen können, dass ich der letzte Botschafter der DDR in Moskau sein würde. Nun hatte jedoch die Geschichte ihr Wort gesprochen, und obwohl das Ende der DDR seit Monaten vorauszusehen war, konnte ich es dennoch nicht richtig fassen. Einige meiner engsten Mitarbeiter und Freunde, die uns zum Belorussischen Bahnhof begleitet hatten, versuchten uns aufzumuntern und die letzten Minuten in Moskau zu erleichtern.

Die sowjetische Seite nahm unsere Abreise kaum zur Kenntnis. Offiziell waren zur Verabschiedung lediglich ein stellvertretender Abteilungsleiter und ein Mitarbeiter der Protokollabteilung des sowjetischen Außenministeriums erschienen. Damit setzte sich fort, was ich in den letzten Tagen in vielen sowjetischen Institutionen und bei manchem der »Freunde« zu spüren bekommen hatte. An die Stelle der Heuchelei von der unverbrüchlichen Freundschaft zur DDR und ihren Bürgern war eine demütigende Gleichgültigkeit getreten. Das Schicksal der DDR und deren Bürger interessierten kaum noch. Einige hatten sich sehr schnell auf die neuen deutschen Partner orientiert. Andere versuchten, uns mit »guten Ratschlägen« Hoffnung für das Leben im vereinigten Deutschland zu machen, demonstrierten damit jedoch nur ihr völliges Unverständnis und ihre unfassbare politische Naivität hinsichtlich der wirklichen Lage in Deutschland und dessen, was uns dort erwarten würde. Mit dem Abstand von fast 20 Jahren glaube ich, dass manche von ihnen mit dem vorgetäuschten Optimismus vielleicht nur ihre eigenen Probleme überspielen wollten, weil sie bereits spürten, dass ihnen ein ähnliches Schicksal bevorstehen könnte. Was wenig später bittere Wirklichkeit werden sollte. Damals sah ich die Situation weniger differenziert.

All die Jahre nach dem Krieg war die Sowjetunion mein Vorbild. Ich verteidigte ihre Innen- und Außenpolitik und tat alles in meinen Kräften Stehende, um die freundschaftlichen Beziehungen zwischen der DDR und der Sowjetunion zu vertiefen. Nun war ich über die Haltung der sowjetischen Führung, dem Verhalten ihrer Vertreter auf verschiedenen Ebenen zu uns, ihren aufrichtigen Freunden, einfach maßlos enttäuscht. Umso mehr freuten wir uns, dass es sich einige unserer sowjetischen Freunde, die ich vom Studium und aus gemeinsamer Arbeit gut kannte und deren Freundschaft wir aufrichtig schätzten, es sich nicht nehmen ließen, uns zum Bahnhof zu begleiten. Blumen und kleine Erinnerungsgeschenke wurden uns in das Abteil gebracht, und als sich der Zug schließlich in Bewegung setzte, konnten wir die Tränen kaum zurück halten.

Als Student des Moskauer Staatlichen Instituts für Internationale Beziehungen hatte ich diesen Zug zwischen 1953 und 1959 bei Reisen in die Heimat und zurück nach Moskau unzählige Male benutzt. Obwohl seitdem mehr als drei Jahrzehnte vergangen waren, kam mir die am Fenster vorbeiziehende Landschaft noch so vertraut vor wie früher. An meine damaligen Empfindungen, meine Gefühle und die ersten Eindrücke von diesem Land, das Sowjetunion hieß, konnte ich mich noch gut erinnern.

Bereits in der Kindheit hatte ich von meinem Vater viel über das große Russland gehört und später, nach dem Ende des II. Weltkrieges, war mein Leben immer irgendwie mit der Sowjetunion verbunden. Durch die Kriegswirren war ein ordentlicher Schulabschluss nicht möglich. Die plötzlichen »Freiheiten« und die fehlende Ordnung gaben uns Jugendlichen ziemliche Freiräume, die wir leider auch für manche Dummheit nutzten. Das fand aber keinen Beifall bei meinen Eltern, die mich schnellstens von der Straße haben wollten. Durch glückliche Umstände konnte ich schon wenige Wochen nach Kriegsende, im August 1945, im Synthesewerk Schwarzheide eine Stelle als Hilfsarbeiter antreten. Das Werk war ein ehemaliger Rüstungsbetrieb, der während des Krieges vorwiegend Benzin für die deutsche Wehrmacht produzierte. Nach dem Krieg wurde der Betrieb in eine sowjetische Aktiengesellschaft umgewandelt. Er gehörte zu den SAG-Betrieben, die von der Sowjetischen Militäradministration bis 1953 verwaltet wurden.

Aus meinen Unterlagen geht hervor, dass ich als Chemiehilfsarbeiter eingestellt wurde. Nach Einführung der Berufsausbildung im Jahre 1946 wurde das Arbeitsverhältnis in eine Lehrstelle für Laboranten umgewandelt. In den Lehrjahren und während meiner Tätigkeit als Laborant im Hauptlabor sowie als FDJ-Funktionär konnte ich durch meine Kontakte zu sowjetischen Mitarbeitern manche nützliche Erfahrung sammeln, nicht nur positive, sondern auch schmerzhafte. Als ich 1949 von der Betriebsleitung für ein Studium an der Arbeiter- und Bauernfakultät (ABF) in Potsdam vorgeschlagen wurde, musste ich nicht lange überlegen und ergriff diese einmalige Chance in der Absicht, später Chemie zu studieren.

Nach Abschluss der ABF in Potsdam führte mich der Weg nicht wie beabsichtigt an eine chemische Fakultät, sondern an das kurz zuvor gegründete Institut für Internationale Beziehungen in Babelsberg. Welchem Glücksumstand ich es eigentlich zu verdanken hatte, dass ich schon nach einem Jahr zum Studium nach Moskau delegiert wurde, ist mir bis heute nicht klar geworden und war vielleicht nur purer Zufall. Auf jeden Fall war ich glücklich, dass man mich 1953 für ein Studium in der Sowjetunion und noch dazu in Moskau, der Hauptstadt des ersten sozialistischen Staates, ausgewählt hatte. Nur wenige hatten dieses Glück und diese Möglichkeit.

Ich will nicht verhehlen, dass ich auch stolz war, in Moskau studieren zu können. Als ich im August 1953 zusammen mit der ersten Gruppe von DDR-Studenten das Studium in der UdSSR aufnahm, galt das Institut für Internationale Beziehungen in Moskau bereits als eine elitäre Einrichtung. Das erklärte sich nicht daraus, wie später oft kolportiert wurde, dass an diesem Institut Kinder führender sowjetischer Funktionäre studierten. Natürlich gab es unter den Studenten Kinder hochgestellter Persönlichkeiten wie die Söhne der Mitglieder des Politbüros des ZK der KPdSU Anastas Mikojan oder Andrej Gromyko. Aber das waren wenige. Sie besaßen keine Sonderrechte und nahmen wie alle anderen aktiv am Studium und am studentischen Leben teil.

Als wir nach Moskau kamen, studierten am Institut noch viele ehemalige Kriegsteilnehmer, die durch ihre Lebenserfahrungen und ihre moralische Autorität, ihre Verdienste, ihren Fleiß und ihre Hartnäckigkeit einen wesentlichen Einfluss auf das Geschehen im Institut hatten. Gerüchte, die es immer wieder gab, dass die »Söhnchen« und »Töchterchen« der Parteinomenklatura die Atmosphäre, die Regeln und Normen des Lebens im Institut bestimmt hätten, entsprechen nicht der Wahrheit. Sicher hat sich im Verlauf der folgenden Jahrzehnte die soziale Struktur des Instituts verändert. Den späteren Jahrgängen aus der DDR gehörten auch viele Söhne und Töchter der mittleren Ebene von Partei- und Staatsfunktionären an.

Den elitären Charakter des Instituts und seinen Ruf prägten in erster Linie die dort lehrenden Professoren und Dozenten. Zu ihnen gehörten viele international bekannte Wissenschaftler, wie der Historiker Jewgeni Tarle, die Völkerrechtler Wsewolod Durdenewski und Sergei Krylow, die an der Ausarbeitung des Statuts der Vereinten Nationen aktiv beteiligt waren. Das Ansehen, das das Institut unter den sowjetischen Studenten und später auch im sozialistischen Ausland genoss, war durchaus berechtigt. Es ergab sich vor allem aus dem hohen Niveau der Lehre und Bildung sowie aus der Atmosphäre des studentischen Lebens. Fast alle bekannten sowjetischen Diplomaten der Nachkriegszeit, Wissenschaftler und Journalisten Russlands waren Absolventen des Instituts für Internationale Beziehungen.

Wir waren die erste Gruppe von DDR-Studenten, die an diesem Institut aufgenommen wurde und erhielten eine solide fachliche und politische Bildung, die uns später eine erfolgreiche Tätigkeit im außenpolitischen Dienst der DDR ermöglichte. Wenn ich mich recht erinnere, waren wir zunächst 15 Studenten, doch nur zwölf setzten nach dem ersten Jahr das Studium fort. Unsere bildungsmäßigen Voraussetzungen waren ziemlich unterschiedlich, unsere altersmäßige Zusammensetzung war es nicht weniger. Vielleicht nahmen wir gerade deshalb das Studium besonders ernst. Auch am studentischen und kulturellen Leben des Instituts, an der gesellschaftlichen Tätigkeit der sowjetischen und ausländischen Studenten beteiligten wir uns aktiv. Nach Meinung unserer sowjetischen Lehrer und Dozenten seien wir ein guter Jahrgang gewesen.

Die 50er Jahre waren für die Sowjetunion eine bewegte Zeit. Der Tod Stalins hinterließ im Lande und bei den Menschen tiefe Spuren. Er warf die Frage auf, wie es in der Sowjetunion weitergehen sollte. Neben allgemeiner Trauer herrschte Rat- und Ausweglosigkeit. Erst später wurde mir bewusst, dass Stalins Tod bei vielen Menschen, nicht nur in der UdSSR, auch neue Hoffnungen weckte. Der XX. Parteitag der KPdSU, den wir als Studenten aus der Nähe verfolgten, zeigte, dass diese Erwartungen berechtigt waren. Es traten tatsächlich Änderungen in der Politik und im gesellschaftlichen Leben der Sowjetunion ein. Es begann die Periode des Tauwetters. Das ist nicht ohne Auswirkungen auf uns, die Studenten, geblieben. Wir waren uns damals nicht bewusst, wie die politischen Umbrüche in der Sowjetunion und die Vorgänge in anderen sozialistischen Ländern, ich denke an die Ereignisse in Ungarn und Polen 1956, uns prägten.

Die sechs Studienjahre in Moskau waren ein Leben unter und mit den sowjetischen Menschen, mit ihren Freuden und Leiden. Die verheerenden Folgen des von den deutschen Faschisten angezettelten, opferreichen Krieges waren noch nicht überwunden. Trotzdem ließ man uns nie spüren, dass wir aus einem Land kamen, das für den Tod von 26 Millionen Menschen, für das Leid und für den unermesslichen materiellen und moralischen Schaden, der der Sowjetunion zugefügt wurde, verantwortlich war. Im Gegenteil, man sah in uns die Vertreter eines neuen Deutschlands, die sich mit der Sowjetunion freundschaftlich verbunden fühlten.

Trotz aller Probleme überwogen im Land der Aufbauwille, der Optimismus und die Hoffnungen. Sie steckten auch mich an, stärkten meinen Glauben an und meine Zuversicht in die Unbesiegbarkeit der Sowjetunion.

Andererseits sind mir wesentliche Probleme der Geschichte der KPdSU und der Völker der Sowjetunion, ihrer wirtschaftlichen und kulturellen Entwicklung verschlossen geblieben. Die offizielle, einseitige und widersprüchliche Interpretation der Geschichte hatte auch bei mir Fragen aufgeworfen, aber nicht zu grundsätzlichen Zweifeln an der Politik der KPdSU geführt. Im Gegenteil, meine Überzeugung von der Richtigkeit der sowjetischen Politik wurde nur bestärkt.

Diese Grundhaltung hat mein Handeln und mein Denken bis in die 80er Jahre entscheidend mitbestimmt. Sicher hat meine Tätigkeit in der Abteilung Internationale Verbindungen des ZK der SED, im Ministerium für Auswärtige Angelegenheiten (MfAA) und als Botschafter in Prag den Blick für eine differenzierte Sicht auf die sowjetische Innen- und Außenpolitik und vor allem auf unsere gegenseitigen Beziehungen geschärft und mir manche Illusion genommen. Aber erst die widersprüchliche Politik der sowjetischen Führung in der Zeit der Perestroika und des neuen Denkens sowie meine Erfahrungen als Botschafter in Moskau haben mir endgültig die Augen geöffnet.

An dieses Land hatte ich stets geglaubt, der Politik seiner Führungen vertraut, sie zum größten Teil verteidigt und aktiv daran mitgewirkt, die freundschaftlichen Beziehungen zwischen den Völkern unserer beiden Staaten zu erhalten und zu vertiefen. Und plötzlich brach alles zusammen. Von dem »engsten Verbündeten und treuesten Freund« blieb nicht viel übrig.

In den letzten Wochen hatte ich auch unter den sowjetischen Freunden und Partnern viele Wendehälse kennengelernt, die in ihrer politischen Naivität, Gleichgültigkeit und auch Würdelosigkeit gegenüber der DDR und deren Bürgern, aber auch mit ihren Illusionen über das vereinigte Deutschland kaum zu übertreffen waren. Glücklicherweise gab es auch andere. Oft musste ich feststellen, dass manch sowjetischer Freund den Verlust der DDR als eine persönliche Niederlage empfand, darunter furchtbar litt und sich lange Zeit mit Selbstvorwürfen quälte.

Zu den Absolventen unseres Studienjahres gehörte auch Julij Kwizinski, der mit uns DDR-Studenten eng befreundet war. Ich hatte ihn seit seiner Tätigkeit in der Botschaft der UdSSR in der DDR nicht mehr gesehen. Erst im Sommer 1990 trafen wir uns in Moskau wieder. Nach seiner Rückkehr aus Bonn wurde er zum stellvertretenden Außenminister der UdSSR ernannt. Zu seinem Zuständigkeitsbereich gehörte auch die DDR. In einer Zeit, in der sich bereits viele sowjetische Freunde von der DDR und von uns abwandten, gab er für mich und einige Mitarbeiter ein offizielles Essen. Der formale Anlass war mein 60. Geburtstag, aber wir alle verstanden es als Geste der Unterstützung, der Aufmunterung und der Solidarität und freuten uns darüber. Zu einem Abschiedsgespräch konnte er mich, wie es offiziell hieß, wegen der abschließenden Verhandlungen des Zwei-plus-Vier-Vertrages nicht empfangen. Ich musste es zur Kenntnis nehmen, verstand es aber nie so richtig.

1993 erschienen seine Erinnerungen unter dem Titel »Vor dem Sturm«. Zu meiner Überraschung musste ich feststellen, dass er eine recht eigenartige und widersprüchliche Darstellung seines Verhältnisses zur DDR und zu den Beziehungen zwischen der Sowjetunion und der DDR gab. Die Politik der DDR kommt in den letzten zwei Jahrzehnten ihrer Existenz bei Kwizinski schlecht weg und wird von ihm vorwiegend als gegen die Interessen der UdSSR gerichtet interpretiert. Man spürt, dass auch die Beurteilung seines Verhältnisses zu den ehemaligen DDR-Diplomaten und seinen Studienfreunden aus der DDR ihm nicht leicht fiel.

Um nicht in den Ruch persönlicher, emotionaler oder einseitiger Auslegungen zu kommen, will ich einige Passagen aus einer Rezension seines Buches von Werner G. Fischer in *Europa Dialoge*, Heft 4/1993, zitieren. Fischer schreibt: »Die Darstellung des Verhältnisses Sowjetunion zur DDR aus der Sicht Kwizinskis ist aus sehr unterschiedlichen Vorstellungen und Empfindungen gespeist. Das geht von der Erkenntnis, dass die DDR natürlich ein Hauptverbündeter der Sowjetunion war und sie sich durchaus gegenseitig, wenn auch in unterschiedlichem Maße, brauchten oder bedingten, bis hin zu der Feststellung, dass das Ende der DDR quasi verdientermaßen gekommen ist. […] Dem kundigen Leser wird auch nicht entgehen, dass diese Memoiren ausgesprochen für ein deutsches, genauer für ein westdeutsches Publikum geschrieben wurden. So fällt auf, dass Kwizinski, der über 17 Jahre mit der DDR in irgendeiner Weise verbunden war, nur wenig über seine Partner aus dem DDR-Außenministerium berichtet. So erwähnt er lediglich den verstorbenen damaligen Ständigen Vertreter der DDR in Bonn, Botschafter Michael Kohl, und den damaligen Abteilungsleiter Bundesrepublik Deutschland, Karl Seidel, beide eher negativ. Kein DDR-Außenminister oder anderer hochrangiger DDR-Diplomat wird erwähnt.«

Teil 1
Vertrauensbeweis und Herausforderung

Als Botschafter nach Moskau

Im Frühjahr 1986 hörte ich, dass der Botschafter in Moskau, Egon Winkelmann, nach sechsjährigem Einsatz zurückkehren sollte. Ich hielt seine geplante Abberufung für eine normale Sache und maß der Angelegenheit zunächst keine Bedeutung bei. Für DDR-Verhältnisse waren sechs Jahre keine Rekordzeit, manche Botschafter verblieben bis zu zehn und mehr Jahren auf ihren Posten, aber ungewöhnlich war eine Abberufung nach sechs Jahren auch nicht.

Die Abberufung von Egon Winkelmann hielt ich auch deshalb für normal, weil gemunkelt wurde, dass er Horst Brasch, damals 1. Vizepräsident der Liga für Völkerfreundschaft, der aus gesundheitlichen Gründen zurücktreten wollte, ablösen sollte.

Ich kannte Egon Winkelmann aus der gemeinsamen Arbeit in der Abteilung Internationale Verbindungen des ZK der SED. Er verfügte über genügend internationale Erfahrungen, kannte persönlich viele seiner künftigen ausländischen Partner, beherrschte mehrere Fremdsprachen und galt als ein sehr kontaktfreudiger Mensch. Er schien mir geradezu prädestiniert für diese Funktion. Und wenn ich richtig informiert bin, hat seine erfolgreiche Arbeit dies auch bestätigt.

Erst viel später erfuhr ich von ihm, dass es ganz andere Gründe für seine Abberufung gegeben hätte. In seinen Erinnerungen berichtet er darüber ausführlich. Ich halte es für möglich, dass sich die von ihm erwähnten Vorkommnisse so oder ähnlich abgespielt haben. Ob dies die wirklichen Gründe seiner Abberufung waren, halte ich jedoch für zweifelhaft.

Als einen Grund nennt er die Kritik an seiner Berichterstattung und seine ungenügende Informationstätigkeit. Unter den Akten, die mir Winkelmann hinterließ, fand ich mehr als 30 umfangreiche Schreiben, in denen er Erich Honecker über die Entwicklung in der Sowjetunion informierte. Dagegen nahmen sich meine wenigen Schreiben an Honecker mehr als bescheiden aus. An der Masse kann es nicht gelegen haben, wohl eher an den Bewertungen der Vorkommnisse, die weitgehend fehlten. Das war aber kein spezielles Problem von Winkelmann, sondern mehr oder weniger das Problem aller Botschafter. In einer Umbruchsituation wie jener der UdSSR war es noch schwerer, die Bedeutung der Vorkommnisse und die Perspektive der Entwicklungen richtig einzuschätzen. Das Problematische in der Berichterstattung über innenpolitische Entwicklungen im Gastland bestand darin, dass man im Zentrum oft nicht hören wollte, was sich wirklich vollzog. Eher suchte man nach einer Bestätigung dessen, was in Berlin gedacht wurde. Andere Meinungen waren nicht sehr erwünscht.

Auf diesem Gebiet befanden sich die Botschaften immer zwischen Baum und Borke. Die meisten Diplomaten der DDR waren sich durchaus ihrer Verantwortung bewusst, dass durch ihre Berichte die Spannungen in den Beziehungen der Staaten oder zwischen den Führungen nicht noch weiter angeheizt werden durften. In diesem Punkt kann man Winkelmann verstehen und zustimmen.

Aus der Kritik an dessen Informationstätigkeit versuchte ich für mich und meine Mitarbeiter die richtigen Schlussfolgerungen zu ziehen. Trotzdem wurde auch an meiner Informationstätigkeit Kritik geübt, und vielleicht hätte mich unter anderen Bedingungen auch das Schicksal meines Vorgängers ereilt.

Gerüchte werden Realität

Wie gesagt, die Gerüchte über die bevorstehende Abberufung Egon Winkelmanns interessierten mich zunächst nicht mehr als die Abberufung irgendeines anderen mir bekannten Kollegen. Das sollte sich jedoch bald ändern. Es war wohl Anfang April 1986, als mich der Minister für Auswärtige Angelegenheiten, Oskar Fischer, zu sich rief. Ich nahm an, dass er mit mir über Fragen meines Bereiches sprechen wollte. Doch schnell wurde mir klar, dass es um etwas ganz anderes ging. Der Minister erzählte mir, dass Honecker in einem Gespräch mit ihm unter den möglichen Kandidaten für die Nachfolge des Botschafters in Moskau auch meinen Namen erwähnt habe. Diese Eröffnung überraschte mich. Fischer, der das offenbar spürte, versuchte mich damit zu beruhigen, dass das letzte Wort noch nicht gesprochen sei. Das war ein schwacher Trost. Mir schien, dass die Entscheidung bereits gefallen war, sonst hätte Fischer mit mir nicht darüber gesprochen.

Meine ersten Überlegungen waren sehr widersprüchlich. Ich glaubte, es gäbe genügend Kandidaten, die diese Funktion mit großer Freude übernehmen und verantwortungsvoll und vielleicht besser als ich erfüllen würden. Andererseits hatte ich keine prinzipiellen Einwände gegen einen Wechsel nach Moskau. Die UdSSR war der bedeutendste politische, wirtschaftliche und militärische Partner der DDR, unser wichtigster Verbündeter. In Moskau befand sich die größte Auslandsvertretung der DDR. Zu ihrem Leiter ernannt zu werden, war ein großer Vertrauensbeweis und eine verantwortungsvolle Herausforderung. Manche bezeichneten diese Berufung sogar als eine Auszeichnung.

Ein weiterer Anreiz waren die hoffnungsvollen Entwicklungen in der Sowjetunion, die nach der Wahl Michail Gorbatschows zum Generalsekretär einsetzten. Im Frühjahr 1986, kurz nach dem XXVII. Parteitag der KPdSU, zeichneten sich die Konturen kommender Veränderungen in der UdSSR und in den internationalen Beziehungen deutlicher ab. Viele Menschen in der DDR, darunter nicht wenige Mitglieder der SED, verbanden damit die Hoffnung, dass sich nun auch manches in der DDR ändern würde.

Solche Überlegungen stellte auch ich an. Der Gedanke, in dieser Situation die DDR in Moskau vertreten zu dürfen, war für mich durchaus reizvoll und interessant. Andererseits gehöre ich nicht zu den Menschen, die sich bedenkenlos in jedes Abenteuer stürzen oder glauben, jede Aufgabe mit leichter Hand lösen zu können. Mich beschäftigte wie immer vor der Übernahme einer neuen Funktion die Frage, ob ich dieser Aufgabe und der damit verbundenen Verantwortung überhaupt gewachsen sein würde. Wer mich kennt, wird mir vielleicht zustimmen: Hatte ich einmal eine Aufgabe übernommen, dann erfüllte ich sie verantwortungsbewusst, mit persönlichem Engagement und auch Freude.

Nach Abschluss meines Studiums hatte ich mich über 20 Jahre mit den sozialistischen Ländern beschäftigt und in Vertretungen der DDR im sozialistischen Ausland gearbeitet: in der 3. Europäischen Abteilung des Außenministeriums, als

Kulturattaché in Jugoslawien, als Mitarbeiter, Sektorenleiter und stellvertretender Leiter der Abteilung Internationale Verbindungen des ZK der SED und schließlich als Botschafter in der Tschechoslowakei. Erst im Jahr 1981 trat in meiner Orientierung auf die sozialistischen Länder eine Veränderung ein. Nach meiner Rückkehr aus Prag wurde ich auf einer Delegiertenkonferenz der Parteiorganisation des Ministeriums zum 1. Sekretär der SED-Kreisparteiorganisation des MfAA gewählt. Dieser Wechsel rief bei mir keine große Begeisterung hervor, aber ich sträubte mich auch nicht, die neue Funktion anzunehmen. Sie stellte mich vor neue Aufgaben und vor manches Problem. Die Parteiarbeit im Außenministerium unterschied sich zwar von meiner bisherigen diplomatischen Tätigkeit, aber gewisse diplomatische Erfahrung konnte man in dieser Arbeit schon gebrauchen. Nach einer kurzen Einarbeitungszeit und mit Hilfe der Mitglieder des Sekretariats und der Mitarbeiter der Kreisleitung fand ich schließlich Gefallen und sogar Freude an der neuen Tätigkeit.

Als ich glaubte, das Lehrgeld bezahlt zu haben, sich erste Erfolge einstellten und die Gewissheit zunahm, dass man über diese Funktion auch im Außenministerium etwas bewegen konnte, trat unerwartet die nächste Änderung ein. Nach dem plötzlichen Tod von Klaus Willerding 1982 wurde ich als sein Nachfolger und damit als Stellvertretender Minister für den Bereich Afrika, Naher und Mittlerer Osten sowie Süd- und Südostasien berufen. Mich traf diese Entscheidung ziemlich unerwartet, zumal ich mich mit Fragen dieses Länderbereichs zuvor nie befasst hatte. Ich hatte jedoch nicht viel Zeit darüber nachzudenken, warum die Entscheidung gerade auf mich gefallen war und nicht ein Spezialist, von denen es in diesem Bereich genügend gab, ausgewählt wurde.

Das völlig neue Aufgabengebiet, mit dem ich bislang nichts zu tun hatte, forderte all meine Kräfte. Ich wandte viel Mühe auf, um in möglichst kurzer Zeit die vielschichtige und komplizierte Problematik der Entwicklungsländer zu verstehen. Gleichzeitig mussten aber auch die Aufgaben gelöst werden, die sich aus unseren umfangreichen Beziehungen zu den Staaten dieser Regionen ergaben. Dank der kameradschaftlichen Unterstützung meiner Mitarbeiter gelang mir dies, trotz mancher

Rückschläge und nachdem ich auch hier mein Lehrgeld gezahlt hatte, schließlich immer besser. Auf jeden Fall begann mir diese Arbeit Freude zu bereiten. Bei meinen Reisen ins Ausland, den Gesprächen in afrikanischen und asiatischen Ländern, den Kontakten im Nahen Osten und auf internationalen Konferenzen der UNO konnte ich feststellen, dass die DDR als zuverlässiger Partner und Freund geschätzt wurde und ihre Politik Zustimmung und Anerkennung fand. Das bestärkte mich in meiner Auffassung, dass meine Tätigkeit einen Nutzen habe und der Mühe wert wäre.

Meine Zustimmung zur Übernahme des neuen Aufgabenbereiches brachte mir, wie ich bald spüren sollte, noch manchen Ärger ein. Bei der Vorbereitung dieser Entscheidung hatte der Minister, wie mir scheint ganz bewusst, sowohl die Abteilung Internationale Verbindungen des ZK als auch den 1. Sekretär der Bezirksleitung der SED Berlin, Konrad Naumann, meinen unmittelbaren Vorgesetzten als Kreissekretär, umgangen. Fischer nutzte seine engen Beziehungen zum Generalsekretär, um sich zuerst dessen Zustimmung für meine Berufung zu versichern, bevor er mich und andere Interessierte informierte.

Es war allgemein bekannt, dass nach dieser Methode mehr oder weniger alle Minister oder andere Leiter zentraler Institutionen handelten. Trotzdem verdächtigten mich einige leitende Mitarbeiter der Abteilung Internationale Verbindungen des ZK, die an meiner Wahl als 1. Sekretär der Parteiorganisation besonderes Interesse hatten und mich offenbar als *ihren* Mann im Außenministerium betrachteten, dass ich diesen Wechsel selbst eingeleitet oder wenigstens angeregt hätte. Das traf aber keineswegs zu. Mit mir waren vorher keine Gespräche geführt worden und ich wurde erst informiert, als bereits alles entschieden war.

In der Abteilung Internationale Verbindungen hatte ich elf Jahre gearbeitet. Natürlich verfügte ich über gute Kontakte zu den leitenden Mitarbeitern, war mit vielen freundschaftlich verbunden. Aber ich kannte auch die Methoden dieser Arbeit, das Bestreben, alles unter Kontrolle zu halten, die Versuche, über die Parteiorganisation Einfluss auf die fachliche Arbeit des Ministeriums und auf seine Leitung zu nehmen und manch anderes, was nicht immer meine Zustimmung fand. Mir gefiel auch nicht, wenn zu viel in die Arbeit der Parteiorganisation reingeredet wurde. Mir reichte es schon, wenn die Bezirksleitung uns ständig mit ihren übertriebenen Forderungen und unnötigen Aufgaben beschäftigte. Zwei oder besser gesagt drei Herren zu dienen, war kein leichtes Unterfangen. Meine Tätigkeit an der Spitze der Parteiorganisation konnte ich nur mit dem Minister und seinen Stellvertretern und nicht gegen sie erfolgreich gestalten.

Mit Oskar Fischer verstand ich mich recht gut. Kein anderer Funktionär hat meine persönliche Entwicklung und meine diplomatische Karriere so entscheidend beeinflusst wie er. Ich lernte ihn 1959 kennen. Fischer war noch Botschafter in Bulgarien, als ich ein Praktikum an unserer Botschaft in Sofia absolvierte. Nach dem Studium holte er mich in die 3. Europäische Abteilung des MfAA, die er damals leitete. Es ist nicht meine Aufgabe, ihn oder einen anderen meiner Kollegen oder deren Tätigkeit nachträglich zu bewerten. Aber ihn einfach zu übergehen, könnte auch falsch ausgelegt werden. Schließlich war er fast 20 Jahre in verschiedenen Funktionen mein Chef.

Die Außenpolitik der DDR, Entscheidungen zu außenpolitischen Grundfragen, viele personalpolitische Entscheidungen und oft auch zweit- oder drittrangige Fragen der internationalen Zusammenarbeit wurden im Politbüro oder, genauer ausgedrückt, vom Generalsekretär entschieden.

Das Außenministerium bereitete die außenpolitischen Entscheidungen vor und war für ihre Verwirklichung in den internationalen Beziehungen sowie für die Gestaltung der Zusammenarbeit mit anderen Staaten verantwortlich. Kein Außenminister der DDR, auch nicht Oskar Fischer, gehörte je dem Politbüro an. Diese Situation erschwerte natürlich die Tätigkeit des Ministers. Die faktische Abhängigkeit von den Entscheidungen des Generalsekretärs oder des Politbüros schränkte den Handlungsspielraum des Ministers, seine Selbstständigkeit und seine Entscheidungsmöglichkeiten ein.

Trotzdem hat er immer und meistens mit Erfolg versucht, aus dieser Situation für die Außenpolitik der DDR das Beste zu machen. Im Rückblick kann man sagen, dass ungeachtet mancher Probleme und Schwierigkeiten, die DDR eine erfolgreiche und international anerkannte Außenpolitik betrieben hat. Daran hat Fischer einen entscheidenden Anteil. Als Leiter hatte er, wie andere Leiter auch, seine starken und schwachen Seiten. Ich habe Fischer in seiner Tätigkeit als Minister immer respektiert, seine komplizierte Stellung im System der DDR verstanden und ihn auch unterstützt. Das bedeutet nicht, dass ich mit jeder seiner Handlungen oder seiner Entscheidungen einverstanden gewesen wäre. Für meine dienstlichen Anliegen und meine persönlichen Angelegenheiten habe ich bei ihm stets Verständnis gefunden. Dafür habe ich ihm zu danken.

Nun sollte ich nach knapp vier Jahren wieder alles hinwerfen und eine neue Aufgabe übernehmen. Das war der wesentliche Punkt, warum ich den Vorschlag, nach Moskau zu gehen, in Zweifel zog. Doch mir wurde schnell klar, dass es wohl keinen Ausweg geben würde, weil einiges darauf hindeutete, dass sich Honecker bereits endgültig für mich entschieden hatte.

Im Frühjahr 1986 wurde intensiv an der Vorbereitung des XI. Parteitages der SED gearbeitet. Intern wurden im ZK auch die Kandidatenlisten für die Wahl in das Zentralkomitee und die Zentrale Revisionskommission aufgestellt. Sie hatten zwar vertraulichen Charakter, aber es gab immer Kanäle, die Informationen durchsickern ließen. So auch in jenem Frühjahr. Nach dem Statut der SED war das Zentralkomitee zwischen den Parteitagen das höchste Organ. Nicht das Politbüro, das vom Zentralkomitee gewählt wurde, und auch nicht der Generalsekretär. In der Praxis sah das ganz anders aus. Faktisch hatten das Politbüro und der Generalsekretär, in Verletzung des Statuts der Partei, die Funktion des höchsten Parteiorgans übernommen. Das ZK wurde nur noch gebraucht, um bereits getroffene Entscheidungen im wahrsten Sinne des Wortes abzunicken. Auf den Plenartagungen gab es kaum Widerspruch. Die Redner wurden durch das Politbüro vorher festgelegt, sie stimmten in der Regel dem Bericht des Politbüros zu. Nur selten brach jemand aus diesem Schema aus.

Nach dem Statut hatten zwar alle Mitglieder und Kandidaten des ZK das Recht, sich zu jeder Frage zu Wort zu melden, nur hat davon kaum einer, unaufgefordert, Gebrauch gemacht. Allerdings habe ich auch spontane Auftritte erlebt, die den Betreffenden meistens nicht bekommen sind. Eine Ursache für das Scheitern der SED und ihrer Politik ist wohl darin zu suchen, dass das ZK über Jahre hinweg die Verletzung der innerparteilichen Demokratie hingenommen, seine Entmündigung unwidersprochen geduldet und an ihr faktisch mitgewirkt hatte. Dafür trugen die Mitglieder des ZK und damit auch ich Verantwortung. Unser Schweigen zu den vielen ungelösten Problemen, zu den Fehlern in der Innen- und Außenpolitik, zu den sichtbaren Führungsschwächen des Generalsekretärs und des Politbüros gerade in den letzten Jahren der DDR hat schließlich zum Zusammenbruch der DDR beigetragen.

In das ZK wurde man selten wegen seiner Verdienste, sondern wegen der Ausübung einer bestimmten Funktion gewählt oder besser delegiert. Die Wahl in das ZK zeigte eher, welche Bedeutung die Führung dieser Funktion, nicht unbedingt den sie ausübenden Personen beimaß. Meine Wahl in das ZK kann dafür als Beispiel dienen.

In den 70er Jahren vertrat ich die DDR als Botschafter in der Tschechoslowakei. An diese Zeit erinnere ich mich mit großer Freude. Vor allem deshalb, weil sich die Beziehungen zwischen der DDR und der ČSSR und die Zusammenarbeit auf allen Gebieten deutlich verbesserten. Die führenden Repräsentanten beider Staaten, Erich Honecker und Gustáv Husák, trafen sich regelmäßig und stimmten die Grundfragen in unseren Beziehungen ab. Es entwickelte sich eine vertrauensvolle politische Atmosphäre. Die wiederum bewirkte und förderte das beiderseitige Interesse an einem starken Ausbau der wirtschaftlichen und kulturellen Zusammenarbeit. Sicher spielte dabei auch eine Rolle, dass die DDR und die ČSSR Nachbarstaaten waren, die in ihrer Geschichte, Kultur und in ihrem Denken viele Gemeinsamkeiten aufwiesen. Geografisch in etwa gleich groß, und wirtschaftlich etwa gleich stark, handelte es sich um grundsätzlich andere Beziehungen als die der DDR zur Sowjetunion.

Die sich entwickelnde freundschaftliche Atmosphäre der Zusammenarbeit auf allen Gebieten schuf für die Botschaft und den Botschafter mehr Bewegungsmöglichkeiten. Wir arbeiteten gewissermaßen in einer »Phase der Konjunktur«, die die Tätigkeit des Botschafters wesentlich erleichterte. Mir standen beim Präsidenten und Generalsekretär, dem Parlamentspräsidenten, dem Vorsitzenden der Regierung, im ZK der

KPTsch, im Parlament, in der Regierung, bei allen zentralen Einrichtungen in Prag und Bratislava und überall im Lande die Türen offen. Ideale Bedingungen für die Tätigkeit eines Botschafters. Wir nutzten diesen Spielraum, brachten unsere eigenen Ideen und Vorstellungen ein, wirkten aktiv an der Realisierung der Abkommen und Vereinbarungen mit und bemühten uns um die Lösung der nicht ausbleibenden Schwierigkeiten und Probleme. Die gegenseitigen Vorbehalte aus der Zeit des »Prager Frühlings« wurden nach und nach überwunden. Diese Entwicklungen waren im Interesse und zum Nutzen unserer Völker.

Diese Tatsache berücksichtigend, kam man im Politbüro offenbar zu dem Schluss, die Botschafter der DDR in Prag und Warschau – mit Polen hatten sich die Beziehungen ähnlich gut einwickelt – für die Wahl in das ZK vorzuschlagen. So wurden Günter Sieber und ich auf dem IX. Parteitag der SED als Kandidaten in das ZK gewählt. Im Außenministerium wurde unsere Wahl wohl zu Recht als eine Aufwertung des Ministeriums verstanden. Bis 1976 gehörte von den Botschaftern nur der in der UdSSR dem Zentralkomitee an. Ich betrachtete die Wahl auch als eine Anerkennung für meine Arbeit und die meiner Mitarbeiter. Sie bürdete mir zwar neue, höhere Verantwortung auf, förderte und unterstützte aber auch mein Ansehen in der Tschechoslowakei. Trotzdem hatte ich nie vergessen, dass ich den Einzug in das ZK in erster Linie dem Umstand zu danken hatte, dass ich in dieser Zeit die Botschaft in Prag leitete.

Ende 1980 kehrte ich in die DDR zurück und rechnete eigentlich nicht damit, dass ich auf dem X. Parteitag erneut in das ZK gewählt würde. Als ich auf dem X. Parteitag 1981 jedoch erneut als Kandidat in das ZK gewählt wurde, war ich fest davon überzeugt, dass ich dies meiner Funktion als 1. Kreissekretär im Ministerium für Auswärtige Angelegenheiten zu verdanken hatte. Das Außenministerium war seit dem X. Parteitag ungewöhnlich stark im Zentralkomitee vertreten. Ihm gehörten der Minister Oskar Fischer, der Staatssekretär Herbert Krolikowski, der stellvertretende Minister Peter Florin sowie Egon Winkelmann, Botschafter in der UdSSR, und Harry Ott, Leiter der DDR-Vertretung bei den Vereinten Nationen, als Mitglieder an. Als Kandidaten des ZK wurden Ewald Moldt, Botschafter in Bonn, Horst Neubauer, Botschafter in Warschau, und ich gewählt. Es gab damals nicht wenige, die der Meinung waren, dass das Außenministerium damit im Zentralkomitee überrepräsentiert sei. Wer sich aber daran erinnert, welche Rolle die Außenpolitik Anfang der 80er Jahre in der Führung und insbesondere bei Honecker spielte, wird darin nichts Außergewöhnliches sehen.

Vor dem XI. Parteitag der SED 1986 wurde mir zugetragen, dass ich zum Mitglied in das ZK gewählt werden sollte. Für mich stand nun fest, dass dieser Vorschlag nur in Verbindung mit dem angedeuteten Funktionswechsel zu verstehen war. Es dauerte jedoch noch Wochen, ehe mir Fischer bestätigte, dass mein Einsatz als Botschafter in der UdSSR nicht mehr zu verhindern sei. Alle Vorschläge, die er unterbreitet habe, seien nicht akzeptiert worden. Wahrscheinlich war er nicht unzufrieden, dass die Wahl auf mich fiel. Er kannte mich gut, wusste, dass er mir vertrauen kann, und so wird er keinen großen Widerstand geleistet haben. Ich weiß nicht, ob Fischer den Auftrag hatte, mit mir über diesen Einsatz zu sprechen, glaube aber eher, dass er aus freundschaftlicher Verbundenheit mich rechtzeitig auf den Wechsel einstimmen und mir Zeit für die Lösung meiner persönlichen Probleme geben wollte.

Bis dahin war meine Frau noch ahnungslos. Mir blieb die schwierige Aufgabe, ihr und unseren Töchtern Kerstin und Anne diese erneute Änderung in unserem Leben zu erklären. Die Mitteilung rief bei meiner Frau keine Begeisterung hervor, und ich konnte sie gut verstehen. Maria war Lehrerin, eine leidenschaftliche Pädagogin, die während unserer Auslandseinsätze in Jugoslawien und in der Tschechoslowakei die Nachteile des Wechsels zwischen Schulen in der DDR und dem Ausland zu spüren bekommen hatte. Wenn man noch einen Wohnungswechsel von Weißensee nach Berlin-Mitte und die Babyjahre mitrechnet, dann bestand ihre Tätigkeit als Lehrerin aus ständig neuen Versuchen, dauerhaft an einer Schule Fuß zu fassen, was ihr, meinen Auslandseinsätzen geschuldet, nie recht glückte.

Im Anschluss an meine Prager Tätigkeit hatten wir geglaubt, dass das Herumziehen nun ein Ende haben würde. Meine Frau reagierte so, wie ich es erwartet hatte. Sie hatte inzwischen an der Heinrich-Heine-Oberschule eine neue Aufgabe gefunden.

Sie liebte ihren Beruf. Die pädagogische Tätigkeit füllte sie voll aus, und die Arbeit mit »ihren« Schulkindern bereitete ihr viel Freude. Und nun kam ich erneut mit der Forderung alles hinzuwerfen, nach Moskau zu wechseln und dort wieder von neuem zu beginnen. Das überstieg selbst ihr Verständnis für die Wichtigkeit meiner Arbeit, das ich bei ihr immer gefunden hatte. Sie erklärte mir rundheraus, dass sie ihre Schulklasse mitten im Schuljahr nicht aufgeben und in Moskau nicht wieder als Lehrerin arbeiten werde.

Für das Letztere hatte ich volles Verständnis, weil es mit meinen eigenen Vorstellungen übereinstimmte. Uns beiden war bewusst, dass in Moskau genügend protokollarische Aufgaben anfallen würden, die ihre Zeit und Kraft voll beanspruchten. Ihre kategorische Absage, mit mir gemeinsam auszureisen, bereitete mir schon mehr Sorgen. In der Regel konnte ein DDR-Diplomat nur gemeinsam mit seiner Ehefrau zu einem Auslandseinsatz ausreisen. Ich befürchtete, dass man von mir mit Recht fordern würde, mich so zu verhalten, wie ich es von meinen Mitarbeitern selbst oft genug gefordert hatte. Eine Sonderbehandlung wollte ich nicht, weil dies der beste Weg war, um meine eigene Glaubwürdigkeit zu untergraben.

Trotz aller Diskussionen blieb meine Frau in dieser Frage unerschütterlich. Blieb noch zu entscheiden, was mit unseren beiden Töchtern geschehen sollte. Kerstin studierte bereits im zweiten Studienjahr an der Friedrich-Schiller-Universität in Jena und war dort gut aufgehoben. Sie bereitete uns keine besonderen Sorgen oder Probleme, und wir konnten uns auf ihre Selbstständigkeit verlassen. Später mussten wir feststellen, dass sie damals durchaus unsere Anwesenheit und Unterstützung gebraucht hätte.

Komplizierter war, wie wir mit Anne verfahren sollten. Sie besuchte die 10. Klasse und musste entweder in das Internat nach Königs Wusterhausen wechseln oder mit uns nach Moskau gehen. Von der ersten Möglichkeit waren weder meine Frau noch ich begeistert. Da die DDR in Moskau nur eine Zehn-Klassenschule unterhielt, bedeutete dies, nach einem halben Jahr in die DDR zurückzukehren oder in eine sowjetische Schule zu wechseln und dort das Abitur zu machen. Eine solche Möglichkeit gab es, wenn die Schüler gute Leistungen zeigten.

Anne war eine gute Schülerin und wir erwarteten, dass das Ministerium für Volksbildung unserem Antrag zustimmen würde. Dieser Weg schien uns jedoch nur möglich, wenn sie gemeinsam mit mir nach Moskau reisen und zusätzlichen Russischunterricht nehmen würde. Mit einigen Bauchschmerzen entschieden wir uns schließlich für diese Variante.

Anfang September 1986 teilte mir Hermann Axen, Mitglied des Politbüros, im Auftrage von Erich Honecker offiziell mit, dass mein Einsatz als Botschafter in Moskau vorgesehen sei. Ich wusste, dass an dieser Entscheidung nun nicht mehr zu rütteln war und jede Diskussion sich erübrigte. Trotzdem äußerte ich auch gegenüber Axen nochmals meine Zweifel, ob es richtig sei, mich nach knapp vier Jahren wieder mit einer neuen Aufgabe zu betrauen. Ich verschwieg auch nicht, dass meine Frau fest entschlossen sei, ihre Klasse im laufenden Schuljahr nicht abzugeben. Sie würde mir frühestens im Sommer 1987 nach Moskau folgen. Schließlich erwähnte ich noch, dass meine Tochter mit mir fahren würde und eine sowjetische Schule besuchen sollte.

Axen hörte sich meine Ausführungen geduldig an, was viel bedeutete, und zeigte Verständnis für meine Bedenken und Vorstellungen. Allerdings bedeutete er mir, dass sich Honecker für mich entschieden habe und davon nicht abrücken werde. Als Axen abschließend bemerkte, dass er meine Überlegungen und persönlichen Probleme Honecker mitteilen würde, war mir das gar nicht recht.

Einige Tage später rief mich Hermann Axen an und teilte mir mit, dass der Generalsekretär meine Zweifel zur Kenntnis genommen hätte und dem Politbüro meine Ernennung zum Botschafter in der UdSSR vorschlagen würde. Mit meinen persönlichen Vorstellungen sei er einverstanden, und es solle alles getan werden, wie ich es wünsche. Das war mehr als ich erwartet hatte und half mir später bei den an anderer Stelle zu treffenden Entscheidungen (Zeitpunkt der Ausreise meiner Frau und Besuch der sowjetischen Schule durch Anne) sehr.

Am 10. Oktober 1987 beschloss das Politbüro meine Ernennung zum Botschafter der DDR in der UdSSR.

Vorbereitung auf die neue Aufgabe

Vor einem neuen Auslandseinsatz versucht wohl jeder Botschafter sich umfassend darüber zu informieren, wie die Beziehungen zwischen seinem Land und dem Land seines künftigen Einsatzes einzuschätzen und zu bewerten sind. Ich orientierte mich an den erreichten Ergebnissen, den Erfolgen und den positiven Erfahrungen der Zusammenarbeit mit der UdSSR. Das fiel mir in Bezug auf die Sowjetunion nicht schwer. Aus meiner bisherigen Tätigkeit kannte ich die Politik unseres wichtigsten Verbündeten sowie die positiven und negativen Seiten in unseren Beziehungen. Ich hatte von Vorgängen Kenntnis, die in der Öffentlichkeit nie behandelt wurden, aber für die Tätigkeit eines Botschafters von außerordentlicher Bedeutung waren.

DDR und Sowjetunion im engen Bruderbund

Nach 1990 wurde in vielen Veröffentlichungen der Eindruck erweckt, als ob es in den Beziehungen zwischen der DDR und der UdSSR nur Schwierigkeiten und Probleme gegeben hätte. Wenn man diesen Autoren glauben würde, dann wären die Beziehungen eine ununterbrochene Kette von Meinungsverschiedenheiten, Differenzen und Konflikten gewesen. Das entspricht weder der historischen Wahrheit noch meinen eigenen Erfahrungen.

Dieses Herangehen erklärte sich wohl mehr aus der Suche nach den Ursachen für das Scheitern des Sozialismus und den Zusammenbruch der DDR, wofür ich Anfang der 1990er Jahre sogar ein gewisses Verständnis aufbrachte. Es ging vor allem um Fragen nach Schuld und Verantwortung für das Ende der DDR und weniger um eine sachliche Darstellung der Beziehungen und der Zusammenarbeit zwischen der DDR und der Sowjetunion. Während einige die Ursachen bei Gorbatschow und der sowjetischen Führung suchten, bemühten sich andere, sie nur aus der verfehlten Politik der SED-Führung oder gar nur mit der ablehnenden Haltung des Generalsekretärs der SED zur Perestroika zu erklären.

Beides scheint mir nicht ausreichend zu sein. Wir leben in einer Welt, in der alle Entwicklungen miteinander verbunden sind, sich gegenseitig durchdringen und einander bedingen. Wer über die verfehlte Politik der SED-Führung urteilt, muss sich auch Gedanken darüber machen, welche Auswirkungen die Entwicklungen in der UdSSR und ihre internationale Politik auf die DDR hatten. Wer von der Ablehnung der Perestroika durch Honecker spricht, muss wenigstens sagen, was die Perestroika eigentlich darstellte, warum sie von der SED abgelehnt wurde und schließlich scheiterte. Berechtigt und notwendig ist auch die Frage nach der Verantwortung und dem Verhalten der BRD, der USA und anderer westlicher Staaten in der Zeit des »Kalten Krieges« und besonders nach deren Politik gegenüber der UdSSR, der DDR und anderen sozialistischen Ländern in der zweiten Hälfte der 80er Jahre.

Ich habe in den vergangenen Jahren oft genug erfahren, dass man sich mit solchen Fragen höchst verdächtig macht. Viele Bürger reagieren bei solchen und ähnlichen Fragen unangebracht sensibel. Schnell ist man als ein Mensch abgestempelt, der die Ursachen für das Scheitern einer Politik, die er mitgetragen hat, angeblich nur bei anderen suche. Wer über die eigene Verantwortung, Verstrickung oder Schuld beim Untergang der DDR nachdenkt, muss aber auch das Recht haben, sich zur Politik und dem Verhalten anderer Partner in diesem komplizierten Prozess zu äußern. Das gilt gerade auch für die, die wie ich als Zeitzeugen und Akteure an diesen Ereignissen »hautnah« beteiligt waren.

Als ich mich auf meinen Einsatz vorbereitete, musste und wollte ich von den Gemeinsamkeiten in den Beziehungen unserer beiden Staaten ausgehen, die ich auch während meiner Tätigkeit in Moskau immer in den Vordergrund stellte. Natürlich blieben die Probleme, Schwierigkeiten und Meinungsverschiedenheiten nicht unbeachtet. Im Gegenteil, die Mitwirkung an deren Lösung und Überwindung rückten später in den Mittelpunkt meiner Arbeit.

Die DDR und die UdSSR waren durch gemeinsame Ziele und Interessen und im Verlaufe der Jahrzehnte durch ein vielfältiges Geflecht gegenseitiger Beziehungen eng miteinander verbunden. Über einen langen Zeitraum bildeten sie eine ausreichende Grundlage für eine gegenseitig nützliche und fruchtbare Zusammenarbeit. Ihre Wurzeln sind in der Nachkriegsentwicklung in Europa, in der Politik der Sowjetunion seit 1945 sowie in der gemeinsamen Ideologie zu suchen.

An der Entstehung der DDR war die Sowjetunion in entscheidendem Maße beteiligt. Man betrachtete sie als ihr Kind. In der Propaganda der DDR wurde ihre Gründung sogar als das wichtigste Ergebnis des II. Weltkrieges dargestellt. Das entspricht jedoch nicht den Tatsachen. Das wichtigste Ergebnis des Krieges war für die Sowjetunion die Verschiebung ihrer Sicherheitsgrenzen weit nach Westen. Dafür zahlte sie im Krieg mit gewaltigen materiellen Schäden, der Zerstörung eines großen Teils ihrer Industrie und Landwirtschaft, den Ruinen von tausenden Städten und Dörfern, der Vernichtung unersetzbarer kultureller Schätze und vor allem mit mehr als 26 Millionen Toten. Das hinterließ im Bewusstsein der sowjetischen Völker tiefe Spuren und beeinflusste entscheidend die sowjetische Haltung gegenüber Deutschland.

Die Politik der UdSSR war von 1945 an darauf gerichtet, den einmal unter großen Opfern errungenen geostrategischen Vorteil zur Sicherung der sowjetischen Interessen in Europa zu nutzen. Nachdem das ursprünglich Ziel der sowjetischen Nachkriegspolitik – ein einheitliches, antifaschistisches, entmilitarisiertes, demokratisches und neutrales Deutschland – nicht realisiert werden konnte, kam der sowjetischen Besatzungszone, der späteren DDR, im Rahmen dieser Politik eine besondere und herausragende Bedeutung zu. Aus der Tatsache, dass die DDR in erster Linie einen zentralen Faktor der sowjetischen machtpolitischen und Sicherheitsinteressen in Europa darstellte, resultierte auch das Interesse an einer politisch und ökonomisch stabilen DDR, für deren Stärkung und internationale Anerkennung die Sowjetunion nicht wenig getan hat.

Sie sah in der DDR stets einen engen und treuen Verbündeten und wusste sehr wohl, dass die Schwächung oder gar der Verlust der DDR ernste Folgen für ihre vorgeschobene Position in Mitteleuropa haben würde. Aber auch die DDR hatte am Erhalt und der Sicherung der sowjetischen Positionen in Mitteleuropa ein unmittelbares Interesse. Man kann den Führungen der DDR manches nachsagen, aber keine – von Ulbricht über Honecker und Krenz bis zu Modrow – hatte je vergessen, dass von der allseitigen und umfangreichen Unterstützung durch die UdSSR die Existenz der DDR als sozialistischer deutscher Staat abhing. Sie war der lebenswichtige Garant für die Zukunft der DDR. Ohne die macht- und militärpolitische Absicherung durch die UdSSR wäre sie dem Druck der BRD und der Westmächte nie gewachsen und damit nicht existenzfähig gewesen. Aus dieser Verkettung der Interessen und gegenseitigen Abhängigkeit ergab sich eine weitgehende Übereinstimmung in allen Grundfragen der Außen- und Sicherheitspolitik, die der UdSSR zugleich einen beachtlichen Einfluss auf die Politik der DDR verschaffte.

Die UdSSR ging davon aus, dass wirkliche Sicherheit für sie in Osteuropa nur durch die politische, wirtschaftliche und militärische Gleichschaltung ihrer Bündnispartner möglich sein würde. Den sichersten Weg, um ihre Positionen in den Ländern Osteuropas und in der DDR zu stärken und zu sichern, sah sie in der Übertragung des sowjetischen Staats- und Gesellschaftsmodells auf diese Länder. Das schloss ein die Durchsetzung der sowjetischen Auffassungen über die führende Rolle der marxistisch-leninistischen Parteien, den demokratischen Zentralismus, die zentrale Planwirtschaft, die Anerkennung des gesellschaftlichen, sprich staatlichen Eigentums an den wichtigsten Produktionsmitteln, die sozialistische Demokratie, die Bündnispolitik und vieles andere.

Eine besondere Rolle spielte die Übernahme des sowjetischen Wirtschaftsmodells, womit die Wirtschaft der DDR auf lange Zeit einseitig auf die UdSSR und die anderen RGW-Länder ausgerichtet wurde. Mit ihren reichen Roh- und Brennstoffressourcen, ihrem breit gefächerten Wissenschafts- und Produktionspotenzial, ihrem aufnahmefähigen Binnenmarkt sowie der Schaffung eines am sowjetischen Modell der Planung und Leitung orientierten internationalen Wirtschaftsmechanismus schuf die UdSSR zwangsläufig ein ganzes System des Einflusses und der Abhängigkeit. Ohne die umfangreichen

Roh- und Brennstofflieferungen aus der UdSSR wäre die DDR kaum lebensfähig gewesen, und keine Führung der DDR hat diese Tatsache jemals außer Acht gelassen. Für die DDR gab es nach der Spaltung Deutschlands und der Gründung von zwei deutschen Staaten objektiv kaum eine andere Wahl als die Übernahme des sowjetischen Gesellschaftsmodells.

Das Überstülpen des sowjetischen Modells vollzog sich in Etappen, in unterschiedlichen Formen und nicht zeitgleich in allen osteuropäischen Ländern. Charakteristisch für alle Länder aber war, dass ihre nationalen Besonderheiten nicht genügend berücksichtigt oder einfach negiert wurden. Die Übernahme sowjetischer Erfahrungen erfolgte meist schematisch, oft unter Zwang und manchmal auch gegen den Widerstand der Führungen sozialistischer Länder. Ungeachtet dessen entsprach das sowjetische Modell weitgehend den Vorstellungen der damaligen SED-Führung über den Aufbau einer sozialistischen Gesellschaft.

In den ersten Jahren ihrer Existenz verlor die DDR durch die umfangreichen Reparationsleistungen für ganz Deutschland sehr viel von ihrer wirtschaftlichen Substanz, aber sie erhielt auch große politische Unterstützung und eine beachtliche materielle Hilfe von der Sowjetunion. Später wurde die DDR aufgrund ihres Entwicklungsniveaus in der Wirtschaft, in Wissenschaft und Technik und ihrer beachtlichen Außenhandelsmöglichkeiten zu einem geachteten und nützlichen Partner der UdSSR. Als Mitglied des Warschauer Vertrages und des Rates für Gegenseitige Wirtschaftshilfe (RGW) erwies sie sich als engster und treuester Verbündeter der Sowjetunion.

Keine unbedeutende Rolle spielten die ideologischen Gemeinsamkeiten, die allerdings nicht, wie früher angenommen, die entscheidende Grundlage der Zusammenarbeit darstellten. Aber auch der Meinung, dass die ideologische Übereinstimmung nur zur Verbrämung, Umschreibung oder Verdunkelung ihrer wirklichen, also der machtpolitischen Ziele und Interessen der Sowjetunion benutzt worden wäre, kann man nicht uneingeschränkt folgen.

In den Führungen der KPdSU und der SED herrschte die übereinstimmende Meinung vor, dass der Aufbau des Sozialismus in der DDR wie auch in anderen osteuropäischen Ländern, die Voraussage Lenins bestätigt habe, wonach sich die nach der Oktoberrevolution zutage getretenen Gesetzmäßigkeiten mit historischer Unvermeidlichkeit im internationalen Maßstab wiederholen würden. Man ging von der These aus, dass der Sozialismus in der UdSSR vollständig und endgültig gesiegt und die Erfahrungen der UdSSR die unbestreitbaren sozialökonomischen, politischen, ideologischen und moralischen Vorzüge der neuen Gesellschaft als einer dem Kapitalismus überlegenen Stufe des Fortschritts der Menschheit überzeugend vor Augen geführt habe. Daraus folgerte man, dass die DDR der bessere, der BRD in vielem überlegene deutsche Staat sei.

Für die ältere Generation der Kommunisten und Antifaschisten ging mit der Gründung der DDR in Erfüllung, wofür sie Jahrzehnte gekämpft und auch gelitten hatten. Ihr Lebenstraum, dass der Sozialismus auch in Deutschland siegen möge, wurde, so schien es zumindest lange Zeit, wenigstens in einem Teil Deutschlands zur Wirklichkeit. Sie betrachteten die DDR daher stets als ihr Lebenswerk, wie die Mehrheit der nachfolgenden Generationen auch. Diese Errungenschaft wollten sie durch niemanden zerstören lassen und nie wieder hergeben. Zu den Paradoxen der Geschichte gehört leider auch, dass sie an der Zerstörung dieses Werkes aktiv mitwirkten.

Auf der Grundlage dieser und weiterer Gemeinsamkeiten entwickelte sich ein ganzes Geflecht von politischen, ökonomischen, wissenschaftlich-technischen, kulturellen und militärischen Beziehungen. Es entsprach den Interessen beider Staaten und war für beide vorteilhaft und nützlich. Allerdings blieben es Beziehungen zwischen zwei ungleichen Partnern, einer Welt- und Supermacht und einem, von seiner geschichtlichen Entstehung, seinen territorialen Ausmaßen, seiner politischen und wirtschaftlichen Bedeutung her kaum zu vergleichenden kleineren Bündnispartner. Diese asymmetrischen Beziehungen gestatteten es vorwiegend der Sowjetunion, ihre Interessen und Ziele durchzusetzen, oft in Übereinstimmung mit der Führung der DDR, nicht selten aber auch gegen deren Willen.

Mit der Entwicklung und Stärkung der DDR, ihrer wachsenden Bedeutung in der bi- und multilateralen Zusammenarbeit musste die UdSSR, auch wenn sie es nicht besonders wünschte, Meinungen und Interessen der DDR Rechnung tragen und sogar Abweichungen von der gemeinsamen Linie zustimmen oder stillschweigend dulden. Trotzdem blieb die DDR über vier Jahrzehnte ein Staat mit begrenzter Souveränität. Was sich weniger in den formalen völkerrechtlichen Aspekten äußerte, als vielmehr in den mannigfaltigen Abhängigkeits- oder Hörigkeitsverhältnissen in der praktischen Zusammenarbeit.

Die Gemeinsamkeiten, die Übereinstimmung beider Staaten in den Grundfragen ihrer Innen- und Wirtschaftspolitik sowie ihrer Außen- und Sicherheitspolitik blieben bis in die Mitte der 80er Jahre das charakteristische und bestimmende Merkmal der Beziehungen zwischen der DDR und der UdSSR. Auf dem Gebiet der wirtschaftlichen und militärischen Zusammenarbeit blieben die gemeinsamen Interessen sogar bis zum Sommer 1990 erhalten.

Meine Auffassungen und Schlussfolgerungen stehen nicht im Widerspruch zu der Tatsache, dass es zu allen Zeiten und auf verschiedenen Gebieten Interessenkollisionen, Differenzen oder Meinungsverschiedenheiten zwischen den Führungen der DDR und der UdSSR gegeben hatte. Bekanntlich trug die DDR die widersprüchliche Außen- und Sicherheitspolitik der UdSSR in der ersten Hälfte der 80er Jahre mit, obwohl ihre eigenen Interessen und Auffassungen nicht in jedem Fall mit denen der Sowjetunion übereinstimmten. Sie versuchte damals ihren geringen außenpolitischen Spielraum besser zu nutzen. Das brachte ihr nicht immer die Sympathie der sowjetischen Führung ein, die in dieser Politik eher den Versuch der SED-Führung sah, die Führungsschwächen der UdSSR und deren komplizierte Lage für ihre eigene Profilierung auszunutzen.

Die Führung der DDR suchte den politischen Dialog und brachte in diesen auch Elemente eines neuen Sicherheitsdenkens ein, als die UdSSR noch auf Konfrontation mit den USA und der NATO setzte, die sogenannten Gegenmaßnahmen zur Stationierung der US-Mittelstreckenraketen in der BRD und in anderen westeuropäischen Staaten ergriff, die Revanchismuskampagne gegen die BRD führte, die eigentlich auf die DDR zielte, die Politik der DDR gegenüber der BRD missbilligte und die vereinbarte Reise Honeckers nach Bonn verhinderte.

Differenzen traten auch bezüglich der sowjetische Politik gegenüber der chinesischen Führung, der sowjetische Intervention in Afghanistan, dem von der Sowjetunion erzwungenen Boykott der Olympischen Spiele in Los Angeles 1984 wie auch in Fragen der wirtschaftlichen Zusammenarbeit auf.

Die Betonung der Gemeinsamkeiten hielt ich für notwendig, obwohl man mit ihnen in der diplomatischen Tätigkeit allein kaum etwas anfangen kann. Man akzeptiert sie als etwas Selbstverständliches, als langfristige Grundlage des Handelns. Schwierigkeiten, Meinungsverschiedenheiten und Differenzen hatten dagegen, wenn man so sagen will, kurzzeitigen Charakter. Sie treten zu bestimmten Zeiten als Ergebnis objektiver Entwicklungsprozesse auf, haben oft auch subjektive Ursachen und nach ihrer Lösung verschwinden sie meist auch wieder. Die Probleme und Meinungsverschiedenheiten zwischen den Führungen der SED und der KPdSU in den 80er Jahren belasteten hingegen ernsthaft die vertrauensvolle und freundschaftliche Zusammenarbeit zwischen beiden Staaten. Natürlich schenkte ich diesen Fragen in meiner kurzen Vorbereitungszeit besondere Aufmerksamkeit. Die Spannungen in unseren Beziehungen zeigten sich vor allem in der Bewertung der innenpolitischen Entwicklungen in der UdSSR nach dem April-Plenum des ZK der KPdSU 1985, in ideologischen Fragen, in der Außen- und Sicherheitspolitik sowie in der bi- und multilateralen wirtschaftlichen und wissenschaftlich-technischen Zusammenarbeit.

1985: SED-Führung begrüßte Führungswechsel

Am 10. März 1985 starb der Generalsekretär des ZK der KPdSU, Konstantin Tschernenko, und bereits am nächsten Tag wurde Michail Gorbatschow zum Nachfolger gewählt. Im Unterschied zu vielen anderen Meinungen möchte ich betonen, dass Honecker und das Politbüro der SED die Wahl Gorbatschows begrüßten, ungeachtet der zwischen der DDR und der UdSSR existierenden Probleme. Der Führungswechsel in der KPdSU und an der Spitze des sowjetischen Staates wurde nach Jahren der Stagnation und Führungskrisen – innerhalb weniger Jahre waren drei Generalsekretäre verstorben –, dem Autoritätsverlust der KPdSU im eigenen Land sowie wegen des sinkenden internationalen Einflusses der UdSSR als eine längst fällige Entscheidung betrachtet. In Berlin erwartete man von dem neuen Generalsekretär mehr Dynamik, größere Entschlossenheit bei der Lösung der inneren Probleme und eine konstruktivere Haltung in den internationalen Beziehungen.

Sicherlich hoffte Honecker, dass Gorbatschow größere Aufgeschlossenheit und mehr Verständnis als sein Vorgänger für die Lage und die Politik der DDR aufbringen werde.

Da Gorbatschow bereits am 11. März 1985 erklärt hatte, dass die strategische Linie der KPdSU unverändert bleibe, ging man in Berlin davon aus, dass die neue Führung der KPdSU grundsätzlich am bestehenden Sozialismusbild und Sozialismusmodell festhalten und nur bestimmte Seiten des Sozialismus vervollkommnen werde. Einen Grund zur Beunruhigung sah das Politbüro der SED nicht, entsprach doch diese Linie den Vorstellungen der SED. Die ersten Äußerungen Gorbatschows schienen diese Erwartungen auch zu bestätigen.

Auf dem April-Plenum des ZK der KPdSU 1985 war von der Umgestaltung der ganzen Gesellschaft, der Perestroika, noch keine Rede. Gorbatschow orientierte die Partei und das Land auf die Beschleunigung der sozialen und ökonomischen Entwicklung, auf die Vervollkommnung der sozialistischen Gesellschaft. Die Hauptfrage war, auf welchem Wege und mit welchen Mitteln die wirtschaftliche Entwicklung der UdSSR beschleunigt werden könnte. Im Vordergrund standen die Versuche einer maximalen Mobilisierung der sogenannten Reserven des ersten Zugriffs. Veränderungen am wirtschaftlichen System und dessen Strukturen waren zunächst nicht vorgesehen. Das ZK der KPdSU hielt eine erhebliche Verstärkung des Wachstumstempos für möglich, wenn im Mittelpunkt der Wirtschaftspolitik die Intensivierung der Produktion und die zügigere Einführung des wissenschaftlich-technischen Fortschritts stehen sowie die Struktur- und Investitionspolitik verändert würden. Der Kurs der Beschleunigung beschränkte sich jedoch nicht auf den ökonomischen Bereich. Er sah zugleich eine aktive Sozialpolitik und die konsequente Durchsetzung des Prinzips der sozialen Gerechtigkeit vor. Man setzte auf mehr Demokratie, auf eine entschlossene Überwindung von Trägheit, Stagnation und Konservatismus. Um all diese Ziele zu erreichen, wurden verschärfte administrative Maßnahmen beschlossen. Sie richteten sich vorwiegend auf die Überwindung von Arbeitsbummelei, auf mehr Ordnung und Disziplin, größere Sparsamkeit sowie auf die stärkere Anwendung von Kritik und Selbstkritik.

Da die Ursache für die niedrige Arbeitsproduktivität im weit verbreiteten Alkoholmissbrauch gesehen wurde, forderte das Politbüro verschärfte administrative und strafrechtliche Gegenmaßnahmen. Die danach vom Ministerrat der UdSSR und den Gewerkschaften gefassten Beschlüsse lösten dieses scheinbar ewige Problem nicht, sondern verschärften nur die bereits katastrophale wirtschaftliche und finanzielle Lage. Wie die folgende Entwicklung zeigte, richteten sich die Aktivitäten der neuen sowjetischen Führung vor allem auf die Überwindung der negativen Erscheinungen im gesellschaftlichen Leben der UdSSR.

Die Mehrheit der Mitglieder der KPdSU und der Bevölkerung der UdSSR setzte große Hoffnungen in Gorbatschow und unterstützte seinen neuen Kurs. Den meisten war wohl mehr oder weniger klar, dass man so nicht weiter leben konnte. Dass diese neue Politik nur Erfolg haben konnte, wenn alle Bürger sich ändern und daran aktiv teilnehmen würden, war nur wenigen bewusst. Der seit Jahrzehnten angestaute Unwille, der Zorn und die Unzufriedenheit mit der bisherigen Politik der KPdSU äußerten sich nun ganz offen. Erscheinungen von Funktions- und Amtsmissbrauch, Gesetzesverletzungen, Bürokratismus, Korruption, der »Kauf von Posten«, Alkoholmissbrauch, Diebstahl von sozialistischem Eigentum und die Unterdrückung von Kritik, um nur einige zu nennen, versprach man mit aller Schärfe zu verfolgen. Drastische Maßnahmen drohten wegen solcher Vergehen auch Partei- und Staatsfunktionären aller Ebenen sowie Mitarbeitern der Miliz und der Rechtspflegeorgane. Die Öffentlichkeit war über das Ausmaß der aufgedeckten Deformationen und Verbrechen schockiert.

Die Hauptaufgabe, die Beschleunigung der sozial-ökonomischen Entwicklung des Landes, fand in Worten allseitig Zustimmung und Unterstützung; die Überleitung der Wirtschaft auf die Intensivierung, auf ein neues System der Planung und

Leitung erwies sich in der Praxis jedoch als außerordentlich kompliziert. Der Wirtschaftsmechanismus beruhte zum Teil noch auf Prinzipien und Methoden, die sich in den dreißiger Jahren herausgebildet hatten und schon seit langem nicht mehr dem erreichten Entwicklungsstand entsprachen. Seine Struktur und Wirkungsweise widersprach den Forderungen nach besserer Qualität, größerer Flexibilität und Dynamik sowie hohem Innovationstempo bei der Entwicklung und Produktion von Erzeugnissen und Technologien. Die Wirtschaftsgesetzgebung war veraltet, aufgebläht und in sich widersprüchlich. Vieles war überhaupt nicht geregelt. Die Zahl der Normativakte belief sich auf Zehntausende und war von den Leitern nicht mehr zu überblicken. Hieraus resultierten viele Probleme, Reibungen in den Wirtschaftsbeziehungen, die Überbetonung der Rechte der Ministerien als auch die Einengung der Möglichkeiten und Rechte der Betriebe und Vereinigungen.

Trotz aller Schwierigkeiten kam es 1985 zunächst zu einer gewissen wirtschaftlichen Belebung. Die Industrie arbeitete insgesamt rhythmischer. Eine grundsätzliche Änderung oder gar eine Wende trat jedoch nicht ein. Obwohl das ZK der KPdSU und die Regierung der Versorgung der Bevölkerung mit Waren des täglichen Bedarfs und den Arbeits- und Lebensbedingungen besondere Aufmerksamkeit schenkten, veränderte sich die Lage nur geringfügig und an vielen Orten überhaupt nicht.

Es zeigte sich, dass eine große Anzahl von Funktionären die neuen Aufgaben und Anforderungen nicht verstand oder sie ablehnte. Manche nahmen eine abwartende Haltung ein und hofften, dass sich der Wirbel bald legen würde und man dann in der gewohnten Weise weiterarbeiten könnte. Das Festhalten an den alten Gewohnheiten, die Trägheit im Denken und Handeln der Menschen, vor allem der Leiter, stellten ein ernstes Hindernis für die Realisierung der neuen Politik Gorbatschows dar. Es zeigte allerdings auch, dass Gorbatschow diese für die Menschen der Sowjetunion charakteristische Mentalität und Haltung völlig unterschätzt hatte.

Zweifelsohne beeinflusste die Tatsache, dass die neue Politik in der Sowjetunion auf Widerstand stieß und einige Maßnahmen von Anfang an nicht griffen, die Haltung der SED-Führung in der Anfangsphase der Umgestaltung. In Berlin war man überzeugt, dass Veränderungen in der Sowjetunion unumgänglich wären. Zum Vorgehen der sowjetischen Führung gab es jedoch bald Vorbehalte, Zweifel an der Richtigkeit mancher Entscheidung wuchsen. Das bisherige Bild von der Sowjetunion begann sich zu verändern und passte bald nicht mehr in das bis dahin gültige Klischee.

Die Ausführungen Gorbatschows auf dem April-Plenum 1985 zur Außenpolitik waren relativ kurz. Seine scharfe Kritik an den USA und den anderen westlichen Staaten, die er für das Wettrüsten und die Sabotage der Abrüstung verantwortlich machte sowie seine Vorschläge, nach Wegen zu suchen, die zum Ausgleich der Beziehungen und zu einer gegenseitig vorteilhaften Zusammenarbeit führen könnten, fanden bei der SED Zustimmung. Unterstützung gab es auch für die sich daraus ergebenden außenpolitischen Schritte, wie die Wiederaufnahme der Genfer Verhandlungen, das Moratorium über die Einstellung aller Kernexplosionen und das Treffen zwischen Reagan und Gorbatschow in Genf. Auch die Versicherung, dass die Sowjetunion alles tun werde, um das Zusammenwirken mit den sozialistischen Staaten zu erweitern und die Rolle und den Einfluss des Sozialismus in der Welt zu erhöhen, fand eine positive Aufnahme.

In den Sachfragen der Innen- und Außenpolitik herrschte zwischen der KPdSU und der SED also weitgehende Übereinstimmung. Andererseits blieb aufgrund der bekannten Probleme bei Honecker und der Führung das seit Jahren angestaute Misstrauen gegenüber der KPdSU erhalten. Man setzte auf Zeit, wollte abwarten, was der neue, junge Mann wirklich kann und wie er sich entwickeln würde. Von Anfang an jedoch missfiel Honecker und wohl auch anderen Mitgliedern der Führung die Art und Weise des Auftretens des neuen Generalsekretärs.

Zum ersten Mal seit vielen Jahren stand an der Spitze der KPdSU ein Mann, der sich souverän bewegte und frei redete, schnell Zugang zu den Menschen fand, der, wie es schien, nicht nur die Probleme und Missstände kannte, sondern auch offen darüber sprach, sie kritisierte und verurteilte. Gorbatschow faszinierte rasch die Menschen in der UdSSR und im Ausland mit seinen Auftritten, durch seine Worte und Erklärungen.

Die Führung der SED und wohl auch wir Funktionäre fanden keinen vernünftigen, ausgewogenen und realistischen Zugang zu dieser von Gorbatschow forcierten Entwicklung. Wir gingen in unserer Selbstüberschätzung und Selbstzufriedenheit davon aus, dass die DDR der Sowjetunion wenigstens um einen Schritt voraus war und viele Aufgaben, die die sowjetische Führung stellte, von uns bereits erfolgreich gelöst wären. In der Führung der SED hoffte man sogar, dass sich die Sowjetunion an den Erfahrungen der DDR orientieren möge. Manches hätte man tatsächlich von der DDR übernehmen können, und trotzdem sah unsere Wirklichkeit, wie wir heute wissen, nicht so rosig aus, wie wir versuchten sie darzustellen. Die Lage war viel ernster, als wir es uns damals eingestehen wollten oder überhaupt wussten. Unsere wirtschaftlichen Probleme waren bereits unübersehbar. Sicher hatte die Führung der DDR es verstanden, die Möglichkeiten des administrativen Systems effektiver und besser zu nutzen als in der UdSSR. Viele Probleme in der Sowjetunion, ihre konkreten Erscheinungen und Auswirkungen auf wirtschaftlichem und sozialem Gebiet, der Grad der Deformation des Sozialismus waren mit der DDR nicht vergleichbar.

Aber das Wirtschaftssystem der DDR war ebenfalls an seine Grenzen gestoßen, die wirtschaftlichen Probleme und die zu erwartenden politischen Auswirkungen waren 1985 bereits spürbar. Nur glaubte die Führung, diese ernsten Signale weiter ignorieren zu können. Sie sah keinen Handlungsbedarf, war von der Richtigkeit ihrer Politik überzeugt und glaubte keine Veranlassung zu haben, ihre Politik zu überdenken und analoge Schritte in der Innen- und Wirtschaftspolitik einzuleiten. Es herrschte die Meinung vor, die weitere Entwicklung zunächst einmal zu beobachten. Die grundsätzliche Übereinstimmung mit der Politik Gorbatschows und die öffentliche Unterstützung für die Politik der KPdSU überdeckte 1985 die abwartende Haltung der Führung der SED.

Gorbatschow setzte anfangs besondere Hoffnungen in die Zusammenarbeit mit der DDR. Er glaubte offenbar, Honecker und die DDR als wichtigsten Verbündeten für die Umgestaltung gewinnen zu können. Die Führung der KPdSU erkannte die relativ stabilen politischen und ökonomischen Positionen der DDR an. Mehr noch, sie blieb auch an der Steigerung der wirtschaftlichen Leistungsfähigkeit der DDR, ihrer politischen Stabilität, am Wohlwollen der Führung der SED und ihrer tatkräftigen Unterstützung interessiert. Die verstärkte operative Abstimmung zwischen beiden Generalsekretären, wie sie auf dieser Ebene seit langem nicht mehr möglich gewesen war, wirkte sich positiv auf das politische Klima in den zweiseitigen Beziehungen aus. Gorbatschow lobte Honecker wiederholt wegen dessen Innen- und Außenpolitik. Nach seiner Rückkehr vom XI. Parteitag der SED 1986 soll er erklärt haben, Erich Honecker hielte sein Haus in Ordnung, und erteilte den Auftrag, die Erfahrungen der DDR sorgfältig zu studieren.

Man machte keinen Hehl daraus, dass die DDR bestimmte Fragen der sozialistischen Gesellschaft besser als die UdSSR gelöst hatte. Das betraf sowohl die Durchsetzung des wissenschaftlich-technischen Fortschritts, die Intensivierung der Produktion, die Leitung der Industriekombinate als auch Fragen der sozialen Politik, des Wohnungsbaus, des Genossenschaftswesens in der Landwirtschaft und im Handwerk, der Materialökonomie, der Verwertung von Sekundärrohstoffen und manch anderem.

Gorbatschow beauftragte die zuständige Abteilung des ZK der KPdSU, einen Maßnahmeplan für eine verstärkte Zusammenarbeit mit der DDR auszuarbeiten. Die KPdSU hätte eine solche Aufgabe nicht gestellt, wenn sie von der Stabilität der DDR nicht überzeugt und an einer freundschaftlichen und fruchtbaren Zusammenarbeit mit ihr nicht interessiert gewesen wäre.

Aber auch Honecker glaubte zu dieser Zeit noch, den anderen für seine eigenen Ziele und Interessen gewinnen zu können, zumal die Übereinstimmung in allen wichtigen Fragen der Innen- und Außenpolitik unübersehbar war. Von vermeintlich offener Feindschaft zwischen Gorbatschow und Honecker, wie manchmal zu hören oder zu lesen ist, konnte bis Ende 1986 noch keine Rede sein. Die Meinungsverschiedenheiten waren unübersehbar, sie nahmen sogar noch zu, und trotzdem, oder gerade deshalb, wurden von beiden Seiten Anstrengungen unternommen, um die Zusammenarbeit noch enger und fruchtbarer zu gestalten.

Leider brachte auch der XXVII. Parteitag der KPdSU im Frühjahr 1986, an dem eine Delegation der SED unter Leitung von Honecker teilnahm, keine wirkliche Bewegung in die Politik der SED. Die Vorbereitung des Parteitages wurde in der SED aufmerksam verfolgt und die veröffentlichten Entwürfe der Parteitagsdokumente der KPdSU einer kritischen Analyse unterzogen. Darüber wurden der Generalsekretär und das Politbüro regelmäßig informiert. Offensichtlich zog man bereits in der Vorbereitung auf den Parteitag die Schlussfolgerung, die durch die angenommenen Beschlüsse bestätigt wurde, dass die Gesellschaftsstrategie der KPdSU unverändert auf die planmäßige und allseitige Vervollkommnung des Sozialismus in den kommenden Jahrzehnten ausgerichtet sein würde.

Die Autoren der Parteitagsdokumente der KPdSU schienen vom Sozialismus tief überzeugt zu sein, andere Gesellschaftsvarianten gab es für sie ganz eindeutig noch nicht. Die Führungsmannschaft um Gorbatschow verfolgte Anfang 1986 nur dieses Ziel, die Vervollkommnung des Sozialismus und kein anderes. Allein aufgrund der gesamten innenpolitischen und internationalen Situation und der Meinungsverschiedenheiten im Politbüro der KPdSU über die Wege und Methoden zur Lösung der Probleme und zur Erneuerung des Sozialismus musste Gorbatschow an dieser Grundlinie festhalten.

Als Gorbatschow zum Generalsekretär gewählt wurde, hatte er, wie er später wiederholt erklärte, keine eindeutigen Vorstellungen und erst recht keine Konzeption für die künftige Entwicklung der UdSSR. Selbst spätere Auslassungen Gorbatschows, von Eduard Schewardnadse, Minister für Auswärtige Angelegenheiten, von Alexander Jakowlew, Mitglied des Politbüros und Berater Gorbatschows, man hätte damals bereits an radikale Reformen des Sozialismus oder gar an seine Beseitigung gedacht, sind nicht glaubhaft.

Es ist eindeutig erwiesen, dass solche Visionen oder Pläne in der praktischen Politik der Sowjetunion damals keine Rolle spielten. Gorbatschow suchte nach einem Ausweg aus der Krise, in der sich die sowjetische Gesellschaft befand. Den sah er jedoch nicht im Übergang zu einer, wie auch immer modifizierten kapitalistischen Gesellschaft, sondern in der Erneuerung und Vervollkommnung des Sozialismus, der Stärkung seiner demokratischen und humanen Funktionen.

Erste Zweifel an Gorbatschows Kurs

Von einer Änderung der gesellschaftlichen Verhältnisse wurde in den Parteitagsdokumenten nicht gesprochen, es ging darin um deren Verbesserung. Aber die Strategie der Beschleunigung wurde mit der Forderung nach Erneuerung der Formen und Methoden der Arbeit der politischen und ideologischen Institutionen und zur Vertiefung der sozialistischen Demokratie verbunden. Der politischen Trägheit und dem Konservatismus im Denken und Handeln, die den gesellschaftlichen Fortschritt hemmten, wurde ein entschlossener Kampf angesagt. Die in der Parteitagsvorbereitung erstmals seit den 20er Jahren wieder aktiv propagierte Formulierung Lenins von der sozialistischen Selbstverwaltung des Volkes wurde weiterentwickelt. Sie galt als Orientierung für die Vervollkommnung der sozialistischen Demokratie in allen gesellschaftlichen Bereichen. Außerordentlich hohe Anforderungen wurden an die Führungstätigkeit der Parteiorgane gestellt. Die Partei sollte die Arbeit mit den Menschen, die Verbindung zu den werktätigen Massen als ihre wichtigste Aufgabe betrachten.

Doch der Parteitag zeigte auch die Veränderungen in der sowjetischen Gesellschaft. Das Neue wurde im Politischen Bericht des ZK, in der Entschließung und vor allem in der Diskussion sichtbar. Im Politischen Bericht wurde der vom April-Plenum des ZK der KPdSU 1985 beschlossene Kurs zur Beschleunigung der sozialökonomischen Entwicklung des Landes bestätigt. Man schien überzeugt, dass von dessen konsequenten Verwirklichung das Schicksal des Sozialismus und der Erfolg in der Auseinandersetzung mit dem Imperialismus abhängen würden.

Mit dem bis zum Beginn des nächsten Jahrtausends konzipierten strategischen Kurs wurden Aufgaben gestellt, die tiefgreifende Wirkungen und Wandlungen in der sowjetischen Gesellschaft erzielen sollten. Obwohl diese Linie nur begrenzte Korrekturen innerhalb des Systems darstellte, konnte man bereits ahnen, welche weitgehenden Auswirkungen er auf die Innen- und Wirtschaftspolitik, auf das Leben in der UdSSR, auf ihre künftige Außen- und Sicherheitspolitik und somit auch auf andere sozialistische Länder haben würde.

Das Neue zeigte sich auch darin, dass die Diskussion um den Politischen Bericht, das Programm und das Statut der Partei einen Pluralismus der Meinungen aufwies, wie auf keinem KPdSU-Parteitag zuvor, und wie er auf einem Parteitag der SED unvorstellbar gewesen wäre.

Die bereits in Vorbereitung des Parteitages sichtbar gewordene Tendenz, mit allen Tabus zu brechen, widerspiegelte sich in der Diskussion. Was der neuen Politik schadete, sie behinderte, wurde kritisiert. Mängel, Fehler und Schwierigkeiten wurden offen angesprochen und schonungslos aufgedeckt. Auf ungenutzte Möglichkeiten des Sozialismus, auf seine Vorzüge wurde nicht nur hingewiesen, ihre konsequente Ausnutzung wurde nachdrücklich gefordert. Kein Bereich des gesellschaftlichen Lebens, keine Ebene der Partei wurde von Kritik ausgenommen.

Der widersprüchliche Charakter des Parteitages und der angenommenen Beschlüsse sowie die gesamte Atmosphäre, insbesondere der Meinungspluralismus in der Diskussion, beunruhigten die Delegation der SED merklich. Natürlich hat sie das nicht zugegeben. Aber allein die Tatsache, dass im Bericht der Delegation über den XXVII. Parteitag von diesem neuen Geist kaum etwas zu spüren war, bestätigt meine Vermutung. Hervorgehoben wurden vor allem die Gemeinsamkeiten, die Übereinstimmungen, und davon gab es eine ganze Menge. Die unterschiedlichen Positionen der SED fanden im Bericht keine Erwähnung.

In der Praxis zeigte sich bald, dass der strategische Kurs der Beschleunigung, die These von der Selbstverwaltung des Volkes und selbst die Formulierung »sozialökonomische Entwicklung« nicht mit den Auffassungen der SED übereinstimmten. Gorbatschow sprach ständig von der »Beschleunigung der sozialökonomischen Entwicklung des Landes«. Es war sicher kein Lapsus der Übersetzer, dass in der deutschen Übersetzung daraus »Beschleunigung der wirtschaftlichen und sozialen Entwicklung des Landes« wurde. Das hatte große Ähnlichkeit mit der in der DDR üblichen Wendung von der »Einheit von Wirtschafts- und Sozialpolitik«.

Um offenbar vorhandene Beunruhigungen bei Honecker oder anderen Mitgliedern des Politbüros wegen der »Selbstverwaltung des Volkes« zu zerstreuen, wurde von einer Abteilung des ZK der SED ein erklärendes Papier ausgearbeitet. Zweifel wurden an der Notwendigkeit zur weiteren Entwicklung der sozialistischen Demokratie und der Demokratisierung des innerparteilichen Lebens geäußert. Von entscheidender Bedeutung jedoch war, dass sich der wirklich neue Geist des Parteitages der KPdSU, der unter den Mitgliedern der SED breite Zustimmung fand, sich auf dem wenige Wochen später stattfindenden XI. Parteitag weder in seinen Beschlüssen noch in der Diskussion widerspiegelte.

Die sowjetische Seite spürte, dass Honecker und einige Mitglieder des Politbüros der SED Vorbehalte gegenüber wichtigen Entscheidungen des XXVII. Parteitages der KPdSU hatten. Als Gorbatschow im April 1986 anlässlich des XI. Parteitages der SED in Berlin weilte, bemerkte er gegenüber Honecker, dass er bei ihm Irritationen und eine Reserviertheit im Zusammenhang mit dem XXVII. Parteitag festgestellt habe. In seiner Rede hätte Honecker weder über die Bedeutung des XXVII. Parteitages für den Sozialismus noch darüber gesprochen, dass die UdSSR jetzt auch den Kurs der Einheit von Sozial- und Wirtschaftspolitik verfolge.

Honecker wich einer klaren Antwort aus und versuchte diesen Eindruck zu verwischen, indem er beteuerte, dass von Irritationen und Reserviertheit keine Rede sein könne.

Er versteckte sich hinter Vorbehalten von Mitgliedern der SED in bestimmten Fragen des XXVII. Parteitages, die es tatsächlich gegeben hatte. Es war jedoch kein Geheimnis, dass zu diesen Leuten auch Honecker selbst gehörte. Von der Enttäuschung Gorbatschows zeugte auch dessen Bemerkung, dass er einen kritischeren Parteitag der SED erwartet hätte, die SED die Probleme der Sowjetunion wie ihre eigenen betrachten und mehr Solidarität hätte zeigen sollen.

Diese Bemerkungen Gorbatschows wie auch bestimmte Teile seiner Rede auf dem Parteitag der SED verärgerten die Führung um Honecker. Wie mir Hermann Axen einmal erzählte, hätte dieses Verhalten Gorbatschows eine Einmischung in die inneren Angelegenheiten der SED dargestellt.

In den vergangenen Jahren habe ich in Gesprächen, Diskussionen und in manchen Büchern feststellen müssen, dass der

Führung der SED und speziell Honecker unterstellt wird, bereits seit 1985 eine Politik der Abschottung gegenüber der Perestroika betrieben zu haben. Das entspricht jedoch nicht den Tatsachen. Ähnliche Abweichungen von den wirklichen Vorgängen gibt es auch in Bezug auf die Einschätzung der Perestroika. Die Vorgänge in der Sowjetunion, die als Perestroika bekannt wurden, wie auch das Unverständnis für deren Kompliziertheit haben dazu geführt, dass viele Buchautoren und auch Wissenschaftler die Perestroika nicht als einen Prozess verstanden. Es wurde der Eindruck erweckt, als ob seit dem April-Plenum der KPdSU 1985 oder spätestens seit dem XXVII. Parteitag der KPdSU eine ausgereifte Konzeption der Reform des Sozialismus und des »Neuen Denkens« vorgelegen hätte. In Wirklichkeit entwickelte sich die Perestroika in einigen Etappen oder Phasen mit sehr unterschiedlicher Aufgabenstellung.

Ich habe in meinen Vorträgen nach 1990 immer darauf hingewiesen, dass man in der Entwicklung der Sowjetunion von 1985 bis 1991 vier solcher Phasen deutlich erkennen kann. Mehr noch, ich war und bin immer noch der Meinung, dass sich die Haltung der Führung der SED zur KPdSU, zur Perestroika und zur Politik Gorbatschows, ihr Misstrauen, ihre Entfremdung und schließliche Abschottung von den Entwicklungen in der UdSSR, abhängig von den Entwicklungen in deren Innen- und Außenpolitik vollzogen. Meine Thesen fanden damals allerdings wenig Beachtung und Unterstützung.

Von Gromyko zu Schewardnadse

Nach meiner Ernennung zum Botschafter verblieb nicht viel Zeit für die Vorbereitung auf den neuen Einsatz. Ich glaube nicht schlecht vorbereitet zu sein, aber ich wusste auch um meine Lücken. Mir fehlten das tiefere Wissen um die letzten Entwicklungen in der Sowjetunion, eine differenziertere Kenntnis der sowjetischen Außenpolitik und vor allem mehr Informationen über den neuesten Stand der Beziehungen zwischen der SED und der KPdSU und der Zusammenarbeit mit der UdSSR auf allen Gebieten. Diese Themen standen im Mittelpunkt meiner Vorbereitung. Ich merkte jedoch sehr schnell, dass die Fixierung auf die Gegenwart allein nicht ausreichte, um die Ursachen und die Probleme in den internationalen Beziehungen sowie die Lage der Sowjetunion, die Außen- und Innenpolitik Gorbatschows und letztlich auch die Zusammenarbeit zwischen der DDR und der UdSSR besser zu verstehen. Das Studium einschlägiger Dokumente und Materialien führte mich zwangsläufig in die jüngste Vergangenheit zurück. Das half mir schließlich sehr, die Haltungen und die Politik der betroffenen Seiten eingehend nachzuvollziehen.

Mir scheint, dass auch dem Leser meiner Erinnerungen ein solcher Rückblick helfen könnte. Deshalb soll an dieser Stelle ein kurzer Überblick hinsichtlich der internationalen Lage und der Beziehungen zwischen der UdSSR und den USA Mitte der 80er Jahren folgen.

Unter Präsident Ronald Reagan kam der Prozess der internationalen Entspannung endgültig zum Stillstand. An seine Stelle trat die Politik der Konfrontation. Reagan verkündete den »Kreuzzug« gegen das »Reich des Bösen« und das Programm des »Sternenkrieges«, das mit der fieberhaften Aufrüstung, der Entwicklung und Produktion neuer moderner Waffenarten verbunden war. Das Streben nach Beseitigung des militärischen Gleichgewichts und nach militärischer Überlegenheit rückte jeden konstruktiven Dialog und jede Vereinbarung mit der Sowjetunion über die Rüstungsbegrenzung in weite Ferne. Die Reagan-Administration lehnte jeden konstruktiven Dialog und jede Zusammenarbeit mit der UdSSR ab. Trotz der sowjetischen Führungsschwächen in den Jahren 1981–1985 sowie der zwischen Breshnew, Andropow und Tschernenko bestehenden Unterschiede gingen jedoch alle drei, und erst recht Außenminister Gromyko, von der festen Überzeugung aus, dass ein nuklearer Krieg unbedingt vermieden werden müsse und selbst eine minimale Zusammenarbeit mit den USA den Interessen der UdSSR entspreche würde.

Gorbatschow vertrat wohl bereits vor der Übernahme seines Amtes als Generalsekretär der KPdSU die Auffassung, dass ohne wesentliche Korrekturen am außenpolitischen Kurs der Sowjetunion eine sachliche Zusammenarbeit mit dem Westen, vor allem mit den USA, nicht möglich sein werde. Es wäre jedoch ein Fehler anzunehmen, dass Gorbatschow oder irgendein anderer in der Sowjetunion damals über eine halbwegs ausgereifte Idee oder gar über ein handlungsfähiges Konzept zur Realisierung dieses Kurses verfügt hätten. Im Gegenteil, auch Gorbatschow war nicht frei vom »alten Denken« und das war nicht verwunderlich. Sein Aufstieg in der Parteihierarchie hatte auch ihn nachdrücklich geprägt.

Die Beziehungen zwischen der Sowjetunion und den USA blieben auch 1985 widersprüchlich. Ein positiver Faktor war, dass sich die bilaterale Zusammenarbeit zwischen beiden Staaten wieder belebte und die Kontakte und Verbindungen, die von der Reagan-Administration Anfang der 80er Jahre abgebrochen worden waren, nun wiederhergestellt wurden.

Gorbatschow hatte anfangs kein klares Programm für die Außenpolitik des Landes. Das erste Ziel seiner Bemühungen war jedoch bereits abgesteckt. Er trat für eine grundsätzliche Wende in den Beziehungen zu den USA und für eine deutliche Entspannung in den internationalen Beziehungen ein. Zwei wichtige Erkenntnisse bestimmten seine ersten außen- und sicherheitspolitischen Überlegungen. Die Sowjetunion müsse den Rüstungswettlauf mit den USA und der NATO beenden, weil er nicht zu gewinnen sei, und ohne die Beendigung der Rüstungsspirale sei eine Lösung der innenpolitischen Probleme der Sowjetunion nicht möglich.

Dieses Ziel war nach seiner Meinung nur durch eine höhere Dynamik und eine größere strategischen Weite der sowjetischen Außenpolitik zu erreichen. Damit sollte mehr Raum für umfangreichere politische Manöver geschaffen werden. Eine Beendigung des Kurses der amerikanischen Konfrontation und die Wiederaufnahme der Gespräche mit der Reagan-Administration schienen ihm nur möglich, wenn die Sowjetunion in den Fragen der Abrüstung und der Rüstungsbegrenzung größere Kompromissbereitschaft zeige.

Der innenpolitische Druck und die Jagd nach schnellen außenpolitischen Erfolgen verwandelten diesen zunächst überzeugenden und begründeten Ansatz in eine Politik ständiger Zugeständnisse an die USA. Wie der erste Schritt immer die Richtung angibt, so haben auch die ersten außenpolitischen Schritte Gorbatschows seine weiteren Handlungen, seine Erfolge und vor allem seine Niederlagen beeinflusst.

Für Gorbatschow war klar, dass er die geplante Wende in der Außenpolitik nicht mit Gromyko vollziehen konnte. Obwohl er ihm seine Wahl zum Generalsekretär zu verdanken hatte, musste er sich, wenn möglich ohne große Komplikationen, von Gromyko trennen. In seinem Freundeskreis verhehlte er nicht seine Unzufriedenheit mit dem angeblich konservativen und dogmatischen Herangehen Gromykos an die Kardinalfragen der sowjetischen Außenpolitik, vor allen Dingen an die Beziehungen zu den USA.

Jemand des Konservatismus und Dogmatismus zu beschuldigen, wurde unter Gorbatschow zu einer beliebten Methode, um die Gegner oder Zweifler seiner Politik der Perestroika zu kennzeichnen und politisch auszuschalten. Niemand machte sich die Mühe zu erklären oder zu definieren, worin Konservatismus und Dogmatismus im konkreten Fall eigentlich bestehen. Es reichte aus, Zweifel an der Politik der Perestroika, an Glasnost und »Neuem Denken« zu äußern, um mit dieser »Auszeichnung« bedacht zu werden. Mit Andersdenkenden wurde bald nicht mehr diskutiert, ihre Meinung interessierte nicht, weil sie Gorbatschow und sein Gefolge störten. Hätte man auf die Meinungen der unzähligen Spezialisten gehört, die Gorbatschow zum Nachdenken aufriefen, dann hätten manche Fehler in der sowjetischen Innen- und Außenpolitik verhindert werden können.

Ich sehe in diesem Verhalten eine der Ursachen für das Scheitern der Perestroika. Man kann über Gromyko sicher unterschiedlicher Meinung sein, aber er war ein Politiker von Format. Anfang Juli 1985 wurde der sowjetischen Öffentlichkeit und der Welt der Wechsel im Außenministerium der UdSSR mitgeteilt.

Ich lernte Gromyko erst bei meiner Akkreditierung als Botschafter der DDR in der UdSSR persönlich kennen. Trotzdem war er mir nicht unbekannt. Ich hatte seine wichtigsten Reden und Artikel gelesen, Einblick in einige Niederschriften von Gesprächen mit Honecker oder Fischer genommen und manche Erzählung über ihn, seine diplomatische Tätigkeit und seine charakterlichen Eigenschaften gehört. Nicht alles fand ich in Moskau bestätigt, aber davon soll hier nicht die Rede sein.

Gromyko stand 28 Jahre an der Spitze des Außenministeriums der UdSSR. Sein Rücktritt bedeutete das Ende einer ganzen Epoche in der sowjetischen Außenpolitik und Diplomatie. Er war ein überzeugter Kommunist, ein treuer Vertreter sowjetischer Politik. Seine besondere Sorge galt der Sicherung und dem Erhalt des Friedens für die Sowjetunion und für die Welt, dem Schutz der materiellen, sozialen und kulturellen Errungenschaften der UdSSR und seiner Bürger. Den politischen Kurs der jeweiligen sowjetischen Führung vertrat er stets konsequent, zuweilen mit Härte, in der Regel aber mit viel diplomatischem Geschick. Er kämpfte beharrlich gegen die Gefahr eines neuen, nuklearen Krieges und für den Abschluss von Abkommen zur Abrüstung und Rüstungsbegrenzung.

Er galt auch als Initiator vieler außenpolitischer Schritte der Sowjetunion, darunter auch zahlreicher Abrüstungsinitiativen. Wie kaum ein anderer sowjetischer Politiker vertrat Gromyko energisch und zielstrebig, manchmal auch verbissen, die Interessen der UdSSR und stand damit in keiner Weise hinter seinen amerikanischen Kollegen zurück. Bis heute kann keiner seiner sowjetischen und russischen Nachfolger sich in dieser Frage mit ihm nur annähernd vergleichen.

Gegenüber den allgemeinmenschlichen Werten und anderen Kategorien des Neuen Denkens, deren Bedeutung von Gorbatschow und Schewardnadse überbewertet wurden, verhielt er sich skeptisch und eher ablehnend. In Verhandlungen zeigte Gromyko große Beharrlichkeit und Hartnäckigkeit, aber auch kluge Flexibilität. Wie kein anderer beherrschte er die hohe Professionalität der sowjetischen Diplomatie, die leider unter seinen Nachfolgern völlig verloren ging. Für seine politischen Gegner, aber auch manche Freunde war er ein unbequemer Partner. Aber seine ehemaligen Mitarbeiter bestätigten auch, dass hinter seiner sichtbaren Strenge und rauen Art ein eher gutmütiger und ehrlicher Mensch steckte. Trotz aller persönlichen Mängel zollten die Mitarbeiter des sowjetischen Außenministeriums und seine ausländischen Kollegen seiner hohen professionellen Kompetenz und seiner Ergebenheit gegenüber der Sowjetunion Achtung und Anerkennung.

Andrej Gromyko war eine Persönlichkeit der Zeit des Kalten Krieges. Er war nicht nur an den außenpolitischen Erfolgen der Sowjetunion beteiligt, sondern auch an den Misserfolgen, den Fehlern und Niederlagen. Zu diesen Fehlern gehört auch seine Mitwirkung an der Vorbereitung der sowjetischen Intervention in Afghanistan, die er am Ende seines Lebens zutiefst bedauerte.

Die internationale Lage und die Beziehungen der Sowjetunion zu den USA und anderen westlichen Ländern verlangten Mitte der 80er Jahre eine Wende in der Außenpolitik. Als ein Umdenken dringend notwendig wurde, blieb Gromyko in den alten Denkschemata gefangen und wurde so zum Hemmschuh auf dem Wege zu einer neuen Politik. Vielleicht hatte er das in seinem Innersten erkannt, aber sein Lebenswerk, sein Denken und Charakter machten ihm eine Änderung seiner Haltung faktisch unmöglich. Der Rückzug aus der Außenpolitik könnte als eine Bestätigung dieser Erkenntnis verstanden werden.

Es schmerzt und beunruhigt mich immer wieder, wenn über Persönlichkeiten der Zeitgeschichte schnell der Stab gebrochen wird, kaum dass sie die politische Bühne verlassen haben. Das gilt für Honecker oder Gromyko genau so, wie für Gorbatschow oder Schewardnadse. Für mich ist schwer verständlich, wenn sich Mitarbeiter nur an die negativen Momente gemeinsamer Zusammenarbeit oder an charakterliche Schwächen ihrer ehemaligen Chefs erinnern. Nicht weniger stört mich, wenn nur die positiven Züge dieser Persönlichkeiten in Erinnerung behalten werden. Besonders schmerzhaft und unangenehm wirken negative Bewertungen über Persönlichkeiten, wenn Autoren glauben eine persönliche Rechnung begleichen zu müssen. Man kann die Beurteilung einer Persönlichkeit wie Gromyko nicht davon abhängig machen, ob man nur einmal von ihm empfangen wurde oder mit ihm ein gehaltvolles oder belangloses Gespräch geführt hatte. Seine internationale Tätigkeit auf die Formulierung, »Mr. Njet« zu reduzieren, negiert völlig die Kompliziertheit und Widersprüchlichkeit der internationalen Zusammenarbeit in den Jahren des Kalten Krieges.

Eduard Schewardnadse übernahm das Amt des Außenministers im Sommer 1985 und noch im gleichen Monat wurde er zum Mitglied des Politbüros gewählt. Gorbatschow betrachtete Schewardnadse als eine »überdurchschnittliche Persönlichkeit, als einen Mann, der sich als Politiker bereits einen Namen gemacht habe, der klug, erfahren und gebildet sei. In Georgien habe er als Sekretär des ZK der Kommunistischen Partei und als Kandidat des Politbüros in einer schweren Zeit schließlich eine harte politische Schule durchlaufen, und was den innen- und außenpolitischen Kurs unseres Landes betreffe, so trete er für eine Erneuerung ein«.

Schewardnadse gehörte zu den Politikern der Perestroika-Zeit, die ich im Verlaufe meiner Tätigkeit als Botschafter näher kennengelernt habe. Ich nahm an seinen Gesprächen mit Erich Honecker, Willi Stoph, Oskar Fischer und anderen Politikern der DDR vor der Wende, aber auch an seinen Begegnungen mit Außenminister Meckel und anderen SPD-Politikern wie Romberg und Böhme teil. Wiederholt waren wir, die Botschafter der sozialistischen Länder, bei ihm zu Gast, und ich wurde von ihm unter »vier Augen« empfangen. Mir sind seine Reden und seine Erinnerungen, aber auch seine Handlungen bekannt und ich glaube, die Meinungen vieler seiner Mitstreiter im Politbüro und der Diplomaten über ihn zu kennen.

Eduard Schewardnadse war als einer der engsten politischen Vertrauten Gorbatschows für diesen eine kaum ersetzbare Hilfe bei der Verwirklichung der Perestroika. Er hat die sowjetische Außenpolitik in jener Zeit entscheidend mitgeprägt und dazu beigetragen, dass der »Kalte Krieg« beendet wurde. Auch sein Anteil an der Vereinigung der beiden deutschen Staaten und am Ende der DDR ist beachtlich. Von einem Teil der Deutschen wird sein Wirken als Außenminister der UdSSR nur unter diesem Gesichtspunkt gewertet, ohne zu beachten, was seine Tätigkeit für die Völker der Sowjetunion bedeutete. Ein anderer Teil der Deutschen betrachtet ihn als einen der Totengräber der DDR oder als einen Verräter an der gemeinsamen sozialistischen Sache.

Die neue sowjetische Außenpolitik sollte, nach dem Willen Gorbatschows, auch von einem neuen Mann verwirklicht werden, der durch die alten sowjetischen Dogmen nicht belastet sei. Das war ein erster Trugschluss, weil Schewardnadse keine Ausnahme darstellte. Auch er hatte seine Karriere in der Partei Anfang der 50er Jahre begonnen. Acht Jahre arbeitete er als Minister für den Schutz der gesellschaftlichen Ordnung und als Innenminister Georgiens. Seit 1972 stand er an der Spitze des ZK der KP Georgiens. Auf dem November-Plenum des ZK der KPdSU 1978 wurde er als Kandidat des Politbüros gewählt.

Seine Weste war nicht so weiß, wie von ihm später behauptet wurde. Schewardnadse war 57 Jahre als er 1985 nach Moskau kam. Er war also auch kein junger Mensch mehr, der es schwer hatte, in Moskau Fuß zu fassen.

Als ein Nachteil für die Sowjetunion erwies sich, dass in dieser entscheidenden Situation für den Bestand der Union kein Russe das Außenministerium leitete. Für die Absichten Gorbatschows war er jedoch der richtige Mann. Als Georgier war er kein Anhänger des großrussischen imperialen Denkens. Ob das in den Überlegungen Gorbatschows ursprünglich eine Rolle spielte, ist nicht ganz eindeutig. Für die Verwirklichung der Politik des »Neuen Denkens« war es auf jeden Fall nützlich.

Schewardnadse konnte sich schnell anpassen, war Gorbatschow absolut ergeben und arbeitete mit ihm wie in einem Tandem. Er konnte sich geduldig, beharrlich und auch hartnäckig der Verwirklichung einer Aufgabe widmen, um das gestellte Ziel zu erreichen. Wie seine Mitarbeiter bestätigten, war er ein initiativreicher, fleißiger und arbeitsamer Minister, der sich zu seinen Mitarbeitern aufgeschlossen und freundlich verhielt. Ich habe ihn auch als einen höflichen und korrekten Menschen kennengelernt.

Ein entscheidender Mangel seiner Tätigkeit war der fehlende diplomatische Professionalismus, die nicht vorhandenen Erfahrungen im Umgang mit der Politik der USA und den westlichen Diplomaten. Das war nicht seine Schuld. Aber er stützte sich auch nicht auf seine erfahrenen Stellvertreter und diplomatischen Mitarbeiter, missachtete deren Meinungen und trennte sich schnell von kritischen und unbequemen Mitstreitern. Nicht weniger negativ wirkte sich seine allzu große Kompromissbereitschaft aus.

Die fast blinde Anbetung der allgemeinmenschlichen Interessen und Werte durch ihn, Gorbatschow und andere Mitglieder des Politbüros führte letztlich zur Vernachlässigung der staatlichen und nationalen Interessen der UdSSR und ihrer Verbündeten. Schewardnadse beherrschte leider nicht die Kunst der Diplomatie, den Schutz der allgemeinmenschlichen Interessen mit der Sicherung der Interessen seines Staates, der UdSSR, in Übereinstimmung zu bringen. Das hätte er bei seinen amerikanischen Kollegen lernen können, die das meisterhaft verstanden. Sie gehen immer und vor allem von den nationalen Interessen der USA aus und von nichts anderem.

Schewardnadse hat die Ideen der internationalen Sicherheit im Interesse der Menschheit anziehend vertreten und darüber den Schutz der nationalen Interessen der Sowjetunion, insbesondere der militärischen, vergessen. Seine Mitarbeiter waren sogar der Meinung, dass er sich genierte, das zu tun. Er konnte sie nicht überzeugend vertreten, weil er davon nicht überzeugt war. Ihm fehlten die Beharrlichkeit und die Hartnäckigkeit, sich mit seinen politischen Gegnern auseinanderzusetzen oder gar einen offenen Schlagabtausch zu wagen.

Diese Schwäche in seiner Tätigkeit rief bei den Mitgliedern seiner Verhandlungsdelegationen oft Protest hervor. Auf diesem Boden entwickelten sich scharfe Meinungsverschiedenheiten und Konflikte mit den sowjetischen Militärs, auf die ich noch zu sprechen komme.

Zur Außenpolitik wurden auf dem April-Plenum 1985 nur relativ kurze Ausführungen gemacht. Gorbatschow bezeichnete die Errigung des militärstrategischen Gleichgewichts gegenüber der NATO als eine außerordentlich wichtige historische Errungenschaft und bekräftigte, dass sie im Interesse des Friedens mit aller Kraft bewahrt werden müsse. Nach einer harschen Kritik an den USA, die er für das Wettrüsten und die Sabotage der Abrüstung verantwortlich machte, unterstrich er jedoch auch die Bereitschaft, die Beziehungen zu den Vereinigten Staaten von Amerika zum gegenseitigen Vorteil und ohne Versuche, die legitimen Rechte und Interessen des anderen zu beeinträchtigen, zu verbessern.

Nach den Worten Gorbatschows existierte keine fatale Unvermeidlichkeit der Konfrontation zwischen beiden Ländern. Das Klügste sei, nach Wegen zu suchen, die zum Ausgleich der Beziehungen führen könnten und es erlauben würden, Brücken für die Zusammenarbeit zu bauen. Obwohl die sowjetisch-amerikanischen Verhandlungen in Genf zeigten, dass Washington nicht auf eine Übereinkunft mit der Sowjetunion hinsteuerte, bekräftigte er die Bereitschaft, beharrlich auf konkrete, beiderseitig annehmbare Vereinbarungen hinzuarbeiten, die es erlauben würden, nicht nur dem Wettrüsten ein Ende zu setzen, sondern auch die Abrüstung voranzubringen.

Das außenpolitische Vorgehen der UdSSR gewann nach dem April-Plenum 1985 an Dynamik und Attraktivität. Kennzeichnend dafür war vor allem eine deutliche Erhöhung des Stellenwertes des Ost-West-Dialogs.

Neuer Umgang mit den sozialistischen Brüdern

Seit dem Sommer 1985 bemühte sich die Führung der UdSSR, die Regierungen der RGW-Staaten für den Kurs der Beschleunigung zu gewinnen. In seiner Rede auf einem Bankett im Oktober 1985 in Sofia bemühte sich Gorbatschow, die Beschleunigung der sozial-ökonomischen Entwicklung zu einem allgemeingültigen Kriterium für den Aufbau des Sozialismus zu erklären. Zur gleichen Zeit versuchten dies auch einige sowjetische Wissenschaftler. Selbst im Leitartikel, den die *Prawda* dem XI. Parteitag der SED widmete, ist dieser Versuch zu erkennen. Das Politbüro der SED beging in der Wirtschaftspolitik viele Fehler; dass man das Tempo in der wirtschaftlichen und sozialen Entwicklung der DDR nicht noch weiter beschleunigen konnte, war ihr schon 1986 klar.

Trotz der Zweifel und Vorbehalte Honeckers und des Politbüros der SED gegenüber Gorbatschow und seiner neuen Politik und ungeachtet der damaligen Meinungsverschiedenheiten, sprechen alle Fakten dafür, dass es 1985/86 zu einer Belebung in der Zusammenarbeit mit der KPdSU und der UdSSR kam. Vom März 1985 bis November 1986 trafen sich Honecker und Gorbatschow neunmal zu Gesprächen, in denen fast alle wichtigen Fragen der internationalen Politik und der bilateralen Beziehungen besprochen wurden. Außerdem führten sie noch telefonische Gespräche und tauschten Briefe aus. Anhand der vorliegenden Dokumente ist leicht festzustellen, dass trotz der Meinungsverschiedenheiten in wichtigen Fragen, die Gemeinsamkeiten und die grundsätzliche Übereinstimmung in den entscheidenden Fragen die Gesprächsinhalte bestimmten.

Ich teilte mit vielen die Hoffnung, dass sie nun endlich zu einem Verhältnis untereinander gefunden hätten, wie es zwischen Kommunisten eigentlich sein sollte, so dass man in einer vertrauensvollen Atmosphäre vor allem über die künftigen Aufgaben, über die Probleme in den Beziehungen offen sprechen, wenn notwendig auch streiten und die unnötigen Monologe über wirkliche und scheinbare Erfolge endlich beenden würde. Ich hatte den Eindruck, dass Gorbatschow das ursprünglich auch anstrebte. Vor der Tagung des Politischen Beratenden Ausschusses des Warschauer Vertrages im Oktober 1985 in Sofia ließ er die Führungen der anderen Teilnehmerstaaten wissen, dass man auf die üblichen Reden verzichten und dafür eine freie und offene Diskussion über alle interessierenden Fragen führen sollte.

Das löste in Berlin einige Irritationen und Rückfragen in Moskau aus, worüber Gorbatschow eigentlich sprechen wolle. Schließlich wurde für Honecker wieder die übliche Rede vorbereitet und die Tagung in Sofia verlief eigentlich so wie alle anderen zuvor.

Das aufgeschlossenere Verhältnis zwischen den beiden Generalsekretären wirkte sich natürlich positiv auf die Zusammenarbeit zwischen der KPdSU und der SED sowie zwischen der UdSSR und der DDR aus. Das Interesse an den Erfahrungen des Partners nahm zu und war von einem verstärkten Meinungsaustausch zwischen den Sekretären und Abteilungsleitern der Zentralkomitees, zwischen den Ministern und den Vorsitzenden der gesellschaftlichen Organisationen begleitet. Dieser Trend setzte sich auf der unteren zentralen Ebene und auch in den Bezirken fort. Die sowjetische Seite hatte echtes Interesse an Erfahrungen der DDR, die sie bei der Verwirklichung der Beschlüsse des XXVII. Parteitages nutzen wollte. Ich bin überzeugt, dass viele Funktionäre der SED und der DDR sich von gleichen Überlegungen gegenüber den sowjetischen Erfahrungen leiten ließen.

Einschränkend muss man allerdings auch sagen, dass von der SED der Delegations- und Erfahrungsaustausch auch dazu benutzt wurde, später sogar vorwiegend, um die Schwachstellen der Perestroika herauszufinden. Dagegen gab es kaum etwas einzuwenden, weil sich aus dem Mosaik solcher Berichte ein recht zutreffendes Bild der Lage in der Sowjetunion hätte ergeben können. Leider fehlte in vielen Berichten etwas Wesentliches, nämlich der Wille zu wohlwollender Objektivität. Die in den Berichten der Delegationen enthaltenen Informationen waren oft zweifelhaften Charakters, positive Entwicklungen fanden kaum Erwähnung, dafür überwog das Negative. Einzelne Fälle von Misserfolgen oder Fehler wurden unzulässig verallgemeinert und voreilige Schlussfolgerungen gezogen. Bedauerlicherweise fanden sich die negativen Informationen und Wertungen meistens auf dem Tisch des Generalsekretärs wieder und verstärkten dessen Ambitionen gegen die Umgestaltung. Da die Informationen der Botschaft weitaus vorsichtiger, zurückhaltender und ausgeglichener waren, brachte uns das manche Vorhaltung, Mahnung und auch Rüge aus dem Apparat des ZK der SED ein.

Die bilateralen Beziehungen entwickelten sich also bis Ende 1986 ohne größere Probleme. Der allgemeine Aufschwung in der politischen und wirtschaftlichen Zusammenarbeit war unübersehbar, wurde allseits begrüßt und wirkte beruhigend auf die gesamte Atmosphäre zwischen der SED und der KPdSU. Natürlich wurde die sowjetische Innen- und Wirtschaftspolitik unter dem Gesichtspunkt möglicher Auswirkungen auf die DDR aufmerksam und wohl auch skeptisch beobachtet. Doch die Entwicklungen beunruhigten die SED-Führung nicht in erster Linie, auch nicht manche Beschlüsse des XXVII. Parteitages oder offene Probleme in den bilateralen Beziehung, sondern eher die Ereignisse, die eine Folge der Glasnost waren.

Der offene und kritische Meinungsaustausch auf dem XXVII. Parteitag der KPdSU fand vor allem unter der sowjetischen Intelligenz Anklang. Schriftsteller, Filmschaffende, Journalisten und Publizisten waren die ersten, die sich mit den dunklen Seiten der sowjetischen Geschichte und der prekären Lage des Landes auseinanderzusetzen begannen. Eine bestimmte Rolle spielten in diesem Prozess der VI. Schriftstellerkongress und der Kongress der Filmschaffenden der UdSSR, die im Sommer 1986 stattfanden. Beide Kongresse brachen mit den Tabus über die Vergangenheit und Gegenwart der UdSSR. Man knüpfte dort an, wo die Periode des Tauwetters nach dem XX. Parteitag der KPdSU abgebrochen wurde. Die Forderungen nach mehr Offenheit und Demokratie, die Kritik an der Medienpolitik und der Ruf nach mehr Informationen über die Vorgänge in der UdSSR wurden immer unüberhörbarer. Neue Vorstände und

Sekretäre mit eigenständigem Profil wurden gewählt. Veränderungen gab es bei den literarischen Zeitschriften, die sich von Herausgebern, Redakteuren und Autoren trennten und sich einen neuen Inhalt gaben.

Von der Mehrheit der Künstler der DDR, vielen ihrer Bürger und selbst von nicht wenigen Mitgliedern der SED wurde diese Entwicklung mit der Erwartung begrüßt, dass sie sich auf die DDR ausdehnen möge. Ganz anders sah man diese Entwicklung im Politbüro, weil man ein mögliches Überschwappen der Glasnost auf die DDR und Unruhe unter der Intelligenz und bis weit hinein in die Partei befürchtete. In der Niederschrift des Gesprächs zwischen Gorbatschow und Honecker am 3. Oktober 1986 kann man dafür die Bestätigung finden.

Dort äußerte Honecker, dass der XI. Parteitag der SED und der XXVII. Parteitag der KPdSU volle Übereinstimmung in den innen- und außenpolitischen Grundfragen erbracht habe. Leider gebe es jedoch in der Sowjetunion Entstellungen, die der SED Schwierigkeiten bereiten würden. So seien leitende Funktionäre des Verbandes der sowjetischen Filmschaffenden in der DDR gewesen und hätten versucht, den Verband der Filmschaffenden der DDR gegen die eigene Regierung zu mobilisieren. Dagegen hätten die Mitglieder des Verbandes der DDR Einspruch erhoben, aber es gebe in der DDR auch andere Leute, schwankende, denen die vorgeschlagene Position in den Kram passen würde. Er, Honecker, habe den Kongress der sowjetischen Filmschaffenden verfolgt und wisse um die Probleme, aber die Probleme der Sowjetunion dürften nicht in die DDR hineingetragen werden.

Gorbatschow reagierte ziemlich gelassen und bemerkte dazu lediglich: »Eure Genossen hätten unseren sagen sollen: Macht bei euch, was ihr für richtig haltet; wir machen bei uns, was wir für richtig halten. Das Beste ist, wenn wir Vertrauen zueinander haben.«

Doch damit gab sich Honecker nicht zufrieden. Er erzählte, dass in der Sendung »Kennzeichen D« des *ZDF* der sowjetische Schriftsteller Jewgeni Jewtuschenko, neben anderem Unsinn, von einer einheitlichen deutschen Literatur gesprochen habe. Mit dieser Äußerung sei Jewtuschenko der DDR in den Rücken gefallen, weil sie diejenigen Kräfte in der BRD unterstütze, die ständig die These »von der Einheit der deutschen Kulturnation« im Munde führen würden. Tatsache sei, dass bereits in der Weimarer Republik keine einheitliche deutsche Literatur existiert habe, sondern eine bürgerliche und eine proletarische. Den Satz Jewtuschenkos, er »denke, dass dieses große deutsche Volk, aus dem heraus so große Philosophie, Musik und Literatur entstanden ist, dass dieses in Zukunft wiedervereinigt werden muss«, betrachtete Honecker als eine Provokation, die sich gegen die DDR richten würde.

Honecker erwähnte noch ein weiteres Gespräch mit drei sowjetischen Schriftstellern im Westberliner Fernsehen, in dem der Schriftsteller Andrej Wosnessenski geäußert habe, die Schriftsteller seien das Gewissen der Nation. Wenn gesagt wird, die Schriftsteller der Sowjetunion seien jetzt das Gewissen der Nation, so Honecker, dann könnten die Abweichler in der DDR sich das sehr schnell zunutze machen. Die sowjetischen Schriftsteller befänden sich damit genau im Fahrwasser der BRD-Propaganda. Nach Honeckers Auffassung richtete sich das Auftreten von Wosnessenski und anderen gegen die Generallinie der SED und der DDR, ihr Verhalten sei konterrevolutionär, man sollte diese Leute in Sibirien auftreten lassen, aber nicht in Westberlin.

Ich will an dieser Stelle auf jede Wertung der Aussagen von Honecker und der sowjetischen Schriftsteller verzichten, weil diese für sich sprechen. In der Diskussion zwischen Gorbatschow und Honecker über das Verhalten der sowjetischen Schriftsteller im westdeutschen Fernsehen zeichneten sich bereits die zwei unterschiedlichen Argumentationslinien ab, die später immer wieder gebraucht wurden. Gorbatschow versprach sich der Sache anzunehmen, vertrat aber zugleich die Meinung, wenn ein sowjetischer Bürger einen Lapsus begehe, dann sei es das Recht und die Pflicht der DDR, ihm ihre Meinung direkt zu sagen.

Honecker lehnte das faktisch ab, indem er erklärte, dass es nicht zur Praxis der DDR gehören würde, auf solche Äußerungen öffentlich zu antworten. Die DDR sei mit der Sowjetunion freundschaftlich verbunden, jede Polemik gegen Sowjetbürger könne daher als antisowjetisch aufgefasst werden. Dem Antisowjetismus dürfe jedoch nicht der kleinste Spalt geöffnet werden.

Dieses Beispiel zeigte sehr anschaulich, was Honecker 1986 am meisten beunruhigte. Es war weniger der Kurs der Erneuerung, bei dem die Sowjetunion nach seiner Meinung angeblich Nachholbedarf hatte, sondern die Glasnost und ihre Folgen.

Nach 1990 wurde viel über die Frage diskutiert, wann der Umschwung in der Haltung Honeckers und der SED zu Gorbatschow und seiner Politik der Perestroika eingetreten sei. Die Bestimmung des Zeitpunktes ist nicht einfach, weil er von vielen Faktoren beeinflusst wurde. Ich habe in meinen Darlegungen versucht nachzuweisen, dass sich vor und nach 1985 genügend Probleme in den Beziehungen zwischen der SED und der KPdSU angehäuft hatten, sich aber am Charakter der freundschaftlichen Beziehungen noch nichts grundsätzlich geändert hatte. Eine erste Wandlung trat um die Jahreswende 1986/87 ein und fiel faktisch mit meinem Amtsantritt in Moskau zusammen.

Die Perestroika hat verschiedene Etappen durchlaufen. Zwischen diesen Etappen oder Phasen gab es keine starren Grenzen, sondern fließende Übergänge. Wichtig scheint mir, dass die Änderungen in der Politik der SED und der Haltung Honeckers zur Perestroika sich im Einklang mit diesen Etappen vollzogen. Es ist nicht schwer zu erkennen, dass sich die Meinungsverschiedenheiten zwischen der SED und der KPdSU, zwischen Honecker und Gorbatschow von anfänglichen Zweifeln und Vorurteilen über die schrittweise Entfremdung bis zur völligen Abschottung von der Perestroika und der Sowjetunion entwickelten. Eine bestimmte Rolle spielte dabei das Treffen der führenden Repräsentanten der RGW-Länder im November 1986 in Moskau.

Nach dem XXVII. Parteitag der KPdSU erteilte Gorbatschow dem ZK den Auftrag, das ganze Spektrum der Beziehungen der Sowjetunion zu den sozialistischen Ländern kritisch zu überprüfen. Das Ergebnis fand in einem Dokument, das Gorbatschow im Mai 1986 dem Politbüro unterbreitete, seinen Niederschlag. Eine wesentliche Schlussfolgerung war die Feststellung, dass die gesamte frühere Praxis der Sowjetunion gegenüber den sozialistischen Ländern sehr treffend als Paternalismus bezeichnet wurde. Es hieß dort unter anderem, dass die Politik der »Drohungen, des Zur-Ordnung-Rufens, des Antreibens und des Kommandierens« den Beziehungen der KPdSU zu den kommunistischen und Arbeiterparteien der sozialistischen Länder gewaltigen Schaden zugefügt habe. Diese Politik habe die Aktivitäten der Bruderparteien gehemmt, diese gestört und sie beim Finden eigenständiger Entscheidungen behindert. Die Folge seien Formalismus, Unaufrichtigkeit und Heuchelei. Für die künftige Gestaltung der Beziehungen zu den sozialistischen Ländern wurde ein ganzer Katalog von Prinzipien vorgeschlagen.

An den Kontakten zwischen der KPdSU und der SED war leicht festzustellen, dass die sowjetische Führung und besonders Gorbatschow sich bereits im zweiten Halbjahr 1986 von diesen Prinzipien leiten ließen. Aber erst im November 1986, auf dem Treffen des RGW, trug Gorbatschow diese Prinzipien unter Ausschluss der Öffentlichkeit vor. Zunächst bekräftigte er, dass sich die UdSSR von den allgemein-demokratischen Prinzipien der Gleichheit, Gleichberechtigung, Selbstständigkeit und der strikten Nichteinmischung in die inneren Angelegenheiten anderer Staaten leiten lassen wolle. Diese Prinzipien waren bereits früher in gemeinsamen Erklärungen der sozialistischen Länder, in Verträgen oder Abkommen enthalten und bekräftigt worden.

Doch Gorbatschow ging weiter, er erklärte, dass sich die KPdSU nicht mehr anmaßen werde, über den politischen Kurs einer Bruderpartei ein Urteil zu fällen. Jede Partei habe das Recht auf souveräne Entscheidung über die Entwicklungsprobleme ihres Landes, sie sei nur vor dem eigenen Volk verantwortlich, und nur die Praxis könne der Prüfstein sein, ob eine Partei dieser Verantwortung nachkomme oder nicht. Niemand könne eine besondere Rolle in der sozialistischen Gemeinschaft beanspruchen. Allerdings unterstrich er in diesem Zusammenhang auch die Verantwortung aller Bruderparteien für den Sozialismus und die Bedeutung des Erfahrungsaustausches zwischen ihnen.

Die Schlussfolgerungen der KPdSU aus der Vergangenheit waren nur zu verständlich und grundsätzlich auch richtig. Trug sie doch damit auch der Tatsache Rechnung, dass die Sowjetunion ihre Führungsrolle im Bündnis nur noch partiell erfüllte, militärstrategisch als Schutzmacht und wirtschaftlich als der konkurrenzlose Lieferant von Energieträgern und Rohstoffen.

Dem korrekten und weitsichtigen Anfang folgten jedoch Entwicklungen, die die ursprüngliche Absicht in einem ganz anderen Licht erscheinen ließen. Es begann schon damit, dass Gorbatschow alle Versuche seiner Berater und Mitstreiter ablehnte, diese wichtigen Wendungen in den Beziehungen zu den osteuropäischen Verbündeten öffentlich zu machen. Statt zu einer Erneuerung dieser Beziehungen auf breiter Grundlage beizutragen, wurde es den Führungen der anderen Länder überlassen, sie ihren Interessen entsprechend zu interpretieren. So ergab sich fast logisch, dass auch die SED eine einseitige Interpretation ihr gerade genehmer Prinzipien vornahm.

Auf der Tagung des ZK der SED Anfang Dezember 1986 wurde über dieses Treffen in Moskau und die Ausführungen Gorbatschows berichtet. Uns wurde eine Mitschrift der Rede Gorbatschows zur Kenntnis gegeben. Der Wortlaut der Rede wurde uns von sowjetischer Seite nie übergeben. Als ich 1997 zu Recherchen in Moskau weilte, äußerte ich im Gespräch mit dem ehemaligen Mitglied des Politbüros der KPdSU, Wadim Medwedew, einem der Autoren der Rede, den Wunsch, mir den Text der Rede zu überlassen.

Wie er mir berichtete, besitze er selbst kein Exemplar, beauftragte aber in meinem Beisein einen Mitarbeiter des Gorbatschow-Fonds, die Rede herauszusuchen und mir eine Kopie zu ziehen. Nach einiger Zeit kehrte dieser zurück und teilte uns mit, dass die Rede im Archiv nicht aufzufinden sei. Ob sie wirklich nicht zu finden war oder ob es sich einfach um eine Ausrede handelte, vermag ich nicht zu beurteilen.

Die SED begrüßte die neue Politik der Sowjetunion und sah in ihr in erster Linie eine Chance, zu größerer politischer Unabhängigkeit und Selbstständigkeit zu kommen. Aus diesem Grunde betonte sie vor allem die Prinzipien der Nichteinmischung, der Gleichheit, der Selbstständigkeit und der Verantwortung jeder Partei vor dem eigenen Volk. Mir ist diese Tagung gut in Erinnerung, weil ich in meiner Tätigkeit in Moskau immer wieder auf diese Prinzipien zurückgriff, wenn ich den Eindruck hatte, dass sowjetische Gesprächspartner sich nicht danach richteten und uns erneut zu disziplinieren versuchten.

Die Rede Gorbatschows war auch eine Absage an die Breshnew-Doktrin. Diese Tatsache wurde Ende 1986 in den sozialistischen Ländern so jedoch nicht wahrgenommen. Das geschah erst einige Zeit später. Die weit verbreitete Auffassung, dass Honecker nach der Rede Gorbatschows verstimmt gewesen wäre, der Politik der KPdSU nur pflichtgemäß zugestimmt und »die existenziellen Gefahren für die DDR« bereits geahnt hätte, sind im Kontext der Entwicklung und der Probleme zwischen der KPdSU und der SED äußerst zweifelhaft. Honecker war von der Stabilität der DDR fest überzeugt, warum sollte er sich 1986 Gedanken darüber machen, ob er im Falle der Bedrängnis und zur Sicherung der Macht auf die Hilfe sowjetischer Panzer rechnen könne oder nicht? Eine solche vereinfachte Sicht auf die damalige Situation ist naiv und falsch.

Gorbatschow wollte die Fehler der Vergangenheit gegenüber den sozialistischen Ländern überwinden und dem Bündnis eine neue Grundlage geben. Es sollte gestärkt und nicht geschwächt werden. Ich bin nach wie vor überzeugt, dass er selbst überrascht war, als diese Politik nicht zur Stärkung, sondern zur Schwächung und zum Zerfall des Bündnisses führte. Heute kann man leicht Zweifel anmelden, ob der Zeitpunkt richtig gewählt war, oder ob die Wandlungs- und Anpassungsfähigkeit der überalterten Führungen in den sozialistischen Ländern von Gorbatschow nicht überschätzt und die Auswirkungen seiner Politik nicht unterschätzt wurden. Für die SED trifft auf jeden Fall zu, dass die Politik der schrittweisen Distanzierung von der KPdSU und die baldige Abschottung vor der Politik der Perestroika und Glasnost, ihre Ursachen auch in dem bewusst falsch verstandenen und einseitig ausgelegten Prinzip der Selbstständigkeit jeder Partei hatten.

Es stellte sich bald heraus, dass der gewünschte Prozess einer verstärkten politischen und wirtschaftlichen Integration auf vielfältige Probleme und Schwierigkeiten stieß, die sich vor allem aus den inneren Entwicklungen der Sowjetunion ergaben. Die größere Hinwendung der UdSSR zu den westlichen Ländern führte dazu, dass gleichzeitig ihre Bereitschaft abnahm, sich mit den sozialistischen Staaten intensiver zu beschäftigen. Die Nichteinmischung in die inneren Angelegenheiten der verbündeten Staaten wurde in den folgenden Jahren zur Weigerung, offen und ehrlich mit den verbündeten Führungen zu sprechen, um nach gemeinsamen Lösungen zu suchen. Bei

Gorbatschow zeigte sich mangelndes Verständnis für die politischen Zusammenhänge in den sozialistischen Ländern und im Bündnissystem. Seine Bereitschaft, sich mit den sozialistischen Bündnispartnern zu beschäftigen, nahm zusehends ab. Kollektive Beratungen wurden hinausgeschoben, bilaterale Treffen verkamen zu Pflichtübungen. Er verschloss die Augen vor der Tatsache, dass die sozialistischen Länder für die Sowjetunion nicht nur eine Belastung darstellten, sondern für ihren Bestand und ihre Stabilität von enormer Wichtigkeit waren. Gorbatschow schien überzeugt zu sein, dass Osteuropa für die von ihm verfolgte Außenpolitik nicht so wichtig sei. Aus der ihm persönlich im westlichen Ausland entgegengebrachten Sympathie und zugesagten Unterstützung zog er die irrige Schlussfolgerung, dass er mit Hilfe der westeuropäischen Länder die wirtschaftliche Rückständigkeit der Sowjetunion schnell überwinden und die Perestroika retten könnte. Auf diesem Weg sah er in den verbündeten Ländern nur eine Last, ohne die er mehr Bewegungsfreiheit bekommen würde.

Wie man es auch dreht und wendet, mit ihrer neuen Politik gegenüber den sozialistischen Ländern stahl sich die UdSSR faktisch aus ihrer Verantwortung als Führungsmacht im östlichen Bündnissystem.

Erfolge und Probleme in der wirtschaftlichen Zusammenarbeit

Das Politbüro der SED hatte von den Botschaftern der DDR immer gefordert, dass ein Schwerpunkt ihrer Arbeit die Unterstützung der wirtschaftlichen und wissenschaftlich-technischen Zusammenarbeit sowie des Außenhandels zwischen der DDR und dem Partnerland sein müsse. Die Leitung dieser Zusammenarbeit erfolgte durch die Staatliche Plankommission und das Ministerium für Außenhandel der DDR. Für die Realisierung der konkreten Aufgaben waren die in den Botschaften bestehenden Wirtschaftspolitischen (WPA) und Handelspolitischen (HPA) Abteilungen zuständig, deren Leiter direkt dem Vorsitzenden der Plankommission bzw. dem Minister für Außenhandel unterstellt waren, von denen sie auch ihre Aufträge erhielten.

Der Botschafter, der höchste Repräsentant von Partei und Staat, wie es so schön hieß, war für die gesamten Beziehungen zum Gastland, also auch für die Außenwirtschaftsbeziehungen, verantwortlich, ohne dass er über die konkreten Aufgaben auf wirtschaftlichem Gebiet ausreichend informiert gewesen wäre. Aus dieser Situation ergaben sich viele Probleme. Sie konnten nur durch eine kameradschaftliche Zusammenarbeit zwischen dem Botschafter und den Leitern der WPA und der HPA gelöst werden. Diese Zusammenarbeit sah in jeder Botschaft anders aus und verlief selten reibungslos.

In Moskau bestanden neben der Botschaft eine Handelsmisssion, eine Vertretung der Paritätischen Regierungskommission für die wirtschaftliche und wissenschaftlich-technische Zusammenarbeit sowie die Vertretung der DDR beim RGW. Sie wurden von erfahrenen und kompetenten Spezialisten geleitet. Christian Starke, Karl Mittenzwei und Dieter Ludwig kannten die Situation in der UdSSR und die Probleme in den

Beziehungen zwischen der DDR und Sowjetunion seit vielen Jahren. Ich ging davon aus, dass ich mich auf deren Erfahrung und Verantwortung verlassen und mit ihrer Unterstützung und Hilfe rechnen konnte. Darin hatte ich mich nicht geirrt.

Die Unterstellungen, die Leitungslinien und die Probleme in der Zusammenarbeit glichen denen in den anderen sozialistischen Ländern. Die Selbstständigkeit dieser Vertretungen war aber weitaus größer als die der HPA und WPA in anderen Botschaften der DDR. Mir war von Anfang an bewusst, dass die wirtschaftliche und wissenschaftlich-technische Zusammenarbeit zwischen der DDR und der UdSSR ein Schwerpunkt meiner Tätigkeit sein würde und ich gut beraten wäre, mich nicht nur auf meine Mitarbeiter zu verlassen, sondern mich intensiv mit dem Stand sowie mit den Problemen und Schwierigkeiten auf diesem Gebiet zu beschäftigen.

Um die Probleme der damaligen Gegenwart überhaupt zu verstehen, musste ich bei meinen Studien ein wenig in die jüngste Vergangenheit zurückgehen.

Die veränderten Rahmenbedingungen in den internationalen Beziehungen und die krisenhaften Erscheinungen in der Sowjetunion Anfang der 80er Jahre hatten ernste und tiefgreifende Auswirkungen auch auf die wirtschaftliche Zusammenarbeit. Unser Verhältnis zur Sowjetunion wurde stets von der Einsicht bestimmt, dass eine vertrauensvolle und intensive Kooperation auf allen Gebieten, vor allem aber im Bereich des Handels und der Wirtschaft, von ausschlaggebender Bedeutung für die Existenz der DDR seien. Als die SED 1971 auf dem VIII. Parteitag die Strategie für die nächsten Jahrzehnte, die Hauptaufgabe in ihrer Einheit von Wirtschafts- und Sozialpolitik, festlegte, ging sie von der Voraussetzung aus, dass die sowjetischen Roh- und Brennstofflieferungen in ausreichender Menge und zu günstigen Bedingungen weiter zur Verfügung stehen würden.

Diese Bedingungen veränderten sich jedoch Ende der 70er Jahre ganz entscheidend. Die sowjetische Führung kam angesichts ihrer wirtschaftlichen Probleme in der UdSSR und der verschlechterten Situation auf den äußeren Märkten zur Auffassung, ihre Lieferungen von Roh- und Brennstoffen in die RGW- Länder zu reduzieren. Das konnte nicht ohne folgenschwere Auswirkungen auf die DDR und die anderen sozialistischen Länder bleiben.

Im Jahre 1981 teilte die UdSSR der DDR mit, dass sie künftig pro Jahr auf zwei Millionen Tonnen Erdöl aus der Sowjetunion verzichten müsse. Moskau begründete die Kürzung damit, dass sie den europäischen RGW-Mitgliedsländern insgesamt 79 Millionen Tonnen Erdöl und Erdölprodukte liefere, was angesichts der kritischen eigenen Brennstoff- und energetischen Bilanz nicht fortgesetzt werden könne. Alle Versuche der SED-Führung, Generalsekretär Leonid Breshnew umzustimmen, schlugen fehl.

Die Schwierigkeiten wurden noch verschärft, als Anfang der 80er Jahre die Nachteile der 1973 im RGW vereinbarten Regelungen für die Festlegung der Erdölpreise spürbar wurden. Damals hatte die sowjetische Führung darauf bestanden, dass das bis dahin geltende Prinzip vereinbarter Festpreise im RGW für Erdöl aufgehoben und eine Angleichung an die Weltmarktpreise vorgenommen werden müsse. Die Anpassung der Erdölpreise im RGW an die Weltmarktpreise erfolgte jährlich. Dabei wurde der Durchschnittspreis der jeweils vorhergehenden drei Jahre zugrunde gelegt. Diese Änderung war angesichts der hohen Preise für Erdöl auf den Weltmärkten verständlich, wurde aber von den Führungen der RGW-Staaten nur widerwillig akzeptiert. Kurzzeitig schien es sogar, als ob die RGW-Länder daraus einen Nutzen hätten. Als die OPEC-Länder die Erdölpreise auf dem Weltmarkt um das Drei- und Vierfache anhoben, wurde diese Entwicklung für die RGW-Länder tatsächlich abgefedert.

Die schwerwiegenden Nachteile der Preisanpassung wurden erst Anfang der 80er Jahre spürbar, als die Weltmarktpreise wieder zu sinken begannen, die sowjetischen Preise im RGW aber unvermindert hoch blieben. Für die DDR mit ihrer entwickelten Chemieindustrie wirkte sich weiter nachteilig aus, dass gleichzeitig die Preise für chemische Produkte auf dem Weltmarkt sanken. So wurde die DDR gleich doppelt getroffen. Günter Mittag erwähnte später, dass die DDR als Ausgleich der Preiserhöhungen für Energieträger im Zeitraum von 1979 bis 1988 einhundertfünfundvierzig Milliarden Mark aufwenden musste. Das waren im Durchschnitt pro Jahr mehr als vierzehn

Milliarden Mark, während der jährliche Zuwachs an Nationaleinkommen zu dieser Zeit nur rund zehn Milliarden Mark betrug. Die DDR begann auf Kosten ihrer wirtschaftlichen Substanz zu leben.

Es besteht kein Zweifel, dass die 1981 erfolgte Kürzung der sowjetischen Erdöllieferungen die Wirtschaft der DDR an einem empfindlichen Nerv traf. Alle Versuche, die Entscheidung in Moskau wieder rückgängig zu machen, scheiterten am Widerstand der sowjetischen Regierung. Selbst der nachdrücklich vorgetragene Einwand der Führung der SED, dass die DDR erhebliche Belastungen durch die sowjetischen Streitkräfte in der DDR zu tragen habe, änderte nichts an der Entscheidung der sowjetischen Führung.

Die auf dem Territorium der DDR stationierte Gruppe der sowjetischen Streitkräfte in Deutschland wurde jährlich mit 180 000 Tonnen Benzin, 200 000 Tonnen Triebwerksbrennstoffen, 25 000 Tonnen Diesel sowie mit Kerosin, Schmierstoffen u. a. aus der DDR-Produktion versorgt. Außerdem erhielt die Gruppe jedes Jahr 1,5 Millionen Tonnen Braunkohlenbriketts und ca. 40 000 Tonnen importierte Steinkohle. Ihr gingen weitere beträchtliche finanzielle Mittel dadurch verloren, dass die Streitkräfte den Wohnraum für Offiziere und andere Militärangehörige sowie deren Familien unentgeltlich nutzten. Die sowjetischen Handelseinrichtungen wurden nicht besteuert, für privates und genossenschaftliches Eigentum wurden die in der DDR üblichen niedrigen Mieten und Pachten gezahlt. Die zusätzlichen Aufwendungen der DDR für den Umtausch von Rubel in DDR-Mark zur Begleichung von deutschen Lieferungen und Leistungen und zu einem besonderen Kurs lagen jährlich nicht unter einer Milliarde Mark. Die Einnahmen der DDR aus Leistungen für die sowjetischen Streitkräfte von jährlich 500 Millionen Mark konnten diese hohen Aufwendungen nicht ausgleichen.

Die Sowjetunion zeigte wenig Bereitschaft, auch andere offene Fragen zu lösen. Bereits im Dezember 1978 versuchte Ministerpräsident Willi Stoph mit der sowjetischen Regierung das Problem der Sowjetisch-Deutschen Aktiengesellschaft (SDAG) Wismut zu erörtern. Die DDR wollte, dass die Verrechnung ihres Aufwandes für die SDAG Wismut und die Lieferung von

Uran an die UdSSR als Verteidigungsbeitrag der DDR und als Beitrag zum Kernenergieprogramm der RGW-Länder akzeptiert wird. Die SDAG Wismut führte keinerlei Steuern an den Haushalt der DDR ab, sie zahlte nur eine pauschale Gemeindesteuer, die 1984 rund 4,5 Millionen Mark betrug. Bereits der Versuch, gemeinsam mit der sowjetischen Seite diese Fragen kameradschaftlich zu beraten und zu lösen, dem später weitere Anläufe folgten, wurde von der sowjetischen Seite scharf zurückgewiesen.

Unter die Kürzungen der sowjetischen Lieferungen fielen 1981 nicht nur Erdöl oder Walzstahl, sondern auch verschiedene Rohstoffe, die die DDR schon immer in harter Valuta von der Sowjetunion bezogen hatte. Hinzu kam die Einstellung der Getreidelieferungen der Sowjetunion in Höhe von jährlich drei bis vier Millionen Tonnen. Vom Standpunkt der UdSSR war ein Teil der Kürzungen verständlich. Die Sowjetunion war leider, ungeachtet ihrer riesigen landwirtschaftlichen Möglichkeiten, von einem Getreideexporteur zu einem Getreideimporteur geworden. Warum sollte sie, die jährlich mehr als dreißig Millionen Tonnen Getreide aus den USA und Kanada in Devisen importierte, ihrerseits Getreide in die DDR exportieren? Die Bitte der DDR, ihr im Zusammenhang mit den höheren sowjetischen Vertragspreisen einen Kredit in Höhe von 300 Millionen Rubel zu gewähren, wurde abgelehnt. Das Minus der DDR im Außenhandel mit der UdSSR betrug 1980 rund 4,2 Milliarden Mark.

Für die DDR entstanden neue, zusätzliche wirtschaftliche und politische Probleme. Heute muss die Frage erlaubt sein, ob diesen Maßnahmen wirklich weitsichtige Überlegungen zugrunde lagen, drängten sie doch die DDR, aber auch die anderen betroffenen Staaten zur Suche nach Alternativen. Aus verschiedenen Gründen konnten diese nicht einfach in der Korrektur des wirtschaftlichen und sozialen Kurses bestehen, vor allem nicht in einer schnellen Umstellung der Wirtschaften oder gar einer Veränderung ihrer Strukturen. Die DDR unternahm vielfältige Anstrengungen, um sich auf die veränderte Lage einzustellen. Der sowjetische Vorwurf an die DDR, dass ihre Wirtschaft einen zu hohen Energie- und Metallverbrauch aufweise, führte zu ernsthaften Sparmaßnahmen und zur Senkung des Energie- und Materialverbrauchs. Leider konnte man das nicht von der sowjetischen Wirtschaft behaupten, die bei Energie und Rohstoffen weiter aus dem Vollen schöpfte und kaum Anstrengungen zu ihrer sparsamen Verwendung unternahm. Die DDR sah in der Mobilisierung innerer Ressourcen, einer höheren Veredelung der eingesetzten Rohstoffe und einer größeren Sparsamkeit in der gesamten Wirtschaft einen Weg, um die von der Sowjetunion gekürzten Rohstoffimporte zu kompensieren.

Der Rückgang im Wirtschaftswachstum der DDR und die Schwierigkeiten in der Versorgung der Bevölkerung, die nicht allein mit den Rohstoffkürzungen zu erklären waren, signalisierten aber auch, dass mit den bereits ergriffenen Maßnahmen allein die Probleme nicht zu lösen sein würden. Zumal zur gleichen Zeit die DDR vor der Aufgabe stand, ihre Verbindlichkeiten gegenüber den westlichen Staaten zu verringern.

Dies wäre nur durch die Reduzierung der Importe und höhere Exporte möglich gewesen, wozu die Wirtschaft der DDR jedoch nicht fähig war. Es trat genau das ein, was die Sowjetunion eigentlich immer verhindern wollte, nämlich eine weitere Öffnung der Wirtschaft der DDR und anderer RGW-Staaten zum Westen. Ohne Zweifel bestand zwischen den sowjetischen Rohstoffkürzungen und der wirtschaftlichen Annäherung an die BRD und andere westliche Länder, vor allem bei der Suche nach weiteren Krediten, ein kausaler Zusammenhang. Der Schritt der sowjetischen Führung verstärkte die Abhängigkeit von den westlichen Ländern, für die DDR vor allem die von der BRD, und untergrub in den sozialistischen Ländern das Vertrauen in die Sowjetunion.

Die DDR und die UdSSR waren über Jahrzehnte hinweg füreinander die mit Abstand wichtigsten Außenhandelspartner. 1986 betrug der Außenhandelsumsatz mit der Sowjetunion 70 626 Millionen Mark. Die DDR realisierte 1986 38,8 Prozent ihres Außenhandels mit der UdSSR, das entsprach 11,4 Prozent des sowjetischen Außenhandelsumsatzes. Die Dynamik der gegenseitigen Beziehungen wurde durch eine alle Zweige umfassende Kooperation in Wissenschaft, Technik und Produktion bestimmt. Ausmaß und Tiefe der Verflechtung der Volkswirtschaften der DDR und der UdSSR waren einmalig in der

Welt. Die Struktur des Warenaustausches zwischen beiden Ländern war hochgradig komplementär. Bei den Einfuhren der DDR dominierten die Brennstoffe, mineralische Rohstoffe und Metalle. Ihr Anteil am Warenaustausch betrug stets zwischen 65 und 70 Prozent, 1986 fast 69 Prozent. Die wichtigsten Positionen im sowjetischen Export in die DDR waren 1986 mit 40 Prozent Rohöl und Erdölprodukte.

Es scheint notwendig darauf hinzuweisen, dass in der sowjetischen Statistik der absolute Umfang der sowjetischen Erdölexporte in die DDR seit 1985 mit 19 bis 20 Millionen Tonnen angegeben wird, in der DDR-Statistik jedoch nur mit 17 Millionen Tonnen. Offensichtlich importierte die DDR außerhalb der bestehenden Verträge zusätzlich Erdöl und bezahlte dafür den jeweils aktuellen Weltmarktpreis in einer konvertierbaren Währung.

Nur wenige Zahlen sollen den hohen Abhängigkeitsgrad der DDR-Wirtschaft von den sowjetischen Rohstofflieferungen zeigen. Aus der UdSSR wurden importiert: Erdgas zu 100 Prozent, Erdöl zu 97 Prozent, Schnittholz zu 99 Prozent und Steinkohle zu 75 Prozent. Die Importe von Energieträgern aus der UdSSR deckten 1987 etwa 30 Prozent des Primärenergieverbrauchs der DDR. Ein Viertel aller Importe entfielen auf die Warengruppe Maschinen, Ausrüstungen und Transportmittel. Darunter befanden sich Kraftwerksausrüstungen, Traktoren, Lastkraftwagen sowie PKW vom Typ Lada und Wolga. Mit der Warengruppe Roh- und Brennstoffe waren das allein 90 Prozent des gesamten Exports der UdSSR in die DDR.

Die größte Warengruppe im DDR-Export bildeten Maschinen, Ausrüstungen und Transportmittel mit einem Anteil von rund zwei Drittel der gesamten Ausfuhren. Mit der Warengruppe industrielle Konsumgüter, deren Anteil jährlich zwischen 15 und 18 Prozent schwankte, machten beide Gruppen allein mehr als 80 Prozent unserer Ausfuhren in die Sowjetunion aus. Das zeigte, dass die DDR nicht nur von den Roh- und Brennstoffimporten abhängig war, sondern auch vom sowjetischen Absatzmarkt für ihre Industrieerzeugnisse. Eine Untersuchung in 38 ausgewählten Kombinaten der DDR machte 1988 deutlich, dass sie im Durchschnitt 21,5 Prozent ihrer gesamten Warenproduktion in die UdSSR lieferten, die

Kombinate Schiffbau, Schienenfahrzeugbau und Oberbekleidung Lößnitz sogar über 40 Prozent ihrer Erzeugnisse.

Seit 1975 beteiligte sich die DDR an der Erschließung von Gaslagerstätten, dem Bau von Großrohrleitungen einschließlich der Verdichterstationen, von Wohnhäusern, Schulen, Kindergärten, Polikliniken und Industriebauten in Standorten an der Erdgastrasse auf dem Territorium der UdSSR. Von 1975 bis 1987 verlegten DDR-Betriebe über 1100 Kilometer magistraler Rohrgroßleitungen und errichteten 25 Verdichterstationen, 4855 Wohnungseinheiten, 43 Gesellschaftsbauten und elf weitere Objekte der Gasindustrie. 1983 waren »nur« 6500 Bürger der DDR an der Erdgastrasse tätig. 1987 erhöhte sich die Anzahl auf etwa 14 000 Arbeiter und Ingenieure. Für deren Unterbringung, Versorgung und Betreuung war allein die DDR verantwortlich.

Diese gedrängte Darstellung zeigt die außerordentliche Verflechtung und gegenseitige Abhängigkeit der Volkswirtschaften der beiden Länder, vor allem natürlich die der DDR. Bei diesem gewaltigen Umfang der wirtschaftlichen Zusammenarbeit, der spezifischen, oftmals unterschiedlichen Interessenlage konnten unsere Beziehungen nicht widerspruchsfrei und konfliktlos bleiben. In der Öffentlichkeit haben wir diese Normalität kaum offen dargestellt. Ich war nicht überrascht, als ich mit den Problemen in der Vorbereitungszeit in Berührung kam, ich hielt sie nicht für außergewöhnlich. Sie machten mir jedoch bewusst, welche komplizierten Aufgaben und Schwierigkeiten auf mich und die Mitarbeiter der Botschaft zukommen würden.

Selbstverständlich wurde um die Lösung der vielgestaltigen Probleme im Außenhandel zwischen den Partnern der DDR und der UdSSR heftig gestritten und gerungen, weil beide das bestmögliche Ergebnis für das eigene Land erreichen wollten.

Nicht anders sah es bei den Fragen der wirtschaftlichen Zusammenarbeit aus, die mit der Kooperation und den Großbaustellen in der Sowjetunion zusammenhingen. Die Bedeutung der Arbeit an der Erdgastrasse habe ich bereits erwähnt. Sie erfolgte jedoch keineswegs konfliktfrei.

Die Baustellenleitungen hatten viele Probleme zu bewältigen, die in den schwierigen Arbeitsbedingungen wurzelten, aber auch in der Einstellung und der persönlichen Haltung mancher

Arbeiter. An der Trasse wurde gute und zum Teil hervorragende Arbeit geleistet, und viele Arbeiter und Kollektive wurden dafür öffentlich gelobt und mit hohen Auszeichnungen geehrt. In Verbindung damit entwickelten sich bestimmte elitäre Auffassungen, verbreitete sich eine gewisse Goldgräberideologie. Die Trassenbauer arbeiteten einerseits unter schwierigen Bedingungen, aber sie genossen auch einen hohen materiellen und sozialen Wohlstand. Trotzdem bereitete es den Betrieben, ungeachtet der guten finanziellen Bedingungen und anderer Vergünstigungen für die Arbeiter, zunehmend Schwierigkeiten, genügend qualifizierte Kräfte für die Trasse zu gewinnen.

Bestimmte Probleme traten auch im Zusammenhang mit der Entwicklung in der Sowjetunion auf. Wie bekannt, hatte die sowjetische Regierung im April 1985 den umstrittenen Beschluss gegen den Alkoholmissbrauch gefasst und den Verkauf von Alkohol faktisch eingestellt. Der aber war in unseren Versorgungseinrichtungen an der Trasse in genügender Menge vorhanden. So war nicht nur der Alkoholgenuss unserer Arbeiter, sondern mehr die Tatsache, dass der Wodka zu einem begehrten Tauschartikel wurde, mit dessen Hilfe viele Probleme vor Ort unbürokratisch gelöst wurden, den sowjetischen Partei- und Staatsorganen ein Dorn im Auge. Das belastete zeitweilig die Zusammenarbeit, störte die gute Arbeitsatmosphäre und führte zu vielen Auseinandersetzungen mit den sowjetischen Organen. In der Öffentlichkeit der DDR war nur vom Enthusiasmus, von der aufopferungsvollen Arbeit der Trassenbauer, von ihren Arbeitstaten und Erfolgen zu lesen oder zu hören, nicht aber von den Problemen, die es an der Trasse und mit ihren Erbauern gab. Die Berichterstattung in den DDR-Medien über die Lage an der Trasse bewegte sich, da von der Agitationskommission im ZK gewünscht, meist zwischen Dichtung und Wahrheit.

Ein weiteres Streitobjekt in unserer Zusammenarbeit mit der UdSSR war das Erzaufbereitungskombinat in Kriwoj Rog. Über die Teilnahme oder Nichtteilnahme am Aufschluss und dem Bau des Betriebes gab es in der DDR unterschiedliche Auffassungen. Sie ergaben sich in erster Linie aus den ungünstigen geologischen und ökonomischen Faktoren. Es handelte sich in Kriwoj Rog um keine besonders reiche Lagerstätte und um ein armes Erz. Die vorgesehene Förderungstechnik entsprach, nach Meinung unserer Experten, nicht dem neuesten Stand von Wissenschaft und Technik. Noch wichtiger schien, dass es keine erprobte und zuverlässige Technologie für die Aufbereitung armer Erze gab. Es war von Anfang an klar, dass bei Anwendung der von der Sowjetunion vorgesehenen Technologie das Erz von seiner Qualität und seinem Preis her nicht weltmarktfähig sein würde. Die organisatorische Vorbereitung des Baues verlief schleppend. Es gab wiederholt Änderungen am technischen Projekt und neue Aufteilungen der einzelnen Bauobjekte auf die beteiligten sozialistischen Länder. Dadurch wurden die Produktionsaufnahme und die Lieferung der Pelletts, die ursprünglich 1991 erfolgen sollte, auf 1994 verschoben. Diese gesamte Situation führte in der DDR immer wieder zu Diskussionen über die Zweckmäßigkeit unserer Beteiligung.

Bedingt durch die Projektänderungen, fehlende Garantien für die Einhaltung der vereinbarten Inbetriebnahme des Kombinats und der damit verbundenen Erzlieferungen verweigerte die DDR zunächst ihre Unterschrift unter das Abkommen und handelte sich damit den Vorwurf der sowjetischen Seite ein, den Bau des Kombinats zu verhindern. Sicher gab es bei manchen Verantwortlichen in der DDR keine besondere Begeisterung für dieses Objekt, Entscheidungen wurden nur schleppend und fast widerwillig getroffen. Andererseits hatte ich den Eindruck, dass die Einwände unserer Experten berechtigt waren, und ich verstand ihre fehlende Begeisterung und oft auch Verärgerung. Die DDR übernahm aber letztlich einen Anteil von elf Prozent des Baues und sollte elf Prozent der sowjetischen Lieferungen erhalten. Die Devisenrentabilität war mit 0,3 außerordentlich niedrig.

Eine gewisse Zeit drängte uns die UdSSR, den Zinnaufschluss im Erzgebirge zu verstärken und dafür einen gemeinsamen Betrieb, ähnlich der SDAG Wismut, zu gründen. Die DDR trat jedoch kurz und lehnte eine sowjetische Beteiligung unter anderem mit der Begründung ab, dass die geologischen und ökonomischen Bedingungen ähnlich ungünstig wie in Kriwoj Rog seien.

Aufträge und Ratschläge – Gespräche vor der Ausreise

Zu meiner Vorbereitung auf die Tätigkeit in Moskau gehörten auch die Gespräche mit den Verantwortlichen für die konkrete Gestaltung der Zusammenarbeit auf verschiedenen Gebieten, um deren Einschätzungen über die aktuellen Aufgaben und bestehenden Probleme auf dem jeweiligen Arbeitsgebiet zu hören. Die meisten Abteilungsleiter des ZK der SED, die Minister und erst recht meine Kollegen und Freunde im Außenministerium informierten mich ausführlich und beantworteten offen meine Fragen. Ich gewann den Eindruck, dass sich die Kooperation zwischen den verschiedenen Institutionen beider Staaten, trotz mancher Probleme, die nicht verschwiegen wurden, erfolgreich entwickelte. Meine Gesprächspartner kannten ihre Partner in der UdSSR oft schon längere Zeit aus gemeinsamer Arbeit und waren ihnen meist freundschaftlich verbunden. Sie gaben mir manch sachkundigen Hinweis für meinen künftigen Umgang mit ihnen.

Einige informierten mich auch über ihre Probleme in der DDR, den Streit um Planauflagen, die Sorgen bei der Materialbereitstellung oder die ungenügende Abstimmung zwischen den Zweigen und deren Auswirkungen auf die Zusammenarbeit mit der Sowjetunion. Kritische Bemerkungen zur Haltung der sowjetischen Seite wurden sachlich und mit Verständnis für die Lage des Partners vorgetragen. Mir wurden viele nützliche Ratschläge erteilt, worauf ich zu achten habe, was ich tun oder besser unterlassen sollte. Natürlich wurden auch Erwartungen ausgesprochen, was ich zur Vertiefung der Zusammenarbeit und zur Lösung von Problemen auf verschiedenen Arbeitsgebieten erfüllen müsste. So schien mir, dass ich nach diesen Gesprächen für meine Tätigkeit in Moskau manch Neues und viel Nützliches erfahren hatte und eigentlich ganz gut vorbereitet sei.

So begann ich schließlich meine letzte Gesprächsrunde mit einigen Mitgliedern des Politbüros und mit dem Generalsekretär.

Durch meine langjährige Arbeit im Apparat des ZK und meine diplomatische Tätigkeit hatte ich zu den meisten Mitgliedern oder Kandidaten des Politbüros engeren Kontakt bekommen. Natürlich waren das Kontakte zwischen einem Mitarbeiter und seinen Leitern, die ein respektvolles Verhalten durch mich voraussetzten. Das galt vor allem im Umgang mit den älteren Mitgliedern des Politbüros, die ich, wie mir im Nachhinein scheint, besser kannte als die jüngeren. Zu ihnen habe ich mich schon wegen ihrer antifaschistischen Vergangenheit immer mit Achtung und Respekt verhalten. Einige waren durch die Hölle der Konzentrationslager gegangen, hatten lange Jahre im Zuchthaus verbracht oder in den Internationalen Brigaden in Spanien gegen das faschistische Franco-Regime gekämpft.

Einige Mitglieder des Politbüros begleitete ich während meiner Tätigkeit in der Abteilung Internationale Verbindungen des ZK zu Parteitagen von Bruderparteien oder bei Staatsbesuchen, andere lernte ich durch die Teilnahme an internationalen Konferenzen oder bei Gesprächen und Konsultationen mit ihren Partnern aus sozialistischen Ländern kennen. In gemeinsamer Tätigkeit kann man die starken und schwachen Seiten eines Menschen besser erkennen. Natürlich erstreckte sich das vor allem auf die dienstliche Sphäre, persönliche Kontakte gab es nur selten. Das war eher mit denen möglich, die ich bereits kannte, bevor sie ins Politbüro gewählt wurden. Auch bei gelegentlichem Urlaub in der Tschechoslowakei, in der ich als Botschafter tätig war, ging das Gespräch mit den Mitgliedern des Politbüros und deren Frauen über den dienstlichen Rahmen hinaus. Trotzdem blieb eine gewisse Distanz immer erhalten. Erst zum Ende der DDR hin wurden einige direkter, sprachen nun auch offen über die Probleme in der DDR oder gar über die Situation im Politbüro.

Die Mitglieder und Kandidaten des Politbüros stellten nach ihrer Herkunft, ihrem Alter, ihrer Bildung und ihren Fähigkeiten eine sehr differenzierte Gruppe von Menschen dar. Persönlichkeiten auch mit sehr unterschiedlichen Charakteren, mit denen man als Mitarbeiter und Diplomat oftmals sehr schmerzhaft Bekanntschaft machen konnte. Ich habe unter ihnen überhebliche und bescheidene, ehrliche und weniger ehrliche, zurückhaltende, verständnisvolle und taktlose Personen kennengelernt. Trotzdem fühle ich mich nicht kompetent genug, ihre charakterlichen Eigenschaften umfassend zu bewerten, und ich will es auch nicht.

Von meiner Seite gibt es auch keine Häme und keine pauschale Verurteilung. Ich kann nur ihre Haltung oder ihr Verhalten in einer ganz konkreten, zeitlich begrenzten Situation und aus meiner subjektiven Sicht darstellen. Ich stelle damit nicht in Abrede, dass das Politbüro die Hauptverantwortung für die Politik der SED in vierzig Jahren DDR trägt. Allerdings ist es nicht nur für die negativen Entwicklungen, für Fehler und Misserfolge verantwortlich, sondern auch für die wirtschaftlichen, sozialen und kulturellen Errungenschaften der DDR sowie für Frieden und Sicherheit ihrer Bürger.

Auftrag Honeckers: Vertiefung des Bruderbundes

Am 9. Januar 1987 empfing mich Erich Honecker in seinem Arbeitszimmer zu einem abschließenden – und wie sich herausstellte – auch ausführlichen Gespräch. Honecker begrüßte mich sehr freundlich und nahm mir damit auch gleichzeitig die Zurückhaltung oder Scheu, die man hat, wenn man mit dem ersten Mann in der Partei und im Staate spricht. Zu meiner Überraschung kam er gleich am Anfang auf meine Zweifel zu sprechen, die ich vor der Beschlussfassung gegenüber Hermann Axen geäußert hatte. Er erklärte mir seine Beweggründe und bemerkte, dass er mich ungern gehen lasse. Vielleicht sei es ein Fehler gewesen, dass man nicht länger nach einem anderen Kandidaten gesucht habe. Nun sei aber eine Entscheidung gefallen, und ich sollte mich nicht entmutigen lassen.

Honecker sprach frei und offen, allerdings auch etwas sprunghaft und thesenartig. Sicher ging er auch davon aus, dass ich mich mit aktuellen und konkreten Fragen bereits ausführlich beschäftigt hatte. Exakter ausgedrückt war das Gespräch ein Monolog und das entsprach voll meinen Erwartungen und Interessen. Ich wollte hören, wie der Generalsekretär die Lage in der Sowjetunion und die Beziehungen zwischen unseren Parteien und Staaten einschätzte. Auf die Zwischentöne, die in seinen Ausführungen über die KPdSU und die Sowjetunion zu hören waren und auf die es eigentlich ankam, hatte ich mich eingestellt. Da Honecker mir persönliche Aufzeichnungen erlaubte, kann ich heute auf diese zurückgreifen. Ich werde mich auf das konzentrieren, was er mir sagte, ohne es zu kommentieren. Dort, wo es mir zum besseren Verständnis unumgänglich erscheint, werde ich einige Erläuterungen einfügen.

Der Auftrag, den er mir erteilte, war klar und unmissverständlich: Ich sollte meine Kräfte darauf konzentrieren und alles tun, um die Freundschaft und Zusammenarbeit zwischen der SED und der KPdSU sowie der DDR und der Sowjetunion zu vertiefen. Auf diesen Gedanken kam er wiederholt zu sprechen, und ich bin auch heute noch davon überzeugt, dass es aufrichtig war. Durch seine Gespräche mit Michail Gorbatschow im Oktober 1986, als er zur Einweihung des Ernst-Thälmann-Denkmals in Moskau weilte, und im November 1986, während der Beratung der führenden Repräsentanten der RGW-Staaten, seien dafür gute Grundlagen gelegt worden. Mir sei bekannt, dass die SED die Beschlüsse des XXVII. Parteitages der KPdSU jederzeit unterstützt habe, erklärte Honecker. Es sei ein wahrer Segen, dass in die Außenpolitik der Sowjetunion Bewegung gekommen sei. Dadurch seien die sozialistischen Länder in der Friedens- und Abrüstungsfrage in die Offensive gegangen. Dem Auftreten von Gorbatschow in Reykjavik und den Ergebnissen der Gespräche mit Präsident Reagan stimme die DDR voll zu.

Er brachte seine Zufriedenheit darüber zum Ausdruck, dass er und das Politbüro über die außenpolitischen Absichten und Schritte der UdSSR durch den sowjetischen Botschafter in Berlin regelmäßig und gut informiert würden.

An dieser Stelle scheint mir eine Einfügung notwendig zu sein. Es ist international üblich, dass die Regierungen wichtige Dokumente, Schreiben oder Informationen über ihre eigenen Botschafter an die Regierung des Gastlandes weiterleiten. Der Übermittlungsweg zwischen der sowjetischen Führung und der Führung der SED wies eine Besonderheit auf, die sich faktisch historisch herausgebildet hatte. Seit den ersten Nachkriegsjahren liefen nicht nur alle Informationen aus Moskau nach Berlin, sondern auch aus Berlin nach Moskau über die Hochkommissare der UdSSR für Deutschland, die zugleich als Botschafter in der DDR akkreditiert waren.

Die Abteilung für Internationale Verbindungen des ZK der SED, Außenminister Oskar Fischer oder Staatssekretär Herbert Krolikowski, mein unmittelbarer Vorgesetzter, bemühten sich diesen Mangel auszugleichen. Sie versuchten, wenn sie Kenntnis von Gesprächen des Generalsekretärs mit dem sowjetischen Botschafter, der Übergabe von Schreiben oder Dokumenten hatten, mich über diese oder andere Vorgänge zu informieren. In der Praxis haben die Botschafter der DDR in Moskau von vielen Vorgängen jedoch nichts oder zu spät erfahren. Selbst als die DDR mehr Souveränität erlangte und selbstbewusster auftrat, änderte sich an dieser Praxis grundsätzlich nichts. Die Botschafter der UdSSR gingen bei Honecker nach Belieben ein und aus. Sie nutzten diese Möglichkeit nicht nur weidlich aus, sondern missbrauchten sie auch. Das Auftreten und die Rolle von Botschafter Abrassimow in der DDR sind hinlänglich bekannt. Als einziger Botschafter hatte er das Vorrecht, mit seinem Dienstwagen den Innenhof des ZK zu befahren, der den Wagen der Mitglieder des Politbüros vorbehalten war.

Diese Praxis war sehr zum Nachteil unserer Botschafter in Moskau, die faktisch bei vielen wichtigen Vorgängen in den Beziehungen zwischen beiden Staaten ausgegrenzt wurden. Eine ganz andere Praxis herrschte zum Beispiel gegenüber der ČSSR. Als ich Botschafter in Prag war, wurde ich in alle wichtigen Entscheidungen einbezogen. Die Botschafter in Moskau wurden in der Regel bei Entscheidungen nicht berücksichtigt. Selten erhielten sie zu wichtigen Fragen Aufträge, die ihnen die Möglichkeit gegeben hätten, das starre System des sowjetischen Apparats zu überwinden und damit an führende Funktionäre heranzukommen und mit ihnen zu sprechen.

Das empfand auch die Führung der SED immer als einen Mangel, suchte aber die Ursachen stets in dem Ungeschick, der Unfähigkeit oder gar der Dummheit unserer Diplomaten und nie bei sich selbst: in der Ausgrenzung der eigenen Botschafter. Dieses Problem wurde vom Außenministerium wiederholt angesprochen und immer wieder wurde Änderung versprochen. Leider hatte sich bei meinen Vorgängern nichts wesentlich geändert, und auch ich hatte keine große Hoffnung, dass es während meiner Dienstzeit anders sein würde. Aber ich wollte wenigstens den Versuch unternehmen, diese Praxis zu korrigieren.

Als Honecker auf die Kontakte zum sowjetischen Botschafter zu sprechen kam, sah ich eine Chance, das leidige Thema anzuschneiden. Ich warf ein, dass es zweckmäßig und nützlich wäre, wenn auch der Botschafter in Moskau in eine solche Lage versetzt würde, dass er mehr Aufträge und Möglichkeiten für Gespräche auf hoher Ebene erhielte. Honecker dachte kurz nach und antwortete dann, als ob dies selbstverständlich sei, dass auch für den Botschafter in Moskau Möglichkeiten für eine schnelle und umfassendere Information geschaffen werden müssten und Meinungen, Vorschläge und Wünsche der DDR »natürlich über unseren Botschafter« laufen müssten.

Leider habe ich trotz kleiner Verbesserungen keine grundsätzliche Änderung in dieser Praxis gespürt. In Gesprächen mit anderen Funktionären, vor allen mit solchen, deren Voreingenommenheit gegenüber den Botschaftern bekannt war, ließ ich immer wieder die Bemerkung Honeckers einfließen, dass der Botschafter besser informiert werden müsse. Manche von ihnen reagierten positiv und hielten sich auch später an ihr Versprechen. Andere stimmten mir zwar zu, aber bereits beim Verlassen ihres Dienstzimmers wusste ich, dass ich von ihnen nicht viel zu erwarten hatte.

Honecker kam dann auf die Schwerpunkte der Arbeit des Botschafters und der Botschaft. An erster Stelle nannte er nicht die politischen Beziehungen, sondern die wirtschaftliche und wissenschaftlich-technische Zusammenarbeit. Das zeigte mir, welchen Wert er einer erfolgreichen Kooperation auf diesen Gebieten beimaß. Er wies auf meine Verantwortung für das reibungslose Funktionieren dieser Zusammenarbeit hin, von der die weitere Stabilität der DDR und damit ihre Zukunft abhingen. Auf diese Seite meiner Verantwortung wies er mich auch später, ungeachtet der Meinungsverschiedenheiten über die Perestroika, immer wieder hin.

Honecker erklärte mir, dass sich das Politbüro gerade in der letzten Zeit intensiv mit Fragen der wirtschaftlichen Zusammenarbeit beschäftigt habe und die Herstellung von Direktbeziehungen zwischen Betrieben, Kombinaten und Vereinigungen der DDR und der UdSSR für die effektivste Form der Zusammenarbeit halten würde. Das überraschte mich, weil ich in den Gesprächen mit Ministern den Eindruck gewonnen hatte, dass wir über diesen Vorschlag der Sowjetunion nicht sehr begeistert gewesen seien. Honecker bemerkte meine Zweifel wohl und sagte daraufhin, dass der Grund für die Zurückhaltung der DDR bei der Gründung gemeinsamer Betriebe aus der Tatsache zu erklären sei, dass wir noch nicht genügend Erfahrungen bei den bereits bestehenden gemeinsamen Betrieben gesammelt hätten.

Besondere Aufmerksamkeit sollte ich der Entwicklung der Schlüsseltechnologien, den Hochtechnologien, schenken. Sie seien von außerordentlicher Bedeutung, weil sie wesentlichen Einfluss auf die Veränderung der Grundfonds in der Industrie haben würden. Ich solle nie vergessen, dass die Sowjetunion am Ende des Fünfjahrplanes, 1990, ganz anders aussehen würde als heute.

An diesen Ausspruch habe ich in den vergangenen Jahren oft denken müssen. Honecker glaubte damals, im Januar 1987, offenkundig, dass die Sowjetunion in der Lage sein würde, ihre Wirtschaft umzugestalten und die Probleme zu lösen.

Die Sowjetunion sollte sich bis 1990 tatsächlich in einer Weise verändern, die weder Honecker noch Gorbatschow und auch sonst niemand vorausgesehen hatten.

Mit großer Zufriedenheit erzählte mir Honecker dann, dass der zwischen ihm und Gorbatschow vereinbarte Austausch von Generaldirektoren der Kombinate und Vereinigungen zum gegenseitigen Studium von Erfahrungen erfolgreich begonnen habe. Ende 1986 war bereits die zweite Gruppe sowjetischer Generaldirektoren zu einem Erfahrungsaustausch in der DDR gewesen. Sie hatten die Kombinate »7. Oktober« in Berlin, »Carl Zeiss« in Jena und »Robotron« in Dresden sowie das »Zentralinstitut für sozialistische Wirtschaftsführung« in Rahnsdorf besucht. Wie mir einige der sowjetischen Generaldirektoren später selbst erzählten, konnten sie sich mit den Erfahrungen der Kombinate in der Planung und Leitung, der Orientierung auf den wissenschaftlich-technischen Fortschritt, der Materialökonomie, der sozialen Versorgung und vielen anderen Fragen gründlich bekannt machen und waren über das in der DDR Gesehene und Erlebte des Lobes voll.

Bis Ende 1988 sollten 47 Generaldirektoren, Stellvertretende Generaldirektoren und Hauptingenieure aus Vereinigungen und Betrieben der UdSSR, die überwiegend Hörer des Zweijahreslehrgangs bei der Akademie für Volkswirtschaft beim Ministerrat der UdSSR waren, zum Erfahrungsaustausch die DDR aufsuchen. Im gleichen Zeitraum weilten drei Gruppen von je zehn Generaldirektoren und Parteiorganisatoren des ZK der SED in der Sowjetunion, an deren Gesprächen mit sowjetischen Ministern ich teilnahm. Dieser Erfahrungsaustausch fand sowohl in der UdSSR wie auch in der DDR hohe Anerkennung.

Honecker verhehlte nicht, dass er der sowjetischen Seite auch zeigen wollte, dass die DDR keinen Nachholbedarf bei der Umgestaltung habe und wir der Sowjetunion um Jahre voraus seien. Er und das Politbüro lehnten vehement und wohl auch zu Recht die damals in der Sowjetunion praktizierte Wahl der Betriebsdirektoren ab. Im Zusammenhang mit der von sowjetischer Seite gezollten Anerkennung für die hohe Qualifikation der Generaldirektoren der DDR-Kombinate sagte Honecker mir, er hoffe, dass die sowjetischen Generaldirektoren verstanden hätten, dass man zu solchen Kadern nicht über Wahlen komme.

Als ich Ende Februar 1987 den Vorsitzenden des FDGB-Bundesvorstandes, Harry Tisch, bei einem Besuch des Moskauer Automobilwerkes begleitete, konnten wir uns von den negativen Erfahrungen mit der Wahl von Direktoren in diesem Werk überzeugen. Von den sowjetischen Funktionären wurde eingestanden, dass die Arbeiter nicht immer die qualifiziertesten, kompetenten und strengen Leiter gewählt hätten und positive Erfahrungen kaum vorlägen. Trotzdem verteidigten sie die Wahl der Betriebsfunktionäre und waren überzeugt, dass die DDR diese Erfahrungen auch übernehmen würde. Abgesehen von einigen positiven Beispielen bewährte sich diese Praxis in der Sowjetunion nicht. Sie wurde bald offiziell korrigiert.

Ich war gespannt, wie sich Honecker zur Entwicklung in der Sowjetunion äußern würde. Zunächst begann er sehr verhalten. Es sei zu beachten, dass in der Sowjetunion vieles noch nicht ausgereift sei. Man rede zum Beispiel viel von der Selbstverwaltung, ohne dass klar werde, was man eigentlich darunter verstehe. Aber das sei Sache der KPdSU. Honecker unterstrich, dass wir, die DDR, beim Kurs des XI. Parteitages der SED bleiben würden. Ein Satz, der später immer wieder von ihm und anderen gebraucht wurde. Allerdings, und mehr als Aufforderung an mich gewandt, fügte er noch hinzu, wenn es etwas zu lernen gebe, dann würden wir das gern tun.

Wie ich aus anderen Quellen wusste, hatten ihn die Diskussionen um die Selbstverwaltung nicht so kalt gelassen, wie er mir gegenüber tat. Im Zusammenhang mit den sowjetischen Vorstellungen über die sozialistische Demokratie irritierte diese Diskussion offensichtlich Honecker und das Politbüro.

Mir war vor dem Gespräch ein Material gezeigt worden, das er offensichtlich in Auftrag gegeben hatte. Aus dieser Darstellung ging hervor, dass der Begriff der Selbstverwaltung in der Geschichte der KPdSU in verschiedenen Entwicklungsetappen mit unterschiedlicher politischer Zielstellung und Orientierung verwendet worden war. Die Autoren der Ausarbeitung verfolgten damit offenbar die verständliche Absicht, Honecker und das Politbüro zu beruhigen. Dafür sprachen Feststellungen wie »Lenin verstand also unter der vollständigen örtlichen Selbstverwaltung die Sowjets als Organe der Diktatur des Proletariats. Es sind keine Ausführungen Lenins bekannt, in der Selbstverwaltungsorgane im Sozialismus als zusätzliche oder außerhalb der Sowjets existierende und wirkende Formen genannt werden.« Oder dass es »in der sowjetischen Wissenschaft gegenwärtig noch kein einheitliches Verständnis des Wesens der Selbstverwaltung gibt«. Jedoch unterstrichen sie, dass die von den führenden Funktionären der KPdSU vertretene Konzeption der sozialistischen Selbstverwaltung nicht mit einer Verminderung der Rolle des Staates oder der zentralen staatlichen Leitung gleichzusetzen sei. Die Autoren wollten die in der Führung offenbar vorhandenen Befürchtungen zerstreuen, dass die Diskussion über die Selbstverwaltung zur Schwächung oder gar zur Beseitigung der zentralen Staatsgewalt führen und diese Frage zu einem weiteren Streitobjekt zwischen beiden Parteien werden könnte.

Nach einer entsprechenden Begründung, warum der Begriff »sozialistische Selbstverwaltung des Volkes« in der DDR keine Verwendung finden sollte, hieß es abschließend, dass »nach Auffassung der SED kein Widerspruch zwischen den auf dem XI. Parteitag der SED beschlossenen Orientierungen zur weiteren Entfaltung und Vervollkommnung des politischen Systems und den entsprechenden Beschlüssen der Bruderparteien« bestehe.

Zu den Themen, die Honecker besonders beunruhigten, gehörte auch die Diskussion über die Geschichte der KPdSU und der Sowjetunion, die 1986 begonnen hatte. So polemisierte er gegen den Artikel »Unwiderruflich« des russisch-sowjetischen Dramatikers Michail Schatrow, der Ende Dezember 1986 in der Moskauer Wochenschrift *Neue Zeit* erschienen war. Honecker stellte mir die Frage, warum die Ideale der Oktoberrevolution in der Sowjetunion verraten würden. Bevor ich überhaupt nachdenken konnte und noch nach einer Antwort suchte, beantwortete er sie selbst.

Nach seiner Meinung seien die Errungenschaften der Sowjetunion unbestritten. Wer wolle denn in Abrede stellen, dass die Industrie, an deren Aufbau er teilgenommen habe, eine große Entwicklung erfahren habe. Ähnliches könne man vom sowjetischen Bildungswesen sagen. Anfang der 30er Jahre, als er in Moskau studierte und in Magnitogorsk arbeitete, habe er ständig Analphabeten getroffen. Heute gebe es Millionen hochqualifizierter Wissenschaftler, Ärzte, Lehrer, Ingenieure und vor allem eine gebildete Arbeiterklasse und Bauernschaft. Wie könnten wir angesichts dieser Fakten unkritisch alles unterstützen, was gegenwärtig in der Sowjetunion geschrieben, gesagt und getan werde? Reibungen zwischen der SED und der KPdSU, vor allem auf ideologischem Gebiet, so schlussfolgerte er, seien möglich und nicht ungewöhnlich.

Danach folgte ein bemerkenswertes Eingeständnis, dass ich eigentlich von Honecker nicht erwartet hatte. Er bestätigte, dass durch diese unkontrollierten Entwicklungen in der Sowjetunion bereits Erschütterungen in der DDR aufgetreten wären. Das sei verständlich, denn schließlich hätten wir immer von der Sowjetunion gelernt und unsere Menschen in diesem Geist erzogen.

Mir gab er den Rat, den ich als Auftrag verstand, mich nicht in die zwischen unseren Parteien bestehenden Auseinandersetzungen ziehen zu lassen. »Das ist nicht deine Sache! Für dich müssen unsere Freundschaft und unsere Gemeinsamkeiten immer im Vordergrund stehen. Deine Arbeit muss auf engstes Zusammenwirken in politischen Fragen und eine umfassende

Zusammenarbeit auf den vereinbarten Gebieten in Wirtschaft, in Wissenschaft und Technik gerichtet sein. Vergiss das nicht!«

Ich habe diesen Rat nicht vergessen und – soweit das während meines Aufenthaltes in Moskau überhaupt möglich war – auch beherzigt.

Manchmal verrieten mir kurze Sätze oder Bemerkungen, die oft wie aus dem Zusammenhang gerissen schienen, mehr über Honeckers Stimmungslage und seine Meinung als längere Ausführungen. Als er auf die Bedeutung von Wissenschaft und Technik hinwies, war das mit dem Satz verbunden: »Aber Spitzenerzeugnisse hat die DDR schon vor dem XXVII. Parteitag der KPdSU produziert.«

Er vergaß allerdings auch nicht zu erwähnen, dass die sowjetische Seite schon vor Gorbatschow Kritik an der Qualität der Erzeugnisse des Maschinenbaus der DDR geübt habe. Diese Kritik nehme die DDR sehr ernst. Und im gleichen Atemzug folgte die Bemerkung: »Aber wenn die Sowjetunion unsere Erzeugnisse nicht haben wolle, dann können wir sie auch im Westen verkaufen.«

Leider stand das im Widerspruch zur Wirklichkeit.

Für mich leitete er daraus den Auftrag ab, streng darauf zu achten, dass die Kombinate und Ministerien der DDR ihre Verpflichtungen gegenüber der Sowjetunion qualitäts- und termingerecht erfüllen.

Natürlich ließ es sich Honecker nicht nehmen, auch auf die Verantwortung der Sowjetunion hinzuweisen. Sie sei auch angehalten, ihre Verpflichtungen gegenüber der DDR exakt zu erfüllen. Als Beispiel führte er an, dass der Aufbau des Warmwalzwerkes in Eisenhüttenstadt durch das Verschulden der sowjetischen Seite in Verzug geraten sei. Die sowjetischen Experten hätten das technische Projekt mehrmals geändert und damit die Verzögerung verursacht. Nun sei die DDR gezwungen, dieses Projekt mit Japan zu realisieren.

Seine Frage, ob ich bereits mit Günter Mittag gesprochen hätte, musste ich verneinen. Darauf forderte er mich auf, in dem bereits vereinbarten Gespräch mit Mittag unbedingt nach diesem Projekt zu fragen und mich über die Details informieren zu lassen. Obwohl sich Honecker immer wieder auch zu Detailfragen der wirtschaftlichen Zusammenarbeit äußerte, musste ich später wiederholt erleben, dass sein Wissen oberflächlich war, er Fakten verwechselte und es mit der Wahrheit – ob bewusst oder unbewusst blieb mir unklar – nicht so genau nahm.

Es war auch nicht zu übersehen, dass er in diesen Fragen unter dem starkem Einfluss von Günter Mittag stand, dem er offensichtlich blind vertraute.

Unerwartet kurz äußerte sich Honecker über die sowjetischen Medien. Er beklagte lediglich, dass die DDR die bürgerliche Ideologie jetzt aus Moskau serviert bekomme, allerdings auf dem Umweg über das westdeutsche Fernsehen.

Mit der Bemerkung, dass er und nur er die Beziehungen mit der Sowjetunion leite und ich mich jederzeit an ihn wenden könne, beendete er das Gespräch.

Auf meinen zaghaften Einwurf, dass er hoffentlich nicht schon nach den ersten Tagen von mir Einschätzungen und Vorschläge erwarte, erwiderte er scherzhaft, dass ich mich nicht drängen lassen sollte. Wie jede neu gewählte Regierung hätte auch ich eine Schonfrist von hundert Tagen.

Mit den besten Wünschen für meine Tätigkeit und dem Auftrag, Gorbatschow und Gromyko herzliche Grüße zu übermitteln, wurde ich von Honecker verabschiedet.

Schwieriger Gesprächspartner: Günter Mittag

Mein nächster Gesprächspartner war Günter Mittag, als Mitglied des Politbüros zuständig für Wirtschaftsfragen. Er begrüßte mich wie immer, wenn ich mit ihm zu tun hatte, mürrisch und kurz angebunden. Ich gebe zu, dass ich ein gestörtes Verhältnis und große Vorbehalte ihm gegenüber hatte. Dafür gab es einige Gründe, deren Darlegung hier zu weit führen würde. Es war vor allem seine unpersönliche, selbstherrliche und überhebliche Art im Umgang mit Menschen.

Schon nach den ersten Minuten bereute ich, ihn überhaupt aufgesucht zu haben. Mir war klar, dass ich von ihm nicht viel über die Probleme, Perspektiven und Aufgaben der wirtschaftlichen Zusammenarbeit mit der UdSSR erfahren würde. Und wie von mir erwartet, hielt er mir zunächst einen Vortrag über den Verteilerkreis von Wirtschaftsinformationen der Botschaft und forderte deren Einschränkung. Das überraschte mich nicht allzu sehr, weil mich Egon Winkelmann und andere Mitarbeiter im MfAA auf dieses Problem bereits aufmerksam gemacht hatten.

Soweit ich feststellen konnte, war der Verteilerkreis solcher Informationen der behandelten Thematik angemessen. Mittag wusste, welche Macht Informationen besitzen konnten, wenn er als erster und einziger darüber verfügte. Er wachte stets misstrauisch darüber, dass Informationen über auftretende Probleme in der wirtschaftlichen und wissenschaftlich-technischen Zusammenarbeit mit der Sowjetunion zuerst ihm und wenn möglich nur ihm übermittelt wurden. Erst wenn er sich zum jeweiligen Problem eine Meinung gebildet, eine Antwort oder Rechtfertigung gefunden hatte, durften andere, auch der Generalsekretär, davon erfahren. Als Botschafter musste man sich immer überlegen, ob man Informationen, ganz gleich welcher Art, die man dem Generalsekretär oder einem Politbüromitglied übermittelte, auch noch anderen zur Kenntnis gab. Ich habe als Botschafter in Prag schnell gelernt, dass das nur Ärger einbringen konnte. Wenn ich überzeugt war, dass solche Informationen auch andere Politbüromitglieder, Minister, Abteilungsleiter im ZK oder andere Funktionäre erhalten sollten, dann fand ich immer Wege, um sie das inoffiziell wissen zu lassen.

Bei einer breit gefächerten und verflochtenen Zusammenarbeit wie mit der Sowjetunion, wo Probleme zwangsläufig auftraten, war die Haltung von Mittag völlig kontraproduktiv. Sie erschwerte unnötig die Arbeit, weil jedes Problem, ob groß oder klein, wichtig oder unbedeutend, sofort zu einer Staatsaktion wurde.

Für nicht weniger gefährlich hielt ich die Tatsache, dass viele Leiter im ökonomischen Bereich dieser Praxis folgten und auf ihre Mitarbeiter in gleicher Weise einwirkten. Als Beispiel möchte ich aus meinem Gespräch mit Günter Ehrensperger, Leiter der Abteilung Planung und Finanzen des ZK, hier eine Bemerkung einfügen.

Leiter der DDR-Vertretung der Paritätischen Regierungskommission in Moskau war zu dieser Zeit Karl Mittenzwei, ein sehr erfahrener Mitarbeiter, der sich jahrzehntelang in der Plankommission und in Moskau mit den wirtschaftlichen Beziehungen zwischen der DDR und der UdSSR beschäftigt hatte. Ich habe ihn als Wirtschaftsfachmann, als Leiter und auch als Mensch kennen- und schätzen gelernt. Mittenzwei hatte vielfältige Kontakte zu sowjetischen Institutionen und leitenden Funktionären, sprach sehr gut russisch und verfügte immer über interessante und wertvolle Informationen, von denen ich ebenfalls einen Nutzen hatte.

Karl Mittenzwei war jedoch kein Mann von Mittag, sondern von Gerhard Schürer, dem Vorsitzenden der Staatlichen Plankommission beim Ministerrat der DDR, der ihn als kompetenten Mitarbeiter sehr schätzte und unterstützte.

Günter Ehrensperger hob im Gespräch mit mir diese Eigenschaften Mittenzweis auch hervor und unterstrich, dass dieser sein volles Vertrauen habe. Offensichtlich auf frühere Querelen in der Botschaft anspielend, forderte er mich auf, die kleinliche Konkurrenz, wie er es nannte, wer zuerst wen informiere, zu unterlassen. Mittenzwei müsse das Recht haben, direkt zu informieren, und es sei besser, wenn er Günter Mittag informiere und nicht der Botschafter.

Diese Aufforderung hielt ich zwar für etwas eigenartig, aber ich nahm sie nicht so ernst, weil das Vordrängen und Prahlen mit Informationen sicher nicht zu meinen charakterlichen Eigenschaften gehörte. Ich ging mit Informationen eher zögerlich und zurückhaltend um. Karl Mittenzwei hat sich meines Wissens selten an Mittag direkt gewandt. Sein Partner war Ehrensperger, und der war an diesen Informationen interessiert, bevor sie ein anderer erhielt.

Auf meine positiven Erfahrungen in der Zusammenarbeit zwischen den Dienststellenleitern in Moskau werde ich noch zu sprechen kommen. Aber diese unheilvolle Praxis, dieser Mechanismus der Informationsgabe und -zurückhaltung, beeinflusste in negativer Weise die Mitarbeiter in der Wirtschaft und im Handel. Oft musste ich feststellen, dass mir Informationen erst dann übermittelt wurden, wenn sie bereits in Berlin vorlagen. Oft wurden mir Informationen auch bewusst vorenthalten. Damit wurde mir die Möglichkeit zu einer Meinungsäußerung genommen, bevor die Nachricht nach Berlin weitergeleitet wurde. Wie oft musste ich der Zentrale erklären, warum ich von bestimmten Vorgängen nichts wusste und nichts wissen konnte. Natürlich fanden die Leiter immer eine Erklärungen für ihr Verhalten, manchmal bedauerten sie es auch, aber es belastete unsere Zusammenarbeit und schürte unnötig Misstrauen. Ich glaube, dass ich mit den Informationen, die ich erhielt – und darunter waren viele mit vertraulichem Charakter – gegenüber Dienststellenleitern ziemlich großzügig umgegangen bin. Ich war überzeugt, dass jemand seine Aufgabe nur voll erfüllen konnte, wenn er möglichst umfassend informiert war.

Aber auch ich habe mich im Ergebnis dieser Praxis dabei ertappt – vor allem wenn ich mich darüber geärgert hatte, dass man mich über Fragen, die ich als Botschafter wissen sollte, nicht informiert hatte –, dass ich mit gleicher Münze zurückzahlen wollte und mir die Frage stellte: Warum soll ich Informationen weitergeben, wenn mir solche vorenthalten werden? Das galt vor allem in der Endzeit der DDR, als sich Verantwortung und Staatsdisziplin immer mehr lockerten.

Günter Mittags Auffassung, dass es besser sei, keine unüberprüften Informationen nach Berlin zu geben, schien mir einleuchtend. Ich irre wohl kaum, wenn ich sage, dass seine und meine Beweggründe unterschiedlicher Natur waren.

Bekannt war mir auch Mittags Meinung, nicht jeder müsse alles wissen. Dem war grundsätzlich zuzustimmen. Aber ich sollte bald spüren, zu welchen Auswüchsen das führte. Als ich ihm von Honeckers Hinweis erzählte, dass er, Mittag, mich zum Stand der Verhandlungen über das Warmwalzwerk in Eisenhüttenstadt informieren solle, antwortete er wörtlich: »Gerhard Schürer und Gerhard Beil, Minister für Außenhandel, haben den Auftrag, mit der Sowjetunion zu verhandeln. Mehr musst du nicht wissen. Wenn dir zu dieser Problematik von sowjetischer Seite Bemerkungen gemacht werden, nimmst du sie ohne Kommentar zur Kenntnis und informierst mich.«

Diese Erklärung gab mir den Rest, und ich verzichtete auf weitere Fragen.

Nachdem mir Mittag noch den zweifelhaften Rat gegeben hatte, mich in solche problematischen Angelegenheiten nicht hineinziehen zu lassen, beendete er unsere Begegnung. Ich war ohne große Erwartungen in dieses Gespräch gegangen. Da ich faktisch im Auftrage Honeckers gekommen war, nahm ich an, dass Mittag den künftigen Botschafter in der UdSSR ausführlich und ernsthaft informieren würde. Ich hatte mich wieder einmal geirrt, aber noch rechtzeitig eine Lektion erhalten, die mir von Nutzen sein sollte. In den folgenden drei Jahren wandte ich mich nur ein- oder zweimal direkt an Mittag. Sonst bin ich ihm aus dem Weg gegangen.

Bei diesen vorbereitenden Gesprächen auf hoher Ebene wurde ich immer wieder daran erinnert, dass ich nicht vergessen sollte, höchster Repräsentant der SED und der DDR in der Sowjetunion zu sein. Aber was bedeutete das schon, wenn die gleichen Leute mir bereits vor meiner Ausreise zu verstehen gaben, was sie von dieser Autorität hielten? Sie selbst schmälerten oder entzogen gar dem »höchsten Repräsentanten« faktisch die Grundlage für eine umfassende und nützliche Arbeit.

Hermann Axens Zweifel

Für die internationalen Beziehungen der SED war Hermann Axen zuständig. Von allen Mitgliedern des Politbüros kannte ich ihn wohl am besten, ich hatte viele Jahre unter seiner direkten Leitung gearbeitet. Seine Stärken, über die man heute weniger spricht, und seine Schwächen, über die sich schon manch ehemaliger Mitarbeiter ausgelassen hat, waren mir bewusst. Ich werde mich nicht an Häme und an Schmähungen beteiligen.

Axen war eine ungewöhnliche Persönlichkeit, aber auch ein widerspruchsvoller Mensch, wie wir es alle sind. Er war und blieb Zeit seines Lebens Antifaschist und ein überzeugter Sozialist, der seinen Idealen bis zum Tode treu blieb. Unter den antifaschistischen Widerstandskämpfern und in der internationalen Arbeiterbewegung genoss er Autorität und Ansehen. Sein aktives Wirken für Rüstungsbegrenzung und Abrüstung, sein Eintreten für die Erhaltung und Sicherung des Friedens werden unvergessen bleiben.

Ich achtete und respektierte ihn wegen seines schweren Lebensweges, seiner Qualen in der Hölle von Auschwitz, aber auch wegen seines umfangreichen Wissens, seiner Belesenheit, seines analytischen Geistes, seiner Fähigkeit zu argumentieren und seiner menschlichen Eigenschaften. Von ihm konnte man viel lernen, so wie auch ich von ihm manches gelernt habe.

Aber ich musste auch manche seiner Schwächen ertragen. Hermann Axen war oft unausgeglichen, gereizt, manchmal auch unbeherrscht. In solchen Situationen konnte er auch ungerecht sein. Die Auswirkungen habe ich zuweilen zu spüren bekommen. Weil ich aber auch den anderen Hermann kannte, waren das nur Randerscheinungen, die ich teils belächelte und schnell wieder vergaß. Unserer guten Zusammenarbeit haben solche Vorfälle nie ernsthaft geschadet. Als einige meiner Mitarbeiter Ende 1989 seine Betreuung im Regierungskrankenhaus in Moskau ablehnten, habe ich mit zwei Freiwilligen dies gern übernommen.

Viel schlimmer war jedoch seine Realitätsferne in den letzten Jahren der DDR. Axen war, wie er selbst sagte, ein Diener der Partei, der diszipliniert, ihr treu ergeben und konsequent stets die Linie der Partei und die Politik des Politbüros vertrat. Trotzdem hatte ich zuweilen den Eindruck, dass er sowohl die Probleme in der DDR als auch die in unserem Verhältnis zur Sowjetunion sah und erkannte.

In einem Gespräch mit mir bezeichnete er in seiner Aufregung ein anderes Politbüromitglied als Opportunisten, weil es im Politbüro zum ideologischen Streit mit der KPdSU nicht seine Meinung gesagt und seine Zweifel über einen Beschlussentwurf nicht offen ausgesprochen hätte. An diese Episode habe ich mich oft erinnert, wenn ich an den fehlenden Mut Hermann Axens dachte, seine Zweifel und Einsichten offen auszusprechen. In solchen Momenten betrachtete ich ihn auch als einen Opportunisten. Seine Weigerung anerkennen zu wollen, dass sich die Situation in der DDR immer weiter verschlechterte, dass die Abschottung von der Sowjetunion uns nur noch tiefer in die Isolation trieb, enttäuschte mich sehr. Er wollte den Tatsachen nicht ins Gesicht sehen, verschloss sich überzeugenden Argumenten und hörte nicht auf gut gemeinte Hinweise.

Als ich Ende 1989 im Regierungskrankenhaus in Moskau das letzte Mal mit Hermann Axen sprach, hatte er noch immer nicht akzeptiert, dass er für den Zusammenbruch der DDR und die Niederlage des Sozialismus auf deutschem Boden eine

Mitverantwortung trug. Dass er später doch noch zu solcher Einsicht gekommen ist, sprach für ihn.

Am 8. Januar 1987 jedoch klang alles noch ganz anders. Die Ausführungen Hermann Axens vermitteln vielleicht am deutlichsten, welche Ideen, Meinungen und Gedankengänge in der Führung zu jener Zeit herrschten.

Er sagte mir nichts Neues, als er beteuerte, dass die DDR fest und treu zur KPdSU stehe und unsere Haltung zur Sowjetunion immer die alles entscheidende Frage gewesen sei. Das Politbüro sei zufrieden, dass sich das persönliche Verhältnis zwischen Honecker und Gorbatschow gebessert habe. Auf der RGW-Tagung im November 1986 hätte Gorbatschow Honecker mindestens viermal lobend erwähnt.

Mit unserer wirtschaftlichen Leistungskraft, den Errungenschaften auf den Gebieten von Wissenschaft und Technik, durch unsere militärische Stärke und unsere konstruktive Außenpolitik leiste die DDR ihren Beitrag zur Stärkung des Sozialismus und zur Unterstützung der UdSSR. Wie Axen hervorhob, kenne die DDR die Stärke ihrer Gegner und unterschätze sie nicht. Unsere Politik sei darauf gerichtet zu verhindern, dass diese Stärke je zum Einsatz und zur Wirkung komme.

In den außenpolitischen Fragen gäbe es mit der KPdSU und der Sowjetunion völlige Übereinstimmung. Mit der Linie Gorbatschows in der internationalen Politik sei die SED einverstanden und unterstütze sie. Die DDR begrüße Gorbatschows Aussagen, dass die Prinzipien der Gleichheit, Unabhängigkeit und Selbstständigkeit der Staaten, die Nichteinmischung in ihre inneren Angelegenheiten und die Verantwortung jeder Partei nur vor dem eigenen Volke von allen Parteien strikt zu beachten seien. Axen hoffte, dass Gorbatschow mit uns sprechen werde, wie bestimmte Überbleibsel der Ungleichheit und Abhängigkeit, wie sie bei der SDAG Wismut, bei der Preisgestaltung und aufgrund der Stationierung sowjetischer Truppen in der DDR noch bestehen würden, Schritt für Schritt beseitigt werden könnten.

Für die DDR sei aber letztlich entscheidend, von welchen Positionen Gorbatschow in der Innenpolitik ausgehen werde und ob sie vorwärts gerichtet sein würden. Ein Überschwappen bestimmter Entwicklungen auf die DDR müssten wir dabei einkalkulieren. Ich solle nicht überrascht sein, wenn die SED nicht alles aus der Sowjetunion übernehmen und immer offener ihre Meinung zum Ausdruck bringen würde. Wenn wir nicht mehr alles mitmachten, dann habe das nichts mit Antisowjetismus zu tun. Wir seien weder überheblich noch wüssten wir alles besser. Aber wir hätten unsere eigenen Erfahrungen, wir wären nicht Polen oder Ungarn.

Das einzige Kriterium für die Richtigkeit der Politik bleibe die Praxis. Leider, so Axen weiter, hätten wir in den vergangenen Jahrzehnten immer alle Fehler der Sowjetunion mitgemacht, damit müsse nun Schluss sein. Er erinnerte an die Prozesse Ende der 1940er Jahre in den osteuropäischen Ländern, an Chruschtschows Landwirtschaftspolitik, die Haltung der Sowjetunion zur Stationierung der Mittelstreckenraketen in Europa, an Fehleinschätzungen der Entwicklung in der BRD, die Kampagne gegen die Reise Honeckers nach Bonn, die noch immer nicht stattgefunden habe, und an den Schaden, der durch die sowjetische Intervention in Afghanistan, die Politik der KPdSU in der kommunistischen Weltbewegung sowie ihr Verhältnis zu China und den westeuropäischen kommunistischen Parteien angerichtet worden sei. Auch Einmischungen in unsere inneren Angelegenheiten wie die Rede Gorbatschows auf dem XI. Parteitag der SED würden wir nicht mehr unwidersprochen hinnehmen. Das stehe im Widerspruch zu dem von Gorbatschow selbst verkündeten Prinzip, nach dem jede Partei nur vor dem eigenen Volk verantwortlich sei.

Axens Kritik konnte man zwar zustimmen, wenn sie auch nicht die Frage beantwortete, warum die SED diese Politik stets mitgemacht habe. Leider bestätigte sich auch die Ansage Axens nicht, dass die SED künftig offen ihre Meinung zur Entwicklung in der Sowjetunion sagen würde. Recht behielt er allerdings mit der Bemerkung, dass wir nicht mehr alles aus der Sowjetunion übernehmen würden.

Hermann Axen sagte, dass aktuelle Losungen, bestimmte Formen und Methoden der Arbeit der KPdSU auf die DDR nicht übertragbar seien. Das »Neue Denken« gelte für die Sowjetunion und nicht für die DDR. Die SED orientiere sich an ihrem Parteiprogramm und am XI. Parteitag. Wenn Gorbatschow glaube, dass er die sozialökonomische Entwicklung der

UdSSR beschleunigen müsse, dann solle er das tun. Die DDR habe ihre Politik, die Hauptaufgabe in ihrer Einheit von Wirtschafts- und Sozialpolitik, schon lange festgelegt, und dabei bleibe es.

Axen entrüstete sich darüber, dass auf einer theoretischen Konferenz, die im Dezember 1986 in Moskau stattgefunden hatte, Alexander Jakowlew, Mitglied des Politbüros der KPdSU, und der Chefredakteur einer bulgarischen Zeitschrift angeblich die »Umbewertung aller Werte des Sozialismus« und ein Aufbrechen »alter Verkrustungen« gefordert hätten. Er frage sich nun, so Axen, mit welchen Kadern Gorbatschow das realisieren wolle, wenn er siebzig Prozent der Minister oder 33 von 35 Rayonsekretären der KPdSU in Moskau in die Wüste schicke?

Abschließend versicherte auch Axen, dass der Botschafter in Moskau besser informiert werden müsse, damit er seinen Auftrag richtig erfüllen könne, und bekräftigte zugleich, dass für die Beziehungen zur KPdSU der Generalsekretär allein zuständig sei, an den ich mich jederzeit wenden könnte. Und ironisch fügte er hinzu: »Jedem das Seine und dem Kaiser, was des Kaisers ist. Mich darfst du aber auf keinen Fall vergessen.«

Die Ausführungen Hermann Axens waren klar und unmissverständlich und benötigen keinen Kommentar. Mancher kritischen Äußerung stimmte ich zu, bei anderen Bemerkungen kamen ernsthafte Zweifel auf. Ich entschied mich jedoch, sie stillschweigend zur Kenntnis zu nehmen und daraus die notwendigen Schlussfolgerungen für mich und die Arbeit der Botschaft zu ziehen.

Über manche Frage hatte ich mit Axen später heftige Auseinandersetzungen.

Erste Schritte in Moskau

Am 14. Januar 1987 flog ich in Begleitung meiner Tochter Anne nach Moskau. Auf dem Flughafen Scheremetjewo wurden wir vom Gesandten unserer Botschaft, meinem Stellvertreter Dr. Siegfried Körner, und weiteren Mitarbeitern herzlich begrüßt. Körner schlug vor, zuerst in die Botschaft zu fahren, um mich mit den Leitern der DDR-Dienststellen bekanntzumachen. Das kam mir sehr gelegen, und ich stimmte zu.

In meinem künftigen Arbeitszimmer begrüßten mich Christian Starke, Leiter der Handelsvertretung, Karl Mittenzwei, Leiter der Vertretung der Paritätischen Regierungskommission, und Dieter Ludwig, Leiter der Vertretung der DDR beim RGW, sowie der Sekretär der Parteiorganisation, Winfried Windruf, und der Vorsitzende der Betriebsgewerkschaftsleitung, Heiner Kuhl. Ich wurde von allen herzlich willkommen geheißen, wir machten uns gegenseitig kurz bekannt und stießen mit einem Glas sowjetischen Sekt auf eine gedeihliche und kameradschaftliche Zusammenarbeit an. Damit hatte ich faktisch die Leitung der Botschaft übernommen.

Treffen mit den Mitarbeitern

Die Botschaft der DDR in Moskau befand sich auf dem Leninski Prospekt in einem neuen Gebäude, das im Herbst 1984 fertiggestellt wurde.

Ich hatte viele Botschaften der DDR gesehen, und nur wenige entsprachen den Anforderungen, die man an eine Botschaft stellte. Meist waren sie zu klein, hatten nicht genügend Arbeitszimmer für die Mitarbeiter und kaum repräsentative Räume. Diese Gebäude reichten anfangs aus, aber mit der Erweiterung der Zusammenarbeit und mit wachsender Mitarbeiterzahl platzten sie bald aus den Nähten. Geld für Neubauten und Renovierungen stand nur in geringem Umfang zur Verfügung, und so änderte sich an dieser insgesamt unbefriedigenden Situation wenig.

Im November 1950 war die erste Botschaft der DDR in der UdSSR in der Stanislawski-Straße 10 eingezogen, einem Haus mit bewegter Vergangenheit, die bis in das 14./15. Jahrhundert zurückreichte. Auf Anordnung von Zar Iwan III. mussten die Bojaren und Kaufleute ihre Häuser dem »Kreml-Hügel gegenüber, längs des rechten Ufers des Flusses Neglinnaja« errichten. Dieser Fluss existiert heute nicht mehr, nur die Neglinnaja-Straße erinnert an ihn. Diese Ansiedlung wurde zum Schutz mit einem Erdwall umgeben, der nach 1796 zum heutigen Gartenring wurde. Zu den ältesten Straßen in diesem Bezirk kann man auch die heutige Stanislawski-Straße zählen, die ursprünglich Scheremetjewski-Gasse, danach Leontjewski-Gasse hieß. 1938 wurde sie nach dem russischen Schauspieler und Theaterleiter Stanislawski, der in dieser Straße im Haus Nr. 6 gelebt hatte, benannt.

Die Besitzer des Hauses hatten oft gewechselt. Zu ihnen gehörten Vertreter des russischen Hochadels, die dem Zarenhaus nahestanden, Generäle, Geheimräte und schließlich auch Großindustrielle. Der Industrielle Iwan Sorokoulnowski ließ 1883 die alten Bauten abreißen und ein neues, steinernes Gebäude in Form einer Villa errichten, das mit geringen Veränderungen und Umbauten bis in unsere Zeit erhalten blieb. Nach 1917 waren in dem Gebäude verschiedene sowjetische Institutionen untergebracht, bevor es 1924 der Deutschen Botschaft zur Nutzung übergeben wurde. Dort residierten bis zum Ausbruch des Krieges 1941 Graf Brockdorff-Rantzau (1922–1929), Herbert von Dirksen (1929–1933), Rudof Nadolny (1933–1934) und Friedrich Werner Graf von der Schulenburg (1934–1941) als Botschafter.

Seit 1950 arbeiteten in diesem Haus die Botschafter der DDR Rudolf Appelt, Johannes König, Rudolf Dölling, Horst Bittner, Harry Ott und Egon Winkelmann. Mit dem Umzug der Botschaft ging das Gebäude leider an die sowjetische Regierung zurück. Honecker erkundigte sich mehrmals bei mir, warum wir das Gebäude nicht behalten hatten. Ich konnte immer nur auf einen Beschluss des Politbüros verweisen, der unter seinem Vorsitz angenommen worden war.

Die neue Botschaft der DDR war kein besonders schönes, wohl aber großes und zweckmäßiges Gebäude. Man hatte versucht, die Mängel anderer Botschaften zu vermeiden und beim Bau viele Erfahrungen und Hinweise aus anderen Botschaften berücksichtigt. Allerdings ließ die Bauausführung zu wünschen übrig, so dass ich schon bald gezwungen war, unumgängliche Reparaturen vornehmen zu lassen.

Die Arbeitszimmer, einschließlich das des Botschafters, konnte man kaum als zweckmäßig einschätzen. Dagegen waren gute Lösungen bei den Repräsentationsräumen gefunden worden. Es gab einen großen Saal für Empfänge und Konzerte, mehrere kleinere Säle, Salons für größere und kleinere Essen oder für Gespräche mit Gästen. Zwischen all diesen Sälen und Salons gab es ein geräumiges Foyer, so dass wir bei großen Empfängen tausend Gäste ohne Schwierigkeiten bewirten konnten. Um diese Repräsentationsräume und die sich daraus ergebenden Möglichkeiten wurden wir von allen ausländischen diplomatischen Vertretungen in Moskau beneidet.

Daneben gab es Einrichtungen, die gerade in Moskau geschätzt wurden, etwa eine Sauna und eine Bauernstube.

In der Botschaft befand sich eine moderne Großküche, die täglich bis zu sechshundert Portionen Essen für die deutschen und sowjetischen Mitarbeiter zubereitete. Man aß gemeinsam in einem großen Speisesaal. Bei Empfängen, Cocktails und offiziellen Essen übernahmen die Köchinnen und Köche sowie ihre vielen fleißigen Helfer auch die gesamte gastronomische Betreuung und bekamen dafür viele lobende Worte zu hören.

In Prag hatte ich das Fehlen solcher Räumlichkeiten in unserer Botschaft immer bedauert, obwohl wir uns selbst manche Möglichkeit schufen. In Moskau fand ich dagegen ideale Bedingungen für die diplomatische Tätigkeit vor, die von uns auch ausgiebig genutzt wurden.

Die Struktur der Vertretungen der DDR in der UdSSR wies einige Besonderheiten auf und unterschied sich von den anderen DDR-Botschaften. Die eigentliche Botschaft der DDR umfasste nur den politischen Bereich, weil die Handelsvertretung als eine selbstständige Einrichtung betrachtet wurde. Die Botschaft war in Abteilungen und Arbeitsgruppen untergliedert, die die verschiedenen Arbeitsgebiete betreuten. Die wichtigsten waren die Politische Abteilung und die Abteilungen für Presse, Kultur, Konsular, Protokoll und Verwaltung/Finanzen. Zur Botschaft gehörten weiter die Arbeitsgruppe Parteibeziehungen, die Studentenabteilung, die Verkehrspolitische Abteilung und der Bereich des Militärattachés. Dazu kamen noch die Dolmetscher, die Kurier- und Reisestelle, der Chiffreur und der Funker sowie der Objektschutz.

Zu den diplomatischen Vertretungen der DDR in der UdSSR gehörten auch die drei Generalkonsulate in Leningrad, Kiew und Minsk. Die Abteilungen der Botschaft und die Generalkonsulate waren mir direkt unterstellt.

Nach den entsprechenden Verordnungen der DDR war der Botschafter der höchste Repräsentant im jeweiligen Land und damit zugleich der Disziplinarvorgesetzte aller im Lande weilenden DDR-Mitarbeiter. In Moskau bedeutete das nicht allzu viel, weil sich in Anlehnung an die sowjetische Praxis eine Struktur herausgebildet hatte, in der die einzelnen Dienststellen der DDR sehr selbständig handeln konnten. Das brachte manche Vorteile, hatte aber auch viele Nachteile.

Die Handelspolitische Abteilung und die Vertretungen der Außenhandelsbetriebe waren in einer weitgehend selbständigen Handelsvertretung zusammengefasst. Sie war dem Minister für Außenhandel unterstellt.

Eine wichtige Institution war die Vertretung der Paritätischen Regierungskommission, faktisch die Vertretung der Plankommission der DDR, die sich mit der wirtschaftlichen und wissenschaftlich-technischen Zusammenarbeit zwischen unseren Ländern befasste.

Und schließlich bestand beim Rat für Gegenseitige Wirtschaftshilfe eine DDR-Vertretung, die dem für den RGW zuständigen Stellvertretenden Ministerpräsidenten der DDR zugeordnet war.

Formal war ich der diesen Vertretungen übergeordnete Leiter. Faktisch waren das aber selbständige Vertretungen, die ihr Eigenleben entwickelten. Sie erhielten ihre Aufträge direkt aus Berlin und berichteten ihren Vorgesetzten ebenfalls direkt. Ob der Botschafter davon etwas erfuhr, hing ganz vom Verhalten der Leiter, von deren Wollen oder deren Weigerung und von unseren persönlichen Beziehungen ab.

Um die Abstimmung und Koordinierung zwischen dem Botschafter und den Leitern der Vertretungen zu ermöglichen, hatten meine Vorgänger die Beratung der Dienststellenleiter eingeführt, an der noch der Gesandte und der Sekretär der Parteiorganisation teilnahmen. Wir trafen uns in der Regel an jedem Montag in meinem Arbeitszimmer, um Informationen auszutauschen und gemeinsame Aufgaben zu besprechen. Trotz der nicht ausbleibenden und nicht zu vermeidenden Probleme verlief diese Zusammenarbeit jedoch sehr kameradschaftlich.

Selbständige Einrichtungen wie die Verkehrsvertretung der Deutschen Seereederei in Klaipeda, die Fluggesellschaft Interflug, Deutrans und Deutfracht sowie das Reisebüro der DDR wurden durch die Verkehrspolitische Abteilung fachlich betreut.

Der Presseattaché unterhielt engen Kontakt zu den Journalisten der Zeitungen und Zeitschriften, der Nachrichtenagentur *ADN* sowie zum Fernsehen und Rundfunk der DDR.

Am 30. Juni 1986 waren 6837 DDR-Bürger – ohne die Arbeiter an der Erdgastrasse – aus dienstlichen Gründen oder zum Studium in der UdSSR. Darunter befanden sich 1131 Kinder. In der Botschaft arbeiteten 143 Mitarbeiter, davon 46 Diplomaten. In der Handelsvertretung waren 397 Mitarbeiter tätig, davon zehn Diplomaten, und in der Paritätischen Regierungskommission 24 Mitarbeiter, davon vier Diplomaten. Im Apparat des RGW, der Bank für Wirtschaftliche Zusammenarbeit und in der Vertretung der DDR beim RGW arbeiteten 140 Mitarbeiter, davon 14 Diplomaten. In den Generalkonsulaten in Leningrad und Kiew waren je 26 Mitarbeiter und in Minsk acht Mitarbeiter tätig. Unter den insgesamt 60 Mitarbeitern in den Generalkonsulaten waren 14 Diplomaten. In der Sowjetunion hatten zu jener Zeit 106 Mitarbeiter von DDR-Vertretungen einen diplomatischen Status.

1987 studierten an den Universitäten und Hochschulen der UdSSR rund 1500 Frauen und Männer aus der DDR, davon 1084 allein in Moskau. Dazu kamen über 1100 Hörer an Militärakademien und militärischen Hochschulen.

Die zehnklassige Botschaftsschule wurde von 688 Schülern besucht. Der Kindergarten konnte etwa 100 Kinder und die Kinderkrippe etwa 10 bis 20 Kinder aufnehmen.

Von den 5506 erwachsenen DDR-Bürgern, die sich Anfang 1987 in der UdSSR aufhielten, gehörten 3402 der SED an. Die Leitung der Parteiorganisation in der UdSSR hatte faktisch den Status einer Kreisleitung.

Die Erfüllung unserer Aufgaben wäre ohne die Unterstützung der 641 sowjetischen Mitarbeiter, die in unseren Einrichtungen tätig waren, nicht möglich gewesen.

Nach dem kurzen Zwischenaufenthalt in der Botschaft brachte mich Siegfried Körner in das Wohngebiet der Botschaft, ins »Nemgorodok« (Deutsches Städtchen), wie es im Russischen genannt wurde. Wir erreichten es mit dem Auto in etwa zehn Minuten. Ende der 60er Jahre hatte die DDR im Südwesten Moskaus, auf einem Areal zwischen dem Leninski Prospekt und dem Prospekt Wernadski, diese vier Hochhäuser mit je 16 Etagen und ein weiteres Gebäude mit neun Etagen für die Mitarbeiter der DDR errichtet. Zu diesem Komplex gehörten die zehnklassige Oberschule mit Aula, Sportsaal und Sportplätzen, der Kindergarten, Garagen, Parkplätze, Werkstätten, eine bescheidene Verkaufsstelle für Waren des täglichen Bedarfs und eine kleine Gaststätte. Diese relative Autarkie hatte manchen Vorteil, schuf aber nicht wenige Probleme, die durch das enge Zusammenleben in einer solchen großen Gemeinschaft zwangsläufig entstehen.

Die Wohnung des Botschafters befand sich in der obersten Etage eines der Hochhäuser. Im Vergleich zu den 73 Quadratmetern unserer Berliner Wohnung kam sie uns riesig vor. Einige Räume waren für repräsentative Zwecke, also für Essen oder Treffen mit sowjetischen und anderen diplomatischen Gästen, vorgesehen, wurden aber von uns aus verschiedenen Gründen selten genutzt. Um vorzugreifen: Als ich mit meiner Tochter Anne allein war, spielte sich unser Leben in der geräumigen Wohnküche und den Arbeitszimmern ab. Erst als meine Frau nach Moskau kam, änderte sich vieles. Sie machte in kurzer Zeit alles wohnlicher und gemütlicher. Trotzdem haben wir uns in der Wohnung nie richtig wohlgefühlt. Allerdings hatte man aus dieser Höhe eine wunderbare Sicht auf Moskau und die Umgebung. Bei klarem Wetter und Sonnenschein sahen wir durchs Küchenfenster die goldenen Kuppeln und Türme der Kathedralen im Kreml.

Unsere Koffer und Kisten mit Kleidung und Büchern waren bald ausgepackt und diese in den Schränken verstaut, so dass wir uns am nächsten Tag sofort an die Arbeit machen konnten, Anne in der Schule und ich in der Botschaft.

Akkreditierung bei Gromyko

Meine Akkreditierung war für den 16. Januar 1987 vorgesehen. Laut diplomatischem Protokoll musste ich zuvor Außenminister Eduard Schewardnadse aufsuchen und mich ihm vorstellen. Ich war ihm zuvor nie begegnet und von seiner freundlichen Aufnahme angenehm berührt. Nach dem Austausch der üblichen Höflichkeitsfloskeln richtete ich ihm herzliche Grüße von Oskar Fischer aus und übergab ihm die Kopie meiner Antrittsrede.

Schewardnadse erkundigte sich, welches Programm wir für seinen ersten offiziellen Besuch in der DDR vorgesehen hätten, der Ende Januar erfolgen sollte. Ich informierte ihn so gut ich konnte.

Im anschließenden kurzen Gespräch erklärte Schewardnadse, dass die Herzlichkeit und der konstruktive Charakter der Gespräche zwischen Michael Gorbatschow und Erich Honecker Ende 1986 Geist und Inhalt der Beziehungen zwischen unseren Parteien und Staaten bestimmen würden. In den Gesprächen seien stets die brennenden Fragen unserer Zeit behandelt worden, und daher hätten sie auch große Wirkungen gehabt. Von ihnen seien wichtige Impulse für die effektivere Gestaltung der bi- und multilateralen Zusammenarbeit ausgegangen. Die sowjetische Seite sei daran interessiert, diese Treffen in regelmäßigen Abständen durchzuführen.

Die Zusammenarbeit und das abgestimmte Auftreten der sozialistischen Länder in der internationalen Arena stelle, so Schewardnadse, keine geringe Kraft dar, ihre Wirksamkeit nehme ständig zu. In den Grundfragen der internationalen Politik gebe es zwischen beiden Staaten völlige Übereinstimmung. Die Gemeinschaft verfüge über ein klares Aktionsprogramm für Frieden und Sicherheit in der Welt. Nun gehe es darum, dass alle sozialistischen Länder ihre Anstrengungen vervielfachten, um konkrete Ergebnisse bei dessen Verwirklichung zu erzielen.

Schewardnadse würdigte die Zusammenarbeit zwischen der UdSSR und der DDR, die nach seinen Worten einen hohen Stand aufweise. Die erfolgreiche Entwicklung der UdSSR wie auch der DDR sei ohne das immer engere, allseitige Zusammenwirken beider Länder nicht vorstellbar. Er forderte mich auf, Probleme, die in der Zusammenarbeit auftreten könnten, offen anzusprechen. Gerade jetzt, da die Wirtschaft und die Außenwirtschaft auf neue Methoden der Leitung umgestellt würden, sei es besonders wichtig, Probleme sofort und konstruktiv sowie im gegenseitigen Interesse zu lösen, damit die neue Phase in der Zusammenarbeit der Bruderländer nicht diskreditiert werde. Diesen Feststellungen konnte ich beruhigt zustimmen, weil sie auch unseren Vorstellungen entsprachen.

Zu den innenpolitischen Entwicklungen äußerte er sich nur kurz. Bei der Verwirklichung der Beschlüsse des XXVII. Parteitages der KPdSU sei man, trotz vieler Probleme, gut vorangekommen. Erste Erfolge seien bereits zu verzeichnen. Man sei sich aber im Klaren, dass man noch einen langen, schwierigen Weg vor sich habe. Ein Zurück oder einen anderen als den eingeschlagenen Weg gebe es jedoch nicht. Die Schwierigkeiten müssten im Vorwärtsschreiten überwunden werden. Die Maßnahmen zur Verwirklichung dieses Weges würde die Tagung des Zentralkomitees der KPdSU, die in den nächsten Tagen stattfinden werde, beschließen.

Nach dem Gespräch bei Außenminister Schewardnadse informierte mich der Chef des Protokolls, Tschernischew, über den Ablauf der Akkreditierung beim Vorsitzenden des Obersten Sowjets der UdSSR, Andrei Gromyko. Die Zeremonie sei zwar einfach, aber Gromyko würde Wert auf einen präzisen Ablauf legen, und man bat mich, die Regeln einzuhalten. Nach dem Protokoll sollte ich mit meiner Begleitung an einem bestimmten Punkt des Teppichs Aufstellung nehmen, die gegenüberliegenden Türen würden sich öffnen und Gromyko würde in Begleitung des Sekretärs des Präsidiums des Obersten Sowjets, Menteschaschwilli, und des Stellvertretenden Außenministers, Loginow, den Empfangssaal betreten. Er würde an einem bestimmten Punkt mir gegenüber stehenbleiben und durch ein Kopfnicken andeuten, dass ich meine Erklärung abgeben und danach mein Beglaubigungsschreiben überreichen könnte.

Ich versprach, die mir noch einmal schriftlich übergebenen Hinweise für den Ablauf zu studieren und mich genau daran zu halten. Ich wollte die Geschichte der Diplomatie, die reich an Legenden, Anekdoten und Fauxpas ist, die sich bei der Überreichung von Beglaubigungsschreiben durch Botschafter an Monarchen oder Staatsoberhäupter zugetragen haben sollen, nicht um einen weiteren Fehler bereichern.

Mir war noch in frischer Erinnerung, wie der sowjetische Botschafter in der DDR, Michail Jefremow, der 1971 sehr eilig in Berlin akkreditiert werden sollte, eine leere Dokumentenmappe übergab. Ich hatte sowohl das Beglaubigungsschreiben wie meine bestätigte Rede zur Hand, aber man konnte ja nicht wissen, was noch alles geschehen konnte.

Für mich war es nicht die erste Akkreditierung. Im November 1973 hatte ich auf der Prager Burg dem tschechoslowakischen Präsidenten Ludvík Svoboda mein Beglaubigungsschreiben als Botschafter der DDR in der ČSSR überreicht. Das Zeremoniell war sehr feierlich, hatte auch seine Tücken. Man musste zum Beispiel mit dem Homburger in der Hand die Front der Ehrenkompanie abschreiten, die im Hof der Burg aufgezogen war, und sie in tschechischer Sprache begrüßen. Und alles unter den Augen und Ohren Hunderter neugieriger Touristen. Prag war mein erster Auftritt dieser Art. Ich wusste, dass mich ein schwerkranker Präsident empfangen würde, der unter Gedächtnisschwund litt. Meine Akkreditierung und die meines ungarischen Kollegen und späteren Freundes Miklós Barity, der am gleichen Tage sein Beglaubigungsschreiben überreichte, waren Svobodas letzte Amtshandlungen. An das freundschaftliche Gespräch mit ihm habe ich mich noch oft erinnert. In Moskau glaubte ich, dass ich die nötige Erfahrung und innere Ruhe besitzen und mich nicht allzu sehr erregen würde.

Als sich jedoch am Morgen des 16. Januar 1987 die Wagenkolonne in der Botschaft in Bewegung setzte, merkte ich, dass mich doch eine gewisse Nervosität ergriffen hatte. In meiner Begleitung befanden sich der Gesandte, die Dienststellenleiter, der Militärattaché, der Sekretär der Parteiorganisation und weitere Diplomaten. Unterwegs plauderte ich mit dem Stellvertretenden Chef des sowjetischen Protokolls, Anatoli Borunkow, was mich etwas ablenkte. Doch als unsere Wagen durch das Kreml-Tor fuhren, war es mit meiner Ruhe vorbei. Zunächst lief alles so ab, wie es das sowjetische Protokoll vorgesehen hatte. Wir wurden von unserer Begleitung in den Saal geführt, nahmen an dem vorgesehenen Platz Aufstellung, die Türen öffneten sich und Gromyko betrat mit seiner Begleitung den Empfangssaal. Aber er kam nicht direkt auf uns zu, ging nicht zu der Markierung mir gegenüber, sondern schritt, wie um den Teppich zu schonen, an seinem Rande bis zur Mitte und kam dann zu mir. Er reichte mir die Hand, begrüßte mich herzlich, wechselte mit mir ein paar Worte und ging zu den anderen Diplomaten der DDR, die er alle persönlich mit Handschlag begrüßte. Erst darauf kehrte er an seinen Platz zurück und sagte zu mir: »Genosse Botschafter, Sie haben das Wort.«

Sein ungewöhnlicher Auftritt und seine freundschaftliche Begrüßung verwirrten nicht nur uns, sondern vor allem die sowjetische Begleitung. Zugleich nahm sie aber auch allen die bei solchen feierlichen Anlässen übliche Anspannung. Ich spürte, dass ich jetzt nicht zu der starren Protokollordnung zurückkehren konnte und improvisieren musste. Und so ließ ich meine Rede in der Tasche und begann in russischer Sprache damit, dass man mir eingeschärft hätte, der Vorsitzende des Präsidiums des Obersten Sowjet würde großen Wert auf die Einhaltung des diplomatischen Protokolls legen und ich sollte mich streng daran halten. Nachdem ich nun erlebt hätte, dass der Vorsitzende das Protokoll wohl selbst nicht so ernst nehme, würde ich hoffen, mir ebenfalls eine Abweichung erlauben zu dürfen. Da der Vorsitzende meine Rede ohnehin kennen werde, würde ich sie in der Mappe lassen und gern sagen wollen, was mich in diesem Moment bewege.

Sein Gesichtsausdruck zeigte mir, dass er dem zustimmte, und so erklärte ich, dass ich glücklich sei, die DDR in Moskau als Botschafter vertreten zu dürfen. Sicher würden der Vorsitzende und die sowjetischen Freunde bemerkt haben, dass ich etwas aufgeregt sei. Nicht nur, weil die Überreichung des Beglaubigungsschreibens ein feierlicher Moment im Leben eines jeden Botschafters sei, sondern auch aus einem anderen Grund, welcher für mich besondere Bedeutung habe. Ich erzählte, dass ich zu den ersten DDR-Studenten gehörte, die 1953 am Institut für Internationale Beziehungen in Moskau studieren durften.

Noch heute sei ich der Sowjetunion, meinen Professoren und Dozenten dankbar, dass ich dort eine solide fachliche Ausbildung für meine spätere Tätigkeit erhielt. Als ich vor wenigen Augenblicken durch das Tor in den Kreml gefahren sei, hätte ich an meinen ersten Besuch im Kreml und an die interessante, lehrreiche und auch angespannte Zeit in Moskau denken müssen. Natürlich hätte ich damals noch nicht einmal im Traum daran gedacht, dass ich 33 Jahre später als Botschafter die DDR in der UdSSR vertreten werden würden. Das sei nun aber eingetreten, und darüber sei ich froh. Ich betone, dass mir bewusst sei, dass meine Ernennung nicht nur ein ehrenvoller Auftrag, sondern zugleich eine außerordentlich verpflichtende und verantwortungsvolle Aufgabe sei.

Zum Glück erinnerte ich mich nach meiner unkonventionellen Einleitung daran, dass am Treffen das Fernsehen und weitere Journalisten aus der UdSSR und der DDR teilnahmen. Mir schien es daher angebracht, aus meiner in Berlin bestätigten Rede einige Stellen zu erwähnen, die man von mir sicher erwartete. Im Zusammenhang mit dem bevorstehenden 70. Jahrestag der Oktoberrevolution würdigte ich ihre Bedeutung auch für die DDR. Ich erwähnte, dass die Gründung und Entwicklung der DDR ohne die Unterstützung der UdSSR nicht möglich gewesen wäre. Die Beschlüsse des XXVII. Parteitages der KPdSU bezeichnete ich als Ereignis von historischer Bedeutung für die Entwicklung der Sowjetunion, für die planmäßige und allseitige Vervollständigung des Sozialismus und die Festigung der internationalen Positionen der UdSSR.

Ich unterstrich, dass das Politbüro der SED und die Regierung der DDR sich in ihrem Denken und Handeln davon leiten ließen, dass der enge Bruderbund mit der UdSSR und den anderen sozialistischen Ländern die Grundvoraussetzung und Garantie für die Festigung des Sozialismus, den Wohlstand der Völker und die Sicherung des Friedens seien.

Natürlich würdigte ich auch die freundschaftlichen Beziehungen zwischen der DDR und der UdSSR und versprach, alles in meinen Kräften Stehende zu tun, um die brüderliche Zusammenarbeit zwischen unseren Parteien und Staaten zu festigen und zu vertiefen. Schließlich erwähnte ich noch die Treffen zwischen Gorbatschow und Honecker und übermittelte dessen

Grüße an Gorbatschow, Gromyko und die Mitglieder des Politbüros der KPdSU.

Danach überreichte ich ihm mein Beglaubigungsschreiben.

Gromyko war sichtlich bewegt, als er mir in freier Rede antwortete. Ich habe die richtigen Worte gefunden, sagte er, die dem Geist und dem Inhalt der Beziehungen zwischen unseren Staaten und Parteien entsprächen. Die Beziehungen zwischen unseren Ländern seien tatsächlich reich an Erfolgen und Erfahrungen, und niemand könne sagen, ob sie ihre Grenzen schon erreicht haben. Das Gute könne sich in etwas Besseres verwandeln. Man sage zu Recht, dass die Beziehungen zwischen unseren Ländern im wahrsten Sinne des Wortes brüderlich seien. Dabei erinnerte Gromyko an den umfangreichen Warenaustausch im Werte von 15 Milliarden Rubeln jährlich, an die potenziellen Möglichkeiten von Wissenschaft und Technik in der DDR und an die großen Perspektiven unserer kulturellen Zusammenarbeit.

Gromyko hob hervor, dass die DDR in der internationalen Politik mit der Sowjetunion und den Freunden im Warschauer Vertrag eine gemeinsame Linie vertrete, die auf die Sicherung und Festigung des Friedens und die Verhinderung eines atomaren Krieges gerichtet sei. In den Fragen von Krieg und Frieden würden uns einflussreiche Kräfte gegenüberstehen, deren Handlungen die Sowjetunion niemals unterschätzt habe. Daraus ergebe sich die Schlussfolgerung, unsere Energie im Kampf um den Frieden und die Verhinderung eines Atomkrieges zu verdoppeln. Genau in diesem Sinne würde die Sowjetunion handeln. Die Führung der UdSSR schätze alle Initiativen, die die DDR in diesem Zusammenhang ergriffen habe.

Gromyko versicherte, dass die DDR immer der sowjetischen Unterstützung bei der Verwirklichung dieser Initiativen sicher sein könne. Das Politbüro des ZK der KPdSU begrüße und unterstütze die regelmäßigen Kontakte zwischen Michail Gorbatschow und Erich Honecker. Diese Kontakte würden den Beziehungen zwischen unseren Ländern in allen Sphären mächtige Impulse verleihen.

Schließlich kam Gromyko auf die politische und wirtschaftliche Entwicklung in der Sowjetunion zu sprechen. »Sie beginnen Ihre Tätigkeit als Botschafter in Moskau zu einer Zeit, da sich in der Sowjetunion Ereignisse von historischer Bedeutung vollziehen. Der vom XXVII. Parteitag festgelegte Kurs auf die Umgestaltung und die Beschleunigung der sozial-ökonomischen Entwicklung wird konsequent verwirklicht. Wir sorgen uns um die Schaffung solcher Bedingungen, die jedem Werktätigen das Gefühl geben, Herr des Landes zu sein. In diesem Zusammenhang werden die Schritte zur Vervollständigung der sozialistischen Demokratie und zur Hebung der Rolle der Sowjets als Organe der Macht besondere Bedeutung erhalten. Um es auf einen Nenner zu bringen, könnte man sagen, dass unsere Partei und unser Volk das gewaltige Potenzial vollständig nutzen wollen, das in unserer sozialistischen Ordnung selbst liegt.«

Andrej Gromyko sichert mir jegliche Unterstützung der sowjetischen Seite zu, falls ich diese bei der Vertiefung der Beziehungen zwischen unseren beiden Ländern benötigen sollte. Bevor mich Gromyko zu einem Gespräch im kleinen Kreis einlud, stellten wir uns den Fotografen zum obligatorischen Gruppenbild.

Im quasi Vieraugengespräch erklärte mir Gromyko wie schon Schewardnadse am Tage zuvor, dass die herzliche Atmosphäre und der konstruktive Geist der Gespräche beider Generalsekretäre die Beziehungen zwischen unseren Parteien und Staaten entscheidend beeinflusst hätten. Er würdigte noch einmal das hohe Niveau und die Breite unserer Zusammenarbeit und unterstrich, dass die bestehenden Möglichkeiten des noch engeren Zusammenwirkens zum gegenseitigen Vorteil noch zielgerichteter und effektiver genutzt werden sollten. Die DDR verfüge über ein beachtliches wissenschaftlich-technisches Potenzial und auch die Sowjetunion habe nicht wenig aufzuweisen. Überhaupt gelte es, die spezifischen Möglichkeiten und guten Erfahrungen der einzelnen Bruderländer noch stärker für die beschleunigte Entwicklung aller Mitgliedsstaaten der Gemeinschaft nutzbar zu machen.

Auch Gromyko bekräftigte, dass die sowjetische Führung sich davon leiten lasse, dass jede Partei ihre Politik selbstständig festlege und nur vor dem eigenen Volk dafür die Verantwortung trage. In diesem Sinne habe der XXVII. Parteitag der KPdSU die Aufgaben für die neue Entwicklungsetappe der UdSSR festgelegt.

Der demonstrativ herzliche und ungewöhnliche Charakter meiner Akkreditierung war von der sowjetischen Führung und Gromyko sicher bewusst gewollt. Nicht ohne Grund wurde von Gromyko die Übereinstimmung zwischen der UdSSR und der DDR in allen wichtigen Fragen der Innen- und Außenpolitik hervorgehoben. Es sollte offensichtlich deutlich gemacht werden, dass die UdSSR ungeteiltes Interesse an einer vertrauensvollen Zusammenarbeit mit der DDR habe und die Selbständigkeit der SED und der DDR achte.

Sicher war die Art und Weise der Akkreditierung auch ein Ausdruck der Veränderungen in der Sowjetunion, des Aufbrechens der starren und verkrusteten Formen im gesellschaftlichen Leben und, in diesem Fall, des staatlichen Protokolls.

Das sowjetische Fernsehen berichtete am Abend relativ ausführlich über das Treffen mit Gromyko und vor allem über dessen Rede. Während das *Neue Deutschland* am nächsten Tag eine längere Protokollmeldung in dem für die DDR-Medien üblichen Stile veröffentlichte, zitierten die zentralen sowjetischen Zeitungen wie die *Prawda* und die *Iswestija* aus beiden Reden. Interessant war, dass aus meiner Rede gerade jene Passagen publiziert wurden, in denen ich über meine Erinnerungen und Empfindungen beim Betreten des Kremls sprach.

Als ich Ende Januar 1987 aus Anlass des ersten offiziellen Besuches des sowjetischen Außenministers Schewardnadse in der DDR weilte, sprach mich ein Mitglied des Politbüros an und erzählte mir, dass er in der *Prawda* Auszüge aus meiner Antrittsrede gelesen hätte. Da ich bei solchen Bemerkungen immer hellhörig wurde, fragte ich ihn, ob er kritische Bemerkungen dazu habe.

Darauf antwortete er, ihm persönlich hätten die Darlegungen über meine Eindrücke und Empfindungen gefallen, fügte jedoch hinzu: »Du solltest trotzdem aufpassen, wo und was du sagst.«

Teil 2
Meinungsverschiedenheiten erhalten eine neue Dimension

Beginn des diplomatischen Alltags in Moskau

Nach der Akkreditierung im Kreml begann für mich der Ernst des Lebens in Moskau. Ich war gespannt, wie meine ersten Erfahrungen in der neuen Funktion sein würden. Bereits die ersten Gespräche zeigten mir, welche Vielfalt an Meinungen über den Kurs Gorbatschows existierte. Vorherrschend waren der Optimismus, die Hoffnung und auch die Überzeugung, dass man nun die Krise überwinden werde oder sie schon überwunden habe. Das spürte ich vor allem bei den Funktionären, die ihren Aufstieg Gorbatschow zu verdanken hatten.

Viele Meinungsäußerungen waren eher verhalten. Man wartete ab, war noch nicht überzeugt, dass man diesmal das Problem lösen könne. Und schließlich gab es nicht wenige, die offen ihre Zweifel an der Richtigkeit der Politik der Umgestaltung äußerten. Zu ihnen gehörten nicht nur jene, die ihre Posten verloren hatten, sondern auch viele, die zwar die Umgestaltung als unbedingt notwendig betrachteten, aber mit den Methoden Gorbatschows nicht einverstanden waren.

Anfang 1987 ging die Begeisterung für die Umgestaltung bereits langsam zurück, und an ihre Stelle trat eine größere Differenzierung der Meinungen und der politischen Positionen. Mir wurde bereits in den ersten Tagen in Moskau klar, dass diese widersprüchliche Situation von Meinungen und Handlungen mich vor komplizierte Aufgaben stellen würde.

Wachsende ideologische Meinungsverschiedenheiten

Das wichtigste innenpolitische Ereignis Anfang 1987 war die Tagung des ZK der KPdSU, die am 27. und 28. Januar stattfand und auf der Gorbatschow mit seiner bekannten Rede »Über die Perestroika und die Kaderpolitik der Partei« auftrat. Sie leitete die zweite Etappe der Perestroika ein. Gorbatschow ging davon aus, dass die Verwirklichung seines neuen politischen Kurses in entscheidendem Maße von Kaderänderungen im Zentrum und in den Republiken, Gebieten und Rayons abhängen würde.

Seit dem April-Plenum der KPdSU 1985 hatte Gorbatschow ständig hervorgehoben, dass die Probleme in der sowjetischen Gesellschaft, die Fehler der Vergangenheit in bedeutendem Maße mit den Mängeln in der Arbeit der Partei selbst und mit ihrer Kaderpolitik zusammenhingen. In den Kadern der Partei sah er die Wurzel allen Übels. Zunächst leuchtete ein, dass sich Gorbatschow von den Mitgliedern und Kandidaten des Politbüros und den Sekretären des ZK trennen wollte, die nicht gewillt waren, seinen politischen Kurs mitzutragen. Gorbatschow wollte nicht die Fehler seiner Vorgänger wiederholen, die versäumt hatten, durch rechtzeitige Personalwechsel in der Parteiführung, im Parteiapparat und in den leitenden Staatsorganen die Handlungsfähigkeit zu sichern. Doch das Kaderkarussell setzte sich mit einer solchen Geschwindigkeit in Bewegung, dass bald Zweifel an der Richtigkeit seiner Entscheidungen aufkamen und der Widerstand gegen ihn zunahm.

Nach dem April-Plenum 1985 war binnen kurzer Zeit ein großer Teil der Sekretäre des ZK ausgewechselt worden. Anfang 1987 waren von dem ursprünglichen Sekretariat nur Gorbatschow und Politbüromitglied Wladimir Dolgich verblieben. 14 der damaligen 21 Abteilungsleiter des ZK wurden bereits vom neuen Generalsekretär ernannt. Fast das gesamte Präsidium des Ministerrates wurde erneuert. Von den 1. Sekretären der sechs Regions- und der 151 Gebietskomitees der Partei wurden sieben Sekretäre schon in den ersten Wochen nach der Wahl Gorbatschows abgelöst. Über 40 von ihnen mussten ihre Funktionen in Vorbereitung auf den XXVII. Parteitag der KPdSU aufgeben und etwa zehn um die Jahreswende 1986/87. Trotzdem war es Gorbatschow nicht gelungen, die Gebietssekretäre, unter denen sich nicht nur Anhänger der konservativen Linie, sondern auch Befürworter der Erneuerung befanden, unter seine Kontrolle zu bringen. Von den 307 Mitgliedern des ZK wurden 125, das waren etwa 40 Prozent, auf dem XXVII. Parteitag neu in das ZK gewählt.

Das Januar-Plenum 1987 sollte bei der Durchführung des strategischen Kurses der Umgestaltung eine wichtige Rolle spielen und zu einem Wendepunkt bei der Umgestaltung werden. Der Rückblick auf die vergangenen zwei Jahre gab kaum Anlass zur Freude und zum Optimismus. Gorbatschow hatte zwar in schier atemberaubender Geschwindigkeit, die schon an Hektik grenzte, Bewegung in fast alle Bereiche der Politik und Gesellschaft gebracht. Ein Ergebnis von Glasnost war, dass die angestaute Unzufriedenheit der Menschen mit den Schwierigkeiten und Problemen ihres alltäglichen Lebens spontan hervorbrach. Fast jeder glaubte, sich zu Wort melden zu müssen, um seine Meinung darzulegen. Man kritisierte die Fehler und Mängel der Vergangenheit und stimmte verbal der Politik der Erneuerung und Umgestaltung zu. Aber der Übergang vom Reden zum Handeln, von der Kritik an anderen zur selbstkritischen Betrachtung des eigenen Verhaltens blieb aufgrund vieler Ursachen, auch verständlicher Probleme, in den Anfängen stecken.

Neben der breiten Euphorie gab es von Anfang an bei Funktionären und einfachen Menschen Misstrauen und Vorbehalte gegenüber der Perestroika. Auch Konservatismus, Trägheit und Selbstgefälligkeit führten zur Ablehnung der neuen Politik. Die Idee, der Geist der Erneuerung hatte die Menschen erreicht, aber nicht zu einem anderen Handeln motivieren können. Dabei erwiesen sich gerade die Beschlüsse als ein hemmender Faktor, die die Bevölkerung direkt betrafen und die sich schließlich als falsch erwiesen. Ich erinnere nur an den Beschluss gegen den Alkoholmissbrauch, die gezielte Absenkung der staatlichen Produktion und das Gesetz über die sozialistischen Betriebe.

Die Schwierigkeiten und Misserfolge machten Gorbatschow nicht besonders nachdenklich, führten nicht zur einer ernsthaften Überprüfung der eingeleiteten Maßnahmen oder gar zu einer Korrektur der Politik, sondern gewissermaßen zu einer Flucht nach vorn. Nach dem XXVII. Parteitag wurden auf den Plenartagungen des ZK keine entscheidenden Fragen der Umgestaltung diskutiert oder beschlossen. Mit dem leichtsinnigen Versprechen, in zwei Jahren grundsätzliche wirtschaftliche und soziale Verbesserungen zu erreichen, hatte man sich selbst unter Zeitdruck gesetzt. Gorbatschow glaubte, dass man den einmal begonnenen Prozess nicht abbremsen und das Tempo nicht verringern dürfe. In der Umgebung Gorbatschows begann eine eifrige Suche nach den Wegen zur Realisierung dieser Idee.

Heute besteht kein Zweifel mehr, dass es um das Referat Gorbatschows auf dem Januar-Plenum bereits im Politbüro heftige Diskussionen und Auseinandersetzungen gegeben hatte. Dennoch setzte sich die Meinung Gorbatschows und einer Gruppe durch, der die Sekretäre und Abteilungsleiter des ZK Jakowlew, Medwedew, Rasumowski, Lukjanow, Boldin und Rasumow angehörten.

Der Verlauf des Plenums ließ vermuten, dass das Konfliktpotenzial in der Partei umso rascher und stärker anwachsen werde, je ungeduldiger Gorbatschow die Perestroika vorantreibe. Als Antwort auf den Widerstand im ZK und in der Partei schwächte Gorbatschow etwas später einige Wertungen ab. Auf einer Beratung mit Vertretern der sowjetischen Medien Anfang Februar relativierte er seine Einschätzung von der Hauptverantwortung der KPdSU für alle Fehler der Vergangenheit mit den Worten, dass man nicht alles der Partei anlasten könne. Seine potenziellen Verbündeten, die Anhänger radikaler Reformen in der Wirtschaft, unter den Gesellschaftswissenschaftlern sowie vor allem der künstlerischen Intelligenz unterstützten lautstark seine Ideen und Vorschläge in der Öffentlichkeit und in den Medien.

Wie ich bald feststellen musste, wurden die Positionen der Bruderparteien zum Januar-Plenum der KPdSU für die sowjetische Führung zu einem Gradmesser der Solidarität und der Treue zur KPdSU und zur Sowjetunion. Die Einbeziehung der sozialistischen Länder in die Auseinandersetzung um die Umgestaltung in der Sowjetunion sollte sich noch als besonders riskant und folgenschwer erweisen.

Bekanntlich hatte die Führung der SED eine mehr als zurückhaltende Position zum Plenum eingenommen. Die DDR-Zeitungen hatten zuerst nur Auszüge aus dem Referat Gorbatschows und den vollen Wortlaut seines Schlussworts veröffentlicht. Eine Stellungnahme der SED zum Plenum wurde nicht abgegeben. Erst einige Tage später wurde der volle Wortlaut von Gorbatschows Referat in dem Informationsblatt der Gesellschaft für Deutsch-Sowjetische Freundschaft *Presse der Sowjetunion* veröffentlicht.

Die veränderte Haltung des Politbüros auf die Vorgänge in der Sowjetunion und die Politik der KPdSU zeigten sich nicht nur in der Reaktion auf die Januar-Tagung, sondern auch bei den Treffen mit hochrangigen Politikern der Sowjetunion. Vielleicht irre ich mich, aber ich glaube nach wie vor, dass sich diese Tatsache in erster Linie aus der Suche der KPdSU nach einem neuen Verhältnis zu den Bruderparteien der sozialistischen Staaten ergab. Die eigentliche Ursache jedoch ist in der Rede Gorbatschows auf dem Treffen führender Repräsentanten der RGW-Länder im November 1986 und in deren einseitiger Auslegung und Interpretation durch das Politbüro der SED zu suchen.

Gespräch Axen – Dobrynin

Vom 19. bis 21. Januar 1987 weilte der Sekretär des ZK der KPdSU Anatoli Dobrynin zu Gesprächen mit Hermann Axen in Berlin. Beide sprachen über die internationale Situation, die Lage in der kommunistischen Weltbewegung und die Zusammenarbeit von SED und der KPdSU. Der Besuch bestätigte das außerordentliche Interesse der sowjetischen Führung an einer fruchtbaren und freundschaftlichen Zusammenarbeit mit der DDR, ihrem strategischen Vorposten in Mitteleuropa. Dobrynin bezeichnete, wie schon Gromyko und Schewardnadse mir gegenüber, die Treffen zwischen Gorbatschow und Honecker als Ausgangspunkt für eine vertiefte Zusammenarbeit. Er sprach sogar von Freundschaft zwischen beiden Generalsekretären.

Gorbatschow hatte, auch nach meiner Meinung, die feste Absicht, gerade die Unterstützung Honeckers und der SED für seinen Kurs der Umgestaltung und der Reformen zu gewinnen und war bereit, wenigstens anfangs, auch manche überzogene Reaktion der SED, ihr übertriebenes Selbstbewusstsein und andere Ungereimtheiten stillschweigend hinzunehmen. Er wusste, wenn er Honecker für sich, die Perestroika und das »Neue Denken« gewinnen würde, dann hätte er auch mit den anderen Generalsekretären weniger Probleme. Honecker hatte das leider nicht verstanden. Er suchte, obwohl die Gründe anderer Art waren, zwar auch eine engere Zusammenarbeit mit der KPdSU und der Sowjetunion, aber während Gorbatschow Übereinstimmung in ideologischen Fragen und Unterstützung für die Politik der Perestroika wünschte, stellte Honecker die Zusammenarbeit auf wirtschaftlichem, wissenschaftlich-technischem und sicherheitspolitischem Gebiet in den Mittelpunkt.

Die Enttäuschung Gorbatschows und seine spätere Distanz zur DDR wie auch zu anderen sozialistischen Ländern, lag unter anderem in dem fehlenden Verständnis der SED-Führung und deren mangelnder Unterstützung für seinen strategischen Kurs der Umgestaltung begründet. Die KPdSU hatte nach meiner Überzeugung wirkliches Interesse an der SED und der DDR. Sie wollte, dass die Treffen auf allen Ebenen zu regelmäßigen Einrichtungen wurden, die Formen der Zusammenarbeit vereinfacht, ein sachliches und effektives Zusammenwirken organisiert und eine Atmosphäre geschaffen würde, in der man offen und freimütig über alle Probleme sprechen könne und nicht jedes Wort auf die Waagschale gelegt würde.

Dobrynin war von der herzlichen Aufnahme, dem sachlichen Meinungsaustausch und der weitgehenden Übereinstimmung in allen behandelten Fragen beeindruckt, und das beeinflusste auch seine Wertungen. Nach seiner Meinung seien die Gespräche aufrichtig, angenehm und brüderlich gewesen, Diplomatie hätte er nicht bemerkt. Seine Feststellung, dass er auch taktische Nuancen, die er für normal hielte, kaum bemerkt habe, muss allerdings mit Skepsis betrachtet werden. Die waren in genügender Anzahl vorhanden, aber vielleicht maß Dobrynin ihnen keine besondere Bedeutung bei, oder er wollte sie einfach nicht sehen. Sicher muss man dabei auch in Rechnung stellen, dass er, der die UdSSR 24 Jahre als Botschafter in den USA vertreten hatte und erst 1986 nach Moskau zurückgekehrt war, mit der Entwicklung der sozialistischen Länder und den Problemen zwischen ihnen nicht besonders vertraut war. Daher klangen seine Lobreden auf Honecker, Axen und die Politik der SED und der DDR übertrieben und bestärkten diese in ihrer Selbstgefälligkeit.

Denn Axens Mahnungen waren eigentlich unüberhörbar. So stellte dieser fest, dass jede Partei den historischen Bedingungen entsprechend ihre eigene Linie entwickle, dass aber die grundlegenden Klasseninteressen auf der Grundlage des Marxismus-

Leninismus identisch seien. Bei aller Verschiedenartigkeit der konkreten Situationen und Bedingungen einige die Kommunisten ein gemeinsames Ziel. Axen bemühte sogar Goethe, der seinen Faust habe sagen lassen, dass er vergeblich suche, was die Welt im Innersten zusammenhalte. Für die deutschen Kommunisten sei diese Frage klar zu beantworten: »Es ist die Haltung, die Einstellung zur Sowjetunion, die uns zusammenhält.« Und er fügte noch hinzu: »Trotz aller Probleme und Diskussionen und sogar im Streit.« Aus heutiger Sicht könnte man die Äußerungen Axens als unaufrichtig und demagogisch bezeichnen, wie es viele tun. Zu diesem Zeitpunkt, so glaube ich noch immer, waren die Bekenntnisse zur KPdSU jedoch aufrichtig und ehrlich gemeint. Allerdings mit der Einschränkung, dass sie der »alten« KPdSU galten, jener Partei, die die SED immer in ihr gesehen hatte. Ich bin mir fast sicher, dass Axen sich noch aus einem anderen Grunde zurückhielt. Seine Bemerkung, dass die SED bei allen Problemen und auch im Streit zur KPdSU halten werde, klingt für mich so, als ob das Politbüro entschieden hatte, nicht mehr alles, was von der KPdSU gesagt oder getan werde, unwidersprochen zu akzeptieren.

Die hohe Übereinstimmung beim Meinungsaustausch war auch dadurch zu erklären, dass Honecker und Axen auf einen Gesprächspartner stießen, den sie als intimen Kenner, als Autorität für die Einschätzung der Politik der Reagan-Administration anerkannten, wie auch Dobrynin seine Gesprächspartner von der SED als Autoritäten für die Einschätzung der Lage in der BRD und die Politik der Bonner Koalitionsregierung akzeptierte.

Die kritischen Wertungen der Politik Reagans und anderer westlicher Regierungen, die Mahnung, deren Gefährlichkeit für die sozialistischen Staaten nicht zu unterschätzen, fanden jedoch keine Fortsetzung in einer realistischen Bewertung der Widersprüche zwischen den westlichen Ländern sowie der Möglichkeiten und Grenzen der Sowjetunion und ihrer Verbündeten. Sie waren sich leider auch einig in der Überschätzung der Stärke und des Einflusses des Sozialismus auf die Entwicklungen in der Welt. Die Wirkungen der Friedensinitiativen der sozialistischen Länder wurden bei all ihrer Bedeutung überbewertet.

Dobrynin und Axen glaubten offenbar, mit den vielfältigen Abrüstungs- und Rüstungskontrollvorschlägen, mit der Warnung vor den Gefahren, die vom Konfrontationskurs der Reagan-Administration und dem amerikanischen SDI-Programm (*Strategic Defense Initiative*, Strategische Verteidigungsinitiative) ausgingen, könnten wir die Front der NATO-Staaten aufspalten. Es entsprach der bekannten Zielstellung aller sowjetischen Führungen, die Beziehungen zwischen den USA und Westeuropa zu schwächen und die Amerikaner aus Europa zu verdrängen. Bedauerlicherweise hatte die Sowjetunion bis 1990 die unterschiedlichen nationalen Interessen der NATO-Staaten und die Differenzen zwischen ihnen überschätzt und deren gemeinsamen Ziele sowie die Solidarität zwischen ihnen fahrlässig unterschätzt.

Es würde sicher zu weit führen, wollte ich auf alle Fragen eingehen, die in dem fast zehnstündigen Meinungsaustausch zwischen Axen und Dobrynin angesprochen wurden. Ich werde mich auf einige Fragen konzentrieren, die bald die Atmosphäre und die kameradschaftliche Zusammenarbeit zwischen der SED und der KPdSU stören sollten.

Eine wichtige Rolle spielte das Paket der Vorschläge, das von Gorbatschow während des Treffens mit Präsident Reagan in Reykjavik im November 1986 geschnürt worden war. Schon kurz nach dem Gipfel wurden in den USA und in den westeuropäischen Ländern Forderungen erhoben, das Paket aufzuschnüren, einzelne Bestandteile, die für die westliche Seite interessant und akzeptabel waren, herauszunehmen, alles andere aber zu verwerfen. Dagegen trat die Sowjetunion im Januar energisch auf, und auch Dobrynin vertrat in Berlin die Meinung: entweder das Paket werde angenommen wie es ist oder aber die einzelnen Bestandteile werden herausgelöst, dann müssten sie aber in einer neuen Kombination verhandelt werden.

Den westlichen Forderungen schloss sich der sowjetische Physiker und Menschenrechtler Andrej Sacharow an, auf den sich Honeckers Zorn in einem Gespräch mit mir konzentrierte. Auf dem internationalen Forum »Für eine Welt ohne Kernwaffen, für das Überleben der Menschheit« Mitte Februar 1987 in Moskau bewertete Sacharow den Einfluss des SDI-Programms auf die internationale Sicherheit und Stabilität sowie die vorrangige Orientierung auf die Entwicklung eines Raketenabwehrsystems mit weltraumgestützten Elementen als absolut negativ. Als Physiker halte er die Schaffung eines solchen Systems rein technisch für möglich, aber auch für äußerst verwundbar und wenig effektiv, da es mit relativ geringen, einfachen und billigen Anstrengungen des potenziellen Gegners überwunden werden könnte. Sacharow äußerte die Befürchtung, dass damit die internationale Stabilität, die auf der Konzeption der »garantierten gegenseitigen Vernichtung« beruhe, geschwächt und der Abrüstungsprozess noch komplizierter werden würde.

Er schlug jedoch vor, von dem sogenannten Paketvorschlag Gorbatschows Abstand zu nehmen. Verträge über die Mittelstreckenraketen und über eine fünfzigprozentige Reduzierung der strategischen Offensivwaffen sollten unabhängig von der Haltung zum SDI-Problem und irgendwelchen anderen Bedingungen abgeschlossen werden, sagte Sacharow.

Am 28. Februar 1987 gab Gorbatschow eine Erklärung ab, in der er vorschlug, das Problem der Mittelstreckenraketen in Europa aus dem Paket herauszunehmen und ein gesondertes Abkommen zu schließen, und versprach, im gleichen Zeitraum 100 Raketen dieses Typs im asiatischen Teil der UdSSR abzubauen, wenn die USA die gleiche Anzahl der Raketen auf ihrem Territorium zurückhalten und nicht in anderen Ländern stationieren würden. Außerdem sagte er zu, dass nach Unterzeichnung eines Abkommens über Raketen mittlerer Reichweite die UdSSR nach Absprache mit den Regierungen der DDR und der ČSSR ihre operativ-taktischen Raketen mit erhöhter Reichweite aus diesen Ländern abziehen würden.

Wahrscheinlich gab es gar keinen anderen Ausweg aus der Sackgasse, in der die Verhandlungen steckten, als das Paket aufzuschnüren. Die Verantwortung für diese Situation trugen in erster Linie die USA.

Honecker und offensichtlich auch das Politbüro sahen in dem sowjetischen Vorgehen einen bösen Vertrauensbruch und vermittelten den Eindruck, als handele es sich um ein unzulässiges Zugeständnis an Sacharow. Es war, wenn überhaupt, allenfalls ein Zugeständnis an die USA. Die Kritik am Aufschnüren des Pakets hielt Honecker jedoch nicht davon ab, das Abkommen, das Gorbatschow und Reagan im Dezember 1987 in Washington über die Mittelstreckenraketen unterzeichnet hatten, zu loben.

Auch in einer anderen Frage wurde deutlich, dass sich hinter den demonstrativen Bekundungen der Gemeinsamkeit ernste Meinungsverschiedenheiten entwickelten.

Axen kam gegenüber Dobrynin auf einen Vorschlag zu sprechen, den Gorbatschow auf dem Treffen mit Honecker am 3. Oktober 1986 unterbreitet hatte. Danach sollten beide Parteien die Lage in der kommunistischen Weltbewegung analysieren und darüber einen Meinungsaustausch führen. Im Apparat der SED arbeitete man an dieser Analyse, und Axen schlug vor, die Arbeitspapiere im März auszutauschen und darüber eine bilaterale Konsultation durchzuführen. Dobrynin stimmte diesem Vorschlag zu, erklärte aber zugleich, dass die KPdSU noch keine Analyse vorweisen könne, aber daran arbeiten würde.

Dieses Detail wäre an sich nicht erwähnenswert, wenn es nicht um die Einhaltung von Absprachen zwischen Honecker und Gorbatschow gegangen wäre. Beide vereinbarten damals auch, Analysen über die Lage in der BRD und die Politik der Bundesregierung sowie über die Situation in und um Westberlin zu erarbeiten, auszutauschen und zu diskutieren, um sich einen gemeinsamen Standpunkt zu bilden. Von der DDR wurden diese Absprachen stets eingehalten. Ich habe jedoch nie eine entsprechende sowjetische Analyse zu Gesicht bekommen, obwohl ich diese Materialien im Auftrag von Axen immer wieder anmahnte. Wegen meiner »Misserfolge« erhielt ich manchen Rüffel von Axen, da er die Verweigerung der sowjetischen Seite eher mit meinem Unvermögen erklärte, als dass er die einfache Tatsache akzeptierte, dass die KPdSU keine Analyse vorweisen konnte oder sie uns bewusst vorenthielt.

Ideologie-Beratung in Warschau

Auf einer Beratung der Sekretäre für ideologische und außenpolitische Fragen der Zentralkomitees von Bruderparteien sozialistischer Länder am 22. und 23. Januar 1987 in Warschau traten deutliche Unterschiede in der Haltung der Parteien zur Umgestaltung in der UdSSR und den sich daraus ergebenden Problemen und Konsequenzen für die eigenen Völker zutage. Obwohl einige Parteien in der Diskussion mehrfach das von Gorbatschow auf der RGW-Tagung verkündete Prinzip unterstrichen, dass jede Partei ihre Politik unter Berücksichtigung der konkreten Bedingungen im eigenen Land selbst bestimme, folgten einige bereitwillig der innenpolitischen Linie der KPdSU.

Die SED unterschied sich vor dem Treffen in Warschau nicht von anderen Parteien und verhielt sich gegenüber der KPdSU nicht grundsätzlich anders. Sie nahm jedoch die Aufforderung der KPdSU ernst und entschied sich für eine offene und freimütige Diskussion.

Die KPdSU war mit dem festen Vorsatz nach Warschau gekommen, die sozialistischen Länder mit ihrem weiteren Vorgehen auf ideologischem Gebiet vertraut zu machen und sie für ihre Politik zu gewinnen. Ihre Vertreter sprachen über die Erfahrungen der KPdSU, über deren Fehler, von der krisenhaften Entwicklung in der Sowjetunion und den Erfordernissen zur Überwindung der Schwierigkeiten, sie zielten aber auch auf die Praxis der anderen sozialistischen Länder. Im Vertrauen auf die Richtigkeit ihrer Entscheidungen glaubten sie, die anderen Parteien würden die Anregungen dankbar aufnehmen und ähnliche Schlüsse für sich selbst ziehen.

Diese Hoffnung erfüllte sich in Bezug auf die SED nicht. Zum ersten Mal kam es auf der Ebene der ZK-Sekretäre zu einem offenen Schlagabtausch zwischen der SED und der KPdSU auf einer multilateralen Beratung.

Einige Auszüge aus der Rede Jakowlews machen deutlich, dass die Auffassungen der KPdSU nicht nur im Widerspruch zu denen der SED standen, sondern, gewollt oder ungewollt, auch eine deutliche, indirekte Kritik an der Politik der SED darstellten. Gerade seine Bemerkungen über die Rolle der Propaganda müssen in den Ohren von Axen und Hager, Mitglied des Politbüros des ZK, alarmierend geklungen haben, weil sie die diesbezügliche Situation in der DDR treffend charakterisierten.

So erklärte Jakowlew: »Es ist doch tatsächlich so, dass jegliche Propaganda zum Scheitern verurteilt ist, im Sande versickert, wenn sie mit Augenzwinkern betrieben wird, wenn sie nicht vom Leben ausgeht, sondern von rosaroten Träumen oder künstlichen Konstruktionen, wenn die Menschen das eine sehen, aber etwas ganz anderes zu hören bekommen, wenn der Propagandist oder Politiker das eine denkt, etwas anderes sagt und etwas Drittes tut. Ein solcher politischer Zynismus ist schädlich, gefährlich und amoralisch.«

Daraus zog er die Schlussfolgerung, dass Wahrheitstreue in der Information und Propaganda dringend erforderlich seien. Jakowlew zählte dann mehrere Beschlüsse auf, die das ZK der KPdSU zur Vervollkommnung des Stils und der Methoden der Propaganda gefasst habe. Und fuhr fort: »Es ist kein Geheimnis, dass die entstandenen Schwierigkeiten beim sozialistischen Aufbau sich auch auf die Propaganda auswirkten. Solche negativen Erscheinungen und pompöse Worte wie Starrheit, Schablonenhaftigkeit, Auseinanderklaffen von Wort und Tat führten zur Bevormundung und Schulmeisterei, wodurch der Propaganda ihre Überzeugungskraft genommen wurde [...]. Wir haben entschieden Kurs auf die Ausmerzung jeglicher Bevormundung, Schulmeisterei und Unaufrichtigkeit genommen.«

Jakowlew ließ keinen Zweifel daran, dass die sowjetischen Journalisten in nächster Zukunft beginnen würden, sowohl zu inneren als auch zu internationalen Problemen eigene Positionen darzulegen.

So sehr dieser Standpunkt zu begrüßen war: in der Praxis überforderte er die Mehrheit der sowjetischen Journalisten. Ihre Berichterstattung blieb meist oberflächlich.

Meinungsverschiedenheiten zwischen der KPdSU und der SED zeigten sich unter anderem auch bei der Abfassung der Protokollniederschrift, einer Zusammenfassung gemeinsamer Aufgaben und Maßnahmen. Zur Überraschung der KPdSU, aber auch anderer Parteien, erklärte sich die SED mit einer Reihe Vorhaben nicht einverstanden, weil sie deren politische Zweckmäßigkeit und die materiell-technischen Möglichkeiten der Länder zu deren Realisierung anzweifelte. Diese Haltung entsprach den Realitäten der Länder und schien mir völlig richtig. In der Protokollniederschrift wurde auf Forderung der SED erstmalig vermerkt, dass es sich bei den Vorhaben um Empfehlungen handele und jede Partei selbst entscheiden müsse, an welchen Maßnahmen sie sich beteilige.

Die KPdSU war mit dem Ausgang der Warschauer Beratung äußerst unzufrieden. Die nachdrückliche und in ihrer Art konsequente Haltung der SED-Delegation hatte sie überrascht, verärgert und sehr nachdenklich gestimmt. Das bekam ich nunmehr in den Gesprächen mit dem ZK-Sekretär Wadim Medwedew und Georgi Schachnasarow, dem stellvertretenden Leiter der Internationalen Abteilung, der später Berater Gorbatschows werden sollte, am 30. Januar 1987 deutlich zu spüren. Zu jenem Zeitpunkt war ich noch nicht über den Ablauf der Beratung in Warschau informiert.

Medwedew begrüßte mich sehr freundlich, wünschte mir für meine Tätigkeit als Botschafter viel Erfolg und sagte jegliche Unterstützung für die Ausübung meiner Funktion zu. Zu den Beziehungen zwischen der DDR und der UdSSR äußerte er sich sehr zuversichtlich. Seine durchweg positiven Bemerkungen waren ganz offensichtlich zum Weitersagen und zur Information für Berlin bestimmt. Genau das habe ich auch getan, ohne damals ganz zu begreifen, warum Medwedew gerade auf diese Momente eingegangen war.

Über die Beratung in Warschau verlor er nur wenige Worte. Er bemerkte lediglich, dass sie nicht gut verlaufen sei und es Diskussionen zur Protokollniederschrift gegeben habe. Schließlich habe man sich darauf geeinigt, einen Passus aufzunehmen, der unterstrich, dass jede Partei selbstständig über ihren Beitrag zur Realisierung der gemeinsam vereinbarten Maßnahmen entscheide. Mit keinem Wort erwähnte er, dass dies auf Forderung der SED erfolgt war. Alles wurde in einem ruhigen Ton und ohne einen Vorwurf an die SED vorgetragen. Ich konnte eher den Eindruck gewinnen, dass man der ganzen Angelegenheit keine besondere Bedeutung beimesse.

Anders verlief mein Gespräch mit Georgi Schachnasarow, den ich bereits seit Mitte der 60er Jahre kannte, als ich noch im ZK der SED arbeitete. Später trafen wir uns oft in Prag, wo er als Vertreter der KPdSU bei der Redaktion der Zeitschrift *Probleme des Friedens und des Sozialismus* tätig war. Er begrüßte mich wie immer sehr herzlich und versprach mir Unterstützung. Und als ob er unsere freundschaftlichen Beziehungen unterstreichen oder testen wollte, stellte er mir die Frage, die aus seinem Munde für mich etwas demagogisch klang, welche Materialien über die jüngste Tagung des ZK der KPdSU in der DDR veröffentlicht worden seien. Denn im gleichen Atemzuge sagte er, dass die Botschaften der UdSSR in Polen, Ungarn und in Bulgarien informiert hätten, dass in der nationalen Presse der volle Wortlaut der Rede Gorbatschows auf dem Plenum veröffentlicht worden sei. Lediglich in Rumänien habe man das Plenum nicht zur Kenntnis genommen und darüber nichts veröffentlicht.

Ich erwiderte ihm, dass er sicher besser als ich informiert sei, was heute in Berlin in den Zeitungen stehe, und erzählte ihm, was ich wusste. Über die Gründe der selektiven Berichterstattung könne ich noch nichts sagen, und spekulieren wolle ich auch nicht.

Natürlich hatte ich die DDR-Zeitungen am Morgen erhalten, aber ich kannte in der Tat noch nicht die Ergebnisse des Textvergleiches, den meine Mitarbeiter vorgenommen hatten. Nach meiner Rückkehr in die Botschaft erfuhr ich, dass in der DDR nur die TASS-Erklärung mit den Thesen Gorbatschows für seinen Bericht vor dem Plenum und der volle Wortlaut seines Schlussworts veröffentlicht worden seien.

Schachnasarow erzählte mir in seiner gewohnt offenen Art vom Warschauer Treffen und gab seine persönlichen Eindrücke wieder. Die Diskussion in der Redaktionsgruppe und die dort vorgetragenen Vorbehalte der SED geben ihm zu denken und rufen bestimmte Besorgnisse hervor, sagte er. Es sei immerhin das erste Mal gewesen, dass sich eine SED-Delegation gegen eine gemeinsame Protokollniederschrift gesperrt habe, zumal es sich nur um die Prüfung von Vorschlägen und die gemeinsame Erörterung wichtiger gesellschaftstheoretischer Fragen handele.

Es sei schon erstaunlich, dass die SED die Verantwortung vor dem eigenen Volk betone, die internationalistische, die gemeinsame Verantwortung unserer Parteien für den Sozialismus jedoch negiere. Hager und Axen hätten versucht, die erstaunten sowjetischen Vertreter zu beschwichtigen und gebeten, die Dinge nicht zu dramatisieren, weil es in allen Grundfragen völlige Übereinstimmung gebe und die freundschaftlichen Beziehungen zwischen der SED und der KPdSU sowie zwischen der UdSSR und der DDR unerschütterlich seien.

Schachnasarow betonte, dass sich die KPdSU damit nicht zufrieden geben könne. Die Diskussion zwischen der SED und der KPdSU sei schließlich im Beisein der Vertreter anderer Parteien geführt worden sei. Diese hätten die Auseinandersetzungen aufmerksam verfolgt und ihr Unverständnis über die Haltung der Vertreter der SED zum Ausdruck gebracht.

Er spreche mit mir so offen über die Probleme, weil er mich als verständnisvollen Menschen und Freund der KPdSU kenne und er, wie andere DDR-Spezialisten in seiner Abteilung auch, stets größtes Verständnis für die spezifische Lage der DDR gezeigt habe. Er frage sich nun, so fuhr er fort, ob die DDR, selbst unter gebührender Beachtung der Besonderheiten, immer angemessen reagiere. Die DDR könne sich vor der Umgestaltung in der UdSSR nicht verstecken, was die DDR nicht selbst veröffentliche, erfahre der DDR-Bürger schließlich über die westlichen Medien. Es liege doch auf der Hand, was richtiger und nützlicher sei.

Schachnasarow erwähnte auch, dass man in Warschau über den »Fall Sacharow« gesprochen habe und über die negativen Auswirkungen seines Interviews, das er einer westlichen Fernsehanstalt gegeben hatte. Die Vertreter der SED hätten der KPdSU deswegen Vorhaltungen gemacht. Darauf hätten die Sekretäre des ZK der KPdSU erwidert, dass die KPdSU sich freuen würde, wenn die SED sich mit den falschen Standpunkten Sacharows offensiv und öffentlich auseinandersetzen würde.

Natürlich habe ich die Führung über diese beiden Gespräche ausführlich informiert. Direkt habe ich nichts über die Reaktion Honeckers oder anderer Mitglieder des Politbüros erfahren. Aber die folgenden Ereignisse zeigten, dass die SED Anfang 1987 nicht weiter gewillt war, die Vorgänge in der Sowjetunion und die Politik der Umgestaltung unwidersprochen zu akzeptieren oder gar zu unterstützen. Ihre Reaktion auf das Januar-Plenum des ZK der KPdSU, ihr Verhalten in Warschau und die Rede Honeckers auf der Beratung des Sekretariats des ZK der SED mit den 1. Kreissekretären zeigten, dass das Politbüro der SED sich leider für ein restriktives und konfrontatives Verhalten zur Umgestaltung entschieden hatte. Die Meinungsverschiedenheiten zwischen der SED und der KPdSU erhielten damit eine neue Dimension. Es ging nicht mehr nur um taktische oder um zweitrangige Fragen, sondern um Meinungsverschiedenheiten über Grundfragen des Sozialismus.

In Moskau nahm man die Reaktionen der SED und auch anderer Parteien auf die Umgestaltung äußerst ernst. Erst viel später erfuhr ich, dass man im ZK der KPdSU die Reaktionen der sozialistischen Länder auf die Rede Gorbatschows vor dem Januar-Plenum sehr sorgfältig analysiert hatte. Dabei stellte man fest, dass sich quasi zwei Gruppen von Parteien gebildet hätten: eine Gruppe, die die Materialien des Januar-Plenums veröffentlicht hatte und damit, wie man von sowjetischer Seite annahm, den Kurs der Perestroika unterstützte, und eine zweite Gruppe von Parteien, die das Plenum am liebsten nicht zur Kenntnis nehmen wollte, seine Materialien nur auszugsweise sowie widerwillig und zögernd veröffentlichte. Nach Meinung der KPdSU hätten diese Parteien damit zum Ausdruck gebracht, dass sie am Kurs Gorbatschows zweifelten oder ihn sogar ablehnten.

Zur ersten Gruppe zählte man Polen, Ungarn, Bulgarien und die Mongolei und zur zweiten die DDR, die Tschechoslowakei, Rumänien, Vietnam, Kuba und China.

In der Information, die in der Internationalen Abteilung des ZK darüber angefertigt worden war, sprach man anfangs sogar von einer »Spaltung« im sozialistischen Lager. Erst in der Endredaktion wurde von Wadim Medwedew diese Wertung gestrichen, weil er fürchtete, dass die Gegner Gorbatschows im Politbüro damit einen Trumpf in die Hand bekämen.

Honecker und die Mitglieder des Politbüros lehnten die Politik der Erneuerung nicht deshalb ab, weil sie die Unvereinbarkeit ihres Sozialismusbildes mit der Perestroika, der Demokratisierung und Glasnost in ihrer ganzen Bedeutung erkannt hatten. Sie konnten damals nicht wissen, dass die Politik Gorbatschows den Sozialismus und die UdSSR zerstören würde. Aber aufgrund der Lebens- und Partei-Erfahrungen spürten und ahnten zumindest die älteren Genossen die Gefahren, die von Gorbatschows Politik ausging.

Man darf sicher den sowjetischen Autoren glauben, die davon berichten, dass Gorbatschow und andere Politbüromitglieder der KPdSU Honecker und die SED nach diesen Ereignissen kritischer betrachteten und Zweifel an ihrer Loyalität aufkamen. Das geschah jedoch nicht von heute auf morgen, sondern in einem längeren Prozess.

Zunächst verfolgte die KPdSU weiter ihr Ziel, die SED von der Notwendigkeit der Perestroika zu überzeugen und die Zusammenarbeit mit der DDR auf allen Gebieten zu vertiefen. Über Meinungsverschiedenheiten, Probleme und Schwierigkeiten auf gemeinsamen Arbeitsgebieten wurde mit einer gewissen Zurückhaltung diskutiert, kaum aber über prinzipielle und grundlegende Differenzen.

Wenige Tage nach dem Plenum besuchte am 2. und 3. Februar 1987 der Außenminister der UdSSR, Eduard Schewardnadse, zum ersten Mal die DDR. Aus diesem Anlass flog ich nach Berlin, um an den Gesprächen teilzunehmen. Während des gesamten Besuches herrschte eine freundschaftliche Atmosphäre, und die Gespräche mit Honecker, Stoph und Fischer verliefen sachlich und ohne Komplikationen. Man war sich darin einig, dass die Beziehungen zwischen beiden Staaten auf allen Gebieten ein hohes Niveau erreicht hätten und alle Voraussetzungen für ihre weitere Vertiefung bestünden.

Die Vorgänge in Warschau und die Differenzen wurden in keinem Gespräch direkt erwähnt. Schewardnadse informierte ausführlich über das Januar-Plenum des ZK der KPdSU, vermied aber fast alle Reizthemen, bei denen Meinungsunterschiede mit der SED bestanden. Er warb eher um Verständnis für die Probleme der KPdSU, vor allem dafür, dass man nicht zurückkönne und das Tempo der Entwicklung noch erhöhen müsse. Die Sowjetunion brauche, so erklärte er, die Erfolge nicht erst in fünfzehn Jahren, sondern in einem Monat oder in einem Jahr.

Erich Honecker beteuerte zwar die Treue der SED zur KPdSU und zur Sowjetunion, ließ aber keinen Zweifel daran, dass bestimmte Vorgänge in der UdSSR von der SED anders gesehen würden, als es die sowjetische Führung tue. Für die Mitglieder der SED und die Bürger der DDR sei schwer zu verstehen, was sich gegenwärtig in der UdSSR vollziehe. An die Führung der SED würden Fragen gestellt, ob man die Entwicklung in der Sowjetunion bisher nicht zu idealisiert dargestellt hätte.

Auf diese Fragen ging Schewardnadse bei Honecker nicht ein. Im Gespräch mit Stoph machte er jedoch die Bemerkung, dass er den Eindruck habe, in der DDR sei man besorgt, dass sich in der Sowjetunion Prozesse vollziehen würden, die für sie gefährlich werden könnten. Die Sorge sei völlig unbegründet.

Während Honecker kein Hehl aus der Haltung der SED zu den Vorgängen in der UdSSR machte, wich Schewardnadse einer Diskussion der Differenzen zwischen beiden Parteien und Staaten aus. Später sollte Schewardnadse zu jenen gehören, die den Eindruck vermittelten, sie hätten die Führungen der sozialistischen Länder und besonders der SED auf die Folgen ihrer falschen Politik aufmerksam gemacht.

Ich hatte seit Anfang 1987 an unzähligen Treffen und Beratungen auf hoher und höchster Ebene zwischen der DDR und der UdSSR teilgenommen und kann nicht bestätigen, dass es sich so verhalten hätte.

Hingegen gehörte Schewardnadse zu den sowjetischen Spitzenfunktionären, die des Lobes voll waren über die stabile und dynamische Entwicklung der DDR. Sie rühmten die Verdienste und den aktiven Beitrag der SED zur Verwirklichung der gemeinsamen Außen- und Sicherheitspolitik der sozialistischen Länder und die Bedeutung der nützlichen Erfahrungen der DDR für die Sowjetunion. Das war kaum dazu angetan, Honecker zu selbstkritischem Nachdenken über die Politik der SED zu bewegen. Im Gegenteil, durch solche positiven Wertungen, von sowjetischer Seite, und davon gab es damals nicht wenige, wurden Honecker und die SED-Führung in ihrer Haltung bestärkt und ermuntert, an ihrem Kurs festzuhalten.

Bei genauer Betrachtung hätten die Zweifel und Besorgnisse der SED die Führung der KPdSU zu ernsthaftem Nachdenken anregen müssen. Zumal genügend Bedenken gegen Gorbatschows Vorgehen in der eigenen Führung geäußert wurden und der Widerstand in der Partei und im Volke gegen die Perestroika zunahm. Es traf auch nicht zu, dass alle Bruderparteien der sozialistischen Länder der KPdSU blindlings gefolgt wären. In fast allen Parteien verhielt man sich zur Perestroika mit wachsender Zurückhaltung, vor allem als ihre negativen Ergebnisse immer deutlicher hervortraten.

Mit dieser widersprüchlichen Situation war ich während meiner Tätigkeit in Moskau bis 1989 ständig konfrontiert. Die Aufforderung, uns aus dem Streit herauszuhalten, brachte mich persönlich und auch meine Mitarbeiter in manchen Gewissenskonflikt. Unsere Tätigkeit wurde dadurch nicht gerade erleichtert. Die ideologischen Meinungsverschiedenheiten hatten zum Teil ernste Auswirkungen auf die praktische Gestaltung der Zusammenarbeit und die Realisierung unserer Aufgaben. Ungeachtet dessen entwickelten sich 1987 unsere politischen Beziehungen trotzdem relativ normal.

Neue Probleme in der wirtschaftlichen Kooperation

Für die erfolgreiche Entwicklung der DDR war die wissenschaftlich-technische Zusammenarbeit mit der UdSSR von besonderer Bedeutung. Im Vordergrund stand dabei immer mehr das enge Zusammenwirken bei der Entwicklung und Anwendung von Hochtechnologien und bei der Sicherung eines hohen wissenschaftlich-technischen Niveaus der Erzeugnisse. Es ging um die Beherrschung von Spitzentechnologien in der Mikroelektronik, bei der Entwicklung und Anwendung der elektronischen Rechentechnik, von modernsten Mitteln der Nachrichtentechnik sowie von Verkettungseinrichtungen für den Maschinenbau. Die Führung der DDR hatte für die Entwicklung der Mikroelektronik umfangreiche Investitionsmittel zur Verfügung gestellt. Die begrenzten wirtschaftlichen und wissenschaftlich-technischen Möglichkeiten der relativ kleinen DDR verlangten eine enge Zusammenarbeit mit entsprechenden wirtschaftlichen und wissenschaftlichen Einrichtungen der UdSSR.

Bei der sowjetischen Seite stieß das Ansinnen auf volles Verständnis und bereitwillige Unterstützung. Sie erhoffte sich davon eine wirksame Unterstützung bei der Modernisierung der eigenen Industrie. Die herausragende Bedeutung der Mikroelektronik führte dazu, dass die Vereinbarungen zwischen beiden Staaten stets im Blickpunkt der Führungen standen und deren Verwirklichung von ihr ständig kontrolliert wurde. Das traf auch auf Honecker zu, der von der Mikroelektronik nicht viel verstand und auch nicht verstehen musste. Mir schien, dass er deshalb das Leistungsvermögen der DDR auf diesem Gebiet überschätzte.

Gorbatschow und die sowjetische Führung ritten ein anderes Steckenpferd: die Direktbeziehungen zwischen Kombinaten, Vereinigungen und Betrieben, die Bildung gemeinsamer Kollektive von Spezialisten beider Länder sowie die Gründung gemeinsamer Betriebe. Die Beschlüsse des XXVII. Parteitages der KPdSU forderten nicht nur die Stärkung des Zentralismus, sondern auch der demokratischen Methoden der Wirtschaftsführung, die Erweiterung der wirtschaftlichen Selbstständigkeit und Eigenverantwortung der Vereinigungen und Betriebe.

In ihren Erklärungen begründete die sowjetische Seite dies mit den objektiven Erfordernissen der internationalen Arbeitsteilung und der wirtschaftlichen Integration. In der Praxis zeigte sich jedoch, dass die Führung in der direkten Zusammenarbeit zwischen sowjetischen und Betrieben anderer sozialistischer Länder nur ihre eigenen Interessen und eine zusätzliche Möglichkeit zur schnellen Modernisierung ihrer eigenen Wirtschaft sah.

Die Führung der SED ging jedoch davon aus, dass sich die bestehenden Arbeitskontakte der Kombinate zu ihren Partnern in der UdSSR seit Jahren bewährt hätten und neue Regelungen nicht notwendig wären. Unter dem ständigen Druck Moskaus gab sie aber schließlich nach und unterzeichnete am 4. November 1986 Abkommen über die Direktbeziehungen zwischen 104 Betrieben der DDR und der UdSSR sowie zur Bildung von 18 gemeinsamen Spezialistenkollektiven.

Die DDR sah in den Direktbeziehungen neue Möglichkeiten, um die Zusammenarbeit zwischen den Kombinaten, Vereinigungen und Betrieben zu aktivieren und forderte nun ihrerseits den höchstmöglichen ökonomischen Effekt für die Volkswirtschaft der DDR ein. Es sollten schnell wissenschaftlich-technische Spitzenleistungen erreicht werden, um das Produktionssortiment erneuern und die Produktion rationalisieren zu können.

Da es von sowjetischer Seite inzwischen verschiedene Vorschläge zur Erweiterung der abgestimmten Liste von 104 Betrieben gab, wurde nachdrücklich unterstrichen, dass in der ersten Etappe Direktbeziehungen nur zwischen den vereinbarten 104 Kombinaten und Betrieben hergestellt werden sollten. Die 18 gemeinsamen Spezialistenkollektive betrachtete die DDR als noch nicht abgestimmt, es sei zunächst die Zweckmäßigkeit und Möglichkeit ihrer Bildung zu prüfen.

Die Minister erhielten den Auftrag, mit den sowjetischen Partnern die konkrete Zusammenarbeit zu organisieren, aber auf keinen Fall formale Vereinbarungen zuzulassen, in denen nur allgemeine Grundsätze der Direktbeziehungen wiederholt werden. Die DDR-Minister für Werkzeug- und Verarbeitungsmaschinenbau und für den Allgemeinen Maschinen-, Landmaschinen- und Fahrzeugbau, die von ihren sowjetischen Partnern solche formalen Entwürfe erhalten hatten, wurden angewiesen, diese zurückzuweisen.

Die DDR drängte auf den Abschluss konkreter abrechenbarer Vereinbarungen zwischen den Kombinaten und Vereinigungen, die einen hohen Nutzen sichern sollten. Grundlage sollten die Effizienzkriterien sein, die der Ministerrat der DDR in den »Festlegungen zur Vorbereitung und Durchführung von Abkommen mit der UdSSR« am 26. April 1984 beschlossen hatte. Aufwand und Ergebnis der Forschungskooperation, Konzentrationseffekte, Investitionsaufwand, Kostensenkung, Arbeitskräfteeinsparung und Bedarfsdeckung galten als die wesentlichen Kriterien.

Während die sowjetische Seite versuchte, in den Vereinbarungen Aufgaben außerhalb der verbindlichen Pläne unterzubringen, erhielten die Minister der DDR den Auftrag, streng darauf zu achten, dass keine zusätzlichen Aufgaben zum Fünfjahrplan bzw. zum Jahresplan aufgenommen würden. Alle Leistungen und Lieferungen im Rahmen der Direktbeziehungen und der Tätigkeit gemeinsamer Kollektive sollten in den Plänen finanziell und materiell eingeordnet und bilanziert werden.

Die staatlichen Verpflichtungen bei den gegenseitigen Lieferungen und Leistungen hatten eindeutigen Vorrang. Mit dem Abkommen über Direktbeziehungen wurde auch die Möglichkeit geschaffen, für die operative Lösung von Aufgaben der direkten Zusammenarbeit zusätzlich Lieferungen und Leistungen in geringem Umfang und auf wertmäßig äquivalenter Grundlage zu realisieren. Es handelte sich dabei um Erzeugnismuster, einzelne Baugruppen, Bauteile, Geräte, Werkzeuge, Vorrichtungen, Materialien und dringend notwendige ingenieurtechnische Leistungen.

Eine wichtige Rolle spielten Fragen der Preisgestaltung. Die DDR konnte dabei ihren Standpunkt durchsetzen, dass für alle Lieferungen und Leistungen im Rahmen der Direktbeziehungen die Preise entsprechend den RGW-Preisbildungsprinzipien in Transfer-Rubeln und nicht in nationaler Währung zu vereinbaren waren. Von sowjetischer Seite gab es Bestrebungen, andere Regelungen aufzunehmen, wie sie diese in Abkommen mit Polen und Ungarn schon vereinbart hatte.

43. Tagung des RGW

Bereits in den ersten Monaten meiner Tätigkeit in Moskau wurde ich auch mit ernsten Problemen im RGW konfrontiert. Am 18. Februar 1987 wurde von der sowjetischen Regierung ein vorläufiger Beschlussentwurf für die 43. Tagung des RGW übergeben. Er trug den Titel »Zur Umgestaltung des Mechanismus der sozialistischen Integration«. Die Vorschläge sahen grundlegende Veränderungen insbesondere auf dem Gebiet der Koordinierung der Pläne, der Preisbildung im Außenhandel sowie der Valuta-, Finanz- und Kreditbeziehungen vor. Bei der Übergabe der Vorschläge erklärte die sowjetische Seite, dass man im Auftrag der Generalsekretäre gehandelt, sich auf deren Meinungsäußerungen gestützt und diese berücksichtigt hätte.

Das entsprach aber nicht den Tatsachen. Die Interessen der anderen RGW-Länder fanden in diesem Material nicht genügend Beachtung.

Die Vorschläge der UdSSR gingen ganz eindeutig von den Veränderungen aus, die in der Sowjetunion auf dem Gebiet der Leitung und Planung der Volkswirtschaft eingeleitet worden waren. Sie zielten auf eine hohe Eigenständigkeit der Betriebe und Vereinigungen, auf deren Selbstverwaltung, auf die Verlagerung weitreichender Außenwirtschaftsfunktionen auf die Betriebsebene und auf den Abbau des demokratischen Zentralismus in der Wirtschaftsführung. Die Vorschläge bezweckten eindeutig, die neuen innerstaatlichen Regelungen der UdSSR, die weder auf gründlichen Überlegungen noch auf postiven Praxiserfahrungen fußten, auf den RGW zu übertragen. Es ging dabei nicht um Korrekturen in Teilbereichen, sondern um eine grundsätzliche Veränderung des Systems der Zusammenarbeit zwischen den RGW-Staaten.

Es überraschte nicht, dass die Vorschläge von der DDR misstrauisch und mit großer Vorsicht aufgenommen wurden. Die DDR hatte selbstverständlich Interesse an der Vertiefung der ökonomischen Integration und der Erhöhung der Effizienz der Tätigkeit des RGW. Doch diese Vorschläge berücksichtigten nicht die Interessen der DDR und verlangten daher eine gründlichere Prüfung.

Anfang März unterbreitete der Ständige Vertreter der DDR im RGW, der stellvertretende Ministerpräsident Günter Kleiber, dem Politbüro seinen Standpunkt zu den sowjetischen Vorschlägen, der die grundsätzlich unterschiedlichen Positionen der DDR und der UdSSR zur Integration deutlich machte.

Kleiber ließ in seiner Stellungnahme keinen Zweifel daran, dass die DDR sich wegen der unterschiedlichen Positionen auf komplizierte Beratungen und Verhandlungen einstellen müsse. Er schlug vor, der UdSSR den Standpunkt der DDR in aller Deutlichkeit zu übermitteln. Dafür erhielt er keine Zustimmung. Die DDR ließ sich mit der Antwort auf die sowjetischen Vorschläge Zeit, obwohl Moskau diese auf unterschiedlichen Ebenen wiederholt anmahnte.

Mit Ausnahme Rumäniens hatten inzwischen die anderen Mitgliedsländer des RGW ihre zum Teil sehr unterschiedlichen Bemerkungen zum sowjetischen Beschlussentwurf übermittelt. Uns wurde bekannt, dass Polen, die Tschechoslowakei, Ungarn und Bulgarien die Verlagerung des Prozesses der Plankoordinierung auf die unteren Ebenen, den Ausbau der Direktbeziehungen bis hin zur Bildung gemeinsamer Betriebe und Vereinigungen sowie die Veränderungen des Valuta- und Finanzmechanismus unterstützten, zumindest aufgeschlossen gegenüber dem Vorschlag waren.

Als ich am 9. März 1987 meinen Antrittsbesuch beim stellvertretenden Vorsitzenden des Ministerrates und Ständigen Vertreter der UdSSR beim RGW, Alexej Antonow, machte, sprach er mich wegen unserer noch ausstehenden Antwort an. Mit Ausnahme der DDR und Rumäniens hatten inzwischen alle Länder ihre Stellungnahmen abgegeben, sagte er.

Deren Antworten hatten die sowjetische Seite offenbar etwas ernüchtert, denn Antonow bemerkte, dass die Sowjetunion nicht mehr davon ausgehe, dass auf der 43. Tagung des RGW schon alle Fragen endgültig geklärt werden könnten. Es sei auch richtig, worauf sich einige Länder beriefen, dass nämlich der RGW bereits seit der Tagung im Juni 1984 ein gemeinsames Programm und eine abgestimmte Konzeption für seine Tätigkeit habe. Aber dieses Programm werde nicht erfüllt.

Jedes Mitgliedsland könne auf eine stabile und erfolgreiche Entwicklung verweisen, aber eben jedes für sich allein. Jetzt gehe es darum, die Gemeinschaft zu stärken und dieses Potenzial effektiver zu nutzen. Es sei durchaus möglich, durch koordiniertes Handeln auf viele Investitionen zu verzichten und dadurch eine Beschleunigung der ökonomischen und sozialen Entwicklung zu erreichen. Dazu müsste aber die 43. Tagung neue Impulse auslösen und eine Reihe von Entscheidungen treffen. Das sei nach Antonows Meinung auch nicht so schwer, da die Standpunkte der RGW-Länder in den meisten Punkten mit den sowjetischen Vorschlägen übereinstimmen oder ihnen sehr nahe kommen würden. Das betreffe allerdings nicht den Komplex der Preise und des Systems der Valuta-, Finanz- und Kreditbeziehungen. Hierzu hätte jedes Land praktisch eine andere Auffassung. Für die Stärkung des Transferrubels würden jedoch alle Länder eintreten. Es gäbe auch kaum Meinungsverschiedenheiten, dass es notwendig sei, die Konvertibilität der Währungen schrittweise herzustellen. Die Erfahrungen würden jedoch zeigen, dass die Möglichkeiten der Mitgliedsländer sehr unterschiedlich seien.

Antonow betonte mehrmals, dass die Sowjetunion gerade an der Antwort der DDR interessiert sei, denn ohne deren Meinung sei es schwer, weiter an dem sowjetischen Expertenmaterial zu arbeiten. Schließlich sei die DDR nicht mit Rumänien oder Bulgarien vergleichbar. Fortschritte könnten nur erzielt werden, wenn nicht die UdSSR allein, sondern alle Mitgliedsländer an der Verbesserung der Außenwirtschaftsbeziehungen mitarbeiten.

Es sei nicht unnormal, dass in diesem Prozess auch viele unterschiedliche Meinungen geäußert würden. Inakzeptabel sei jedoch, wenn viele Partner die Sowjetunion aufforderten: »Sagt uns, was ihr wollt, dann sagen wir unsere Meinung.« Es sei bedauerlich, dass auch Günter Kleiber in diesem Sinne aufgetreten sei.

Seit dem Novembertreffen der Generalsekretäre würden die Parteien an der Vervollkommnung ihrer Beziehungen arbeiten, ohne wesentliche Fortschritte erreicht zu haben. Leider habe auch er von der DDR keine Vorschläge, sondern nur kritische Bemerkungen zu hören bekommen.

Antonow machte faktisch die DDR dafür verantwortlich, dass es ihm noch nicht möglich gewesen sei, den Entwurf zur 43. Tagung des RGW dem ZK der KPdSU zur Beschlussfassung vorzulegen.

Ich reagierte in diesem ersten Gespräch mit Antonow, den ich übrigens als einen sehr aufgeschlossenen und kompetenten Partner kennenlernte, zurückhaltend. Ich wusste von Günter Kleiber, was er dem Politbüro vorschlagen wollte, aber auch, dass noch keine Entscheidung in Berlin gefallen war. Daher hielt ich es für ratsam, mich zum sowjetischen Entwurf nicht direkt zu äußern. Antonow hatte jedoch einige Bemerkungen gemacht, die ich zuvor schon in Gesprächen mit anderen sowjetischen Funktionären zu hören bekommen hatte und die, wie mir schien, nicht zufällig geäußert wurden.

Am 17. März 1987 antwortete Günter Kleiber auf den Beschlussentwurf. Die DDR messe den Fragen der weiteren Vertiefung der sozialistischen ökonomischen Integration mit der UdSSR und den anderen RGW-Ländern und der Erhöhung ihrer Effizienz prinzipielle Bedeutung bei. Kleiber berief sich jedoch darauf, dass die langfristigen bilateralen Vereinbarungen zwischen den Ländern sowie das Komplexprogramm des wissenschaftlich-technischen Fortschritts der RGW-Staaten für die Lösung der Aufgaben ausreichen würden. Neue Dokumente seien nicht notwendig. ZK-Sekretär Kleiber bekräftigte die bekannte Haltung der DDR zur Plankoordinierung, zu den Preisbildungsprinzipien, zur Stärkung des Transferrubels sowie zur Beibehaltung des Verrechnungssystems und lehnte faktisch alle weitergehenden Vorschläge der Sowjetunion ab.

Ich bekam in den darauf folgenden Wochen die Unzufriedenheit der sowjetischen Seite mit unserer Antwort wiederholt zu spüren. Ausgehend von unseren Interessen sah auch ich keine andere Möglichkeit für das Vorgehen der DDR. Allerdings: Die Verzögerung der Antwort und die kategorische Ablehnung aller Vorschläge, ohne eigene Vorstellungen eingebracht zu haben, widersprach auch meinen Vorstellungen von einer sachlichen und konstruktiven Suche nach gemeinsamen Lösungen.

Das Vorgehen der DDR machte mich nicht gerade zu einem aktiven Anwalt der Antwort Kleibers.

In einem umfangreicheren Bericht an Erich Honecker vom 10. April 1987 teilte ich mit, dass mir von führenden Funktionären der KPdSU und der UdSSR in den letzten Tagen erklärt worden sei, dass »man vieles an den Vorbehalten der DDR verstehen könne, aber nicht die absolute Nein-Position. Es wäre gut, wenn die DDR bei allem Nichteinverständnis mit den bisherigen Vorschlägen der Sowjetunion eigene Alternativvorschläge unterbreiten würde«.

Da ich im Rücklauf meinen Brief mit den Bemerkungen von Honecker wieder in die Hand bekam, weiß ich, dass er meine Hinweise zustimmend zur Kenntnis genommen hatte.

Auch am Rande einer Tagung des Politischen Beratenden Ausschusses der Warschauer Vertragsstaaten Ende Mai 1987 in Berlin ging es bei einem ausführlichen Gedankenaustausch zwischen Honecker und Gorbatschow um die Fragen der wirtschaftlichen Zusammenarbeit zwischen der DDR und der Sowjetunion. Es war ein offener und von beiden Seiten sehr kritisch geführter Meinungsaustausch.

Gorbatschow kam sofort zur Sache und erklärte, dass die Sowjetunion Probleme und Schwierigkeiten, die bei der Realisierung der neuen Formen der wirtschaftlichen Zusammenarbeit auftreten, mit anderen sozialistischen Ländern leichter lösen könne als mit der DDR. Die UdSSR habe mit der DDR immer gut zusammengearbeitet und nun träten plötzlich Probleme auf. Gorbatschow warf nicht nur die Frage nach den Gründen auf, er unterstellte der DDR auch mangelndes Interesse und unlautere Absichten. Nach seiner Meinung versuche die DDR ihre wirtschaftlichen Probleme über eine verstärkte Zusammenarbeit mit dem Westen zu lösen und würde damit die Zusammenarbeit mit der Sowjetunion vernachlässigen. Die DDR würde allen schwierigen Fragen ausweichen, nur von ihren eigenen Interessen ausgehen und nach einseitigen Vorteilen suchen. Besonders an der Vertiefung der wirtschaftlichen Kooperation würde sie kein Interesse zeigen, sie sei nur an der Lieferung von Endprodukten interessiert. Auch bei der Erschließung von Ressourcen in der Sowjetunion würde die DDR nicht aktiv mitarbeiten, obwohl sie die UdSSR weiterhin vorwiegend als Rohstofflieferanten betrachte. Er wies auf die Möglichkeit hin, dass die Sowjetunion 1990 bei der DDR Schulden in Höhe von vier Milliarden Rubel haben könnte.

Gorbatschow beklagte die mangelnde Zielstrebigkeit und

Offenheit in der Zusammenarbeit und schlug vor, das Gerede zwischen den Ministern zu beenden und die Gespräche auf die Ebene der Ministerpräsidenten und der Sekretäre des ZK zu heben.

Honecker war, wie er selbst bekundete, erschüttert, gerade von Gorbatschow solche Unterstellungen zu hören und blieb ihm nichts schuldig. Er bedauerte die Situation, begrüßte das offene Gespräch und betonte, dass die DDR zu dem, was vereinbart wurde, stehe und was sie zugesagt habe, auch verwirkliche. Wenn bei der Realisierung der Abkommen Schwierigkeiten auftreten, dann seien die Ursachen nicht nur in der DDR zu suchen, sondern in erster Linie in der Sowjetunion. Die Erfahrungen der DDR zeigten, dass gemeinsame Betriebe keine Lösung der Probleme bedeuteten. Die mit der DDR gebildeten gemeinsamen Betriebe wie die Wismut AG, die Spinnerei in Zawierce und die Hafengesellschaft mit Polen brachten der DDR keinen Gewinn, sie blieben Zuschussbetriebe.

Den Vorwurf, die DDR suchte nur einseitige Vorteile, wies Honecker nachdrücklich zurück.

Auch die DDR sei daran interessiert, die Zusammenarbeit effektiver zu gestalten. Er erinnerte Gorbatschow an gute Beispiele, die dies belegen würden. Honecker ließ keinen Zweifel daran, dass die DDR an den langfristigen Abkommen, am Fünfjahrplan und an den Jahresplänen sowie am bisherigen Preissystem festhalten werde. Von der Sowjetunion forderte er klare Aussagen, wie sie zu diesen Fragen stehe und wie es weiter gehen solle. Die DDR sei in keiner vergleichbaren Lage mit einem anderen sozialistischen Land, denn sie verfüge über keine nennenswerten Rohstoffe und werde immer ein Importland bleiben. Gorbatschow möge nicht vergessen, dass dafür 60 bis 80 Prozent der DDR-Produktion von Maschinen und Ausrüstungen in die Sowjetunion exportiert werden. Die Sowjetunion solle nicht über ihre Schulden klagen, sondern sich daran erinnern, dass die DDR viele Jahre Schuldner der Sowjetunion gewesen sei.

Honecker wiederholte seine bereits mehrmals geäußerte Bitte, der DDR zusätzlich zwei Millionen Tonnen Erdöl zu liefern. Gorbatschow sagte wider besseren Wissens eine positive Prüfung zu. Beide Politiker vereinbarten, alle offenen Fragen auf der Ebene der Ministerpräsidenten zu beraten.

Als ich wenige Wochen später mit Honecker über sein Treffen mit Gorbatschow sprach, war er noch immer erbost. Er beteuerte mir gegenüber erneut, dass die DDR an der Vertiefung der wirtschaftlichen Beziehungen mit der UdSSR ernsthaft interessiert sei und auch neue Formen der Zusammenarbeit nicht generell ablehne. Er könne allerdings nicht verstehen, warum man auf Bewährtes verzichten solle und es zerstören müsse, wenn man über das Neue noch gar keine klaren Vorstellungen habe. Grundlage der Zusammenarbeit muss der gegenseitige Vorteil und Nutzen sein. Von welchen neuen Formen spreche Gorbatschow eigentlich, wenn die Sowjetunion erneut versuche, alles an sich zu reißen.

Honecker war besonders darüber verärgert, dass Gorbatschow der DDR unterstellte, sich nicht an der Erschließung von Rohstoffvorkommen in der UdSSR zu beteiligen. Er, Honecker, müsse daraus die Schlussfolgerung ziehen, dass Gorbatschow davon nichts verstehe oder falsch informiert werde. Wenn das Letztere zutreffe, dann stelle sich die Frage, wer daran ein Interesse habe.

Trotz allem sei es ein nützliches, wenngleich hartes Gespräch gewesen, das in Moskau Wirkung gezeigt habe und zum Nachdenken geführt hätte.

Mir erteilte er den Auftrag, darauf zu achten, dass alle Vereinbarungen mit der UdSSR termingerecht erfüllt würden und die Zusammenarbeit in einer sachlichen und konstruktiven Atmosphäre verliefe.

Wie zwischen Honecker und Gorbatschow vereinbart, trafen sich die Ministerpräsidenten am 23. Juni in Moskau. Die Delegation wurde formal von Stoph geleitet, die Gespräche mit Ryschkow führte in Wirklichkeit jedoch Günter Mittag. Ich empfand diese unerträgliche Situation als eine tiefe Demütigung Willi Stophs.

Wie mir Ryschkow nach dem Treffen sagte, hatten er und die sowjetischen Teilnehmer es ebenso empfunden.

Die Sowjetunion betrachtete die Beschlüsse der 43. Tagung des RGW als bedeutsam, jedoch nur als ersten Schritt zur Umgestaltung des Systems der Zusammenarbeit zwischen den Mitgliedsländern des RGW. Sie wurden als geeignete Grundlage angesehen, um die nachdrückliche Orientierung auf relativ schnelle Veränderungen und Fortschritte im System der Zusammenarbeit beizubehalten.

Dabei zeigte die sowjetische Seite kaum Bereitschaft, über die Einwände und den Widerstand ihrer Partner ernsthaft nachzudenken. Sie unterstrich auf allen Ebenen, dass sie an ihren Vorstellungen festhalten und alles tun werde, um die störenden Hindernisse zu überwinden.

Ganz in diesem Sinne traten die sowjetischen Vertreter in bilateralen Gesprächen, in den Organen des RGW und in den Arbeitsgruppen auf, die sich mit der Untersuchung der Voraussetzungen und Bedingungen für den neuen Wirtschafts- und Finanzmechanismus im RGW befassten. Allerdings gab es auf sowjetischer Seite etliche Probleme, die das Tempo drosselten und im Lauf der Zeit auch den Widerstand jener RGW-Länder hervorriefen, die auf der 43. Tagung des RGW die sowjetischen Vorstellungen noch bedingungslos unterstützt hatten.

Die Botschaft der DDR hatte diese Entwicklung aufmerksam verfolgt. Aus unseren Gesprächen mit leitenden sowjetischen Funktionären, Wissenschaftlern und Spezialisten im RGW, in Ministerien, Außenhandelsbetrieben und Instituten wurde sichtbar, dass hinter den allgemeinen Vorstellungen kaum ausgereifte Überlegungen existierten. Man orientierte sich mehr an den Wünschen als an der harten ökonomischen Realität. Die Vorschläge zeigten, *was* man möglichst schnell erreichen wollte, sie gaben jedoch keine Antwort auf die Frage, *wie* diese Ziele zu erreichen wären und mit welchen Mitteln man die Voraussetzungen für den neuen Mechanismus schaffen wollte.

Es war nicht schwer zu erkennen, dass die Sowjetunion über keinen wissenschaftlichen Vorlauf zur Umgestaltung des Wirtschafts- und Finanzmechanismus verfügte.

Für sie war entscheidend, wie in Konsultationen mit uns immer wieder betont wurde, erst einmal zu beginnen, um im Prozess der Entwicklung die Lösungen zu suchen. Die Verantwortlichen verließen sich auf das Experimentieren und hofften, im Prozess der Umgestaltung die Antworten auf die offenen Fragen zu finden. Das führte dazu, dass sich sowjetische Positionen zu Teilfragen wiederholt und in relativ kurzen Zeiträumen änderten, was die Zusammenarbeit außerordentlich erschwerte.

DDR-Wirtschaftsausstellung in Moskau

1986 hatte der Ministerrat der DDR den Beschluss gefasst, in Moskau eine große Industrieausstellung der DDR zu zeigen, die Ende September 1988 in Moskau stattfinden sollte. Sie sollte vor allem die wirtschaftlichen Möglichkeiten der DDR zeigen und Anregungen zur gemeinsamen Nutzung des wirtschaftlichen und wissenschaftlich-technischen Potenzials vermitteln.

Diese Orientierung erwies sich als völlig richtig und gewann im Verlaufe der Umgestaltung und der Wirtschaftsreform in der Sowjetunion immer mehr an Bedeutung.

Die unmittelbare Arbeit zur Vorbereitung der Ausstellung wurde von der Handelsvertretung der DDR in Moskau geleistet. Ihr Leiter war Christian Starke, der später zum Direktor der Ausstellung ernannt wurde. Ich hatte zu ihm und seinen Mitarbeitern volles Vertrauen und die Gewissheit, dass Starke und seine Mitarbeiter die umfangreichen Aufgaben zuverlässig erfüllen und die bei einem solchen großen Vorhaben im Ausland immer wieder auftretenden Probleme mit Verständnis lösen würden. Von Zeit zu Zeit informierte er mich und die anderen Leiter der Dienststellen der DDR in Moskau über den Stand der Vorbereitung. Anfangs reichte diese Form der Abstimmung.

Am 9. Juni 1987 bildeten wir aus Mitarbeitern der Botschaft, der Handelsvertretung und der Vertretung der Paritätischen Regierungskommission DDR-UdSSR die Arbeitsgruppe »Ausstellung 88«.

Im Oktober 1987 wurde ich aufgefordert, vor der Regierungskommission über den Stand der Vorbereitung und die dabei aufgetretenen Probleme zu berichten. In Abstimmung mit dem Leiter der Handelsvertretung kamen wir überein, uns auf zwei Fragen zu konzentrieren: auf die Darstellung der wirtschaftspolitischen Veränderungen in der Sowjetunion und die sich daraus ergebenden hohen Erwartungen an die Ausstellung. Meine Ausführungen vor der Kommission blieben erhalten und liegen mir vor.

Natürlich musste ich dort nichts über die Bedeutung der wirtschaftlichen und wissenschaftlich-technischen Zusammenarbeit mit der UdSSR erzählen. Das war bekannt. Aber Ende 1987 hatten die Meinungsverschiedenheiten zwischen der DDR und der UdSSR, gerade auch auf wirtschaftspolitischem Gebiet, in der DDR zu einigen Irritationen geführt. Daher schien es mir angebracht, zu sagen, dass trotz aller Meinungsverschiedenheiten die UdSSR der wichtigste Außenhandelspartner der DDR bleiben werde und keine Alternative zum sowjetischen Markt bestehe. Die Ausstellung sollte also nicht nur die Errungenschaften der DDR demonstrieren, sondern, unter Berücksichtigung der Veränderungen in der Sowjetunion, die weitere Zusammenarbeit in Wissenschaft, Technik und Wirtschaft fördern und damit einen Beitrag zur Vertiefung der Zusammenarbeit leisten. Das bedeutete, von den hohen Anforderungen an den wissenschaftlich-technischen Fortschritt, von ausgezeichneter Qualität, Termintreue, zuverlässigem Service und anderen wichtigen Forderungen auszugehen und diese Erwartungen zu erfüllen.

Zu den Meinungsverschiedenheiten stellte ich fest, dass es nicht darum gehe, ob wir mit der Entwicklung in der Sowjetunion einverstanden seien oder nicht, ob wir dieses oder jenes Herangehen für richtig oder falsch hielten. Es sei Sache der KPdSU, wie sie die Gesellschaft und die Wirtschaft entsprechend den nationalen Bedingungen und Erfordernissen der UdSSR leitet und entwickelt.

Meine Ausführungen über die Veränderungen in der sowjetischen Gesellschaft entsprachen dem damaligen Erkenntnisstand und der politischen Diktion der SED-Führung. Ich ging vor allem auf die positiven Momente der Umgestaltung und die aus unserer Sicht wichtigsten Entscheidungen in der Wirtschaftspolitik ein, die Auswirkungen auf die Zusammenarbeit mit der DDR haben könnten.

Aus heutiger Sicht würde ich sagen, dass die kritischen Momente in meinen Ausführungen zu kurz kamen. Ich verwies darauf, dass man sich in einer komplizierten Periode des Suchens befinde, in der Altes und Neues, Konservatismus und Reformgeist, Initiative und Gleichgültigkeit, dogmatisches Denken und realistisches Handeln eng nebeneinander bestünden.

Über die negativen Aspekte der Umgestaltung, soweit wir sie damals überhaupt erkannten, wurde nur andeutungsweise gesprochen. Angesichts dieser widersprüchlichen Entwicklung waren sichere Aussagen über die Auswirkungen für die DDR kaum möglich. Die Führung der DDR ging bei allen Überlegungen jedoch davon aus, dass die DDR ihre Verpflichtungen gegenüber der Sowjetunion erfüllen müsse.

Der Gedanke, dass die Sowjetunion ihre vertraglich eingegangenen wirtschaftlichen Verpflichtungen gegenüber der DDR nicht erfüllen könnte, war mir damals noch nicht voll bewusst, obwohl es bereits nicht wenige Anzeichen dafür gab. Allerdings warnte ich vor der Annahme, dass am Kurs der Perestroika grundsätzliche Abstriche vorgenommen werden könnten. Nach meiner Ansicht waren Korrekturen in Detailfrage durchaus möglich, aber den strategischen Kurs würde die KPdSU konsequent durchsetzen.

Einen Großteil meiner Ausführungen widmete ich den Beschlüssen der UdSSR über die Veränderungen der Tätigkeit der sowjetischen Außenhandelsorgane und den sich daraus ergebenden Aufgaben für die Außenwirtschaft der DDR. Ich versuchte deutlich zu machen, dass Anwender und Verbraucher zunehmend die Kaufentscheidungen bestimmen würden, was für uns eine aktive Marktarbeit, ein stärkeres Eingehen auf Kundenwünsche und gründlichere Vorbereitung der technischen und kommerziellen Verhandlungen erforderte. Wir hätten nun die Möglichkeit, nicht nur über die Verbindung der Vorzüge des Sozialismus mit den Errungenschaften der wissenschaftlich-technischen Revolution zu reden, sondern wir müssten sie in der Ausstellung durch Spitzenerzeugnisse auch nachweisen.

Ich erinnerte daran, während der Ausstellung qualifiziertes, sprachkundiges Standpersonal einzusetzen, das in der Lage sein würde, nicht nur das Exponat zu erklären, sondern auch kompetente Aussagen über die Anwendungsmöglichkeiten machen zu können.

Es muss Gründe gegeben haben, dass ich sogar Selbstverständlichkeiten wie die Herstellung aussagefähiger Prospekte in russischer Sprache und erforderlicher Menge erwähnte.

An die Reaktion der Kommissionsmitglieder kann ich mich nur schwach erinnern. Ich weiß nur, dass an mich keine Fragen gestellt und auch keine Bemerkungen zu meinen Ausführungen gemacht wurden.

Ich muss gestehen, dass mich die ausbleibende Reaktion einigermaßen verunsicherte. Mich bewegte noch lange die

Frage, was ich falsch gemacht haben könnte. Im Stillen dachte ich: Warum dieser Aufwand, wenn die Minister vielleicht alles besser wissen und deine Darlegungen als völlig unnötig betrachtet haben.

Die Ausstellung wurde ein voller Erfolg.

An der Eröffnung nahmen eine repräsentative Delegation der DDR unter Leitung von Erich Honecker und das gesamte Politbüro des ZK der KPdSU teil.

Erste Arbeitsbilanz – Berichterstattung in Berlin

Ich war erst wenige Monate tätig, als man in Berlin auf den Gedanken kam, dass ich über die Tätigkeit der Botschaft und meine Arbeit vor dem Kollegium des Ministeriums, dem Leitungsgremium im MfAA, berichten sollte. Danach hatte ich nicht das geringste Verlangen. Ich berief mich auf den Generalsekretär des ZK der SED, der mir kurz vor meiner Ausreise auf meine nicht ganz ernst gemeinte Bemerkung, dass er hoffentlich nicht schon in den nächsten Tagen meine Einschätzung über die Lage in der Sowjetunion und Vorschläge zur Vertiefung der Zusammenarbeit zwischen der DDR und der UdSSR erwarte, geantwortet habe, ich hätte wie jede neue Regierung mindestens 100 Tage Zeit. Ich sollte mich nicht drängen lassen, mich mit der Lage vertraut machen und in Ruhe meine Einschätzungen treffen. Für eine umfassende Berichterstattung fühlte ich mich noch nicht genügend vorbereitet.

Offen gesagt, ich habe mich längere Zeit unter allen möglichen Vorwänden davor gedrückt.

Staatssekretär Herbert Krolikowski drängte aber immer wieder, und um etwas Zeit zu gewinnen und um ihm entgegenzukommen, schlug ich vor, dass der Gesandte, mein Stellvertreter Siegfried Körner, der 1988 seinen Auslandseinsatz beenden sollte, auf einer Dienstbesprechung beim Staatssekretär berichten könnte. Ich gebe zu, dass ich dabei kein gutes Gewissen hatte, und auch Siegfried Körner war von diesem Vorschlag nicht begeistert. Schließlich einigten wir uns, und sein Auftritt fand am 8. April 1988 statt.

Die Berichterstattung des Botschafters vor dem Kollegium war selbstverständlich eine Angelegenheit aller Abteilungen der Botschaft und aller Vertretungen der DDR in der UdSSR. An der Vorbereitung beteiligten sich viele Leiter und Mitarbeiter der unterschiedlichen Bereiche mit Analysen, Berichten und Informationen. Mir halfen die Diskussionen und der Meinungsaustausch über den Entwurf meines Berichts und über die Schlussfolgerungen, die ich bereits vor der Berichterstattung vorlegen musste.

In meinem Vortrag vor dem Kollegium ging es jedoch nicht um die Meinung dieses oder jenes Leiters oder Mitarbeiters der Botschaft, sondern um die Meinung *des Botschafters*, um meine Antworten auf die mir gestellten Aufgaben. Das bedeutete, dass von mir persönliche Einschätzungen der Lage in der Sowjetunion und zur Arbeit der Botschaft erwartet wurden.

Ich ging davon aus, dass die Mitglieder des Kollegiums über die Lage in der Sowjetunion sowie über die Beziehungen recht gut informiert waren und hielt es daher für richtig, im Unterschied zu den schriftlichen Berichten und Informationen, die doch etwas vorsichtiger und zurückhaltender verfasst waren, meine mündlichen Ausführungen kritischer anzulegen. Ich unterstrich, dass die Umgestaltung in der Sowjetunion ein Prozess sei, in dem die KPdSU und die UdSSR, obwohl die Perestroika bereits vor drei Jahren begonnen hatte, immer noch am Anfang stehen, wenige Erfolge zu erkennen seien und immer noch nach Lösungen gesucht werde. Daraus folgerte ich – und darum ging es mir in erster Linie –, dass »absolute« Formulierungen und »fertige« Einschätzungen sowie gerade auch unsachliche Spekulationen über die Perspektive der Sowjetunion zu diesem Zeitpunkt unangebracht seien. Schließlich betonte ich, dass wir es in der Sowjetunion mit Vorgängen zu tun hätten, die nicht mit den Maßstäben der DDR gemessen werden dürften. Sie würden sich aus den angestauten und ungelösten Problemen der gesellschaftlichen und volkswirtschaftlichen Entwicklung, dem unterschiedlichen sozialpolitischen Entwicklungsniveau, den Besonderheiten des multinationalen Staates und anderen Problemen ergeben.

Manchem mag diese Bemerkungen nichts sagen, mancher sie für überflüssig und auch für nicht stichhaltig halten. Wer sich aber noch der damaligen Diskussionen in der DDR erinnert, wird sicher verstehen, dass sie nicht unbegründet waren.

So widersprüchlich sich die Glasnost in der Praxis des sowjetischen Lebens erwies, so widersprüchlich war auch mein Verhältnis zu ihr. Nach meinem Verständnis gehörte Glasnost zum

Demokratisierungsprozess und hatte zweifellos zur breiteren Informiertheit der Gesellschaft, zum Austausch von Meinungen und zur Mobilisierung und aktiveren Mitarbeit der Menschen beigetragen. Doch der Prozess verlief sehr differenziert und widersprüchlich. Aber Glasnost rief bei mir, wie bei manch anderem auch, Zweifel und Widerspruch hervor. Dazu trug vor allem die oberflächliche, unausgewogene und sehr emotionale Behandlung von Fragen der sowjetischen Geschichte bei. Zur Zeit der Berichterstattung verstärkte sich mein Eindruck, dass die Diskussion über die Geschichte die Perestroika nicht gerade fördere, zu unfruchtbaren Diskussionen führe und von den Hauptaufgaben ablenke.

Generell störte mich an Glasnost, dass viel geredet und wenig verändert wurde. In den Medien gab es Erklärungen, Pläne und Versprechungen über baldige Verbesserungen des Lebensstandards, über eine helle Perspektive. Aber das wirkliche Leben geriet immer mehr in Widerspruch zur Berichterstattung. Mir war aber klar, dass die Diskussionen über die sowjetische Geschichte bald auch andere sozialistische Länder, also auch die SED und die DDR, erfassen würden.

Da Anfang 1988 drei Hefte der sowjetischen Zeitschrift *Neue Zeit* wegen des Abdrucks von Schatrows Werk »Weiter, weiter, weiter …« in der DDR nicht ausgeliefert worden waren, ging ich auch auf die recht undurchsichtige Situation unter den Künstlern und Kulturschaffenden in der Sowjetunion ein. Die ersten Veröffentlichungen von Bek, Rybakow, Bykau und anderen Schriftstellern fand ich interessant und lesenswert und sah in ihnen keine Gefahr für den Sozialismus. Der kritischen Wertung dieser Bücher und einiger Filme durch einige SED-Funktionäre konnte ich nicht folgen. Aber mich störte auch manches an dieser Situation. Ich glaube, dass einige Künstler und Kulturschaffende zu schnell Positionen der sozialistischen Kulturpolitik verließen, an einen schöpferischen, kameradschaftlichen Meinungsstreit nicht gewöhnt waren und jede Kritik als gegen die Perestroika gerichtet ablehnten.

Am meisten erregte mich die unkritische Übernahme westlicher Meinungen und Auffassungen über die sowjetische Gesellschaft, die Huldigung und götzenhafte Anbetung all dessen, was die westliche Konsumgesellschaft zu bieten hatte.

Mir war bewusst, dass die Führung der SED immer weniger bereit war, der Veröffentlichung künstlerischer Werke zuzustimmen, die mit ihrer Darstellung der sowjetischen Vergangenheit oder Gegenwart im Widerspruch zu der in der DDR anerkannten öffentlichen Meinung standen. Jedoch durfte man nicht vergessen, dass diese Bücher oder Filme auch über andere Kanäle ihren Weg in die DDR fanden. Daher hielt ich ihre eingehende und ausgewogene Prüfung vor einer Ablehnung und Überlegungen über mögliche negative Reaktionen und Auswirkungen für die DDR für dringend notwendig.

Angesichts der Tatsache, dass das Herangehen der DDR-Führung an die Perestroika in der Sowjetunion nicht verstanden und als halbherzig bezeichnet wurde, ging es mir bei der Berichterstattung auch darum, beruhigend auf die Zusammenarbeit mit der KPdSU und der UdSSR einzuwirken. Ich glaube auch heute noch, dass die DDR, ohne demagogisch oder opportunistisch zu handeln, Möglichkeiten gehabt hätte, das gespannte Verhältnis zu entlasten. So versuchte ich an Beispielen zu zeigen, wie andere sozialistische Länder aufgeschlossener auf die Wünsche der sowjetischen Seite eingingen.

Dabei erwähnte ich Fragen der wirtschaftlichen Zusammenarbeit, gemeinsame Deklarationen zur Zusammenarbeit auf den Gebieten der Ideologie, Wissenschaft und Kultur, die Einrichtung von Kultur- und Informationszentren in Moskau, die Organisierung gemeinsamer Telebrücken zwischen den Fernsehstationen, andere gemeinsame Sendungen, die Übernahme umstrittener Bücher, Filme und Schauspiele, eine wohlwollende und uneingeschränkte Berichterstattung über die Umgestaltung und die Entwicklung in der Sowjetunion und die bereitwillige Gewährung von Artikeln und Interviews, einschließlich der Interviews von Botschaftern.

Ich erwartete keine sofortige Zustimmung zu meinen Überlegungen, wusste ich doch, dass die SED-Führung zu den meisten Fragen eine negative Haltung einnahm und sich das Kollegium des Außenministeriums nicht anders verhalten würde. Ich hoffte jedoch, dass steter Tropfen den Stein höhlte.

Ich ging auch auf Haltung und Stimmung der in der Sowjetunion lebenden DDR-Bürger ein. Die veränderte Situation im Lande, die Spannungen zwischen den Führungen der SED und der KPdSU und die zusätzlichen Probleme und Schwierigkeiten in den Beziehungen hatten auch unter den DDR-Bürgern in der Sowjetunion zu Irritationen geführt. Früher und bedeutend stärker als in der DDR zeigten sich Auswirkungen von Demokratisierung und Glasnost unter Mitarbeitern und insbesondere Studenten. Sie verhielten sich gegenüber der Arbeit von Leitern und Leitungen viel kritischer als vorher. Kritischer wurde auch die Entwicklung in der DDR und die Arbeitsweise zentraler Organe der DDR, einschließlich des ZK der SED, verfolgt. Scharfe Kritik wurde an der Medienpolitik geübt, und es kostete uns viel Mühe, unsere Politik auf diesem Gebiet zu erklären. Ich begrüßte diesen Prozess, weil er uns zu einem kritischeren Verhältnis zur eigenen Tätigkeit zwang und uns half, die Arbeit zu verbessern.

Als Zweifel an der Richtigkeit der DDR-Medienpolitik und indirekt auch schon an der DDR-Führung geäußert wurden, gerieten wir, die Leiter und SED-Funktionäre, unter ideologischen Druck. Uns wurden immer mehr sogenannte unangenehme Fragen gestellt. Anfang 1988 fanden wir noch Antworten, die von der Mehrheit akzeptiert wurden. Später wurde das immer schwieriger. Als höchster Partei- und Staatsfunktionär der DDR in der UdSSR hatte ich bei allem Verständnis für die Fragen, Zweifel und Kritiken, die mich ebenfalls beschäftigten, das größte Interesse daran, dass die Lage unter den DDR-Bürgern ruhig blieb und besonnen an der Erfüllung unserer Aufgaben gearbeitet werden konnte.

Schließlich brachte ich bei der Berichterstattung noch mein Unverständnis und meine Unzufriedenheit darüber zum Ausdruck, dass im Sommer 1988 von den diplomatischen Mitarbeitern im politischen Bereich zehn ihren Auslandseinsatz beenden sollten, darunter der Gesandte, der Leiter der politischen Abteilung und drei Arbeitsgruppenleiter. In Anbetracht der vor der Botschaft stehenden Aufgaben und der Gewährleistung einer kontinuierlichen Tätigkeit hielt ich diese Entscheidung für falsch. Ich gehörte nicht zu den Leitern, die ihre Mitarbeiter gebacken haben wollten und die über deren mangelnde Qualifikation oder andere Mängel lange jammerten. Die Praxis bestätigte, dass ich mit den meisten neuen Mitarbeitern recht schnell ein durchaus kameradschaftliches Verhältnis herstellen konnte, was sich positiv auf die Arbeitsmoral und die Arbeitsleistung auswirkte. Die im Sommer 1988 anreisenden Leiter und Mitarbeiter leisteten nützliche und gute Arbeit.

Ich war etwas überrascht, als Minister Oskar Fischer seine Schlussbemerkungen mit den Worten begann, dass ein Botschafter die Möglichkeit haben müsse, seine Begeisterung und seinen Zorn zum Ausdruck zu bringen. Das war mir gar nicht aufgefallen. Die Berichterstattung sei allen Erwartungen gerecht geworden. Die Botschaft habe wegen ihres Aktions- und Arbeitsstils wieder den Platz gefunden, der ihr in Moskau zukomme. Er könne den Botschafter nur bestärken in dieser Richtung weiter zu arbeiten, sagte Fischer. Der Botschafter hätte zu Recht mit innerer Überzeugung unterstrichen, dass die DDR mit der Sowjetunion brüderlich verbunden bleibe. Unsere Aufgabe würde darin bestehen, die Zusammenarbeit zu unterstützen und herauszufinden, was sie leichter machen könne. Das gelte insbesondere für die wirtschaftliche und wissenschaftlich-technische Zusammenarbeit zwischen beiden Staaten. In der außenpolitischen Zusammenarbeit sei wichtig, dass die DDR bei Entscheidungen über die Prioritäten gefragt werde und bei den Festlegungen von wesentlichen Aufgaben mitreden könne. Dies zu sichern sei auch Aufgabe der Botschaft.

Meine Ausführungen über die innenpolitische Situation schätzte er als informativ und überzeugend ein. An einige Kritiker adressiert stellte Fischer fest, dass es keinen Sinn hätte, über Glasnost und Demokratie aus der Mauselochperspektive heraus zu debattieren. Wir seien weder Schiedsrichter noch Besserwisser. Die Unterschiede zwischen der DDR und der UdSSR seien zu beachten und zu respektieren. Allerdings würden uns die Unterschiede noch Probleme und Schwierigkeiten bereiten. Wir sollten weiter nach dem Neuen suchen, aber das Alte und Bewährte nicht zerstören, bevor das Neue da sei.

In einer Frage widersprach der Minister meinen Intentionen. Der Botschafter sei nicht der Sprecher der DDR in den sowjetischen Medien, der über diese als Propagandist wirke. Er sei der Vertreter der DDR bei der Regierung der UdSSR. Er verfolge mit Grausen den öffentlichen Medienwettbewerb zwischen den Botschaftern der UdSSR und den USA in Bonn und möchte mich davor bewahren, in eine solche Lage zu geraten.

Teil 3
Die KPdSU verliert an Autorität

Wachsende Widersprüche in Innen- und Außenpolitik

Die Perestroika befand sich seit 1988 in einer kritischen Situation. Von entscheidender Bedeutung war, dass die KPdSU, die die Umgestaltung von oben eingeleitet hatte, immer mehr an Autorität verlor und in eine Legitimationskrise geriet. Die wirtschaftlichen Reformen führten bisher zu keiner grundlegenden Wende in der Wirtschaft und bei der Versorgung der Bevölkerung. Die politische Atmosphäre war aufgeheizt, die Stimmung in der Partei und unter der Bevölkerung gereizt.

Für die Verschlechterung der wirtschaftlichen und sozialen Lage wurde immer offener die KPdSU verantwortlich gemacht. Entscheidenden Anteil an der Erosion der Alleinherrschaft der KPdSU und der schwindenden Akzeptanz der Funktionäre und des Parteiapparates durch die sowjetische Bevölkerung hatte die Politik der Transparenz und Offenheit. Man machte die KPdSU nicht nur für die Vergangenheit verantwortlich, sondern auch für die Gegenwart. Die Presse und Publizistik hatte seit 1986 das in Jahrzehnten aufgebaute trügerische Selbstbildnis des sowjetischen Sozialismus zerstört. Alle Elemente der sowjetischen Gesellschaft, die bis dahin als die Fortschrittlichsten in der Welt galten, wurden einer schonungslosen Kritik unterzogen.

Die zerrüttete Wirtschaft, der niedrige Lebensstandard, Arbeitslosigkeit und Armut, soziale Ungleichheit und Ungerechtigkeit, die katastrophalen Zustände im Gesundheitswesen, die hohe Kindersterblichkeit und die niedrige Lebenserwartung standen plötzlich ebenso am Pranger wie der moralische Verfall, Korruption auf allen Ebenen, steigende Gewaltkriminalität, Drogensucht und Prostitution. Damit wurden für die sowjetischen Menschen »heilige Kühe« geschlachtet. Die schonungslose und oft übertriebene Darstellung der Wirklichkeit trug wesentlich zur Unterminierung und Demontage der Machtstrukturen bei.

Die sowjetische Führung wurde 1988 nicht nur durch zunehmende soziale Spannungen aufgeschreckt, sondern auch mit aufbrechenden nationalen und regionalen Konflikten konfrontiert. Sie wusste, dass die Nationalitätenfrage das am kompliziertesten zu lösende und potenziell gefährlichste Problem für sie war. Umso unverständlicher war, dass sie die Behandlung dieser Frage immer wieder hinausschob, obwohl ihr bereits klar war, dass nationale Unruhen und Konflikte nicht mehr gewaltsam gelöst werden konnten. Sie wandte sich dieser Problematik viel zu spät und erst unter dem Druck von gewaltsamen Auseinandersetzungen zwischen Armenien und Aserbaidschan um Berg Karabach und der Massaker von Sumgait zu. Am 28. Februar 1988 war es in der aserbaidschanischen Stadt Sumgait zu einem grausamen Pogrom an der armenischen Minderheit gekommen, der sich später in anderen aserbaidschanischen Städten wiederholte.

Die sowjetische Führung war nicht in der Lage, den Konflikt um Berg Karabach beizulegen oder gewaltsame Ausschreitungen in anderen Republiken zu verhindern. Sie schien wie gelähmt gegenüber den nationalen Bewegungen. Es war erstaunlich, dass Gorbatschow nicht verstehen wollte oder konnte, dass die nationalen Bewegungen und die gewaltsamen Konflikte eine Gefahr für die Perestroika darstellten, die nur durch die Festlegung eines neuen politischen Status der Unionsrepubliken beseitigt werden konnte. Hinzu kamen weitere Konfliktfelder, die ebenfalls dazu beitrugen, die innere Lage zu verschärfen.

Gorbatschows Konflikt mit den Militärs

Die Botschafter und Mitarbeiter der Botschaft hatten zu den sowjetischen Generälen und Offizieren immer ein freundschaftliches Verhältnis. Diese Gefühle ergaben sich aus der Achtung, Anerkennung und der Dankbarkeit für den gewaltigen und opferreichen Beitrag der sowjetischen Streitkräfte im II. Weltkrieg und der Befreiung Deutschlands vom Faschismus. Viele der führenden sowjetischen Generäle, wie hunderttausende Offiziere und Soldaten, hatten in der Westgruppe der sowjetischen Streitkräfte, die in der DDR stationiert war, ihren

Dienst geleistet. Obwohl manche von ihnen heute etwas anderes erzählen, betrachtete die überwiegende Mehrheit von ihnen die DDR wie ihre zweite Heimat und die Bürger der DDR wie wahre Freunde. Sie sahen vielleicht mehr unsere Sonnenseiten und weniger unsere Schwierigkeiten und Probleme, daher fiel der politische, wirtschaftliche und soziale Vergleich mit ihrer Heimat meistens zugunsten der DDR aus. Davon konnte ich mich in unzähligen Treffen und Gesprächen mit ihnen immer wieder überzeugen.

Für mich als Botschafter war es eine Selbstverständlichkeit, den Kontakt mit dem Ministerium für Verteidigung der Sowjetunion persönlich zu pflegen. Ich hatte Zugang zum Ministerium, zum Vereinigten Stab der Streitkräfte des Warschauer Vertrages und ihrem Oberkommandierenden, Marschall Kulikow, und fand überall freundliche Aufnahme und Unterstützung. Gemeinsam mit dem Militärattaché, Generalmajor Hans Unterdörfel, besuchten wir Militärakademien wie die Akademie des Generalstabes, die bekannte »Frunse-Akademie«, Militärhochschulen und Truppenteile der Sowjetarmee wie die berühmte Tamaner-Gardedivision oder das Zentrum der Kosmonauten »Juri Gagarin«. Man gab uns die Möglichkeit, vor Offizieren und Soldaten über die Politik der DDR zu sprechen, Übungen beizuwohnen und uns mit dem Alltag der Soldaten vertraut zu machen. Nicht alles was ich sah und hörte, versetzte mich in Begeisterung. Zu einigen Generälen und Offizieren entwickelte sich durch die gemeinsame Arbeit, oft schon in der DDR oder während meiner Tätigkeit als Botschafter in der Tschechoslowakei, ein freundschaftliches Verhältnis.

Obwohl die diplomatischen Empfänge in der Botschaft der DDR, selbst in der Zeit des Alkoholverbots, nicht trocken verliefen, habe ich nie erlebt, dass Generäle und Offiziere über ihre dienstlichen Aufgaben und Pflichten leichtfertig gesprochen hätten. Sie verhielten sich sehr diszipliniert, und wenn es um ihre Arbeit ging, eher zurückhaltend. Trotzdem konnten wir aus den Gesprächen manche nützliche Information über die Lage im Lande, in der Partei und in der Armee gewinnen. Sie halfen uns, die Situation in der Sowjetunion besser zu verstehen, vermittelten uns einen Eindruck von der Haltung der Militärangehörigen zur Perestroika und zur Politik der Führung um Gorbatschow. Das war angesichts der öffentlich geführten konträren Diskussion um die Sicherheits- und Militärpolitik der UdSSR in Vergangenheit und Gegenwart, der Anschuldigungen, die von uns nicht ohne weiteres akzeptiert und auch nicht überprüft werden konnten, äußerst hilfreich.

Streit über die Abrüstungspolitik

Die Militärs hofften 1985 nicht weniger als andere Gruppen der sowjetischen Gesellschaft, es würde mit dem neuen Generalsekretär eine Änderung in der Politik eintreten und die Grundlage für eine Erneuerung der sozialistischen Gesellschaft gelegt. Es entspricht keineswegs den Tatsachen, wenn behauptet wird, dass sich die militärische Führung von Anfang an gegen die Perestroika gestellt hätte. Jedoch gestalteten sich die Beziehungen zwischen der politischen Führung des Landes und der Führung der Streitkräfte im Verlauf der Perestroika komplizierter. Die Militärs traten wie die Politiker für die Erhaltung des Friedens und gegen einen neuen Krieg auf.

Das wirksamste Mittel ihn zu verhindern, sahen sie in erster Linie in schlagkräftigen und modern ausgerüsteten Streitkräften. Ihr Auftrag bestand ja darin, dass einmal errungene militärische Gleichgewicht mit den USA und der NATO zu erhalten. Doch die von den USA immer wieder angefachte Rüstungsspirale belastete die sowjetische Wirtschaft in erheblichem Maße. So war es angesichts der wirtschaftlichen und politischen Situation Anfang der 1980er Jahre verständlich, dass das Suchen nach nichtmilitärischen, politischen Lösungen zunahm. Nach der Wahl Gorbatschows zum Generalsekretär der KPdSU stießen diese zwei Tendenzen, weitere militärische Aufrüstung auf Kosten anderer wirtschaftlicher und sozialer Aufgaben oder Rüstungsbegrenzung und Abrüstung, also politische Lösungen, heftig aufeinander.

Auch in den militärischen Fragen handelte Gorbatschow ohne ein schlüssiges Konzept oder Programm. Mehr noch, ihm war bewusst, dass seine Ansichten und die der Diplomaten mit denen des Generalstabes in wesentlichen militärpolitischen Fragen nicht übereinstimmten. Trotzdem wurden seine Absichten zügig in konkrete außenpolitische Entscheidungen umgesetzt. Er unterbreitete der Welt eine Initiative nach der anderen, ohne dass die USA ernsthaft darauf eingingen. Seine Vorschläge kamen stets erst nach heftigen Auseinandersetzungen zwischen Schewardnadse und seinen Mitarbeitern und Marschall Sokolow und dem Generalstab zustande.

Im Verlauf des Jahres 1986 verstärkten sich die Konflikte mit den Militärs. Gorbatschow und Schewardnadse wollten um jeden Preis die USA zum Verzicht auf deren Konfrontationskurs zwingen und spektakuläre Erfolge bei der Rüstungsbegrenzung und Abrüstung erzielen. Um die Verkrustungen in den Verhandlungen mit den USA aufzubrechen, wollte man dem Westen mit weitgehenden Vorschlägen und sowjetischen Zugeständnissen entgegenkommen. Nicht unbedeutend für den weiteren Verlauf der Verhandlungen und ihrer Ergebnisse war, dass sich Gorbatschow selbst unter Erfolgsdruck setzte.

Die Zugeständnisse Gorbatschows riefen die tiefe Unzufriedenheit der Militärs hervor. Der Zorn der Militärs richtete sich zwar gegen Schewardnadse, den sie für die Zugeständnisse verantwortlich machten, in Wirklichkeit sollte aber Gorbatschow getroffen werden. Die Auseinandersetzungen wurden auch ins Politbüro getragen, wo es teilweise zu scharfen Zusammenstößen zwischen Marschall Sokolow und Schewardnadse kam.

Der Konflikt mit den Militärs entwickelte sich in erster Linie in Fragen der Rüstungsbegrenzung und Abrüstung, und um die sowjetischen Verhandlungspositionen für die Gespräche mit den USA. In den Diskussionen vertraten das Verteidigungsministerium und der Generalstab stets hartnäckig ihren Standpunkt, der von militärstrategischen Überlegungen bestimmt wurde und, wie wir heute wissen, sehr oft berechtigt war.

Doch letztlich beugten sie sich dem politischen Druck Gorbatschows und des Politbüros. Gorbatschow sah bald, nicht zuletzt durch die Einflüsterungen Schewardnadses, mancher Diplomaten und einiger seiner Berater in den Militärs nur noch Störenfriede, die seine Absichten gegenüber den USA und der NATO behindern und die Perestroika bremsen würden. Mit der Zeit verlor er das Vertrauen in die militärische Führung und glaubte, in ihr keinen zuverlässigen Verbündeten zu besitzen.

Die Militärführung ihrerseits war mitunter über Handlungen von Gorbatschow, wie Marschall Achromejew schrieb »erschüttert«, z. B. als dieser in den Verhandlungen mit Shultz, trotz der Warnung im Arbeitspapier der Militärführung, plötzlich einwilligte, die russische Rakete »Oka«, deren Reichweite geringer als 500 km war, in den Vertrag über die Mittelstreckenraketen einzubeziehen. Wie Gorbatschow dann erklärte, hätte er diese Warnung vergessen. So entschied er im Verlauf weniger Sekunden das Schicksal einer ganzen Generation neuer moderner Raketen, die der Sowjetunion Milliarden Rubel gekostet hatten.

Ich habe Gorbatschow wiederholt in Gesprächen erlebt und weiß, dass er ein gutes Gedächtnis hat und die »Warnung« der Militärs sicher nicht vergessen hatte. Aber er hatte verstanden, dass weder das Politbüro noch der Generalstab seinen Absichten zugestimmt hätten und deshalb verheimlichte er seine Pläne vor ihnen. Im Politbüro stellte er später alles als vollendeten Kompromiss dar, der notwendig gewesen sei, um die Tür zur Unterzeichnung des Vertrages zu öffnen. Dobrynin meinte sogar, dass die Mitglieder des Politbüros keine Ahnung hätten, was die Raketen SS-23 überhaupt darstellen würden.

Der Vertrag über die Vernichtung der Raketen mittlerer und geringerer Reichweite hatte große politische Bedeutung. Er war der erste Vertrag, der die Vernichtung einer ganzen Klasse von Raketen vorsah. Damit wurde zugleich der Weg für weitere Verhandlungen über die Begrenzung und Reduzierung anderer Waffensysteme frei. Fakt bleibt jedoch, dass der Vertrag mit großen sowjetischen Zugeständnissen erkauft wurde. Das hätte man vermeiden können, wenn man weniger Eile und mehr Verantwortung gezeigt hätte. Gorbatschow ging offenbar davon aus, dass die Zugeständnisse zur Erhaltung der Dynamik in der sowjetischen Außenpolitik notwendig seien, um ihr eine größere strategische Weite für umfangreichere politische Manöver zu sichern.

Unterschiedliche Auffassungen zwischen Gorbatschow und der militärischen Führung wurden auch in anderen Fragen zur Gewährleistung der militärischen Sicherheit in Europa sichtbar. Zu ihnen gehörte die Ausarbeitung einer neuen Militärdoktrin der Staaten des Warschauer Vertrages, die im Mai 1987 auf der Tagung des Politischen Beratenden Ausschusses in Berlin angenommen wurde. Die Doktrin der Konfliktvermeidung und der hinlänglichen Verteidigung wurde offenbar weder in der sowjetischen politischen und militärischen Führung noch in den Führungen der Mitgliedsstaaten des Warschauer Vertrages zuvor gründlich diskutiert.

Gerade in diesen Fragen entwickelten sich dann die Meinungsverschiedenheiten zwischen Gorbatschow und der militärischen Führung. Marschall Achromejew behauptete, dass der Minister für Verteidigung und der Chef des Generalstabes bereits in Vorbereitung der neuen Militärdoktrin die möglichen Folgen dieser Politik für das gesamte Verteidigungssystem der Sowjetunion und des Warschauer Vertrages vorausgesehen hätten. Intern hätte man nicht nur einmal darüber gesprochen, in welche Lage die sowjetischen Streitkräfte im Falle der Änderung ihres Verteidigungssystems in Europa kommen könnten. Im Sommer 1987, nach der Annahme der neuen Militärdoktrin, übergaben der neue Verteidigungsminister Armeegeneral Jasow und der Chef des Generalstabes Achromejew Gorbatschow ein umfangreiches Dokument zu dieser Frage, mit der Bitte, die sich verschärfende Lage für die Sicherheit des Vaterlandes und der Verbündeten sowie die sich für die sowjetischen Streitkräfte ergebenden Probleme mit den Militärs zu beraten. Das Dokument wurde zwar erörtert, aber erneut ohne die Militärs, die darin keinen Zufall sahen. Dieses Verhalten war vielmehr Methode und Arbeitsstil Gorbatschows. Er war auf die Militärs angewiesen, aber er wollte ihnen bei der Lösung strategischer militärpolitischer Fragen kein Mitspracherecht einräumen, sie aber auch nicht vor den Kopf stoßen.

Die sowjetischen Militärs berichten in ihren Memoiren, sie könnten sich nicht erinnern, dass Gorbatschow in den Jahren 1985–1988 einmal mit ihnen ausführlich und gründlich die militärpolitische Situation in Europa beraten hätte. Einzelfragen der europäischen Politik seien nur in der interministeriellen Kommission für die Vorbereitung der Abkommensverhandlungen im Beisein von Militärexperten beraten worden.

Beim Lesen ihrer Erinnerungen stellte sich mir erneut die Frage, ob die sowjetische Seite jemals mit Honecker oder anderen führenden Politikern der DDR über diese Fragen gesprochen hatte. An mich sind solche oder ähnliche Fragen zur Information der Führung der DDR nie herangetragen worden, und ich habe keine Zweifel, dass mit der Führung der DDR darüber niemals gesprochen wurde.

Ein Zwischenfall kommt gelegen

Die Unzufriedenheit Gorbatschows mit der militärischen Führung erreichte in der ersten Hälfte 1987 einen gewissen Höhepunkt. Aber Gorbatschow hütete sich immer noch vor einem offenen Konflikt mit der militärischen Führung. Erst ein unerwarteter Zwischenfall half ihm schließlich, mit dem unbotmäßigen Verteidigungsminister Marschall Sokolow und der militärischen Führung abzurechnen.

Am 28. Mai 1987 landete der westdeutsche Sportflieger Matthias Rust mit einem kleinen Sportflugzeug auf dem Roten Platz in Moskau. Dieser in der Geschichte der Sowjetunion einmalige und skandalöse Vorfall, die ungehinderte Landung ausgerechnet eines westdeutschen Sportflugzeuges auf dem fast heiligen Roten Platz im Zentrum Moskaus, charakterisierte schlaglichtartig den Zustand der Luftverteidigung und ließ auch die Leitung des Verteidigungsministeriums in einem negativen Licht erscheinen. Während das westliche Ausland seine Schadenfreude über den Vorfall kaum verbergen konnte, waren die politische Führung der Sowjetunion und das Volk empört, und diese Empörung war berechtigt. Gorbatschow zögerte nicht, den skandalösen Zwischenfall in seinem Interesse zu nutzen.

Zum Zeitpunkt des Zwischenfalls befand sich Gorbatschow mit weiteren Mitgliedern der Parteiführung in Berlin zur Tagung des Politischen Beratenden Ausschusses der Staaten des Warschauer Vertrages. Es gibt verschiedene Versionen wie Gorbatschow von dem Vorfall Kenntnis erhielt. Nach der einen, die ich für wahrscheinlich halte, soll ihn Honecker als erster darüber informiert haben, nachdem er vom Vorfall, offensichtlich aus westlichen Agenturmeldungen, erfahren hatte.

Wie Achromejew bestätigte, habe ihn Gorbatschow erst am späten Abend angerufen, um die näheren Umstände zu erfahren. Nach dessen Information waren die Worte »Schande« oder

»nach seinen Folgen sei das nur mit der Tragödie von Tschernobyl vergleichbar ...« noch die mildesten gewesen.

Versäumnis eines Botschaftsmitarbeiters

Leider hatte unsere Botschaft bei dem Zwischenfall mit der Landung des westdeutschen Sportflugzeuges auf dem Roten Platz keine rühmenswerte Rolle gespielt. Zum Zeitpunkt der Landung von Rust befand sich zufällig ein Mitarbeiter der Botschaft in der Nähe. Wie er später erzählte, waren außer einer großen Menge von Neugierigen und Schaulustigen sowie einem Milizionär noch keine offiziellen Vertreter zur Stelle. Fast hätte er sich dem hilflosen Milizionär als Dolmetscher angeboten, es dann aber doch gelassen.

Auf jeden Fall wusste er, dass es sich um ein außerordentliches Vorkommnis handelte, in das ein Bürger der Bundesrepublik Deutschland verwickelt war. Es gehörte zum Arbeitsstil der Botschaften, die Mitarbeiter immer wieder zu ermahnen, über besondere Vorkommnisse sofort zu berichten. Doch das erfolgte nicht. Er informierte weder seinen zuständigen Leiter noch mich oder einen anderen Mitarbeiter der Botschaft. Am nächsten Tag, frühmorgens, rief mich der Leiter der Operativen Abteilung des Ministeriums für Staatssicherheit in Moskau an und erkundigte sich, ob und was ich von dem Vorfall wisse. Ich fiel aus allen Wolken und musste meine Unkenntnis zugeben. Er beruhigte mich, wir würden im gleichen Boot sitzen, er habe bis vor wenigen Minuten von dem Zwischenfall auch noch nichts gewusst und die erste Abreibung aus Berlin schon hinter sich.

Wir vereinbarten, wie wir vorgehen wollten, um nähere Informationen zu erhalten.

Als ich etwas später die Dienststellenleiter in einer Beratung darüber informierte und sie bat, über ihre Kontaktpartner Hinweise oder Informationen einzuholen, berichtete einer von ihnen, dass ihm der besagte Mitarbeiter soeben von seinen Beobachtungen erzählt habe.

Ich war aufgebracht und verärgert über diese politische Naivität. Noch Jahre danach suchte ich nach einer Erklärung für das Verhalten unseres Mitarbeiters, der ein Kenner des sowjetischen Lebens war und gute fachliche Arbeit leistete. Als ich auf einer Parteiaktivtagung das Verhalten kritisch auswertete, erntete ich zu meiner Überraschung dafür nicht nur Zustimmung. Ich hatte den Verdacht, dass der Mitarbeiter gegenüber seinen Freunden bereits am Vortag mit seinem Wissen geprahlt hatte, doch keiner von ihnen auf die Idee kam, seinen Leiter zu informieren. Offenbar fühlten sich durch meine Kritik auch andere getroffen.

Abrechnung mit der militärischen Führung

Am Abend des 29. Mai 1987 kehrte die sowjetische Delegation aus Berlin zurück. Ich fuhr wie üblich zu ihrer Begrüßung zum Flughafen. Als ich in Wnukowo-2 eintraf, bemerkte ich eine ungewöhnliche Hektik im Gebäude des Flughafens. Es waren nicht nur alle Mitglieder des Politbüros erschienen, sondern auch eine große Anzahl von Generälen, darunter die stellvertretenden Verteidigungsminister.

Anders als sonst kam mit ihnen kein richtiges Gespräch zustande. Man zog sich in Gruppen zurück und diskutierte heftig miteinander. Nach der Landung des Sonderflugzeugs hatte ich ein kurzes Gespräch mit Gorbatschow. Er war wie immer freundlich und erzählte mir, er sei mit den Ergebnissen der Tagung und den Gesprächen in Berlin sehr zufrieden und solle mich von den Freunden herzlich grüßen. Ich merkte ihm an, dass er mit den Gedanken schon woanders war.

Kaum hatte er sich von mir verabschiedet, änderte sich auch seine Miene. Mit verbissenem Gesicht und kaum verhehlten Zorn eilte er in den Salon des Flughafengebäudes, in dem sich die Führung zur Begrüßung oder Verabschiedung hoher Staatsgäste gewöhnlich traf. Dort hatten sich schon die Mitglieder des Politbüros und einige Generäle versammelt.

Ich versuchte, unter verschiedenen Vorwänden meinen Aufenthalt auf dem Flugplatz hinauszuziehen, um noch etwas von den Ergebnissen der Beratung zu erfahren. Doch nach mehreren freundlichen Hinweisen des sowjetischen Protokollchefs, dass ich doch nicht warten müsste bis der Generalsekretär den Flugplatz verlassen habe, verabschiedete ich mich schließlich.

Wie ich später aus der Presse erfuhr, trat Gorbatschow auf der außerordentlichen Sitzung des Politbüros am nächsten Tag mit einer scharfen Rede auf. Er sprach über die ernste Lage bei den Streitkräften und kritisierte, dass die Führung des Verteidigungsministeriums die Wende der Partei hin zur Perestroika und zum »Neuen Denken« schmerzhaft empfände und diese Situation entschieden verändert werden müsse. Er forderte nicht nur eine verstärkte politische Verantwortung der Militärs, sondern auch eine sofortige Festigung der Leitung des Ministeriums. Danach wandte er sich an den Verteidigungsminister Sokolow und schlug ihm vor, seinen Rücktritt einzureichen.

Gorbatschow machte die Militärs allein für alles verantwortlich. Sie hätten dem Land Schande bereitet und das Volk erniedrigt. Seine Bemerkung, im Westen mögen jetzt alle erkennen, wer in der politischen Führung und im Politbüro die Macht besitze, zeigte, wie wichtig ihm die Machtprobe mit den Militärs war.

Noch während der Sitzung des Politbüros schlug Gorbatschow vor, Armeegeneral Jasow, den er vorsorglich bereits in das ZK hatte rufen lassen, zum neuen Verteidigungsminister zu ernennen. Dmitrij Jasow war als stellvertretender Verteidigungsminister für Kaderfragen verantwortlich und mit dem Apparat des ZK der KPdSU eng verbunden. Er war aber kein Parteiarbeiter in der Armee, sondern ein »echter« Frontoffizier. In militärischen Fragen kannte er sich gut aus. Er gehörte zu den Generälen, die als junge Soldaten oder Offiziere an den Fronten des II. Weltkrieges gekämpft hatten. In den Nachkriegsjahren durchlief er die ganze militärische Hierarchie, vom Leutnant bis zum General.

Bis zu seiner Ernennung zum Verteidigungsminister hatte er jedoch kaum etwas mit den Verhandlungen über Abrüstungsfragen mit den USA zu tun. Schewardnadse war über den Wechsel mehr als glücklich. Er konnte sich nun in den Abrüstungsverhandlungen weitaus freier und ungebundener bewegen und musste nicht mehr mit einer starken Opposition von Seiten des Verteidigungsministeriums oder des Generalstabes rechnen, obwohl in deren Reihen die Unzufriedenheit mit Schewardnadse nicht abnahm. Insgesamt war Jasow beeinflussbarer und gehorsamer als sein Vorgänger, Marschall Sokolow.

So wurde der »stille Umsturz« in der militärischen Führung vollzogen. Mit Marschall Sokolow wurden noch andere höhere Kommandeure gezwungen, die Streitkräfte zu verlassen. Sie galten für Gorbatschow und seine Anhänger als Konservative, als Gegner der Perestroika, was sehr umstritten ist. Unbestritten ist deren Kritik und Widerstand gegen die unbegründeten Kompromisse und unangebrachten Zugeständnisse Gorbatschows an die Amerikaner. Diese Ereignisse hatten folgenschwere Nachwirkungen für die Streitkräfte, die Sicherheit der Sowjetunion und auch für die Perestroika. Nachdem schon seit 1983 die Streitkräfte, besonders die Luftstreitkräfte und die Luftverteidigung, verunsichert waren, wurde der militärischen Führung nun endgültig das Rückgrat gebrochen. Von nun an wurden ganze Kübel Schmutz über die sowjetischen Streitkräfte ausgeschüttet.

So wie Gorbatschow seine Kontrolle über die militärische Führung des Landes festigte, wurde er noch aktiver und selbstbewusster in den Abrüstungsfragen. Im Rückblick überraschten immer wieder seine Eile bei den Abrüstungsverhandlungen und seine Improvisationen. Trotz der Lehren, die ihm bereits in Genf und Reykjavik erteilt wurden, war er von den angeblichen, großen Möglichkeiten auf diesem Gebiet und dem Beifall der internationalen Öffentlichkeit wie verzaubert. Seine strategischen Überlegungen, die Rüstungen bedeutend zu reduzieren, waren zweifelsohne richtig. Nur bedachte er nicht genügend, welche ernsten Folgen seine übereilten Schritte für die Sicherheit der Sowjetunion haben könnten. Darin bestand eine seiner Schwächen als Politiker und sie äußerte sich nicht nur in den Abrüstungsfragen. Sehr oft hatte er nur eine »ergreifende Idee«, aber kein durchdachtes Konzept zu ihrer praktischen Verwirklichung. Wie oft hörte ich von sowjetischen Freunden, dass er den geringsten Zweifel an seinen Ideen oder jede Äußerung von Besorgnis über ihre Realisierbarkeit als Widerstand gegen das »Neue Denken« und die Perestroika verstand.

Was die Möglichkeit eines Militärputsches angeht, über die in den sowjetischen Medien und im westlichen Ausland ständig spekuliert wurde, so halte ich das, auch nach ausgiebigem Studium entsprechender Materialien, für reine Spekulation. Es gibt bis heute, mit einer Ausnahme, keinen Hinweis von Gorbatschow oder den ehemaligen Mitgliedern des Politbüros, dass eine solche Gefahr von 1985–1990 wirklich bestanden hätte. In den großen Fragen der Politik herrschte zwischen Gorbatschow, der Regierung und den höheren Kommandeuren eine übereinstimmende Zusammenarbeit. Die Ausnahme war Schewardnadse, der nach seinem Rücktritt als Außenminister, über die Möglichkeit der Beteiligung der Militärs an der Errichtung der Diktatur sprach. Der Verweis auf den missglückten »Staatsstreich« vom August 1991 als Bestätigung für die Richtigkeit der Annahmen, dürfte kaum zutreffen. Jener erfolgte auf einer ganz anderen Basis und in einer ganz anderen Situation.

Glasnost und die Geschichtsdiskussion

Zu Beginn der Perestroika hatten Gorbatschow und die sowjetische Führung eine eher zurückhaltende, konservative Einstellung zur sowjetischen Geschichte. In seiner Rede zum 40. Jahrestag des Sieges im II. Weltkrieg würdigte Gorbatschow z. B. noch Stalins »gigantische Arbeit an der Front und im Hinterland« und im Februar 1986 erklärte er in einem Interview mit der französischen Zeitung *l'Humanite*: »Stalinismus ist ein Begriff, den sich die Gegner des Kommunismus ausgedacht haben und der umfassend genutzt wird, die Sowjetunion und den Sozialismus insgesamt zu verunglimpfen.«

Auch zu manchen Ereignissen in der sowjetischen Geschichte, wie der Stachanow-Bewegung oder der Einführung der Naturalsteuer, äußerte sich Gorbatschow 1985 und 1986 positiv. Offensichtlich setzte er in dieser Phase Glasnost noch nicht mit Redefreiheit gleich. Über die Glasnost sollte erzieherisch und propagandistisch Einfluss auf die Partei ausgeübt werden. Ihr Ziel war die Mobilisierung der Massen für die Verwirklichung der neuen Politik. Doch die Offenheit Gorbatschows, seine Kritikfreudigkeit nahm der Presse und den Menschen die Angst vor negativen Folgen. In der Bevölkerung war wachsendes Interesse an der Vergangenheit und der sowjetischen Geschichte zu spüren. Dieses Interesse entwickelte sich spontan und gegen den Willen zumindest eines Teils der Parteiführung der KPdSU. Viele von ihnen waren von der ungeregelten Verbreitung enthüllender Informationen und ketzerischer Ansichten über die sowjetische Vergangenheit tief beunruhigt. Die vorwiegend in der Presse geführten Diskussionen nahmen im Sommer 1986 solche Dimensionen an, dass sich Gorbatschow in einem Gespräch mit Schriftstellern gegen die allzu große Freimütigkeit in der Geschichtsdiskussion wandte. Er befürchtete, dass die Auseinandersetzung mit der Vergangenheit, die Partei von den gegenwärtigen Aufgaben ablenken und die Menschen vor den Kopf schlagen würde. Der Versuch Gorbatschows und der sowjetischen Führung, die spontane und weitgehende Diskussion wieder unter Kontrolle zu bringen, gelang aber nicht. Eher wurde die Auseinandersetzung dadurch noch gefördert und vertieft. Außerdem löste das Vorgehen erhebliche Zweifel an der Ehrlichkeit Gorbatschows und der Führung aus. Diese Erkenntnis hat wohl dazu beigetragen, dass sich die Haltung Gorbatschows und weiterer Mitglieder des Politbüros zur Geschichtsdiskussion Ende 1986 grundsätzlich änderte.

Eine bestimmte Rolle in diesem Prozess spielten auch der VI. Schriftstellerkongress und der Kongress der Filmschaffenden der UdSSR, die im Sommer 1986 stattfanden. Beide Kongresse brachen mit den Tabus über die Vergangenheit und Gegenwart der UdSSR. Man knüpfte dort an, wo die Periode des Tauwetters nach dem XX. Parteitag der KPdSU begonnen hatte und dann abgebrochen worden war. Die Forderungen nach mehr Offenheit und Demokratie, die Kritik an der Medienpolitik und der Ruf nach mehr Informationen über die Vorgänge in der UdSSR wurden immer unüberhörbarer. Neue Vorstände und Sekretäre mit eigenständigen Profilen wurden gewählt. Bei den literarischen Zeitschriften gab es personelle Veränderungen. Einige Herausgeber und Redakteure wurden ausgewechselt, womit auch den Zeitschriften ein neuer Inhalt gegeben wurde. Die ideologische Auseinandersetzung wurde nun vorwiegend in solchen literarischen Zeitungen wie *Nowy Mir* und *Snamja* und in den Zeitungen *Moskowskije Nowine*, *Literaturnaja Gaseta* und *Ogonjok* geführt.

Die Umwälzung im sowjetischen Geschichtsbewusstsein begann Ende 1986 mit der Veröffentlichung des zuvor verbotenen Romans von Alexander Bek »Die Ernennung«. Obwohl bereits Anfang der 60er Jahre geschrieben, aber nie veröffentlicht, erwies er sich 1986 von erstaunlicher Aktualität. Ich habe ihn damals mit großem Interesse gelesen. Dem Autor ging es nicht um eine direkte Verurteilung Stalins, wohl aber um die Anprangerung der Schwächen und Mängel des administrativen Systems des Sozialismus. Bek rief dazu auf, sich mit dem administrativen Leitungsstil und seinen Methoden, die den wissenschaftlich-technischen Fortschritt behinderten, auseinander zu setzen und dieses System durch ein neues zu ersetzen, welches sich auf ökonomische und demokratische Methoden stützt. Er warf auch das Problem der Widersprüche in den Menschen, insbesondere der Kommunisten auf. Es ging ihm um den Widerspruch zwischen innerer Überzeugung und tatsächlichem Handeln, dem Auseinanderklaffen von Wort und Tat.

Ende Januar 1987 fand eine Tagung des ZK der KPdSU statt, auf der Gorbatschow über die Perestroika und die Kaderpolitik der Partei referierte. Diese Tagung leitete die eigentliche Umgestaltung oder Perestroika ein und eröffnete auch eine neue Phase der Glasnost.

Auf einem Treffen Gorbatschows mit leitenden Vertretern der Medien im Februar 1987 wandte er sich auch öffentlich von seiner bisherigen, eher konservativen Haltung zur sowjetischen Vergangenheit ab. Er ermutigte die Medien und die Schriftsteller zum »Neuen Denken« und zur Freimütigkeit. Nach seiner Meinung sollte es keine vergessenen Namen und weißen Flecken in der sowjetischen Geschichte und Literatur mehr geben. Als Reaktion auf den Widerstand im ZK und in der Partei schwächte Gorbatschow zwar seine Einschätzung von der Hauptverantwortung der KPdSU für alle Fehler der Vergangenheit ab.

Offenbar aus Sorge, der Prozess der Umgestaltung könne abgebremst werden, mobilisierte er aber zugleich die Medien, die Wirtschafts- und Gesellschaftswissenschaftler sowie die Kulturschaffenden für die Fortsetzung der Diskussionen und verschärfte damit die ideologischen Auseinandersetzungen.

Eine Vielzahl von Publikationen beschäftigte sich nun – objektiver als früher – mit der vorrevolutionären Vergangenheit der Sowjetunion. Andererseits wich die einstige Ablehnung der Zarenzeit einer etwas naiven Schwärmerei. Zahlreiche Aspekte der vorrevolutionären Kultur und Zivilisation, der Traditionen des russischen Volkes, insbesondere der Bauern wurden überschwänglich herausgestellt. Probleme des sowjetischen Alltags, wie die Bildungsmöglichkeiten, die Verantwortung gegenüber den Kindern und Enkelkindern, die Informationsmöglichkeiten, das Rechtswesen und die Justiz, die Postzustellung oder die Liebe zu den Tieren wurden historisch, kritisch und abwertend mit der Zeit vor der Revolution verglichen. Sogar die zaristische Zensur wurde wegen ihrer angeblichen Milde gerühmt. Man trauerte den positiven Werten und Errungenschaften einer untergegangenen Epoche nach.

Bei der Neubewertung der russischen Geschichte standen zwei historische Persönlichkeiten im Vordergrund, Zar Iwan IV. (1533–1584) und Zar Peter I. (1682–1725). Es war nicht zu überhören, dass versucht wurde, zwischen Iwan dem Schrecklichen, der sich jeglicher Opposition mit brutalen Methoden entledigte, und Stalin und dessen Methoden eine enge Verbindung herzustellen. Auch die offizielle sowjetische Auffassung, dass Peter der Große ein fortschrittlicher Zar gewesen sei, wurde entschieden in Abrede gestellt. Man kritisierte vor allem seinen groben Umgang mit den Menschen.

Die vordergründige Anlage solcher Publikationen war offensichtlich. Die Tatsache, dass Stalin die Zaren Iwan IV. und Peter I. als Vorbilder für sein eigenes Verhalten betrachtete und eine Kontinuität der Geschichte bis zu ihm aufgebaut hatte, wurde für die Auseinandersetzung mit dem Stalinismus benutzt und auch missbraucht.

Faktisch ging es auch bei den anderen Themen der Geschichtsdiskussion, wie der Rolle der »Neuen Ökonomischen Politik«, der Kollektivierung der Landwirtschaft, den Repressionen und der politischen Prozesse in den 1930er Jahren sowie den Themen des II. Weltkrieges immer um die unversöhnliche Auseinandersetzung mit der Rolle Stalins in der Geschichte und der Kritik am stalinistischen System.

Ein erbitterter Streit wurde über die unterschiedlichen Auffassungen zum II. Weltkrieg geführt. Die verheerende Tragödie des deutschen Überfalls auf die Sowjetunion hatte tiefe Auswirkungen auf das sowjetische Leben und auf die Menschen. Das gemeinsame Leid und der gemeinsame Stolz auf den Sieg hatten nicht automatisch zu einer einheitlichen Einschätzung der

Kriegserlebnisse geführt. Zu unterschiedlich waren die Schicksale und Erfahrungen der Menschen.

Journalisten und Schriftsteller bemühten sich um eine Einordnung des Krieges in den gesamten Kontext der sowjetischen Geschichte. Bis zu diesem Zeitpunkt lieferte der militärische Sieg über die deutschen Aggressoren die stärkste Rechtfertigung für das stalinistische System. Jetzt versuchten dessen Gegner zu zeigen, dass der Sieg trotz und nicht dank Stalin errungen wurde.

Die Mehrheit der Autoren war überzeugt, dass man sich der harten Wahrheit über den Krieg stellen müsse. Unangenehme Fragen nach den Ursachen und den Schuldigen für die schlechte Vorbereitung auf den Krieg, den Tod von Millionen Menschen und der Okkupation eines großen Teils des sowjetischen Territoriums wurden gestellt. Große Aufmerksamkeit fanden die vernichtenden Niederlagen bei Kriegsbeginn und die Reaktionen Stalins darauf.

Am 21. August 1987 veröffentlichte die Zeitung *Iswestija* unter dem Titel »Für die Lebenden und die Toten« einen bewegenden Artikel, der den Millionen sowjetischer Kriegsgefangener und der im Krieg Vermissten gewidmet war. Der Artikel forderte für diese Soldaten den gleichen Respekt und die gleichen Rechte wie für die anderen Kriegsteilnehmer.

Die hier nur kurz gestreiften Auseinandersetzungen waren durch eine widersprüchliche Vielfalt gekennzeichnet, die zur Polarisierung der Meinungen führten. Bald waren Richtungen und Gruppen zu erkennen, wie die Radikalen, die Konservativen oder »Reformgegner« und die Nationalisten oder Patrioten, die sehr unterschiedliche Auffassungen über die sowjetische Vergangenheit vertraten. Diese Richtungen und Gruppen stellten aber in sich auch keine homogene oder einheitliche Masse dar. Die Diskussionen ergriffen die gesamte sowjetischen Gesellschaft und zeigten, dass die Bevölkerung ebenfalls eine sehr unterschiedliche Sicht auf die Vergangenheit und Gegenwart hatte.

Die erwähnten Veröffentlichungen, die Diskussionen über die russische und vor allem über die sowjetische Geschichte interessierten mich auch persönlich ungemein. Aber sie irritierten mich auch. Sie bestätigten meine schon etwas differenziertere Sicht auf bestimmte Seiten der sowjetischen Geschichte, wie z. B. zu Stalin oder zu Fragen des II. Weltkrieges, aber sie riefen auch Zweifel hervor. Zweifel am Wahrheitsgehalt vieler Publikationen, an den Absichten ihrer Autoren, an ihrer unausgewogenen Einseitigkeit und auch an der Zweckmäßigkeit einer solchen, wie mir schien, unbegründeten Abrechnung mit der sowjetischen Geschichte. Noch dazu zu einem Zeitpunkt, wo für die Existenz der Sowjetunion wichtigere Fragen im Vordergrund standen.

Im Sommer und Herbst 1987 wurde deutlich, dass auch das Politbüro der KPdSU in seiner Einstellung zur Geschichte gespalten war. Die unterschiedlichen Positionen wurden auch im Referat Gorbatschows aus Anlass des 70. Jahrestages der Oktoberrevolution sichtbar. Darin stellte er fest, dass die Oktoberrevolution eine Sternstunde der Menschheit gewesen sei, die eine neue Epoche des gesellschaftlichen Fortschritts eingeleitet hätte. Es gebe keine höhere Ehre, als den Weg der Bahnbrecher zu gehen und Stolz auf das Vollbrachte zu sein. Der von der Oktoberrevolution eingeleitete sozialistische Weg sei richtig gewesen, auch wenn es in der sowjetischen Geschichte neben Heroischem auch Tragisches, neben großen Siegen auch bittere Rückschläge gegeben hätte.

Die Persönlichkeit Stalins würde von Gorbatschow als sehr widersprüchlich eingeschätzt. Wenn man bei der historischen Wahrheit bleiben wolle, so erklärte er, müsse man sowohl den »unbestrittenen Beitrag Stalins zum Kampf für den Sozialismus und zur Verteidigung seiner Errungenschaften als auch die groben politischen Fehler und die Willkürakte sehen, die er und die Personen um ihn begangen haben«.

In der Sowjetunion führte die Rede Gorbatschows nicht zu der – von einem Teil der Führung – erwarteten kontrollierten und kanalisierten Diskussion über die Vergangenheit. Sie rief besonders bei den sowjetischen Intellektuellen und auch im Westen Enttäuschung hervor. Andere sahen in ihr den Versuch, zu einer ausgewogenen und objektiveren Beurteilung der Geschichte zu kommen. Letztlich förderte die Rede die Auseinandersetzung über die sowjetische Geschichte und beschleunigte die Polarisierung in der sowjetischen Gesellschaft. Gorbatschow hatte sich inzwischen in eine Lage gebracht, in der er die Glasnost nicht mehr aufhalten konnte. Im Gegenteil, er musste nun selbst dafür sorgen, dass die Diskussionen fortgesetzt werden. Anfang 1988 forderte er bei einem Treffen mit Künstlern und führenden Vertretern der Medien, dass die sowjetische Geschichte in all ihren Aspekten erforscht werden müsse, weil man nur so die richtigen Schlussfolgerungen für die Gegenwart, die Erneuerung der sozialistischen Gesellschaft ziehen könne.

Zusammenfassend möchte ich hier feststellen, dass die Diskussion über die Vergangenheit der Sowjetunion einen beachtlichen Zuwachs an neuen Fakten und Informationen zur sowjetischen Geschichte erbrachte. Die größere Offenheit über die Vergangenheit hatte jedoch nicht zu einem annähernd objektiven oder wenigstens einigermaßen zutreffenden Bild der Geschichte geführt. Viele Publikationen der hier beschriebenen Zeit weisen wesentliche Mängel auf. Manche Autoren offenbarten ungenügende Kenntnisse, recherchierten mangelhaft, gingen nachlässig mit Tatsachen um, waren oft voreingenommen und voreilig in ihrem Urteil. An die Stelle früherer dogmatischer Einstellungen zu bestimmten Aspekten der Geschichte trat nun kritiklose Begeisterung. Entscheidend war jedoch, dass die Diskussion über die Geschichte in Wirklichkeit eine Diskussion über die Politik in Gang setzte. Die eine Richtung, die ebenfalls für die Umgestaltung eintrat, war der Meinung, dass die Perestroika nicht ein grundlegend neues politisches und ökonomisches System schaffen, sondern nur maßvolle Reformen durchführen sollte. Sie lehnten die Negierung der Errungenschaften des Sozialismus ab und wehrten sich nachdrücklich gegen die Ansicht, dass es in der 70-jährigen Geschichte der Sowjetunion nichts Positives gegeben hätte. Sie traten für eine begrenzte, kontrollierte Glasnost ein.

Die andere Richtung, die sich aus verschiedenen Gruppen mit unterschiedlichen Auffassungen zusammensetzte, die auch in sich keine einheitlichen Meinungen aufwiesen, vertrat die Auffassung, dass die Perestroika zu einer grundlegenden Reform des sowjetischen Systems führen müsse. Sie trat für absolute Offenheit ein. Doch über wesentliche Aspekte der Vergangenheit wie auch der Zukunft war sie geteilter Meinung. Alle traten gegen das administrative System auf, aber aus den unterschiedlichen Einschätzungen der Vergangenheit ergaben sich auch unterschiedliche Schlussfolgerungen, wie die Demokratisierung der Gesellschaft zu erreichen sei. Die Ansichten vieler Autoren über die Vergangenheit waren stark von den Strategien geprägt, die sie für die Zukunft vorschlugen. Die Geschichte wurde faktisch der Politik der Gegenwart untergeordnet.

Diese Linie verfolgten auch Gorbatschow und die ihm nahestehenden Mitglieder des Politbüros. Nach einigen Schwankungen gestanden sie im Frühjahr 1988 ein, dass die Aufarbeitung der Geschichte für den Erfolg der Perestroika unerlässlich sei. Wie die *Prawda* am 23. April 1988 bekundete, würden sie die Wurzeln der gegenwärtigen Schwierigkeiten in den früheren Abweichungen von den politischen, ökonomischen und moralischen Prinzipien des Sozialismus sehen.

So hielten Gorbatschow und seine Vertrauten an der Glasnost fest und traten allen Versuchen, die Diskussion zu unterdrücken oder ihr enge Grenzen zu ziehen, energisch entgegen.

Die 19. Parteikonferenz der KPdSU

In dieser schon skizzierten krisenhaften Situation fand in der Zeit vom 28. Juni bis 1. Juli 1988 in Moskau die 19. Parteikonferenz der KPdSU statt. Ausländische Delegationen wurden nicht eingeladen, weil die Konferenz ausgesprochenen Arbeitscharakter haben sollte. Auch die in Moskau akkreditierten Botschafter erhielten keine Einladung.

Das Hauptthema der Konferenz war die Reform des politischen Systems. Gorbatschow und andere Reformer sahen die Hauptursache für das Scheitern früherer Reformversuche in der Sowjetunion darin, dass diese nicht von Veränderungen im politischen System begleitet worden waren. Deshalb waren sie der Meinung, dass auch bei der Perestroika, ohne entsprechende politische Reformen, nicht mit realen Verbesserungen auf wirtschaftlichem und sozialem Gebiet zu rechnen sei. Das Hauptanliegen der Parteikonferenz war daher auf die Umgestaltung des politischen Systems des Sozialismus gerichtet. Das betraf besonders die führende Rolle der Partei, die Stellung der Sowjets in der Machthierarchie und die Schaffung eines sozialistischen Rechtsstaates. Alle Entscheidungen zielten darauf ab, die Basis für die Unumkehrbarkeit der Umgestaltung zu verbreitern und zu konsolidieren. Die Reform des politischen Systems war zugleich auf die Erhöhung der Effektivität des Staatsapparates und aller politischen Institutionen gerichtet. Um ihren Erfolg zu sichern, sollte die gesellschaftliche Aktivität der Bürger, ihre Mitsprache und Mitwirkung gefördert werden.

In Anlehnung an die Tradition der Sowjetkongresse sollte als neues, höchstes legislatives Organ der Sowjetmacht der Kongress der Volksdeputierten gebildet werden. Aus seinen Reihen sollte dann der Obersten Sowjet gewählt und zu einem ständig arbeitenden Machtorgan umgewandelt werden. Erstmalig sollte der Vorsitzende des Obersten Sowjet vom Kongress der Volksdeputierten in geheimer Abstimmung gewählt und mit umfassenden staatlichen Befugnissen ausgestattet werden, die ihm weitgehende Entscheidungsfreiheiten in Fragen der Außen- und Sicherheitspolitik sowie in der Innenpolitik einräumten. Zur Gewährleistung eines einheitlichen Staatsaufbaus wurde beschlossen, die neuen Regelungen auch in den Unionsrepubliken und in den Autonomen Republiken zur Anwendung zu bringen.

Da das bestehende sowjetische Rechtssystem völlig überholt war, sich vorwiegend auf administrativ-bürokratische und restriktive Methoden stützte und die Umgestaltung behinderte, machte sich eine Reform der Gesetzgebung und des Gerichtswesens erforderlich. Einerseits mussten veraltete Gesetze sowie eine Vielzahl von Dienstanweisungen außer Kraft gesetzt werden, weil sie im Widerspruch zu den Erfordernissen der Reform des ökonomischen und politischen Systems standen und zum Bestandteil des Bremsmechanismus für die Umgestaltung geworden waren. Andererseits musste ein Komplex von neuen Gesetzen geschaffen werden, die den Bedürfnissen der Gesellschaft, den Interessen der Bürger, ihren Organisationen und Kollektiven entsprachen.

Zu den vorrangigen Aufgaben der Rechtsreform gehörten die grundlegende Verbesserung der Rechtsprechung, die strikte Wahrung der demokratischen Prinzipien bei Gerichtsverfahren, die Gleichheit der Seiten vor Gericht, öffentliche Gerichtsverhandlungen und die Anerkennung des Prinzips der Unschuldsvermutung. Andere Vorschläge zielten auf die Verbesserung der Tätigkeit der Staatsanwaltschaft und die stärkere Wahrnehmung der Verantwortung der Miliz bei der Verbrechensbekämpfung.

Von großer Bedeutung waren vor allem die Entscheidungen der Parteikonferenz, die die KPdSU betrafen. Das Politbüro des ZK der KPdSU war angesichts der Probleme bei der Umgestaltung zu der Auffassung gelangt, dass sich die Rolle der KPdSU als der führenden und organisierenden Kraft in der sowjetischen Gesellschaft neu stelle. Die KPdSU sollte zur Gewährleistung ihrer Funktion als politische Avantgarde der sowjetischen Gesellschaft in der Etappe der Umgestaltung eine Neubestimmung ihrer Aufgaben sowie der Formen und Methoden ihrer Tätigkeit vornehmen. Nach den Vorstellungen

Gorbatschows und seiner Berater sollte sie die Theorie der gesellschaftlichen Entwicklung sowie die Strategie der Innen- und Außenpolitik ausarbeiten, die Ideologie der sozialistischen Erneuerung ausprägen, die politische und organisatorische Arbeit unter den Massen führen und für die Heranbildung und den Einsatz der Kader sorgen. Daraus resultierten konkrete Vorschläge für die Trennung und Abgrenzung der Funktionen und Kompetenzen der Partei- und Staatsorgane auf allen Ebenen.

Die 19. Parteikonferenz widerspiegelte in ihrer Widersprüchlichkeit die unterschiedlichsten Haltungen zum Inhalt und zum Tempo der Umgestaltungen in der Sowjetunion. Sie bestätigte zwar den Kurs der Vervollkommnung des Sozialismus in der UdSSR, der Beschleunigung der sozial-ökonomischen Entwicklung und der Erneuerung aller Bereiche der sozialistischen Gesellschaft, gab aber eher den Anstoß für die Überwindung des sozialistischen Gesellschaftssystems.

Kritische Reaktion der SED

Die Führung der SED verfolgte die Vorbereitung und Durchführung der Parteikonferenz der KPdSU aufmerksam und kritisch. Anhand der Konferenzmaterialien, insbesondere der Thesen wurde eingeschätzt, dass das Hauptanliegen der Konferenz nicht nur in der Fortführung des Kurses der Umgestaltung bestehe, sondern eine neue Etappe der Perestroika eingeleitet werden sollte.

Bei allen Einschätzungen ging man davon aus, dass die Konferenz ein Ausdruck der Entschlossenheit des ZK der KPdSU sei, den Kurs der planmäßigen Vervollkommnung des Sozialismus in der UdSSR konsequent fortzusetzen. Daher wurden generell alle Momente hervorgehoben, die direkt oder indirekt Positionen der SED unterstützten. Dazu gehörten zum Beispiel die Aussagen über die unbedingte Stärkung des Sozialismus, die weitere Ausprägung der führenden Rolle der Partei, die Aufgaben für die wirtschaftliche und soziale Entwicklung, die Zurückweisung von Sensationshascherei in den Medien sowie die Forderung nach einer höheren Verantwortung der Massenmedien für die Umgestaltung. Auffallend war, dass in den Stellungnahmen der SED weitgehend vermieden wurde auf Probleme hinzuweisen, die sich aus der Umsetzung der politischen Reformen für die KPdSU und die Sowjetunion und damit auch für die Beziehungen zwischen der SED und der KPdSU ergeben könnten. Die Ursachen dafür waren sicher vielschichtig. Sie lagen zum Teil in der Absicht begründet, nichts zu unternehmen, was zu einer weiteren Verschlechterung des Verhältnisses zwischen der SED und der KPdSU führen könnte. Entscheidender war aber offenbar, dass die kritischen Einschätzungen der Thesen und der Konferenz nicht zu Ende gedacht, die Konsequenzen der politischen Umgestaltung entweder nicht erkannt und unterschätzt wurden oder einfach nicht wahrgenommen werden wollten. Das gilt auch für meine damaligen Bewertungen.

Bemerkenswert war, dass die SED versuchte, eine Parallelität zur Entwicklung in der DDR herzustellen. So wurde mit Genugtuung festgestellt, dass die Wirtschafts- und Sozialpolitik von der KPdSU eng miteinander verbunden werde. Auf diese Weise versuchte man, eine Übereinstimmung mit der Hauptaufgabe in ihrer Einheit von Wirtschafts- und Sozialpolitik, wie sie in der DDR verfolgt wurde, herzustellen. Andererseits wurde bereits in der ersten Stellungnahme darauf hingewiesen, dass sich die Thesen nur aus der spezifischen historischen Entwicklung der UdSSR erklären lassen. Für eine »schematische Anwendung in anderen sozialistischen Ländern seien sie weder geeignet noch seitens der KPdSU gedacht«. In diesem Zusammenhang wurde erneut behauptet, dass die DDR ein eigenes politisches System aufgebaut habe, das den historischen Traditionen und den besonderen Erfahrungen und Erfordernissen der DDR entspräche und ständig weiter entwickelt werde.

In den Einschätzungen der SED wurde ein zwar erklärbares, aber überzogenes und unangebrachtes Verständnis für die Schwierigkeiten der Sowjetunion aufgebracht. Die oft übertriebenen und positiven Einschätzungen der KPdSU über die Lage in der Sowjetunion wurden einfach übernommen. Obwohl die SED wusste, dass ein grundlegender Umschwung in der sozialökonomischen Entwicklung und ein Durchbruch bei der Beschleunigung des wissenschaftlich-technischen Fortschritts nicht zu erkennen war, das Wachstumstempo der Wirtschaft und vor allem das Tempo für die Modernisierung des Maschinenbaus nicht ausreichten, übernahm man unkritisch die Feststellungen der KPdSU, die gerade auf diesen Gebieten Fortschritte zu erkennen glaubte.

Ähnlich verhielt es sich mit den Passagen über die Selbstverwaltung des Volkes. Aus den Thesen und den Diskussionen in der Sowjetunion ging klar hervor, dass die KPdSU bereits Kurs auf die Dezentralisierung der Macht genommen hatte. Dabei spielten auch die Diskussionen über die Selbstverwaltung eine Rolle, die bei der Führung der SED seit 1986 für Unbehagen gesorgt hatten. In Kenntnis dieser Situation waren die Autoren der Stellungnahmen bemüht, Zweifel bei der Führung zu zerstreuen und sie zu überzeugen, dass die KPdSU die Selbstverwaltung nicht als Gegensatz zur Tätigkeit der Staatsmacht sehe und auch nicht als Ersatz für den Staatsapparat gedacht habe.

Die entscheidenden Mängel in den Einschätzungen der SED liegen in den Teilen, die sich mit der KPdSU beschäftigen. In der Feststellung, dass sich die KPdSU eindeutig zur Leninschen Konzeption der Partei als der politischen Vorhut der Arbeiterklasse bekannte, wurde die Garantie dafür gesehen, dass die politischen Reformen nichts Grundsätzliches an der sowjetischen Sozialismuskonzeption verändern werden. Die bereits begonnen habende Demontage der KPdSU, der Verlust ihrer Legitimität wurde genauso wenig zur Kenntnis genommen wie die Tatsache, dass für die KPdSU die Formulierung von der »Partei als der politischen Vorhut der Arbeiterklasse« nicht gleichbedeutend war mit der »führenden Rolle der Partei«, wie sie KPdSU und auch SED bisher verstanden hatten. Das Bekenntnis der KPdSU zur »unveränderten Gültigkeit des Prinzips des demokratischen Zentralismus« reichte aus, um daraus die Schlussfolgerung zu ziehen, dass der »Meinungspluralismus nicht auf einen politischen Pluralismus ausgedehnt« werde.

Sehr aufmerksam verhielt sich die SED auch zu den eher allgemeinen und relativ kurzen Aussagen in den Thesen der KPdSU zur Außenpolitik der Sowjetunion. Auch hier war zu erkennen, dass zunächst die Momente hervorgehoben wurden, bei denen es Übereinstimmung mit der SED oder Verständnis für die Neubestimmung der sowjetischen Außenpolitik gab. Für bemerkenswert wurde gehalten, dass die Sowjetunion die

Initiative in den Fragen der Abrüstung und Sicherheit nicht nur behalten, sondern ausbauen wollte, auf die Fortsetzung der Politik des Dialogs orientierte und die Hauptgefahr für den Frieden in der Politik des Imperialismus sah.

Die klare Orientierung der KPdSU auf die vorrangige Entwicklung der Beziehungen zu den sozialistischen Ländern, vor allem die Anerkennung der Vielfalt der nationalen Formen der sozialistischen Gesellschaft sowie die erneute Hervorhebung der Prinzipien dieser Beziehungen, wie Gleichberechtigung, Selbstständigkeit, Nichteinmischung, gegenseitiger Nutzen, Interessenausgleich und gemeinsame Verantwortung wurden von der SED mit Genugtuung zur Kenntnis genommen.

Zugleich bemängelte die SED-Führung, dass die KPdSU die sowjetische Außenpolitik in sehr pauschaler Form kritisch bewertet hätte und ihre Würdigung, wie sie Gorbatschow anlässlich des 70. Jahrestages der Oktoberrevolution gab, nicht wiederholt wurden. Die SED wurde offensichtlich davon überrascht, dass in den Thesen nun öffentlich festgestellt wurde, dass es in der Vergangenheit Anzeichen von Dogmatismus und Subjektivismus in der sowjetischen Außenpolitik gegeben hätte. Sie wäre hinter grundlegenden Veränderungen in der Welt zurückgeblieben und hätte die neuen Möglichkeiten für eine Verringerung der internationalen Spannungen nicht in vollem Maße genutzt. Für besonders schwerwiegend wurde die Feststellung gehalten, dass die Sowjetunion im Kampf um das militärstrategische Gleichgewicht nicht alle politischen Mittel ausgenutzt hätte und sich in das Wettrüsten habe hineinziehen lassen. Bereits in der ersten Stellungnahme der SED zu den Konferenz-Thesen hieß es, dass die öffentliche Kritik an der sowjetischen Außenpolitik vergangener Jahrzehnte, »die objektiv auch das abgestimmte außenpolitische Vorgehen der Bruderstaaten einschließt, offensichtlich die konkrete Klassenkampfsituation in diesem Zeitraum und auch den Charakter der gegenwärtig geführten harten Auseinandersetzung in der internationalen Arena außer Acht lässt«.

Die Analysen nach der Konferenz folgten im Wesentlichen den zuvor getroffenen Einschätzungen. Die von der Konferenz beschlossenen Maßnahmen wertete man als Absicht der KPdSU, die sozialistische Gesellschafts- und Staatsordnung der UdSSR weiter zu stärken und die Bevölkerung für dieses Ziel breiter zu mobilisieren. Wie sich bald zeigen sollte, eine sehr vereinfachte Sicht, die die Bedeutung des neuen Kurses der KPdSU sträflich unterschätzte.

Medwedew versucht Zweifel zu zerstreuen

Als erster hochrangiger Funktionär kam nach der 19. Parteikonferenz im August 1988 das Mitglied des Politbüros und Sekretär des ZK der KPdSU, Wadim Medwedew, zu einem einwöchigen »Urlaub« in die DDR. Er wollte sich ein eigenes, genaueres Bild über die reale Lage in der DDR verschaffen und die SED-Führung über die Ergebnisse der 19. Parteikonferenz der KPdSU informieren, um damit die in der DDR sichtbaren Zweifel und das gewachsene Misstrauen gegenüber der Politik der KPdSU zu zerstreuen.

Das Gespräch mit Honecker bestätigte, dass die sowjetische Führung zu diesem Zeitpunkt noch die Auffassung vertrat, die Prozesse in der Sowjetunion müssten nicht unbedingt in gleicher Weise in den anderen sozialistischen Ländern ablaufen. Früher, so Medwedew, hätte man versucht, die sowjetischen Erfahrungen als die einzig richtigen hinzustellen, sie gleichsam als Kriterium für die Einschätzung der Tätigkeit anderer Parteien zu betrachten, andere Parteien zu belehren oder ihnen die sowjetischen Erfahrungen aufzudrängen. Unter den neuen Bedingungen wäre es falsch, zu einer solchen Handlungsweise zurückzukehren. Er beteuerte gegenüber Honecker, dass die sowjetische Seite nie dazu aufrufen werde, die Umgestaltung in den sozialistischen Ländern ebenfalls zu verwirklichen bzw. Schritte und Maßnahmen der Sowjetunion zu kopieren. Seine Äußerungen mussten von der SED-Führung als Übereinstimmung mit ihrer Meinung zur Umgestaltung in der UdSSR betrachtet werden.

Diese Haltung wirft allerdings die Frage auf, warum Medwedew wenige Wochen später, im Oktober 1988, einen allgemeinen Reformbedarf bei allen Warschauer Vertragsstaaten feststellte und eine generelle Systemerneuerung nach sowjetischem Vorbild anmahnte.

Vorausgesetzt Medwedew hat gegenüber Honecker die damalige Meinung der sowjetischen Führung richtig zum Ausdruck gebracht, woran ich nicht zweifele, dann könnten die Änderungen in den sowjetischen Auffassungen, die eine Systemerneuerung in allen sozialistischen Ländern für unumgänglich hielten, frühestens im September 1988 eingetreten sein.

Im Zusammenhang mit den Vorbehalten und Zweifeln an der Perestroika ging Medwedew vor allem auf zwei Fragen ein. Die erste Frage betraf das Prinzip des demokratischen Zentralismus. In den Gesprächen mit DDR-Funktionären fand Medwedew die Meinung der SED-Führung bestätigt, dass in der Sowjetunion die Dezentralisierung überbetont würde und damit Gefahren für die führende Rolle der Partei und die Rolle der zentralen Staats- und Wirtschaftsleitenden Organe heraufbeschworen würden.

Er erläuterte, dass sich in der Sowjetunion niemand über zu wenig Zentralismus beklagt hätte, wohl aber über die Einschränkung der Rechte der örtlichen Organe und der Betriebe. Die optimale Verbindung von zentraler Leitung und Selbstständigkeit der örtlichen Organe und Betriebe, ihrer Selbstverwaltung hätte man in der Sowjetunion noch nicht gefunden. Obwohl Arbeitsmethoden der Partei, die aus früheren Perioden stammen, verändert werden müssten, sollte es bei niemandem Zweifel geben, dass die Erhaltung der führenden Rolle der Partei oberstes Prinzip bleibe. Zu den überholten Arbeitsmethoden zählte er die direkte Leitung der Industriezweige durch Abteilungen des ZK und die ständige Einmischung der Partei in alle Handlungen der Wirtschaftsleitenden Organe. Damit hätte die Partei auch die volle Verantwortung für alle Misserfolge, Fehler und Mängel in der Wirtschaft übernommen.

Die zweite Frage, auf die Medwedew ausführlich, prinzipiell und sehr offensiv einging, war der sozialistische Meinungspluralismus. Darüber gäbe es nicht nur in der DDR, sondern auch in der Sowjetunion einige Zweifel und eine gewisse Beunruhigung. Medwedew vertrat die Meinung, dass es eine Vielfalt der Meinungen immer gegeben habe und immer geben würde. Man könne den Menschen nicht befehlen, wie sie denken sollen und wie nicht. Eine andere Sache sei, ob diese Vielfalt der Meinungen im politischen Leben der Gesellschaft zum Ausdruck komme oder ob dafür Schranken gesetzt würden. Natürlich könne der Grad des offenen Aussprechens der Meinungen unterschiedlich sein. In der Sowjetunion hätte man dieser Tatsache Rechnung getragen und die notwendigen Möglichkeiten für das Vortragen verschiedener Meinungen, Interessen und Stimmungen der Menschen geschaffen. Es sei notwendig, dass die Menschen die unterschiedlichen Meinungen miteinander vergleichen können, dass sie die richtigen Ideen des Sozialismus nicht nur über die Propaganda aufnehmen, sondern dass sich diese Ideen bei ihnen im Streit festigen und vertiefen. Das verstehe man in der Sowjetunion unter Glasnost.

Trotz der ihm bekannten Vorbehalte der SED gegenüber Glasnost oder gerade deshalb bekräftigte Medwedew, dass die KPdSU diesen Kurs konsequent fortsetzen werde. Er verschwieg auch nicht, dass in einer Situation der Offenheit und des Meinungspluralismus von einzelnen auch Auffassungen und Einschätzungen geäußert werden könnten, mit denen man nicht in jeder Hinsicht einverstanden sein könne. In diesem Zusammenhang wiederholte er die von sowjetischer Seite immer wieder vorgetragene Bitte, solche Aussagen in der Presse oder im Fernsehen der Sowjetunion nicht als Ausdruck des offiziellen Standpunktes des KPdSU zu betrachten. Der offizielle Standpunkt der Partei sei in den Parteidokumenten und in den Reden führender Vertreter der Partei, vor allem des Generalsekretärs dargelegt.

Diese Darlegungen schienen logisch und einleuchtend. In den weiteren Ausführungen zeigten sich jedoch auch die Probleme, die die sowjetische Führung mit ihrer Politik der Offenheit hatte. Medwedew sprach z. B. das Problem der Grenzen für den Meinungspluralismus an und betonte, dass die Grenze zwischen fruchtbarer Diskussion auf sozialistischer Grundlage und den Abweichungen von den sozialistischen Prinzipien liege. Wichtig sei, dass eine Halbwahrheit nicht durch eine andere Halbwahrheit ersetzt werde. Er gestand zwar generell ein, dass das in der Praxis manchmal nicht einfach sei, konnte jedoch nicht deutlich machen, was man unter fruchtbarer Diskussion auf sozialistischer Grundlage und Abweichung von den sozialistischen Prinzipien eigentlich zu verstehen habe. Leider war zu diesem Zeitpunkt für die öffentliche Diskussion in der

Sowjetunion charakteristisch, dass eine Halbwahrheit durch eine andere ersetzt wurde.

Unter Anspielung auf Erwartungen der SED-Führung äußerte Medwedew, dass die KPdSU die Möglichkeit hätte, derartige Veröffentlichungen mit abweichenden Meinungen zu verbieten. Daran dachten in der sowjetischen Führung nur wenige. Medwedew gehörte aus meiner Kenntnis nicht dazu. Seine Bemerkung diente nur zur Beruhigung der SED. Medwedew wusste sehr gut, dass man von der offiziellen Linie abweichende Veröffentlichungen nicht mehr verbieten konnte, selbst wenn man es gewollt hätte.

Nicht zutreffend war auch seine Feststellung, dass die KPdSU auf dem Gebiete der Ideologie die Hauptorientierung festlege, den Prozess der Diskussion lenke und korrigiere. Das betreffe auch Fragen der Geschichte der sowjetischen Gesellschaft und die Einschätzung historischer Ereignisse und Persönlichkeiten. Medwedew irrte auch hier, wenn er annahm, dass die Partei diesen Prozess unter Kontrolle halten und die Rede Gorbatschows zum 70. Jahrestag der Oktoberrevolution noch immer die Plattform der Partei zu diesen Fragen darstellen würde.

Solche und ähnliche Meinungen führender Funktionäre der KPdSU, die im deutlichen Widerspruch zur wirklichen Lage in der Sowjetunion standen und von manchen Illusionen zeugten, verstärkten die Zweifel der SED-Führung gegenüber dem Kurs Gorbatschows. Trotzdem schätzten beide Seiten die Ergebnisse des Besuches und die Gespräche als sehr nützlich ein. Honecker ordnete bereits einen Tag nach Beendigung des Besuches an, die Aktennotiz über sein Gespräch mit Medwedew den Mitgliedern und Kandidaten des Politbüros zur Kenntnis zu geben.

Zusammenfassend muss man feststellen, dass die wirkliche Bedeutung der Parteikonferenz und ihre Konsequenzen für den Sozialismus und die sowjetische Gesellschaft von der Führung der SED nicht erkannt wurden. Noch schlimmer aber war, dass die Konferenz im Interesse der SED umgedeutet und damit faktisch verfälscht wurde. Leider fehlte auch der Botschaft der reale Blick für die weitgehenden Konsequenzen, die sich aus der Parteikonferenz der KPdSU ergaben. Unsere Ausrichtung und unsere Versuche, immer nach den übereinstimmenden Momenten in der Politik der KPdSU und der SED zu suchen, versperrte uns schließlich die Sicht auf die bereits deutlich sichtbaren negativen Folgen für die Entwicklung des Sozialismus in der Sowjetunion und in allen sozialistischen Staaten.

Schwächung der Führungsrolle im Bündnis

Die Beziehungen der Sowjetunion zu den sozialistischen Ländern Europas wurden nach der 19. Parteikonferenz in starkem Maße von der Neuordnung des politischen Systems in der Sowjetunion und der Politik des »Neuen Denkens« beeinflusst. Die stärkere Beachtung der Prinzipien der Souveränität und Selbstständigkeit gegenüber den sozialistischen Ländern sowie der Nichteinmischung in deren innere Angelegenheiten führte jedoch auch zu einer weiteren Schwächung der Führungsrolle der UdSSR im Bündnis, und die sozialistischen Länder konnten ihren politischen Handlungsspielraum ausweiten und mehr Eigeninitiative entfalten.

Durch den verstärkten Konsultationsmechanismus, eine verbesserte gegenseitige Information und Abstimmung in außenpolitischen Fragen erhielten sie das Gefühl und auch die Möglichkeit, an der Formulierung und Gestaltung einer gemeinsamen Politik teilzunehmen. Obwohl die entscheidenden abrüstungspolitischen Vorstöße der Sowjetunion im Alleingang erfolgten und die Warschauer Vertragsstaaten nur begrenzte Möglichkeiten hatten, ihr internationales Ansehen direkt zu erhöhen, partizipierten sie auch an den außenpolitischen Erfolgen der Sowjetunion und dem gewachsenen internationalem Ansehen Gorbatschows.

Im Zuge dieser Entwicklung verlor das Bündnis jedoch auch zunehmend seine monolithische Struktur. Ausdruck dafür war die Vielfältigkeit der nationalen sozial-ökonomischen Programme und das Bestreben, verstärkt eigene Interessen durchzusetzen. Die größere Eigenständigkeit der sozialistischen Länder zeigte sich auch in der verzögerten oder verweigerten Anpassung der Mehrzahl der Warschauer Vertragsstaaten an den sowjetischen Reformkurs. Die sowjetische Seite musste erkennen, dass damit die Kohärenz im Bündnis wesentlich beeinträchtigt und die bi- und multilaterale Konsensbildung und

Kooperation, an der sie nach wie vor interessiert war, erschwert wurde.

Mitte 1988 glaubte die sowjetische Führung noch, die zentrifugalen Kräfte überwinden zu können, wenn ihre Verbündeten dem Kurs der Umgestaltung und der Reformen folgen würden. Sie ging davon aus, dass sich die Veränderungen in der Sowjetunion, insbesondere nach der Parteikonferenz, zunehmend auf die sozialistischen Länder auswirken und sie zwingen würden, ihre Position zum eigenen innenpolitischen Kurs zu überdenken. Seit dem Sommer 1988 artikulierte sie zunehmend die Erkenntnis, dass im Interesse einer neuen Zukunftsperspektive für den Sozialismus in allen Warschauer Vertragsstaaten die stalinistischen Strukturen überwunden werden müssten und überall, unabhängig von den jeweiligen innenpolitischen und vor allem wirtschaftlichen Schwierigkeiten, ein genereller Reformbedarf bestehe. Die Haltung der sozialistischen Länder zur Umgestaltung in der Sowjetunion und deren Akzeptanz wurden zum bestimmenden Faktor für die sowjetische Politik gegenüber den sozialistischen Staaten. Faktisch versuchte die sowjetische Führung, ihre Hegemonialrolle gegenüber ihren Verbündeten in neuer Form durchzusetzen. Sie zeigte dabei wenig Flexibilität und bediente sich oft genug überkommener Methoden politischen Drucks. Die Hoffnung der sowjetischen Führung, dass diese Politik zur Überwindung des politisch-ideologischen Dissenses zwischen den Reformern und ihren Gegnern führen würde, erfüllte sich nicht.

Das seit dem Herbst 1988 feststellbare sowjetische Bemühen um eine verstärkte ideologische Zusammenarbeit mit den sozialistischen Ländern ließ zwar die Absicht erkennen, durch entsprechende Vereinbarungen die Einsicht in die Notwendigkeit einer allgemeinen Systemerneuerung zu fördern, jedoch reagierten einige sozialistische Länder, wie Rumänien, die DDR, die ČSSR und Bulgarien auf diese Versuche mit einer verstärkten Abgrenzung gegenüber der sowjetischen Reformpolitik.

Die Diskrepanz zwischen intensiviertem sowjetischen Erneuerungsstreben und verstärktem Beharrungswillen einzelner sozialistischer Staaten prägte bis zum Auseinanderbrechen des Bündnisses die Zusammenarbeit der Sowjetunion mit ihren Bündnispartnern.

Zu den ständigen Zielen sowjetischer Politik gehörte, die Integration im Warschauer Vertrag und im RGW zu vertiefen. Diese Motivlage wurde aber durch eine bemerkenswerte Veränderung im Herangehen gekennzeichnet. Die sowjetische Führung orientierte sich zunehmend am Vorbild der Europäischen Gemeinschaft, deren Effizienz sie inzwischen uneingeschränkt anerkannte und deren Strukturen sie auch gegen Widerstände aus anderen sozialistischen Staaten partiell durchsetzen wollte. Dies schien ihr um so notwendiger, da sie in der Vertiefung der westeuropäischen Integration, die sie in ihren Zeitabläufen überschätzte und deren Probleme sie unterschätzte, und in dem fortschreitenden Differenzierungsprozess zwischen Ost- und Westeuropa eine Gefahr für die Realisierungschancen des von Gorbatschow propagierten »gemeinsamen europäischen Hauses« sah. Das verstärkte Beharren der sowjetischen Führung auf Modernisierung der politischen Strukturen innerhalb des Warschauer Vertrages und des RGW deutete letztlich auf eine Nachahmung des Modells der »Europäischen Politischen Zusammenarbeit« hin.

Zur gleichen Zeit stießen die westeuropäischen Integrationsbemühungen auf politischem, wirtschaftlichem und militärischem Gebiet auf teilweise scharf formulierte sowjetische Kritik. Die Bestrebungen zur Stärkung der Westeuropäischen Union sowie für eine intensivierte Zusammenarbeit zwischen der BRD und Frankreich im sicherheitspolitischen Bereich waren monatelang Ziel einer massiven Kampagne in den sowjetischen Medien gewesen. Die Kritik an den verschiedenen Aspekten der westeuropäischen Integration wurde von Gorbatschow in politischen Konsultationen auf höchster Ebene vorgetragen, wobei er einen prinzipiellen Gegensatz dieser Integrationsbemühungen zu der von ihm vertretenen Formel vom »gemeinsamen europäischen Haus« konstatierte.

In Anbetracht der politischen Zielsetzungen der UdSSR im Bündnis und der unterschiedlichen Interessenlagen ihrer Verbündeten waren auch die jeweiligen bilateralen Beziehungen von einem äußerst differenzierten Bild, von Problemkonstellationen und Interessenkollisionen gekennzeichnet.

Seit dem Führungswechsel im Amt des Generalsekretärs der Ungarischen Sozialistischen Arbeiterpartei (USAP) von János

Kádár auf Károly Grósz im Mai 1988 erwies sich Ungarn noch eindeutiger als derjenige Partner der UdSSR, dessen ideologische Auffassungen und politische Strategie dem Reformkurs Gorbatschows am nächsten standen. Dies begünstigte erheblich die beiderseitige Verständigung und Kooperation. Den wirtschaftlichen Strukturreformen in Ungarn bescheinigte die sowjetische Führung eine Vorbildrolle. Den unorthodoxen Methoden zur Lösung der ungarischen Wirtschaftsprobleme begegnete sie mit großer Toleranz.

Gegenüber diesen weitreichenden reformpolitischen Gemeinsamkeiten verblasste 1988 die sowjetisch-polnische Übereinstimmung in der Reformpolitik. Die Ursachen lagen vor allem in der halbherzigen Politik der polnischen Führung und den wirtschaftlichen Schwierigkeiten des Landes begründet, die die sowjetische Seite zur Rücksichtnahme veranlassten. Auch die wiederholten sowjetischen Signale an die polnische Führung, den nationalen Dialog mit größerer Konsequenz zu verfolgen, blieben ohne dauerhaftes Resultat. Die reformpolitische Übereinstimmung der UdSSR mit Ungarn und Polen hatte die sowjetische Führung jedoch nicht dazu veranlasst, übergeordnete Eigeninteressen zugunsten der Lösung bilateraler Probleme zurückzustellen.

So blieb die für Polen schmerzhafte Frage, wer für die Erschießung von tausenden polnischen Offizieren 1940 in den Wäldern von Katyn verantwortlich war, ungelöst. Im Minderheitenkonflikt zwischen Ungarn und Rumänien konnte sich die sowjetische Seite nur zu einer indirekten Parteinahme für Ungarn durchringen. Sie wollte weder das Verhältnis zu Rumänien zusätzlich belasten, noch in andere Streitigkeiten, wie den Streit um die Territorialgewässer zwischen der DDR und Polen hineingezogen werden.

Die Beziehungen der UdSSR zur ČSSR und zu Bulgarien waren von dem Bestreben beider Staaten überschattet, nach außen Reformbereitschaft zu demonstrieren, in Wirklichkeit sich aber dem sowjetischen Erneuerungsdruck zu entziehen. Die Sowjetunion gab beiden Staaten wiederholt zu verstehen, dass sie deren besonders enge Anlehnung an die sowjetische Außenpolitik keineswegs als ein Äquivalent für deren mangelnde Reformbereitschaft betrachte.

Die Reformen ablehnende Haltung Rumäniens entwickelte sich 1988 zu einer spürbaren Belastung der bilateralen Beziehungen zur UdSSR und zu einem Bremsfaktor in der multilateralen Zusammenarbeit im Warschauer Vertrag und im RGW.

Gorbatschow beteuert: Beziehungen zur DDR bleiben prioritär

Von Gorbatschow und anderen Mitgliedern des Politbüros des ZK der KPdSU wurde Honecker und der SED-Führung immer wieder versichert, dass die Beziehungen zur DDR für die Sowjetunion von vorrangiger Bedeutung seien und diese zutiefst daran interessiert sei, dass die DDR weiterhin ein stabiles Land bleibe. In Worten schätzte man das hohe Niveau des gegenseitigen Vertrauens und den erreichten Stand der Zusammenarbeit auf politischem, ökonomischem, wissenschaftlich-technischem, kulturellem und anderen Gebieten. Nicht nur Honecker, auch Gorbatschow äußerte die Meinung, dass keinerlei Korrekturen an der gemeinsamen Strategie notwendig seien.

So stellte Gorbatschow während eines Treffens mit Honecker am 28. September 1988 in Moskau fest: »Obwohl gegenwärtig nicht wenige neue theoretische und politische Fragen über die Entwicklung des Sozialismus und der Welt insgesamt auftreten, die man klären müsse, behalte die Freundschaft zwischen der DDR und der UdSSR ihre Kraft, gewinne neue Züge und werde durch neue Erfahrungen bereichert.« Erich Honecker begrüßte er als alten bewährten Freund der Sowjetunion, als Kampfgenossen in der internationalen kommunistischen Bewegung, als den führenden Repräsentanten eines Landes, das eine dynamische ökonomische und politische Kraft in der sozialistischen Gemeinschaft, in Europa und in der Welt darstellt. Er versicherte Honecker des vollen Vertrauens der Führung der KPdSU und der UdSSR, das er ihm nur ein Jahr später skrupellos entzog.

Bereits vor der 19. Parteikonferenz, aber besonders danach zeigte sich, dass die Umgestaltungsprozesse in der Sowjetunion in wachsendem Maße die Beziehungen mit der DDR beeinflussten. Die bereits geschilderten Vorstellungen Gorbatschows über die Notwendigkeit von Reformen in allen sozialistischen Ländern und die Vertiefung der Integrationsprozesse bezogen sich natürlich auch auf die DDR. Aus den eingeleiteten Veränderungen in der Sowjetunion, wie der Modifizierung der führenden Rolle der Partei, der Umstrukturierung des Partei- und Staatsapparates und der Dezentralisierung vieler wirtschaftlicher Entscheidungsbefugnisse ergaben sich für die DDR eine Reihe langfristiger Konsequenzen, die in der Führung durchaus erkannt wurden. Gewisse Schwierigkeiten bereiteten auch die ständigen Kaderänderungen und der häufige Wechsel von Kontaktpartnern, der eine kontinuierliche Zusammenarbeit erschwerte.

In den Gesprächen auf höchster Ebene forderte die sowjetische Seite verstärkt Solidarität von der DDR. Was sie aber eigentlich von der DDR erwartete, blieb allgemein und vage und wurde nie offen und direkt angesprochen.

Die sowjetische Seite deutete an, dass die Umbrüche in der Sowjetunion auch für die Umbruchprozesse in den sozialistischen Ländern und in den internationalen Beziehungen von Bedeutung sein könnten. Vieles, was in der Sowjetunion getan worden sei, »hätte methodologische Bedeutung für die anderen Länder«. Man erwartete, dass Honecker und die SED selbst die notwendigen Schlussfolgerungen für die DDR ziehen würden. Die oft erwähnten angeblichen Warnungen Gorbatschows, dass Honecker bei Fortsetzung seiner Politik die Existenz der DDR aufs Spiel setzen würde, sind so nie geäußert worden. Sie konnte man bei gutem Willen vielleicht aus solchen Bemerkungen heraushören wie, »es genüge jedoch nicht, den Werten des Sozialismus treu zu bleiben, sondern man müsse die Errungenschaften des Sozialismus weiterentwickeln« oder »wenn man die Situation nicht genau erfasse, könne man leicht zu falschen Einschätzungen und Schlussfolgerungen kommen«. Eine ehrliche und offene Diskussion über die Notwendigkeit von Reformen hatte es hingegen weder zwischen den Führungen der SED und der KPdSU noch im Kreise der Warschauer Vertragsstaaten gegeben. Zu eigenen Schlussfolgerungen war die Führung der SED offenbar weder bereit noch fähig.

Allerdings bestand die Reaktion der Führung der DDR nicht einfach nur in der Abschottung der DDR vor Perestroika und Glasnost, wie im Allgemeinen angenommen, sondern auch in dem Versuch, sich den Veränderungen in der Sowjetunion anzupassen. Während im ideologischen Bereich die Meinungsverschiedenheiten immer stärker aufbrachen, blieben die Gemeinsamkeiten in der wirtschaftlichen Zusammenarbeit, der Außen- und Sicherheitspolitik und auf anderen Gebieten der Zusammenarbeit das bestimmende Element. Honecker und das Politbüro wehrten sich zwar heftig gegen die Abwertung des Sozialismus, verstanden aber anderseits, dass sie im Interesse der DDR und ihrer Existenzsicherung die Realitäten nicht ewig negieren konnten. Sie reagierten aus der Einsicht in bestimmte Notwendigkeiten und objektive Erfordernisse in der wirtschaftlichen Zusammenarbeit, aber vor allem auf den reformpolitischen Druck der sowjetischen Seite und der eigenen Bevölkerung. Die Gratwanderung Honeckers zwischen Abschottung und Anpassung musste scheitern, weil die Führung der SED sich den Realitäten nur zögernd und unwillig stellte und keine wirkliche Reformbereitschaft zeigte.

Teil 4
*Die internationalen Rahmen-
bedingungen ändern sich*

Botschafter
in schwieriger Zeit

Seit 1990 wird immer wieder die Frage diskutiert, wann der Umschwung in der Haltung Honeckers und der SED zu Gorbatschow und seiner Politik der Perestroika eingetreten sei. Die Bestimmung des genauen Zeitpunktes ist nicht einfach, weil er von vielen Faktoren beeinflusst wurde. Zutreffend ist, dass sich bereits vor und auch nach 1985 genügend Probleme in den Beziehungen zwischen der SED und der KPdSU angehäuft hatten. Es besteht auch kein Zweifel, dass die zahlreichen Meinungsverschiedenheiten, die sich aus der bi- und multilateralen Zusammenarbeit ergaben, die Beziehungen belasteten. Sie waren jedoch nicht ausschlaggebend für die allmähliche Entfremdung zwischen den beiden Parteien und die spätere Abschottung der DDR von der Entwicklung in der UdSSR. Die Wende im Verhältnis der beiden Parteien zueinander wurde durch die vom XXVII. Parteitag der KPdSU ausgehende Politik der Perestroika und der Glasnost eingeleitet.

Von vielen Bürgern der DDR und selbst von nicht wenigen Mitgliedern der SED wurden die Entwicklungen in der KPdSU und in der Sowjetunion in der Erwartung begrüßt, dass sie sich auf die DDR ausdehnen mögen. Ganz anders sah man diese Entwicklung im Politbüro, das durch ein mögliches Überschwappen der Glasnost auf die DDR Unruhe unter der Intelligenz und in der Partei befürchtete. Zu diesem Zeitpunkt ging es im Meinungsstreit zwischen Honecker und Gorbatschow in erster Linie nicht um die inneren Entwicklungen oder um inhaltliche Fragen der geistigen Auseinandersetzungen in der Sowjetunion, sondern um deren Auswirkungen auf die DDR. Das bestätigte Honecker faktisch selbst, als er im Gespräch mit Gorbatschow am 3. Oktober 1986 in Moskau die Befürchtung äußerte, dass durch sowjetische Schriftsteller und Künstler Auffassungen in der DDR verbreitet würden, die der SED Schwierigkeiten bereiten könnten. Andere würden sich mit ihrem

Gerede über die Wiedervereinigung des deutschen Volkes im Fahrwasser der BRD-Propaganda befinden und der DDR in den Rücken fallen. Honecker sah in solchen Äußerungen einen Angriff gegen die Generallinie der SED und bewertete ein solches Verhalten als konterrevolutionär. Dieses Beispiel zeigt sehr anschaulich, was Honecker am meisten beunruhigte. Es war weniger der Kurs der Erneuerung, hier hatte die Sowjetunion nach Honeckers Meinung Nachholbedarf, sondern Glasnost und ihre möglichen Folgen für die DDR.

Meinungsverschiedenheiten werden offensichtlich

Der Ausgangspunkt für den Ideologienkonflikt zwischen beiden Parteien lag in der drastischen Abwertung des bisherigen Sozialismusbildes, zu dem die sowjetische Führung im Ergebnis einer nüchternen Einschätzung der sowjetischen Wirklichkeit und im Vergleich mit den Leistungen des Kapitalismus gekommen war. Mit dieser Umbewertung und vor allem mit der Aufforderung, im Interesse eigener Systemverbesserung vom Klassengegner zu lernen, entzog sie der DDR die traditionelle Legitimationsgrundlage angeblicher Überlegenheit des sozialistischen Gesellschaftssystems, auf der sie über Jahrzehnte ihre Existenz neben der kapitalistischen BRD behauptet hatte. Die sowjetische Korrektur des sozialistischen Selbstbildnisses brachte die SED- Führung in erheblichen Erklärungszwang. Die SED versuchte ihre Abgrenzung von der Perestroika damit zu erklären, dass seit 1917 viele Länder den sozialistischen Weg beschritten hätten. Die dabei gesammelten Erfahrungen würden bestätigen, dass keine Nation auf genau die gleiche Art und Weise das gemeinsame Ziel erreicht hätte. Selbst bei einer Annäherung des ökonomischen und sozialen Entwicklungsniveaus, wie sie sich in den letzten Jahrzehnten in den europäischen Ländern des RGW vollzogen hätten, gäbe es keine Anzeichen dafür, dass die Vielfalt der Wege zur Gestaltung der sozialistischen Gesellschaft verschwinden würde. Die Vielfalt sei etwas Positives.

Gegen eine Korrektur ihres Kurses wehrte sich die SED mit einer überzogenen Eigenwerbung, einer unbegründeten Überhöhung ihrer politischen und ökonomischen Erfolge. Sie erweckte damit den Eindruck, dass sie keine Notwendigkeit zu grundlegenden politischen und wirtschaftlichen Reformen in der DDR sehe. Gerade diese Propaganda untergrub das Vertrauen der Bevölkerung in die Politik der SED und förderte die Sympathie für Gorbatschow und die Perestroika.

In der ideologischen Kontroverse zwischen der SED und der KPdSU spielte die Kritik an den Fehlern und Verbrechen Stalins und am Stalinismus, mit der die sowjetische Führung ihre Forderung nach grundlegender Reform der überholten politischen Strukturen zu begründen versuchte, eine entscheidende Rolle. Damit wurde die Identität der SED in doppelter Weise untergraben. Diese Linie der KPdSU stellte einerseits den Wert des von Stalin geprägten gesellschaftlichen Systems und der ihm immanenten Leitungsmethoden als sozialistische Errungenschaften ernsthaft infrage, und untergrub andererseits den historischen Unfehlbarkeitsanspruch der SED.

Streit über Geschichtsfragen

Während die SED auf die Auseinandersetzungen über den Stalinismus zunächst nur indirekt reagierte, fühlte sie sich ab Sommer 1987 durch einige sowjetische Veröffentlichungen über die Fehler der Komintern und der Kommunistischen Partei Deutschlands in den 20er und 30er Jahren direkt angesprochen. Wenn ich mich recht erinnere, dann war die erste Veröffentlichung, die für Aufregung sorgte, ein Artikel in der Zeitschrift *Fragen der Geschichte der KPdSU* im Heft 10 von 1987.

Darin ging es in erster Linie um Fragen zur Geschichte der Komintern, ihrer Rolle im Kampf gegen Faschismus und Krieg sowie um den Einfluss führender sowjetischer Funktionäre wie Stalin, Sinowjew, Bucharin, Radek und anderer auf die Politik der Komintern. Die Darstellungen und Wertungen der Geschichte waren vorwiegend sachlich und stützten sich auf bisher unbekannte Dokumente. Obwohl viele Fakten dem sowjetischen Leser bekannt waren, wirkten die Einschätzungen und Bewertungen der Fehler der sowjetischen Politik und ihrer handelnden Personen ernüchternd und schockierend. Der allgemeine Tenor in den sowjetischen Publikationen, der sich mit gewissen Nuancen durch alle Veröffentlichungen zog, kann in folgenden Thesen zusammengefasst werden: Im Zusammenhang mit der Machtergreifung Hitlers und der Nationalsozialisten in Deutschland wurde hervorgehoben, dass die fehlende Einheit der Arbeiterklasse die Hauptursache für ihre Niederlage gewesen und diese auf den negativen Einfluss der insbesondere von Stalin und Sinowjew vertretenen These vom Sozialfaschismus auf die Politik der Einheitsfront zurückzuführen sei. Von der Kommunistischen Internationale sei der Kampf gegen den Faschismus dem strategischen Hauptziel, Sturz der Herrschaft der Bourgeoisie, untergeordnet gewesen. Deshalb umfasste das antifaschistische Bündnis im Wesentlichen nur die Bündnispartner der Arbeiterklasse, die die Haupttriebkräfte der sozialistischen Revolution bildeten. Die breiten demokratischen Schichten des Volkes befanden sich nicht im Blickfeld der kommunistischen Parteien. Der Kampf gegen den Faschismus hätte gemeinsame Aktionen mit den Sozialdemokraten und anderen Abteilungen der Arbeiterklasse erfordert, aber stattdessen erklärten die Führer der Komintern, Sinowjew und Stalin, den Sozialdemokraten, die sie als Steigbügelhalter des Faschismus bezeichneten, den Krieg.

Die öffentliche Behandlung dieser Probleme in der sowjetischen Presse gefiel der SED zwar nicht, aber sie reagierte zunächst gelassen und zurückhaltend. Sie hatte eigentlich auch keinen Grund zur Beunruhigung. Die schädliche Wirkung der These vom Sozialfaschismus war der SED bekannt und die kritische Wertung dieser These wurde von ihr mitgetragen. Andererseits ist es kein Geheimnis, dass über die Fehler der KPD in der SED kaum diskutiert wurde. Ich kenne keine vertiefende Analyse dieser wichtigen Ereignisse in der Geschichte der Partei durch die SED.

Ein zweites Thema betraf die Vorgeschichte des II. Weltkrieges. In der sowjetischen Öffentlichkeit wurde über die Politik der Sowjetunion am Vorabend des II. Weltkrieges eine sehr differenzierte Diskussion geführt. Schwerpunkt war dabei die Unterzeichnung des Nichtangriffspakts zwischen Deutschland und der Sowjetunion im August 1939. Während in den sowjetischen Medien dazu eine sehr konträre Diskussion geführt wurde und die oppositionellen Bewegungen in den baltischen Republiken die Veröffentlichung des geheimen Zusatzprotokolls forderten, unternahm die sowjetische Führung lange Zeit keine besonderen Anstrengungen zur Klärung der offenen Fragen. Erst im Sommer 1989 nahm sich die Führung der KPdSU unter dem Druck der Forderungen nach Abtrennung der baltischen Republiken von der Sowjetunion ernsthaft des Nichtangriffspaktes, der anderen Verträge und der Zusatzprotokolle an, die 1939 zwischen Deutschland und der UdSSR abgeschlossen wurden.

Der 1. Kongress der Volksdeputierten der Sowjetunion bildete am 2. Juni 1989 eine Kommission aus 26 Deputierten, die den deutsch-sowjetischen Nichtangriffsvertrag von 1939 politisch und rechtlich bewerten sollte. Die Kommission stand unter der Leitung des Mitglieds des Politbüros des ZK der KPdSU Alexander Jakowlew.

Die Arbeit der Kommission gestaltete sich sehr schwierig. Ursache waren in erster Linie die unterschiedlichen politischen Ziele ihrer Mitglieder. Alexander Jakowlew und einige wenige Mitglieder der Kommission versuchten zu verhindern, dass die Ergebnisse der Kommissionsarbeit die politische und juristische Begründung für den angestrebten Austritt der baltischen Republiken aus der Sowjetunion liefern. Daher hielten sie auch lange Zeit an der Version von der Nichtexistenz des geheimen Zusatzprotokolls vom 23. August 1939 fest. Sie wehrten sich auch gegen eine Überprüfung der Periode zwischen dem 23. August 1939 und September 1940 und damit gegen den Vorwurf, dass die Eingliederung der baltischen Republiken in die Sowjetunion eine Annexion gewesen sei. Die Mehrheit der Kommission versuchte genau das Gegenteil. Sie wollte nachweisen, dass der wichtigste Beweggrund Stalins nicht der Vertrag selbst gewesen sei, sondern das, was Gegenstand der Geheimprotokolle war, nämlich die Möglichkeit, Truppen in die baltischen Republiken, nach Polen, Bessarabien und Finnland zu entsenden.

Stalins wichtigster Beweggrund seien demnach seine imperialen Ambitionen gewesen.

Gleichzeitig wollte sie den juristischen Beweis erbringen, dass die im August und September 1939 zwischen Deutschland und der Sowjetunion abgeschlossenen Verträge und geheimen

Zusatzprotokolle von ihrem Inhalt und den Methoden ihres Abschlusses her, im Widerspruch zur Souveränität und Unabhängigkeit einiger Drittländer standen, daher gegen geltendes Völkerrecht verstießen und von Anfang an für null und nichtig zu erklären seien. Die Kommission hätte die Resultate ihrer Arbeit noch vor dem 50. Jahrestag der Unterzeichnung des Nichtangriffspaktes veröffentlichen können. Das sei aber von Jakowlew, Arbatow und auch Falin verhindert worden. Die Kommission legte ihren Bericht erst am 23. Dezember 1989 dem 2. Kongress der Volksdeputierten der UdSSR vor, der dazu einen Beschluss fasste. In ihm wurde festgestellt, dass unter den konkreten Bedingungen der damaligen Zeit der Abschluss des sowjetisch-deutschen Nichtangriffspaktes vom 23. August 1939 politisch gerechtfertigt gewesen sei. Vom juristischen Standpunkt aus sei der Vertrag nicht über den Rahmen der zu jener Zeit üblichen Abkommen hinausgegangen. Er verletzte weder die innere Gesetzgebung noch die internationalen Verpflichtungen der UdSSR. Zum Geheimprotokoll erklärte der Kongress, dass es unter Umgehung der Gesetze der UdSSR angenommen worden sei, deren vertragliche Verpflichtungen gegenüber Drittländern verletzt und juristisch von Anfang an ein rechtswidriges Dokument und ein Komplott dargestellt hätte. Das Zusatzprotokoll vom 23. August 1939 und andere mit Deutschland 1939–1941 abgeschlossene Geheimprotokolle hätten im Widerspruch zu Verträgen gestanden, die die UdSSR mit Lettland, Litauen und Estland unterzeichnet hatte. In den Friedensverträgen von 1920 und in den zwischen 1926 und 1933 geschlossenen Nichtangriffsverträgen zwischen der Sowjetunion und den baltischen Staaten verpflichteten sich ihre Teilnehmer, unter allen Umständen die Souveränität, territoriale Integrität und Unantastbarkeit des jeweils anderen gegenseitig zu achten. Ähnliche Verpflichtungen hatte die Sowjetunion gegenüber Polen und Finnland unterzeichnet.

Der Beschluss des 2. Kongresses der Volksdeputierten wurde gefasst, als Honecker und die Führung der SED bereits die politische Bühne verlassen hatten, aber von den Diskussionen um den Nichtangriffspakt, das geheime Zusatzprotokoll und andere deutsch-sowjetische Dokumente hatte sie seit 1987 Kenntnis. Trotzdem folgte sie weiter blindlings der bisherigen sowjetischen Geschichtsschreibung und nahm keine Korrektur an dem offiziellen Geschichtsbild der SED vor, das sich im Wesentlichen auf die Erklärungen der sowjetischen Regierung von 1939 und die Zustimmung des ZK der KPD vom 25. August 1939 stützte.

Selbst als 1988 auch der Öffentlichkeit bekannt wurde, dass auf der Grundlage des vertraulichen deutsch-sowjetischen Protokolls vom 28. September 1939 einige hunderte deutscher Kommunisten und Antifaschisten unter Zwang nach Deutschland abgeschoben wurden und damit in die Fänge der Gestapo gerieten, nahm sich die SED dieser Sache nicht ernsthaft an. Besonders schmerzhaft ist, dass Honecker und die Führung es nicht für notwendig hielten, eine umfassende, öffentliche und namentliche Rehabilitierung der Mitglieder der KPD vorzunehmen, die in der Sowjetunion verfolgt und umgebracht wurden. Daran ändert auch die Tatsache nichts, dass in den Thesen zum 70. Jahrestag der Gründung der KPD 10 Mitglieder und Funktionäre der KPD, die in der Sowjetunion in Gefängnissen und Lagern starben oder umgebracht wurden, namentlich erwähnt wurden.

Zur Entschuldigung wurde oft angeführt, dass die KPdSU bis 1988 der SED den Zugang zu den Archiven der Sowjetunion, darunter auch zum Archiv der Komintern erschwerte und verhinderte. Richtig ist, dass sich das Politbüro der SED seit längerer Zeit speziell um den Zugang zum Archiv der Komintern bemühte. Das Archiv der Komintern war nicht Eigentum der KPdSU, sondern aller in der Komintern vertretenen Parteien und hätte daher für alle Parteien offen sein müssen. Während man der SED und auch anderen Parteien den Zugang zu den parteieigenen Dokumenten erschwerte, musste sie gleichzeitig feststellen, dass sowjetische Wissenschaftler sich in ihren Publikationen auf solche Dokumente stützten, sie auswerteten oder sogar im Wortlaut veröffentlichten. Daher reagierten Honecker und andere Mitglieder des Politbüros auch so gereizt und empfindlich auf Artikel in der sowjetischen Presse, in denen, auf der Grundlage von Dokumenten der KPD aus dem Archiv der Komintern, die der SED bis dahin unbekannt waren, über die Haltung der KPD, ihre Tätigkeit in der Komintern, das Schicksal deutscher Kommunisten oder andere die SED berührende Fragen berichtet wurde. Erst Mitte 1988 erklärte sich die KPdSU unter dem ständigen Druck der SED bereit, ihr den Zugang zu allen Teilen des Archivs der Komintern zu gestatten. Mir ist nicht bekannt, ob dieser Zugang durch die sowjetische Seite wirklich ermöglicht und von Seiten der SED auch genutzt wurde. Wahrscheinlicher ist, dass dies, aus welchen Gründen auch immer, nicht der Fall war.

Während meiner Tätigkeit als Botschafter der DDR in Moskau sind mir zweimal Materialien über deutsche Kommunisten und Antifaschisten übergeben worden, die von sowjetischen Straforganen verfolgt, ausgewiesen oder ermordet wurden.

Das erste Material wurde mir Ende November 1988 durch den damaligen Leiter des Sektors DDR im ZK der KPdSU Valentin Koptelzew übergeben, der in den neunziger Jahren als Botschafter und Leiter der Außenstelle der Botschaft der Russischen Föderation in Berlin tätig war. Es handelte sich um zwei getrennte Informationen.

In einer wurde uns mitgeteilt, dass eine Kommission im Auftrag des Politbüros des ZK der KPdSU die Prüfung von Dokumenten vorgenommen hatte, die mit Repressionen aus den Jahren 1936–1942 im Zusammenhang standen. Alle Angeklagten wurden wegen sogenannter konterrevolutionärer Tätigkeit verhaftet, verurteilt und die meisten von ihnen erschossen. Man rehabilitierte den Großteil von ihnen in den Jahren 1956–1959

Die zweite Information betraf die Rehabilitierung ehemaliger Mitglieder der KPD, die in der sogenannten Strafsache »Vereinigtes trotzkistisch-sinowjewsches Zentrum« angeklagt wurden.

Wie aus der Information des ZK der KPdSU hervorging, hatte das Plenum des Obersten Gerichts der UdSSR das Verfahren wegen des Fehlens eines kriminellen Tatbestandes bereits am 13. Juni 1988 eingestellt und das Urteil vom 24. August 1936 aufgehoben.

Ein weiteres Material übergab mir Koptelzew am 12. März 1990 im ZK der KPdSU. Es handelte sich um eine Namensliste von mehr als eintausend deutschen Bürgern, die bereits vor und nach Abschluss der deutsch-sowjetischen Verträge vom September 1939 von den sowjetischen Organen an das faschistische Deutschland übergeben wurden. Er erwähnte aber, dass Noten der deutschen Botschaft in Moskau aus den 30er Jahren existieren würden, in denen die Suche oder die Auslieferung dieser Bürger gefordert wurde. Wie Koptelzew erklärte, deute alles darauf hin, dass es tatsächlich ein Geheimabkommen zwischen Deutschland und der UdSSR über die Auslieferung von Emigranten gegeben habe. Offensichtlich befanden sich unter den Abgeschobenen auch Sowjetbürger deutscher Nationalität und jüdische Bürger.

Aus den Angaben war ersichtlich, dass viele dieser Bürger in den Jahren 1936–1938 verhaftet wurden. Viele Angaben waren unvollständig. Oft wurde nur der Name und Vorname, manchmal noch das Geburtsdatum angeführt. Hinter einigen Namen stand der handschriftliche Vermerk »unbekannt«, dessen Bedeutung mir auch nicht erklärt werden konnte. Die Angaben ließen vermuten, dass deutsche Bürger und Emigranten auch schon vor Unterzeichnung der deutsch-sowjetischen Abkommen vom September 1939, von etwa 1937 bis Mai 1939, abgeschoben wurden. Wahrscheinlich gab es bereits in dieser Zeit entsprechende Vereinbarungen oder Absprachen.

SED stoppt Studium an KPdSU-Parteischulen

Es erscheint vielleicht als Paradox, dass die SED und die KPdSU gewissermaßen auf dem Höhepunkt der ideologischen Auseinandersetzungen eine Vereinbarung über die langfristige Zusammenarbeit auf gesellschaftswissenschaftlichem Gebiet zwischen der DDR und der UdSSR unterzeichneten. Die SED hatte eigentlich kein Interesse sich auf ideologischem Gebiet die Hände binden zu lassen und war deshalb gegen den Abschluss einer Vereinbarung.

Um aber dem Druck der KPdSU zu entgehen, stimmte sie schließlich deren Forderungen zu. Sie berücksichtigte auch den Fakt, dass die KPdSU mit den anderen Parteien der europäischen sozialistischen Länder bereits entsprechende Vereinbarungen unterzeichnet oder vorbereitet hatte. Vielleicht spielte auch die Überlegung eine Rolle, über die vereinbarten Themen das Denken und Handeln sowjetischer Wissenschaftler beeinflussen zu können. Es wurden neun Forschungsrichtungen mit 61 Schwerpunkten und Themen vereinbart. An erster Stelle standen Fragen der marxistisch-leninistischen Konzeption des Sozialismus. Vor allem sollten die neuen inneren und internationalen Bedingungen und die Erfordernisse für die Entwicklung des Sozialismus untersucht werden. Ein Thema beschäftigte sich mit dem Inhalt der allgemeinen und spezifischen Interessen beim Aufbau des Sozialismus.

Eine zweite Richtung war den Problemen der sozialistischen Integration gewidmet. Unter den Themen befanden sich alle umstrittenen Fragen, die damals im Rat für Gegenseitige Wirtschaftshilfe diskutiert wurden. Zu ihnen gehörten die Schaffung eines vereinigten Marktes der sozialistischen Länder, Fragen der Währungen und Finanzen, Charakter und Bedingungen der gegenseitigen Konvertierbarkeit der Währungen sowie zeitgemäße Formen der ökonomischen Zusammenarbeit wie die Direktbeziehungen und die Bildung gemeinsamer Betriebe. Untersucht werden sollten auch Probleme der Wirtschaftsbeziehungen zwischen den Ländern des RGW und der EWG.

Andere Themen waren der Entwicklung und Vervollkommnung der sozialistischen Demokratie, der Freiheit und den Menschenrechten im Sozialismus sowie aktuellen Fragen des sozialistischen Konstitutionalismus und der Gesetzgebung gewidmet.

In der geschichtswissenschaftlichen Forschung wurden Themen zu den Beziehungen zwischen Deutschland und der Sowjetunion bzw. zwischen der DDR und der UdSSR, zur Geschichte der Sozialdemokratie und der Sozialistischen Internationale, zum historischen Platz der Kommunistischen Internationale und ihrer Strategie und Taktik von 1919–1943 sowie über die Teilnahme deutscher Internationalisten an der Oktoberrevolution und am Bürgerkrieg in Sowjetrussland vereinbart. Bemerkenswert ist, dass keine Themen zu Problemen in die Vereinbarung aufgenommen wurden, an deren Klärung die SED eigentlich interessiert gewesen sein müsste.

Zu diesem Problemkreis gehörten u.a. Fragen wie die nach der Rolle der KPD in der Komintern, der Verfolgung deutscher Kommunisten und Antifaschisten in der Sowjetunion sowie solche nach den Auswirkungen der Verträge und Abkommen zwischen Deutschland und der UdSSR von 1939–1941 auf die KPD und den Kampf gegen den Faschismus.

Einige Themen beschäftigten sich mit theoretischen und praktischen Fragen der Imperialismusforschung, darunter auch mit dem Platz und der Rolle der Bundesrepublik Deutschland in Europa und in der internationalen Wirtschaft und Politik.

Die Vereinbarung entsprach nicht den ursprünglichen Vorstellungen der KPdSU, trotzdem schätzte die KPdSU die Tatsache, dass mit der SED die Unterzeichnung einer Vereinbarung auf diesem Gebiet überhaupt möglich war. Mit einigen Themen kam die SED den sowjetischen Wünschen entgegen. Für die SED bedeutete die Vereinbarung kein großes Zugeständnis, es sollte eher ein Trostpflaster für die KPdSU sein. Und für die ideologische Zusammenarbeit zwischen beiden Parteien hatte sie ohnehin keinerlei Bedeutung mehr.

Für die Unvernunft und das Misstrauen Honeckers gegenüber der ideologischen Arbeit der KPdSU spricht noch ein anderer Vorgang jener Zeit.

Auf der Tagung des ZK der KPdSU im Januar 1987 wurde auch Kritik an der Tätigkeit der sowjetischen Parteischulen geübt. Die KPdSU ging davon aus, dass die Umgestaltung eine neue Konzeption für die Ausbildung der Kader erfordere, in der die Parteihochschulen eine wichtige Rolle zu spielen hätten. In diesem Zusammenhang wurde festgestellt, dass die Moskauer Parteihochschule den Anforderungen der Gegenwart nicht voll gerecht werde und eine schnelle Verbesserung der Kaderauswahl und der Lehrtätigkeit notwendig sei.

Mitte April 1987 kam der Leiter der Kaderabteilung des ZK der SED Fritz Müller zu einer Konsultation nach Moskau, der sich auch für die Arbeit der Parteihochschulen, ihrer Lehrprogramme und die Qualifikation der Hörer interessierte. Im Gespräch mit dem damaligen Abteilungsleiter des ZK der KPdSU, Andrej Rasumowski, bestätigte uns dieser die kritische Einschätzung der Arbeit der Moskauer Parteihochschule. Im persönlichen Gespräch erzählte mir Fritz Müller, dass Honecker die Absicht verfolge, künftig das Studium von Mitgliedern der SED an der Moskauer Parteihochschule einzustellen und fragte mich nach meiner Meinung. Ich erklärte ihm, dass ich dafür keine Notwendigkeit sehe und diesen Schritt für einen groben Fehler halten würde, der auch bei der KPdSU kein Verständnis finden würde. Diese Auffassung vertrat damals auch Fritz Müller, der seinen Bericht in diesem Sinne abfassen wollte. Nach einiger Zeit teilte er mir mit, dass Honecker seine Absicht aufgegeben hätte.

Bei meinen dienstlichen Aufenthalten in der DDR meldete ich mich immer im Sekretariat Honeckers und bat ihm mitzuteilen, dass ich ihm für Fragen oder Aufträge zur Verfügung stehe. Ich muss nicht besonders betonen, dass vor allem ich an diesen Gesprächen Interesse hatte. In der Regel verschaffte mir seine Sekretärin Elli Kelm auch die Gesprächstermine. Bei einem solchen Treffen, es muss im Sommer 1987 gewesen sein, fragte mich Honecker nach der Bedeutung der Moskauer Parteihochschule der KPdSU. Ich wunderte mich, weil ich meinte, dass er als ehemaliger Student der Parteihochschule der KPdSU die Frage besser beantworten könnte als ich, der dort nicht studiert hatte. Meine Darlegungen befriedigten ihn auch nicht und erst nach weiteren Fragen wurde mir klar, was ihn wirklich interessierte. Eigentlich wollte er von mir wissen, warum die SED ihre Kader an einer regionalen Parteihochschule der KPdSU ausbilde, deren Tätigkeit auf der Tagung des ZK der KPdSU im Januar 1987 kritisch bewertet wurde. Ich versuchte ihm das System der Parteischulen der KPdSU zu erklären, obwohl ich das Gefühl nicht loswurde, dass er dieses wohl besser kannte als ich.

Die KPdSU verfügte über die Parteihochschule in Moskau und über Parteihochschulen in anderen Städten der Sowjetunion, vor allem in den Hauptstädten der Unionsrepubliken, die faktisch Filialen der Moskauer Parteihochschule darstellten. Die zentrale Einrichtung der KPdSU war eindeutig die Parteihochschule in Moskau. Nun führten wohl alle sowjetischen Hochschulen und Institute in ihrer Bezeichnung den Namen der Stadt, in der sich die jeweilige Einrichtung befand. Das Institut, in dem ich studierte war das Moskauer Staatliche Institut für internationale Beziehungen, die Universität nannte sich Moskauer Staatliche Universität und die Parteihochschule analog Moskauer Parteihochschule. Honecker ließ sich nur schwer überzeugen, dass sie eine zentrale Einrichtung der KPdSU war und keine regionale Hochschule, die vom Moskauer Stadtkomitee geleitet wurde.

Natürlich erinnerte ich mich an das Gespräch mit Fritz Müller und versuchte alles, um die Bedenken Honeckers zu zerstreuen. Ich verstand, dass die Diskussion über den angeblichen regionalen Charakter der Moskauer Parteihochschule nur ein Vorwand war. In Wirklichkeit suchte Honecker nur einen plausiblen Anlass, um das Studium von Mitgliedern der SED an der Parteihochschule der KPdSU zu verhindern.

Zunächst schien es, als ob sich das Problem damit erledigt hätte. Erst auf dem Höhepunkt der ideologischen Auseinandersetzungen im November 1988, zeitgleich mit dem Verbot des »Sputnik« und anderen Aktionen, erhielt ich den Auftrag, dem ZK der KPdSU mitzuteilen, dass das ZK der SED beschlossen habe, keine weiteren Delegierungen von Kadern der SED an die Akademie für Gesellschaftswissenschaften beim ZK der KPdSU und an die Moskauer Parteihochschule ab dem Studienjahr 1989 vorzunehmen. Ich übergab ein entsprechendes Non-Paper, in dem die Begründung für diesen Schritt gegeben wurde.

In diesem Papier wurde dem ZK der KPdSU zunächst herzlich für die große Hilfe und Unterstützung bei der Qualifizierung der Kader der SED gedankt. Seit 1951 hatte die KPdSU an ihren Bildungseinrichtungen, der Akademie für Gesellschaftswissenschaften und der Parteihochschule in Moskau, mehr als 1800 Mitglieder der SED ausgebildet. Die überwiegende Mehrheit von ihnen übte erfolgreich Nomenklaturfunktionen des ZK der SED aus. Müller sprach im April 1987 von acht Staatssekretären, 64 stellvertretenden Ministern sowie 1. und 2. Sekretären der Kreisleitungen, 118 Mitarbeitern des ZK der SED und von 25 Prozent der Mitglieder und Kandidaten des ZK, die an der Akademie für Gesellschaftswissenschaften der KPdSU studiert hätten.

Inzwischen würde die SED über ein eigenes, weit geflochtenes und bewährtes Parteischulsystem verfügen, das ausführlich beschrieben und gelobt wurde. Man hatte nicht vergessen hinzuzufügen, dass Grundlage der Lehrpläne der Parteischulen die Beschlüsse des XI. Parteitages der SED und die Lehren des Marxismus-Leninismus seien.

Das in dem Non-Paper beschriebene Parteischulsystem, wie das gesamte Hochschulsystem der DDR, existierte schon seit Jahrzehnten und trotzdem war niemand auf den Gedanken gekommen, keine Studenten mehr an sowjetische Bildungseinrichtungen zu delegieren. Diese Darstellung war der Gipfel der Unaufrichtigkeit.

Nicht weniger demagogisch klang die Feststellung, dass die KPdSU auf der Grundlage der Beschlüsse des XXVII. Parteitages und der 19. Parteikonferenz der KPdSU Maßnahmen eingeleitet habe, um die politische, theoretische und praktische Qualifizierung ihrer Kader auf allen Ebenen des gesellschaftlichen Lebens qualitativ und quantitativ zu verstärken. Übersetzt hieß das: Ihr braucht die Plätze dringender, deshalb werden wir unsere Kader selbst ausbilden. Die eigentlichen Motive, das Misstrauen gegenüber den Lehrplänen der sowjetischen Bildungseinrichtungen und die Befürchtung ideologischer Beeinflussung der Mitglieder der SED, wurden natürlich mit keinem Wort erwähnt. Für mich war es nicht der erste und es sollte auch nicht der letzte Auftrag bleiben, der nicht mit meinen Auffassungen übereinstimmte und den ich nur widerwillig erfüllte.

Das »Sputnik«-Verbot

Lange Zeit blieben die Diskussionen um diese Probleme der breiten Öffentlichkeit der DDR verborgen, bis die westlichen Medien begannen, die Artikel zur sowjetischen und internationalen Geschichte zu kolportieren. Auf jede Mitteilung, jeden Artikel oder Bericht aus der Sowjetunion, der via BRD-Medien in der DDR bekannt wurde, reagierte die Führung der SED hektisch. Sie ließ keine Möglichkeit aus, der sowjetischen Seite das Missfallen der SED über solche Veröffentlichungen zum Ausdruck zu bringen. Das geschah selbst auf höchster Ebene bei den Spitzengesprächen. Da der Bezugspunkt für die DDR seit dem November 1987 die Rede Gorbatschows zum 70. Jahrestag der Oktoberrevolution war, wurden alle Veröffentlichungen unter diesem Gesichtspunkt geprüft. Wichen sie von der Rede Gorbatschows ab, wurden sie von der SED kritisiert und zum Gegenstand ihrer Proteste. Wir können Honecker und andere Mitglieder des Politbüros nicht mehr befragen, warum sie so nervös und ablehnend auf diese Diskussion reagierten. Trotzdem scheint mir eine Antwort, wenn vielleicht auch keine vollständige, möglich.

Die KPD, die als deutsche Sektion bei der Komintern und als Auslandsleitung der KPD von 1920 bis 1945 ihren Sitz in Moskau hatte, war direkt mit den tragischen Seiten der sowjetischen Geschichte konfrontiert und unmittelbar von den Folgen und Auswirkungen betroffen, die mit dem Stalinismus, seinen Repressalien und Verbrechen zusammenhingen. Sie hatte in diesen Jahren selbst nicht wenige Fehler begangen und trotz mancher Unterschiede die Politik Stalins und der KPdSU generell mitgetragen.

Honecker und andere Mitglieder des Politbüros, für die dieser Teil der Geschichte kein Lehrbuchwissen, sondern miterlebte, miterlittene und auch mitgestaltete Geschichte darstellte, hatten kein Interesse, dass diese schmerzhaften Seiten der Parteigeschichte aufgeworfen wurden. Noch mehr störte sie, dass die Haltung der KPD zur Einheitsfront der Arbeiterklasse und zum Zusammengehen mit der SPD aus dem Kontext der damaligen internationalen Lage und der Entwicklung in Deutschland herausgerissen wurde. Für sie war unverständlich, wie die

KPdSU Veröffentlichungen zulassen konnte, die der KPD faktisch die Mitschuld oder sogar die Hauptschuld für die Machtergreifung Hitlers, die faschistischen Verbrechen und den Ausbruch des Krieges zuschoben, während sie andere politische Kräfte, wie die bürgerlichen Parteien und die hinter ihnen stehenden einflussreichen wirtschaftlichen und militärischen Gruppierungen der Weimarer Republik, kaum erwähnten.

Besonders bitter war für sie die Tatsache, dass die Rolle der SPD, die seit 1918 in der Reichsregierung und vielen Landesregierungen vertreten war, und die Verweigerungshaltung ihrer Führer und deren Politik des »kleineren Übels«, mit der sie einer autoritären Entwicklung nach rechts und der Gewöhnung an die Diktatur Vorschub leisteten, keiner kritischen Betrachtung unterzogen wurden. Diese einseitigen Betrachtungen und Halbwahrheiten, die von ihren sowjetischen Freunden verbreitet und ihnen von der Presse des »Klassengegners« vorgehalten wurden, brachten das Fass zum Überlaufen.

Man muss diese Haltung nicht akzeptieren, aber man kann sie verstehen. Hinzu kam, dass die genannten und andere Publikationen über die sowjetische Geschichtsdiskussion in der Öffentlichkeit der DDR und selbst in der SED viele Fragen aufwarfen, Zweifel bei Mitgliedern der Partei, Wissenschaftlern und einfachen Bürgern hervorriefen und Diskussionen auslösten. Sie übten auf die Führung der SED einen beträchtlichen Druck aus. Die Politik der Sowjetunion war für die SED und die DDR stets Richtschnur ihres Handelns gewesen. Nun musste sie plötzlich erkennen, dass alles, wofür man Jahrzehnte lang gekämpft und gearbeitet hatte, in Frage gestellt wurde, die sozialistischen Errungenschaften seit der Oktoberrevolution angezweifelt und die Erfolge der Sowjetunion nun als Fehler bewertet wurden.

In der Angst vor solchen Publikationen und in ihrem blinden Eifer als Wächter über die Reinheit der marxistischen Lehre kam es auch zu grotesken Ereignissen.

Als die Zeitung *Iswestija* am 11. September 1988 ein Interview mit Wolfgang Leonhard veröffentlichte, äußerte Hermann Axen in einem Telefonat mit Wadim Medwedew das Erstaunen und Befremden der Kommunisten der DDR, und hierbei speziell des Lehrkörpers der Parteihochschule der SED, aus dem Leonhard 1949 ins Lager des Klassenfeindes desertiert sei, über die völlig unbegreifliche und nicht zu billigende Veröffentlichung in der Regierungszeitung der UdSSR. Kein Wort fiel über den Inhalt des Interviews. Axen fand die schärfsten Formulierungen und charakterisierte Leonhard als Renegaten, Verräter und notorischen Anführer antikommunistischer Hetzpropaganda. Es besteht kaum Zweifel, dass hinter dieser Intervention Hanna Wolf, die langjährige Direktorin der Parteihochschule, steckte, die zu diesem Zeitpunkt als »Beraterin« für Honecker arbeitete. Ob der Lehrkörper der Parteihochschule von dem Interview überhaupt Kenntnis hatte, ist zweifelhaft.

Das ZK der KPdSU ließ zwar wissen, dass die *Iswestija* die Veröffentlichung ohne genügend Vorsicht vorgenommen und unverantwortlich gehandelt hätte, aber sonst fiel die Antwort nicht wie erwartet aus. Man teilte mit, dass man in Moskau das Fortbestehen gewisser Irritationen der SED im Hinblick auf die Art und Weise der Durchführung der Politik der Umgestaltung und Offenheit registriert habe, und belehrte die SED, dass die Presseorgane der Sowjetunion breite Selbständigkeit bei der Wahl von Themen und Materialien für die Veröffentlichung genießen würden. Das ZK der KPdSU könne nicht verhindern, dass abweichende Äußerungen publiziert würden. Diese Antwort war noch insofern beachtenswert, weil sie einen Tag vor einem Treffen zwischen Honecker und Gorbatschow erfolgte.

Die ideologischen Auseinandersetzungen und Diskussionen über die sowjetische Geschichte und Gegenwart widerspiegelten sich auch in den deutschsprachigen sowjetischen Publikationen, die in der DDR einem breiten Leserkreis zugänglich waren. Zu ihnen gehörten vor allem die Zeitschrift *Neue Zeit* und das Digest der sowjetischen Presse *Sputnik*. Erschienen in diesen Zeitschriften Veröffentlichungen, die der SED nicht genehm waren, griff man als letzten Ausweg zu drastischen administrativen Maßnahmen. In der Regel wurde der Vertrieb solcher Presseerzeugnisse in der DDR einfach untersagt. Schon im Januar 1988 wurden drei Hefte der sowjetischen Zeitschrift *Neue Zeit* durch den Postzeitungsvertrieb der DDR nicht ausgeliefert. In ihnen wurde das neue Bühnenstück »Weiter ..., weiter ..., weiter ...« des sowjetischen Schriftstellers Michail

Schatrow veröffentlicht, das Lenin und seine Gegenspieler bei den Auseinandersetzungen um den Frieden von Brest-Litowsk in einem völlig neuen Licht zeigte.

Als das Digest der sowjetischen Presse *Sputnik* im zweiten Halbjahr 1988 verstärkt Artikel publizierte, mit denen Honecker und andere Mitglieder des Politbüros nicht einverstanden waren, wurde dem ZK der KPdSU mehrfach mitgeteilt, dass die SED das künftig nicht mehr dulden werde. Dabei handelte es sich nicht nur um Artikel zur Geschichte der Sowjetunion, sondern um eine breite Skala von Themen des gesellschaftlichen Lebens. Auf die Demarchen der DDR erklärte die sowjetische Seite gewöhnlich, dass sie mit diesen Veröffentlichungen auch nicht in jedem Fall übereinstimme oder sie gar ablehne, aber nichts machen könne, da die Redaktionen selbst darüber entscheiden können, was sie veröffentlichen und was nicht. Im Übrigen sei die DDR doch stabil, so dass solche Artikel sie nicht ausheben würden.

In einer Art Kurzschlussreaktion wurde dann bekanntlich auf Anweisung von Honecker das sowjetische Magazin *Sputnik* am 19. November 1988 von der Liste des Postzeitungsvertriebs der DDR gestrichen. In Moskau führte diese einseitige Entscheidung zu Irritationen und Fragen. Der Pressesprecher des Außenministeriums der UdSSR antwortete auf eine Frage lediglich, dass die Verbreitung ausländischer Periodika zweifelsohne eine innere Angelegenheit jedes Landes sei, jedoch sei man mit der Begründung der konkreten Entscheidung nicht einverstanden. Die Redaktion des *Sputnik* erklärte, dass ihre Zeitschrift ein Spiegel der sowjetischen Presse sei und zu den Prinzipien ihrer Arbeit gehören würde, die »Vielfalt der ernsthaften und argumentierten Polemik« darzustellen. Sie bedauerte den Verlust ihrer DDR-Leser, die zu den anspruchsvollsten und nachdenklichsten gehören würden.

Die sowjetische Seite nahm das Verbot jedoch nicht so gelassen auf, wie es zunächst schien. Die fremdsprachige Ausgabe des *Sputnik* wurde in etwa 900 000 Exemplaren gedruckt und in 102 Ländern vertrieben. Allein 187 000 Exemplare wurden in der DDR verkauft. Nur etwa 8000 Exemplare gingen in die BRD, nach Österreich und in die Schweiz. Es war daher verständlich, dass man sich in Moskau ernsthaft Gedanken machte, wie das Verbot aus politischen und wirtschaftlichen Erwägungen wieder rückgängig gemacht werden könnte.

Aber auch in der DDR gab es nicht wenige Verantwortliche, die eine schnelle Korrektur dieser schädlichen Entscheidung wünschten. In Moskau schloss man sogar einen Vergleich nicht aus. Die DDR sollte die Streichung des *Sputnik* von der Zeitungsvertriebsliste zurücknehmen und die sowjetische Seite würde im Gegenzug dafür sorgen, dass umstrittene Artikel nicht mehr in deutschsprachigen Zeitschriften erschienen. Gedacht wurde auch an eine gemeinsame Einflussnahme auf Themen und Inhalt der Zeitschriften. Selbst die Einstellung der deutschsprachigen Ausgabe war im Gespräch, da die DDR der größte Abnehmer war. All diese Überlegungen fanden verständlicherweise in der Redaktion und auf höherer sowjetischer Ebene keine Unterstützung und wären, wenn auch aus anderen Gründen, auch von der DDR abgelehnt worden.

Das Verbot des *Sputnik* Ende 1988 zeigte die Ratlosigkeit und Ohnmacht des Politbüros der SED, wie die Auswirkungen der sowjetischen Politik der Glasnost von der DDR ferngehalten werden könnten. Das Politbüro versuchte, der in der DDR bereits begonnen habenden Diskussion über notwendige Reformen eine bestimmte Richtung, der Partei und ihrer Presse Argumente zu geben. Zugleich wurde in erschreckender Klarheit deutlich, dass es die Entwicklung in der Sowjetunion und in der DDR völlig falsch einschätzte und, in seinen ideologischen Fesseln gefangen, sich als unfähig erwies, die richtigen Schlussfolgerungen zu ziehen.

*Hermann Axen hat wenig Verständnis
für Zweifel und Widerspruch*

Aus eigener Erfahrung kann ich bestätigen, dass sich im Zusammenhang mit dem Verbot des *Sputnik* die Diskussionen um die Politik der SED und vor allem um ihre Haltung zur Perestroika und zu Glasnost unter den mehr als 6000 Bürgern der DDR in der Sowjetunion verstärkten. Diskussionen um die Politik der KPdSU und die der SED hatte es seit 1985 gegeben, aber nun wurden Zweifel und Widerspruch deutlicher ausgesprochen.

Über den Inhalt dieser Diskussionen, die aufgeworfenen Fragen und andere Ereignisse informierte die Leitung der Parteiorganisation der SED in der UdSSR pflichtgemäß das ZK der SED. Offensichtlich müssen diese Informationen Hermann Axen beunruhigt haben, denn der 1. Sekretär der Parteileitung in Moskau, Lothar Sass, wurde zur Berichterstattung nach Berlin gerufen. Ich befand mich wegen der bevorstehenden Tagung des ZK bereits in Berlin und wurde ebenfalls zu der Aussprache bestellt.

Das Treffen fand am 28. November 1988 im Arbeitszimmer von Axen statt. Wenn ich mich recht erinnere, nahm auch Günter Sieber, Abteilungsleiter im ZK der SED, daran teil. Lothar Sass war über meine Anwesenheit erfreut, da er Hermann Axen aus der direkten Zusammenarbeit nicht kannte und dem Gespräch mit gemischten Gefühlen entgegensah.

Mir schien, dass wir für die Aussprache gut gerüstet waren, weil wir in einer Dienstbesprechung mit allen leitenden Diplomaten der DDR aus Moskau, Leningrad, Kiew und Minsk am 25. November die Lage in der Sowjetunion, die Probleme in den Beziehungen zwischen der DDR und der UdSSR und die Schlussfolgerungen für unsere Arbeit ausführlich diskutiert hatten.

Gut gerüstet schienen wir auch noch aus einem weiteren Grund. Wir waren ständig unzufrieden mit der Medienpolitik der DDR und der internen Parteiinformation. Immer wieder brachte uns die einseitige und mangelhafte Berichterstattung über die Sowjetunion gegenüber den in der Sowjetunion lebenden und arbeitenden DDR-Bürgern in Erklärungszwänge und Erklärungsnöte. Die Berichterstattung der DDR-Medien über die Perestroika stand im Widerspruch zu ihren eigenen Beobachtungen und Erfahrungen. Sie erwarteten von der Parteiorganisation und natürlich auch von mir, als dem höchsten Parteifunktionär der SED in der Sowjetunion, Aufklärung über diese Widersprüche, die wir selber kaum verstanden und oft auch nicht erklären konnten. Dabei lasse ich jetzt unberücksichtigt, dass unter einem Teil der DDR-Bürger auch eine unbegründete, euphorische und auch vereinfachte Vorstellung über die Vorgänge in der Sowjetunion, die Perestroika und Glasnost herrschten.

Die Meinung, wir sollten es so machen wie in der UdSSR und dann würden sich unsere Probleme quasi von selbst lösen, war weit verbreitet. Wer sich gegen solche Versimplifizierungen wandte oder sie ablehnte, weil er bei seiner professionellen Beschäftigung mit den Entwicklungen in der Sowjetunion tiefer in die Probleme eingedrungen war und die Schwachstellen der Perestroika schon erkannt hatte oder einfach wegen größerer Lebenserfahrung vorsichtiger und ausgewogener reagierte, konnte kaum mit Verständnis und Zustimmung rechnen.

Im Laufe der Zeit baute sich zwischen einem Teil der Parteimitglieder und der Bürger, vor allem zwischen den mehr als 2300 Studenten und den leitenden Funktionären, ein Spannungsfeld auf. Man war mit uns unzufrieden, weil wir ihre unzähligen Fragen nicht befriedigend beantworten konnten oder, wie manche glaubten, nicht beantworten wollten. Andere warfen uns Untätigkeit gegenüber dem ZK und anderen zentralen Stellen in Berlin vor, weil wir angeblich die Führung nicht richtig informieren oder sie wegen der Fehler nicht kritisieren würden.

Richtig ist, dass wir oft nicht viel mehr Informationen hatten als jeder andere DDR-Bürger. Trotzdem versuchten wir aufgrund besserer Kenntnisse über die Zusammenhänge und auch mancher interner Vorgänge, die offenen Fragen zu beantworten. Sicher ist uns das nicht in ausreichendem Maße gelungen. Richtig ist aber auch, dass die Leitung der Parteiorganisation das ZK der SED über die politische Stimmung, die Fragen sowie die Zweifel und die Kritik an der Politik der Führung informierte und dafür oft genug ihren Kopf hinhalten musste. Aus dieser Erfahrung und anderen einfachen Gründen, wir hatten zum Beispiel kein Interesse daran, uns wegen solcher Informationen ständig rechtfertigen zu müssen oder von irgendwelchen Kommissionen oder Gruppen überprüft zu werden, fielen die Informationen für Berlin sicher nicht so kritisch aus, wie sie von unseren Mitgliedern an uns herangetragen wurden. Es gab aber auch Momente, da der Druck auf uns so groß wurde, dass sich unsere Geduld erschöpfte und wir den vorhandenen Unwillen ungeschminkt weitergaben. Eine solche Situation war mit dem Verbot des *Sputnik* eingetreten.

An das Gespräch mit Hermann Axen erinnere ich mich sehr gut, weil kein anderes mit ihm so kritisch verlaufen war wie dieses. Wir konfrontierten Axen zuerst mit der kritischen Stimmung in der Parteiorganisation der SED in der Sowjetunion und den Protesten gegen das Verbot des *Sputnik*. Wir kritisierten vor allem, dass die lapidare Meldung über die Streichung von der Postzeitungsliste bereits am 19. November veröffentlicht, die Erklärung dieses ungewöhnlichen und schädlichen Vorgangs aber erst am 25. November nachgereicht wurde.

Aus der Fülle der uns von den Bürgern in der UdSSR gestellten Fragen, die zugleich eine Kritik enthielten und auch unserer Meinung entsprachen, trugen wir Hermann Axen die wichtigsten vor: Die Partei habe uns zum eigenen Denken erzogen, warum behandelt sie uns jetzt wie Unmündige? Wer gibt der Führung das Recht darüber zu entscheiden, was wir lesen dürfen und was nicht? Warum führt die SED keine offensive und öffentliche Auseinandersetzung mit falschen sowjetischen Auffassungen? Warum werden Kommentare und Artikel zu sowjetischen Materialien veröffentlicht, die in der DDR niemand kenne? Warum wurde der Nutzen bzw. Schaden der Streichung des *Sputnik* von der Postzeitungsliste nicht vorher und gründlicher bedacht? Hat das ZK der SED die Botschaft der DDR in Moskau um ihre Meinung gefragt und wenn nicht, warum nicht?

Hermann Axen konnte sich nur schwer beherrschen und ließ uns kaum Zeit, unsere Meinung ausführlich darzulegen. Er brachte sofort sein Unverständnis und seine Unzufriedenheit darüber zum Ausdruck, dass es unter unseren Mitarbeitern in der Sowjetunion Zweifel an der Richtigkeit der Politik der SED gebe und ein Mitglied der Partei, eine Journalistin, wegen des Verbots des *Sputnik* ihren Austritt aus der Partei erklärt hatte. Da unser Gespräch in Rede und Widerrede verlief und Axen sich wiederholte, will ich versuchen seine Ausführungen zusammenzufassen.

Mich verwunderte nicht, dass er das Verbot in größere internationale Zusammenhänge einordnete. Im vorwurfsvollen Ton erklärte er, dass wir uns in einer scharfen Konfrontation mit dem Imperialismus befänden, der sich die Beseitigung des Sozialismus zum Ziel gestellt habe. Vor kurzem habe der stellvertretende Außenminister der USA John C. Whitehead in Berlin sogar festgestellt, dass der Sozialismus den Wettlauf mit dem Kapitalismus verloren habe. Die Amerikaner glaubten, Osteuropa stehe am Rande eines Wandels und verstärkten den

Druck auf die sozialistischen Länder, um diese Wandlungen zu beeinflussen. Angesichts der besonderen Lage der DDR in Mitteleuropa und der Existenz von zwei deutschen Staaten forderten die imperialistischen Kreise von der DDR die Beseitigung der Mauer und die Einhaltung der Menschenrechte. Hinter der Forderung nach Überwindung der Teilung Europas stehe die Absicht, die DDR zu beseitigen. Natürlich vollziehe sich vieles hinter einem Rauchvorhang, um von den wirklichen Zielen abzulenken. Zu dieser Taktik gehöre auch, die sowjetischen Veröffentlichungen zu nutzen, die die Verbrechen Stalins als das Charakteristische für den Sozialismus darstellten. Unter der Flagge des Kampfes gegen den Stalinismus werde in Wirklichkeit der Kampf gegen den Sozialismus geführt. Die Artikel seien ein gefundenes Fressen für den Gegner, der die KPdSU gegen die SED ausspiele. Es sei unsere Pflicht dafür zu sorgen, dass falsche Auffassungen nicht herumwuchern.

Alles wurde in einem Ton vorgetragen, als ob er uns überzeugen müsste. Er glaubte uns daran erinnern zu müssen, dass die Führung der SED diese Situation bei ihren Entscheidungen zu berücksichtigen hätte. In dieser Lage, die Macht in Frage zustellen, sei sehr gefährlich. Davon war aber gar keine Rede gewesen. Offenbar betrachtete er die Diskussionen unter unseren Mitarbeitern, unsere Zweifel, Fragen und zaghaften Einwände schon als einen Angriff auf die Macht.

Nach dieser prinzipiellen Einführung kam Axen auf unsere kritischen Bemerkungen zum Verbot von Zeitungen, Filmen und generell zur Medienpolitik der DDR zu sprechen. Er unterstellte uns, dass wir uns mit den fehlenden Informationen nur herausreden wollten. Er könne von uns erwarten, dass wir unseren eigenen Kopf gebrauchen. Er verglich unsere Situation mit den Ereignissen um den 13. August 1961 und meinte, dass man manchmal erst handeln müsse und dann könne man darüber informieren. Axen zog oft Parallelen oder Vergleiche zu anderen historischen Ereignissen. Sie hinkten zwar wie alle Vergleiche, aber oft überzeugten sie auch schneller.

So verglich er unsere damalige Situation mit den Problemen der Kommunisten und Antifaschisten in den Konzentrationslagern und Zuchthäusern, die auch niemanden gehabt hätten, der ihnen die Lage in Deutschland oder in der Welt erklärt habe. Sie hätten auch manches nicht verstanden, aber sie hätten nie Zweifel daran gehabt, dass die Partei Recht habe. Ein solches Herangehen hätte er auch von uns erwartet. Wenn man etwas nicht gleich verstehe oder etwas nicht wisse, dann müsse man wenigstens an die Partei *glauben* und davon überzeugt sein, dass sie Recht habe. Diese Argumentation näherte sich bedenklich der Losung, dass trotz mancher Fehler und Niederlagen die Partei immer Recht habe, die politischen Gegner, die Andersdenkenden, ja schon die Zweifler und Fragenden immer Unrecht. Ein unsinniger und gefährlicher Hochmut, der der Partei großen Schaden zufügte.

In seinem Eifer rutschte Axen auch ein Eingeständnis heraus. Aus Gesprächen mit Mitgliedern des Politbüros, darunter auch mit ihm selbst, hatte ich bereits früher den Eindruck gewonnen, dass nicht wenige Mitglieder und Kandidaten des Politbüros ein kritisches Verhältnis zur Medienpolitik und keine hohe Meinung von dem dafür zuständigen Sekretär des ZK hatten. So überraschte es mich eigentlich nicht, als Axen mit der Bemerkung herausplatzte, dass mit der Informationspolitik tatsächlich nicht alles hinhaue. Um unsere Genugtuung zu dämpfen, fügte er jedoch sofort hinzu, dass wir unsere Meinung sagen sollten, es aber besser wäre, unseren eigenen Kopf anzustrengen.

Auf seine Frage nach der Reaktion der sowjetischen Seite auf das Verbot des *Sputnik* antwortete ich ihm, dass man mit uns Mitleid habe, weil wir uns ins eigene Fleisch geschnitten hätten und man mir gesagt habe, das Verbot sei nicht Sache der KPdSU, sondern der SED. Im Übrigen sollte die SED die ganze Angelegenheit nicht überbewerten und ein größeres Selbstbewusstsein zeigen. In Moskau herrsche der Eindruck, dass die sowjetischen Veröffentlichungen nur zum Anlass genommen worden seien, um die Mitglieder der SED zu disziplinieren. Außerdem, so erklärte ich, habe man mich in Moskau darauf aufmerksam gemacht, dass in der sowjetischen Führung die Besorgnis zunehme, in der DDR käme es zu einem Anheizen antisowjetischer Stimmung, die latent immer vorhanden gewesen sei, nun aber durch die Propaganda des Westens vermehrt geschürt werde. Da auch das prononcierte Herausstellen der Eigenständigkeit der DDR und ihrer Erfolge durch die westlichen Medien gegen die KPdSU und die UdSSR ausgenutzt würden, sei es Sache der SED darüber nachzudenken, wie man diesen Tendenzen begegnen könne.

Auch hier reagierte Axen zunächst mit grundsätzlichen Bemerkungen. Er betonte, dass sich die SED auf das Gemeinsame konzentriere, also auf die Stärkung des Bündnisses mit der KPdSU und die Vertiefung der Zusammenarbeit mit der Sowjetunion. Das Land, das uns befreit habe, könnten wir nicht kritisieren, und deshalb werde es eine offene Polemik mit der KPdSU nicht geben.

Die SED könne aber auch nicht zulassen, dass Sinnentstellungen in sowjetischen Publikationen unwidersprochen in der DDR verbreitet würden. Wir sollten nicht denken, dass die Streichung des *Sputnik* von der Postzeitungsliste der Führung leichtgefallen wäre. Nach den vielen Interventionen und Protesten hätte sie angenommen, dass die KPdSU die Probleme selbst klären und die Fehler korrigieren würde. Erst nach dem dies ausgeblieben sei, habe sich die Führung zu dem Schritt entschieden. In diesem Zusammenhang entschlüpfte ihm ein aufschlussreicher Gedanke. Er bemerkte, dass in der Sowjetunion noch nichts endgültig entschieden und der Klärungsprozess noch im vollen Gange sei.

Eine ähnliche Bemerkung hatte auch Honecker in einem Gespräch mit mir gemacht. Daraus ging hervor, dass er noch immer auf eine Korrektur der sowjetischen Politik, wenn nicht gar auf eine Beendigung des »gefährlichen Experiments« hoffte.

Sicher, der Klärungsprozess war noch im Gange, aber seine Zeichen wiesen mehr in die Richtung weg vom Sozialismus und nicht zurück zu ihm.

Ende 1988 hielt ich viele in den Gesprächen geäußerte Einschätzungen führender Mitglieder der Partei zur Lage durchaus für begründet und richtig, andere erschienen mir zweifelhaft und widersprüchlich, manche führten auch zu Fragen, weil sie im Widerspruch zu den eigenen Beobachtungen und Erfahrungen standen. Meine innere Zerrissenheit zwischen Realität und Wunsch, Vertrauen und Zweifel, Zustimmung und Ablehnung wurde von mir selbst so noch nicht wahrgenommen, obwohl sie sicher beachtlicher war als von mir selbst empfunden. Andererseits gab es schon erheblichen offenen Widerwillen, bestimmten öffentlichen Erklärungen oder Einschätzungen der Parteiführung zu folgen.

Unser Gespräch mit Axen erschöpfte sich jedoch nicht auf die Probleme um das *Sputnik*-Verbot. Ich nutzte die Gelegenheit, um unsere Unzufriedenheit über die mangelhafte interne Information für den Botschafter und manch zweifelhafte Entscheidung zum Ausdruck zu bringen. Dazu gehörte die Einstellung des Studiums von Funktionären der SED an der Akademie für Gesellschaftswissenschaften beim ZK der KPdSU und an der Moskauer Parteihochschule, die weder bei den Betroffenen noch bei der KPdSU Verständnis gefunden hatte.

Auch andere Maßnahmen wie die Einführung verschärfter Zollbestimmungen durch die DDR oder die Gerüchte über die Einstellung der Zeitschrift *Freie Welt* hatten auf sowjetischer Seite Irritationen und Bedenken hervorgerufen.

Im Zusammenhang mit der wachsenden Versorgungskrise in der Sowjetunion im Sommer 1988 und der gleichzeitigen Einführung von Reiseerleichterungen für die sowjetischen Bürger (viele erhielten zum ersten Mal einen Reisepass und konnten erstmals ins Ausland fahren) setzte eine verstärkte Reisetätigkeit in die europäischen sozialistischen Länder ein. Die Tschechoslowakei sah sich im Herbst 1988 genötigt, zum Schutze ihres Binnenmarktes neue Zollbestimmungen und verschärfte Kontrollen an den Grenzen einzuführen. Diese Maßnahmen betrafen alle ausländischen Touristen, besonders aber die aus der UdSSR, welche darin einen unfreundlichen Akt sahen. Die sowjetische Presse richtete gehässige Angriffe gegen die ČSSR, und nachdem wir analoge Begrenzungen eingeführt hatten, auch gegen die DDR. Doch schließlich musste die Sowjetunion selbst neue Zollbestimmungen einführen, um ihren Binnenmarkt zu schützen. Diese Maßnahmen richteten sich in erster Linie gegen polnische Bürger, die in den baltischen Republiken und in Belorussland Konsumgüter in größeren Mengen aufkauften und ausführten.

Zur Rolle westlicher Medien im Ideologiestreit

Die DDR geriet durch die wachsenden inneren Schwierigkeiten, die Probleme mit der Sowjetunion und den anderen Verbündeten auch unter zunehmenden Reformdruck durch die westliche Seite, vor allem durch die westlichen Medien. Es muss noch einmal unterstrichen werden, dass die DDR umfangreicher als andere sozialistische Staaten offizielle Dokumente der KPdSU, Beschlüsse von ZK-Tagungen, Mitteilungen oder Kommuniqués über Treffen mit ausländischen Repräsentanten, Reden, Artikel des Generalsekretärs oder anderer Mitglieder des Politbüros der KPdSU, zum größten Teil im vollen Wortlaut, veröffentlichte. Es bestand, mit Ausnahme des zeitlich begrenzten Vertriebsverbots für die Zeitschrift *Neue Zeit*, den *Sputnik* und andere sowjetische Zeitungen oder Zeitschriften, auch die Möglichkeit, Presseerzeugnisse der Sowjetunion in der DDR zu beziehen. Damit hatte ein Teil der DDR-Bürger Möglichkeiten, wenn auch eingeschränkte, sich über die Politik der KPdSU und über den Prozess der Umgestaltung in der Sowjetunion unmittelbar zu informieren.

Trotzdem gewannen die DDR-Bürger den Eindruck, dass sie über die Umgestaltung oder andere Ereignisse in der Sowjetunion nicht ausreichend informiert würden. Das war nicht die Schuld der DDR-Journalisten, die über die Sowjetunion gern mehr und auch kritischer geschrieben hätten. Die Ursache für die als unzureichend empfundene Berichterstattung lag bei der Führung der SED und ihrer falschen Medienpolitik. Sie glaubte, mit einer selektiven Auswahl genehmer Themen, Artikel oder Informationen ein Überschwappen von Glasnost und Perestroika auf die DDR verhindern zu können.

Dieses selbst verursachte Vakuum und die einseitige Information wurden durch die Berichterstattung der westlichen Medien ausgefüllt. Im Unterschied zu Gorbatschow und anderen Mitgliedern des Politbüros der KPdSU unterschätzten Honecker und die SED-Führung diese Wirkung auf die DDR keinesfalls. Im Gegenteil, sie nahmen sie sehr ernst. Seit 1986 reagierten sie auf solche Veröffentlichungen sehr sensibel. Ihre Kritik richtete sich aber weniger an die Adresse der BRD-Medien als vielmehr an die sowjetische Führung, die sie dafür verantwortlich machte.

Mit der Zunahme der Differenzen zwischen Honecker und Gorbatschow, zwischen der SED und der KPdSU wurden auch die Reaktionen der SED prinzipieller und schärfer.

Die SED ging generell davon aus, dass die NATO-Staaten, allen voran die BRD, darauf hofften, über die Politik der Umgestaltung, der Glasnost und des »Neuen Denkens« die UdSSR und die anderen sozialistischen Länder weiter zu schwächen und diesen Prozess aktiv unterstützten. In den durch die BRD-Medien erhobenen Forderungen nach Reformen in der DDR, den »Empfehlungen«, eine Umgestaltung nach dem Muster der UdSSR durchzuführen oder der Forderung, dass auch die DDR endlich mit ihrer Vergangenheit abrechnen und die »weißen Flecke« aufarbeiten sollte, sah sie den Versuch, die DDR in die Defensive zu drängen. Besonders aufgeregt und gereizt reagierte die Führung der SED, als die westliche Seite mit Bezug auf sowjetische Quellen behauptete, das Beispiel der Sowjetunion zeige, dass der Sozialismus ein historisch gescheitertes Experiment sei. Das berührte direkt die Existenzgrundlage der DDR und wurde daher von der Führung der SED ernst genommen.

So verwunderte es nicht, dass die Besorgnisse Honeckers und der SED über die Rolle der westlichen Medien in der ideologischen Auseinandersetzung verharmlost wurden. Es muss in den Ohren Honeckers wie Häme geklungen haben, als ihm Gorbatschow im September 1988 in Moskau, auf dessen Vorhaltungen über den durch sowjetische Publikationen angerichteten Schaden, unter Anspielung auf Äußerungen Honeckers entgegnete, dass sich die DDR doch seit Jahrzehnten an der vordersten ideologischen Front befunden habe und sich 24 Stunden am Tag mit der bürgerlichen Propaganda auseinandersetzen müsse, was könnten der SED da einige Publikationen aus der Sowjetunion ausmachen, die er ebenfalls nicht gutheiße? Sie würden sicher keinen Umsturz auslösen, die DDR habe doch jahrzehntelang viel schlimmeren Angriffen standgehalten.

Die Geschichte bestätigte, dass der Zusammenbruch des Sozialismus, der Zerfall der Sowjetunion und der Untergang der DDR nicht das Werk der Medien waren. Genauso wenig kann aber auch daran gezweifelt werden, dass die westlichen Medien ihren Beitrag zur Untergrabung des Vertrauens der Bürger in den Sozialismus und in die SED geleistet haben.

Die Haltung Gorbatschows und anderer Mitglieder des Politbüros der KPdSU in dieser eher zweitrangigen Frage beweist darüber hinaus erneut, dass sie die Lage in der DDR Ende 1988 falsch einschätzten und die Absichten der NATO und der BRD gegenüber den sozialistischen Staaten gröblich unterschätzten.

Generell zeigte sich in dieser komplizierten Situation die Konzeptionslosigkeit des Politbüros der SED. Honecker und ein großer Teil des Politbüros zweifelten wohl von Anfang an am Erfolg der Perestroika. Sie ahnten es mehr, als dass sie es beweisen konnten, noch weniger konnten sie es wissen, dass die Perestroika schließlich scheitern würde. Während Gorbatschow trotz aller Illusionen, groben Fehler und tragischen Irrtümer einen Versuch zur Erneuerung des Sozialismus unternahm, zeigten sich Honecker und das Politbüro völlig überfordert. Sie erkannten nicht die Konsequenzen, die allein dadurch entstanden, dass ein Sechstel der Erde, mit dem man schicksalhaft verbunden war, in Bewegung geraten war.

Die Tragik bestand darin, dass die Führung der SED objektiv wenig zur Verteidigung und Erhaltung der DDR unternahm, obwohl sie das vielleicht glaubte, dafür umso mehr für die Bewahrung einer Ideologie, eines Sozialismus- und Geschichtsbildes tat, das durch das Leben in der UdSSR und in den anderen sozialistischen Ländern bereits eine umfassende und unwiderrufliche Korrektur erfahren hatte.

Magnitogorsk – Honeckers letzter Staatsbesuch

Mitte Januar 1989 übermittelte mir Valeri Tschistjakow aus Magnitogorsk, einer Stadt und einem industriellen Schwerpunkt im Südural, einen Brief, in dem er mich bat, ein beiliegendes Schreiben an Erich Honecker weiterzuleiten. Tschistjakow war Arbeiter im Magnitogorsker Metallurgischen Kombinat und ehrenamtlicher Arbeiterkorrespondent der Zeitung *Magnitogorskij Rabotschij* (Magnitogorsker Arbeiter). Er berichtete, dass im Jahre 1989 die Stadt den 60. Jahrestag ihrer Gründung begehen werde. Aus diesem Anlass veröffentlichte die Zeitung immer häufiger Materialien über die ersten Erbauer von Magnitka, wie das Metallurgische Kombinat auch genannt wurde. Da Honecker 1931 zu einer Gruppe deutscher Kommunisten gehört hatte, die für eine kurze Zeit am Bau des ersten Hochofens mithalfen, bat er Honecker um dessen Erinnerungen an diese Zeit, um Fotodokumente oder andere Materialien, die helfen würden, das Vergangene wieder aufleben zu lassen.

Es war zwar etwas ungewöhnlich, dass sich ein Arbeiterkorrespondent mit einer solchen Bitte an den Generalsekretär einer anderen Partei wandte, aber ein Einzelfall war es nicht. Glasnost und Perestroika machten es leichter.

Tschistjakow fügte in seinem Schreiben noch hinzu, dass er mit den diplomatischen Feinheiten nicht vertraut sei, es aber nicht schlecht wäre, wenn Magnitogorsk Partnerschaftsbeziehungen mit einer Stadt der DDR aufnehmen könnte. Außerdem wünschte er sich, dass Honecker im Jubiläumsjahr als Ehrengast die Stadt besuchen würde.

Briefe von sowjetischen Bürgern mit ähnlichen Bitten erhielt ich hin und wieder. In der Regel reichte ich sie mit einem kurzen Anschreiben an Erich Honecker weiter. Der Brief von Tschistjakow hatte jedoch eine etwas andere Dimension, die ich leider, aus welchen Gründen auch immer, nicht gleich erkannte. Vor allem die quasi Einladung wurde von mir völlig unterschätzt.

Ich behandelte das Schreiben wie viele andere auch und leitete es mit einem kurzen Anschreiben an Honecker weiter. Mein unüberlegtes Handeln sollte weitreichende Folgen haben.

Ich staunte nicht schlecht, als ich wenige Tage später in der Zeitung *Neues Deutschland* den vollen Wortlaut des Briefes von Tschistjakow und darunter die Antwort von Honecker lesen konnte. Honecker dankte für den Brief, würdigte den Aufbau des Metallurgischen Kombinats, auch die Mithilfe von Kommunisten aus der ganzen Welt sowie die Bedeutung des Kombinats für die Industrialisierung der Sowjetunion, die Landesverteidigung und den Sieg im Großen Vaterländischen Krieg.

Am Schluss seines Briefes hieß es: »Selbstverständlich würde ich gern an Euren Feierlichkeiten zum 60. Jahrestag des Magnitogorsker Hüttenkombinats teilnehmen, weiß aber leider nicht, ob es mir möglich sein wird. Es wäre jedenfalls eine Freude für mich, wenn Du, werter Genosse Tschistjakow, inzwischen die Möglichkeit wahrnehmen würdest, die Deutsche Demokratische Republik zu besuchen. Dazu lade ich Dich hiermit herzlich ein.«

Noch am gleichen Tage bat mich Valentin Koptelzew, Sektorenleiter DDR im ZK der KPdSU, ihn aufzusuchen. Er erkundigte sich, was ich von dem Brief und der Einladung wisse. Nachdem ich ihm die Geschichte erzählt hatte, machte er mir Vorwürfe, dass ich ihn nicht vorher davon in Kenntnis gesetzt hätte. Er schimpfte auf Tschistjakow und darauf, dass seit der Perestroika jeder glaube, er könne sich alles erlauben, sogar ein Staatsoberhaupt zu einer Feierlichkeit einzuladen. Jetzt bleibe die Angelegenheit bei uns beiden hängen, denn er sei beauftragt worden, sich Gedanken zu machen, wie die Sowjetunion aus dieser Sache wieder herauskomme.

Ich hatte den Eindruck, dass man in der sowjetischen Führung anfangs an einer Teilnahme Honeckers an den Feierlichkeiten in Magnitogorsk kein besonderes Interesse hatte. Koptelzew und ich kamen jedoch schnell zu der Auffassung, dass eine Auslage Honeckers unmöglich sei und deshalb der einzige Ausweg darin bestehe, umgehend eine offizielle Einladung des Stadtsowjets von Magnitogorsk nachzureichen.

Dieser Vorschlag wurde vom Politbüro des ZK der KPdSU akzeptiert.

Bereits nach wenigen Tagen konnte ich eine offizielle Einladung des Stadtparteikomitees der KPdSU und des Exekutivkomitees des Stadtsowjets an Erich Honecker übermitteln. Das Sekretariat des ZK der SED hatte inzwischen auch die anderen Vorschläge von Tschistjakow aufgegriffen und einen entsprechenden Beschluss gefasst. Er beinhaltete die Herstellung der Städtepartnerschaft zwischen Brandenburg und Magnitogorsk, die Einladung je einer Delegation der Stadt Magnitogorsk, des Metallurgischen Kombinats und der Magnitogorsker Komsomolorganisation zum Pfingsttreffen der FDJ.

In meinem Auftrag reiste Ende März ein Diplomat der Botschaft nach Magnitogorsk, der die Einladung des Oberbürgermeisters von Brandenburg zur Aufnahme einer Städtepartnerschaft überbringen und die anderen Beschlüsse erläutern sollte. Die sowjetische Seite stimmte den Vorschlägen zu. Im April 1989 besuchte dann eine Delegation aus Magnitogorsk die Stadt und das Stahlwerk Brandenburg zur Aufnahme offizieller Partnerschaftsbeziehungen. Der Delegation gehörte auch der Autor des Briefes und eigentliche Initiator aller Aktivitäten, Valeri Tschistjakow, an. Honecker ließ es sich nicht nehmen, mit beiden Delegationen zu sprechen. Zuvor waren sie von mir in der Botschaft der DDR empfangen worden.

Für uns begann eine intensive Arbeit zur Vorbereitung des Besuches. Während der ZK-Tagung am 10. Juni 1989 hatte ich die Möglichkeit, mit Honecker über dessen Vorstellungen für die Reise und über die Vorschläge der sowjetischen Freunde zu sprechen. Dem sowjetischen Programmentwurf stimmte er ohne wesentliche Bemerkungen zu. Es sah neben den üblichen Gesprächen mit den regionalen Funktionären den Besuch des Metallurgischen Kombinats, eine Stadtbesichtigung, die Teilnahme an der Festveranstaltung zum 60.Jahrestag der Gründung der Stadt sowie den Besuch in einem Kindererholungslager und die Teilnahme am Fest »Die goldenen Feuer von Magnitka« vor.

Auf seine Frage, welche Geschenke wir vorgesehen hätten, nannte ich nur Geschenke symbolischer Art, etwa Musik- und Sportgeräte. Damit war er nicht zufrieden. Aus dem Brief von Tschistjakow wusste er, dass die DDR für das Kulturhaus in Magnitogorsk eine Orgel liefern würde. In meinem Beisein rief er Ministerpräsident Willi Stoph an und schlug vor, die Orgel der Stadt Magnitogorsk zu schenken. Nach kurzem Gespräch einigten sich beide über die Anfertigung einer Schenkungsurkunde.

Magnitogorsk war für alle Mitarbeiter der einzelnen Institutionen, die für die Vorbereitung der Reise verantwortlich waren, unbekanntes Terrain. Daher war bereits mit der sowjetischen Seite vereinbart, dass eine kleine Gruppe von Mitarbeitern der Protokollabteilung des Ministeriums für Auswärtige Angelegenheiten, der Botschaft, des Personenschutzes und von Journalisten zur weiteren Vorbereitung nach Magnitogorsk fliegt.

Mit Honecker vereinbarte ich, dass die Gruppe von mir geleitet werden sollte.

Mitte Juni flogen wir in Begleitung einiger Mitarbeiter des ZK der KPdSU nach Magnitogorsk, wo wir vom 1. Sekretär des Stadtkomitees der KPdSU und dem Vorsitzenden des Stadtexekutivkomitees mit großer Herzlichkeit empfangen wurden. Wir besprachen ausführlich alle im Programm für Honecker vorgesehenen Punkte, sprachen mit den sowjetischen Organisatoren die Details ab und informierten uns über die politische, wirtschaftliche und soziale Situation in der Stadt und im Metallurgischen Kombinat. Wir hatten den Eindruck, dass die sowjetischen Freunde sich über den Besuch Honeckers freuten, da dieser die Aufmerksamkeit der Öffentlichkeit erhöhte. Die Möglichkeiten der Unterbringung waren zwar bescheidener als in Moskau, aber im Nachtsanatorium des Kombinats fanden wir annehmbare Lösungen, die von allen Delegationsmitgliedern ohne Umstände akzeptiert wurden.

Der sowjetischen Seite war seit dem März klar, dass ein Treffen zwischen Honecker und Gorbatschow während dessen Zwischenaufenthalt in Moskau nicht zu umgehen sein würde. Aus verschiedenen Gründen bot sich ein solches Treffen geradezu an. Nicht zuletzt wegen des Gorbatschow-Besuches in der Bundesrepublik, der vom 12. bis 15. Juni erfolgt war. Über die Ergebnisse der Reise war Honecker bestens informiert, aber er wollte hören, was Gorbatschow selbst dazu sagen würde.

An dem Gespräch am 28. Juni nahmen Außenminister Oskar Fischer, der Leiter der Kanzlei des Staatsratsvorsitzenden,

Frank-Joachim Hermann, der Leiter der Abteilung Internationale Verbindungen des ZK der SED, Günter Sieber, und ich teil. Von sowjetischer Seite waren zugegen die Mitglieder des Politbüros des ZK der KPdSU Alexander Jakowlew und Eduard Schewardnadse sowie Valentin Falin, sein Stellvertreter Rafael Fjodorow und Georgi Schachnasarow, der Berater Gorbatschows.

Das Gespräch verlief so wie auch die anderen, an denen ich teilgenommen hatte. Beide bemühten sich, nach Gemeinsamkeiten zu suchen und diese besonders herauszustellen. Honecker geizte nicht mit Eigenwerbung und Eigenlob, aber auch Gorbatschow schwärmte in Illusionen, glänzte vor Eitelkeit und Schönfärberei.

Es war wie immer. Die unterschiedlichen Standpunkte wurden angesprochen, aber eher indirekt. Einen offenen Schlagabtausch gab es nicht. Eine verständnisvolle Diskussion wichtiger Streitpunkte, ein Aufeinanderzugehen oder gar eine Klärung unterschiedlicher Auffassungen erlebte ich nie. Jeder versuchte, den anderen von der Richtigkeit seiner Position und Konzeption zu überzeugen. Obwohl die Lage in der Sowjetunion und in der DDR im Sommer 1989 besonders kritisch war, behielt ich gerade dieses Gespräch als ruhig und weitgehend harmonisch in Erinnerung.

Für Honecker war wichtig, dass Gorbatschow einleitend feststellte, »unsere Haltung zur Deutschen Demokratischen Republik und zu ihrer Führung unter Genossen Erich Honecker bleibt unverändert«. Damit schuf Gorbatschow eine freundschaftliche und herzliche Atmosphäre, die den Verlauf des Gesprächs bestimmte. Was diese Versicherung wirklich wert war, bekamen Honecker und wir alle wenige Monate später zu spüren.

Zu Ehren des Staatsgastes aus der DDR gab Gorbatschow im Jekaterinensaal des Kreml ein Essen, an dem die Begleitung Honeckers sowie von sowjetischer Seite die Mitglieder des Politbüros des ZK der KPdSU Nikolai Ryschkow, Alexander Jakowlew, Wadim Medwedew, Nikolai Sljunkow, Eduard Schewardnadse und Vitali Worotnikow sowie weitere Gäste teilnahmen.

Für die freundschaftliche Atmosphäre bei diesem Treffen sprach, dass, obwohl keine offiziellen Reden vereinbart worden waren, im Verlauf des Essens Gorbatschow und Honecker Toaste ausbrachten. Sie wurden nicht veröffentlicht, aber von meinem Stellvertreter, dem Gesandten Karl-Heinz Fehlberg, in Stichpunkten mitgeschrieben.

Gorbatschow bezeichnete sein Gespräch mit Honecker als sehr gut. Wie er ausführte, sei gerade unter den gegenwärtigen Bedingungen ein Meinungsaustausch über die innere Situation in der Sowjetunion und der DDR, die Entwicklung des Sozialismus in der Welt und unsere bilateralen Beziehungen sehr wichtig. Er versuchte, uns den Sinn der Perestroika als einer friedlichen Revolution zu erklären, die alle Interessen und Bereiche der sozialistischen Gesellschaft berühre. Dieser Prozess verlaufe kompliziert. Für die Tätigkeit der KPdSU ergäben sich ganz neue Bedingungen. Sie widerspiegelten sich vor allem im Bewusstsein der Menschen. Dort lägen die größten Schwierigkeiten. Das Umdenken sei eben kompliziert. Die Umgestaltung werde jedoch nur Erfolg haben, wenn auch die Partei den Weg der Erneuerung gehe. Nur dann könne sie ihre Rolle als Träger programmatischer Ideen meistern und die Koordinierung und Zusammenführung aller Kräfte der Gesellschaft übernehmen.

Gorbatschow gestand in seiner kurzen Rede ein, dass die KPdSU und die Sowjetunion erst ein Stück des Weges zurückgelegt hätten. Die Führung sei entschlossen, Antworten auf die offenen Fragen zu suchen. Man verstehe die Perestroika als Übergangsetappe zu einer Gesellschaft neuen Typs. Offenbar in direkter Anspielung auf die SED und die DDR erklärte er, es gäbe keinen anderen Weg und niemand hätte eine Alternative. Entweder führe die KPdSU die Perestroika durch oder die Sowjetunion sei zu Stagnation und Zurückbleiben verurteilt.

Gorbatschow schätzte die Beziehungen der UdSSR zur DDR hoch ein. Jeder Schritt der Zusammenarbeit erfolge mit ganz konkretem Inhalt. Die volle Übereinstimmung in allen wesentlichen Fragen sei heute bestätigt und das volle gegenseitige Vertrauen bekräftigt worden. Gegenseitige Gewissheit sei spürbar gewesen, die Zusammenarbeit in allen Richtungen ergebnisreich weiterzuentwickeln. Diesem Kurs der Zusammenarbeit und der Freundschaft mit der DDR seien und blieben die KPdSU und die Sowjetunion verpflichtet. Das sei nicht nur eine Losung, sondern werde mit konkreten Taten untermauert. Die sowjetische Seite kenne die konkreten Gegebenheiten der DDR und verstehe die inneren und äußeren Bedingungen ihrer Existenz. Gorbatschow schloss seinen Toast mit den Worten: »Die Erfolge der DDR sind auch unsere Erfolge. So soll und wird es auch bleiben.«

Honecker bestätigte in seiner Antwort, dass sie einen sehr guten Meinungsaustausch gehabt hätten. Er dankte Gorbatschow für die guten Worte an seine Adresse und die der DDR. Wir blieben uns selbst treu, wenn wir in der heutigen Zeit alles tun würden, um die Freundschaft zwischen unseren Ländern zu festigen. In den Grundfragen habe es große Übereinstimmung gegeben.

Es sei völlig klar, dass der Sozialismus unser Ziel sei, die Wege, die eingeschlagen würden, wiesen jedoch Unterschiede auf. Wir wüssten, dass der Sozialismus in der Sowjetunion im Ergebnis der Perestroika gute Auswirkungen auf die sozialistischen Länder und auf die Welt haben werde. Während des Treffens seien verschiedene Aspekte der Umgestaltung erörtert worden. Es sei kein leichter Prozess. Es könnten linke und rechte Abweichungen auftreten. Doch das Schiff des Sozialismus in der Sowjetunion befinde sich in guten Händen. Es habe einen erfahrenen Steuermann, der das Schiff auf festem Kurs zum Sozialismus halte.

Davon würden auch die freundschaftlichen Beziehungen zwischen der Sowjetunion und der DDR zeugen. Ein Vergleich zwischen September 1988, seinem letzten Besuch in Moskau, und heute zeige, dass beide Seiten festen Kurs auf die Erfüllung der vereinbarten Aufgaben genommen hätten.

Abschließend stellte Honecker fest, dass er und die Mitglieder der Delegation sich überzeugt hätten, dass die Erneuerung von der Partei Lenins geführt werde. Man sei sich gewiss, dass die Partei die anstehenden Aufgaben entsprechend den Ideen des Marxismus-Leninismus lösen würde.

Kommentare kann und will ich mir hier ersparen.

Noch am gleichen Tag flogen Honecker und seine Begleitung nach Magnitogorsk weiter. Vitali Worotnikow, Mitglied des Politbüros des ZK der KPdSU und Vorsitzender des Präsidiums des Obersten Sowjets der RSFSR, begleitete uns.

Anfang Juni hatte mir Koptelzew das offizielle Programm für den Besuch übergeben und dabei einige inoffizielle Bemerkungen gemacht. Sie betrafen die sowjetische Empfangsgruppe in Moskau (Jakowlew und Falin) und seine Begleitung nach Magnitogorsk (Fjodorow, stellvertretender Leiter der Internationalen Abteilung des ZK der KPdSU, und Aboimow, stellvertretender Außenminister). Es würde keine Toaste beim Essen und keine gemeinsame Erklärung über die Gespräche geben.

In Absprache mit Oskar Fischer informierte ich den Generalsekretär zunächst nicht, weil wir zu Recht befürchteten, dass diese teilweise nicht sehr durchdachten und unhöflichen Absichten den Unwillen Honeckers hervorrufen würden. Wie sich später zeigte, waren wir mit dieser Entscheidung gut beraten, denn schließlich kam fast alles anders.

Die Begrüßung und der Aufenthalt in Magnitogorsk verliefen in einer überaus herzlichen Atmosphäre. Am ersten Besuchstag besichtigte Honecker die Stätten seiner Jugend. Honecker hatte 1930/31 unter dem Pseudonym Fritz Molter die Internationale Lenin-Schule in Moskau besucht und sechs Wochen am Bau des 1. Hochofens in Magnitogorsk teilgenommen. Er besuchte den Berg Magnitka oder was davon übrig geblieben war, die Hochofenanlage, an der er mitgearbeitet hatte, andere Betriebsteile des Metallurgischen Kombinats und die Sehenswürdigkeiten der Stadt. Überall wurde er herzlich begrüßt. Mit den Offiziellen, Arbeitern, Veteranen und Einwohnern der Stadt führte er freundschaftliche Gespräche. Auf der Festveranstaltung im Kulturpalast der Metallurgen hielt Honecker eine Rede und überreichte die Schenkungsurkunde für die Orgel, die in diesem Kulturpalast eingebaut werden sollte. Die Rede wurde mit langem Beifall aufgenommen. Alle sowjetischen Redner, die nach Honecker sprachen, dankten in herzlichen Worten für das großzügige Geschenk.

Mir fiel wenige Monate später die undankbare Aufgabe zu, der Stadt im Auftrag der letzten DDR-Regierung mitzuteilen, dass die Schenkung wieder zurückgenommen werde. Ich führte den Auftrag nur widerwillig aus, weil ich mich für meinen Staat und die Regierung schämte.

Am zweiten Tag waren ein Besuch des Pionierlagers »Bergschlucht« und die Teilnahme am Pionierfest »Frieden und

Freundschaft« sowie der Besuch der landwirtschaftlichen Nebenwirtschaft des Metallurgischen Kombinats vorgesehen. Der Tag sollte auch ein wenig der Erholung dienen. Honecker fühlte sich unter den Kindern sichtlich wohl und wurde überall mit viel Beifall begrüßt.

Ich hatte während des Besuches die Möglichkeit, Honecker aus nächster Nähe zu beobachten. Ich saß mit ihm und den sowjetischen Gastgebern an einem Tisch, begleitete ihn auf seinen Spaziergängen von der Residenz zum Speisesaal, informierte ihn über eingehende Telegramme aus Berlin oder über Presseveröffentlichungen, war bei den offiziellen Anlässen in seiner Nähe und hatte mit ihm auch persönliche Gespräche. Er schien mir, im Unterschied zu früheren Treffen, abgespannter, müder und nachdenklicher, aber zugleich auch zugänglicher und freundlicher. Ich betone diesen Aspekt, weil nach der Ablösung Honeckers als Generalsekretär alle möglichen Falschinformationen, auch über seinen Besuch in Magnitogorsk verbreitet wurden. Als ich im Sommer hörte, dass er während der Tagung des Politischen Beratenden Ausschusses des Warschauer Vertrages in Bukarest ernsthaft erkrankt war und nach Berlin zurückgebracht werden musste, wurde mir bewusst, dass er bereits in Magnitogorsk unter dieser Krankheit litt.

Für den Abend des 30. Juni war die Teilnahme am Volksfest »Die goldenen Feuer von Magnitka« am Ufer des Ural-Flusses vorgesehen. Eines dieser Feuer, das den Veteranen des Kombinats gewidmet war, sollte von Erich Honecker entzündet werden. Wegen der besseren Wirkung sollte dies nach Einbruch der Dunkelheit, nach 23 Uhr, geschehen. Zuvor gab es ein Rockkonzert, was für sowjetische Verhältnisse damals noch ungewöhnlich war. Als wir gegen 22.30 Uhr eintrafen, hatte die Stimmung der vorwiegend jungen Leute bereits einen gewissen Höhepunkt erreicht. Obwohl Alkohol nicht ausgeschenkt werden sollte, war er offensichtlich in Strömen geflossen. Das Wetter war herrlich, und es wollte und wollte nicht richtig dunkel werden. Die Veranstalter verzögerten daher das Entfachen der Feuer und verhielten sich auch sonst äußerst ungeschickt. Als die Stimmung umzukippen drohte, entschloss man sich endlich, die Feuer zu entfachen. Honecker entzündete das Feuer der Veteranen und erhielt dafür viel Beifall. Das Konzert wurde mit Künstlern der Volkskunst fortgesetzt, fand aber nicht die ungeteilte Zustimmung der jugendlichen Zuschauer. Die Stimmung drohte endgültig umzukippen. Unsere sowjetischen Gastgeber fühlten sich nicht wohl und wussten nicht so recht, wie sie sich verhalten sollten. In Abstimmung mit dem Chef des Protokolls und dem Chef des Personenschutzes entschlossen wir uns, den sowjetischen Gastgebern und Honecker vorzuschlagen, das Fest zu verlassen. Der Vorschlag wurde angenommen, und so verließen wir vorzeitig die Veranstaltung.

Nach der Ablösung Honeckers behaupteten einige DDR-Journalisten, der Unmut hätte sich gegen Honecker gerichtet und die Jugendlichen hätten ihn mit Flaschenwürfen vertrieben. Nichts davon ist wahr, der Unmut der Jugendlichen hatte mit Honecker nichts zu tun. Er richtete sich unter dem Einfluss reichlich genossenen Alkohols einzig und allein gegen die Organisatoren des Festes. Natürlich hatte der Vorfall auch mit der Perestroika zu tun. Er war nur im Ergebnis der Perestroika möglich geworden. Ein solches Verhalten wäre einige Jahre zuvor nicht denkbar gewesen.

Honecker flog am nächsten Tag über Swerdlowsk direkt nach Berlin zurück. Trotz des wenig gelungenen Abschlusses war der Besuch in Magnitogorsk ein Erfolg und für ihn persönlich ein wichtiges emotionales Erlebnis. Für die Vertiefung der Beziehungen zwischen beiden Staaten, der DDR und der UdSSR, spielte der Besuch leider keine entscheidende Rolle mehr.

Während des Zwischenstopps in Moskau übergab ich die Geschäfte an Karl-Heinz Fehlberg, denn ich wollte zum Urlaub in die DDR.

Die Ereignisse im Sommer 1989 veränderten die politische Landschaft in der DDR und manches in meiner persönlichen Situation in Moskau.

Reaktionen des Westens auf die Reformpolitik Gorbatschows

Am 12. Juni 1987 hielt der amerikanische Präsident Reagan anlässlich des 750. Jahrestages der Gründung Berlins vor dem Brandenburger Tor eine Rede, in der er Gorbatschow aufforderte, die Mauer niederzureißen. Die USA plädierten dafür, sich mit dem Status der Stadt »aus Angst vor Veränderungen« nicht abzufinden, sondern Berlin zu einem »Symbol für die Zukunft und zu einer Hoffnung auf die Wiedervereinigung« werden zu lassen, »auf einen Prozess, in dem alle Menschen Osteuropas das Recht der politischen Selbstbestimmung haben«. Es gehe darum, gerade die Lage Berlins als Brücke zwischen Ost und West für die strategische Konzeption des Westens aktiver als bisher zu nutzen, der Rolle Berlins wieder strategische Dimensionen beizumessen und Berlin für die Bereitschaft der Sowjetunion, auf Veränderungen der bestehenden Lage einzugehen, zum Prüfstein des sowjetischen Entspannungswillens zu machen.

Auch die Bundesregierung und andere westeuropäische Regierungen sahen in der Politik Gorbatschows, der Perestroika, in Glasnost und »Neuem Denken« Anzeichen für einen Wandel in Osteuropa. Sie glaubten, nicht zu unrecht, am Beginn einer neuen Periode der Erwärmung des internationalen Klimas zu stehen, die auch eine weitere Veränderung des Status von Westberlin möglich machen könnte.

Die sogenannte Berlin-Initiative

Am 29. Dezember 1987 wurde dem sowjetischen Außenministerium ein Aide-mémoire der Regierungen Frankreichs, Großbritanniens und der Vereinigten Staaten von Amerika übergeben, in dem Vorschläge zur praktischen Verbesserung der Lage

Berlins unterbreitet wurden. Nach Konsultationen mit der Bundesrepublik Deutschland schlugen die drei Westmächte vor, dieses Thema mit der Sowjetunion auf der Grundlage ihrer Rechte und Verantwortlichkeiten und ohne deren Beeinträchtigung zu erörtern, um eine Vereinbarung über konkrete Maßnahmen zur Verbesserung der Lage Berlins auf zwei Gebieten zu erzielen: zum einen auf dem Gebiet des Luftverkehrs von und nach Westberlin sowie zwischen der BRD und der DDR, und zum anderen hinsichtlich der Förderung von Kontakten zwischen den Menschen innerhalb Berlins, insbesondere zwischen Jugendlichen, sowie hinsichtlich der Durchführung gemeinsamer internationaler Veranstaltungen in beiden Teilen der Stadt.

Das Aide-mémoire vom 29. Dezember 1987 war gewissermaßen ein Test der drei Mächte und der BRD, ob die Sowjetunion angesichts der positiven Veränderungen in der Welt zu Zugeständnissen bereit sein würde.

Die Regierung der Bundesrepublik und der Berliner Senat verfolgten mit Zustimmung der drei Westmächte seit langem das Ziel, Westberlin zu einer Drehscheibe in den Ost-West-Beziehungen zu machen. Nach ihren Plänen sollte Westberlin zu einer europäischen und Weltmonopole der Wissenschaft und Kultur, der Messen und Kongresse ausgebaut werden. Durch verschiedene Aktionen wurde immer wieder die Bindung Westberlins an die BRD und an die Europäische Gemeinschaft demonstriert.

Die DDR-Führung verfolgte seit jeher mit großer Aufmerksamkeit und nicht ohne Misstrauen alle Aktivitäten, die mit dem Status von Westberlin in Verbindung standen. In der so genannten Berlin-Initiative sah sie den Versuch, die Bedeutung Westberlins auf neue Art zu beleben, widerrechtlich errungene Vorteile vertraglich zu binden, die Kompetenz der drei Westmächte auch auf die Hauptstadt der DDR auszudehnen und die Souveränität der DDR zu untergraben. Da der Vorschlag darauf gerichtet war, die in Bezug auf Westberlin und die Hauptstadt der DDR bestehende spezifische politische Lage zur Veränderung der bestehenden Realitäten auszunutzen, war er nicht nur mit der Souveränität der DDR unvereinbar, sondern richtete sich zugleich direkt gegen den im Vierseitigen Abkommen verankerten Interessenausgleich und das in seinem Ergebnis zustande gekommene Vertragssystem. Die DDR und die Sowjetunion hatten in der Vergangenheit stets nachdrücklich Einspruch gegen die Versuche eingelegt, die Interessen und die souveränen Rechte der DDR zu ignorieren. Sie betonten immer wieder, dass mit den westlichen Vorschlägen grundsätzliche Interessen der DDR unmittelbar berührt würden und ohne ihre Mitwirkung und eine umfassende Koordinierung keine Entscheidungen getroffen werden könnten.

Erstaunlich hingegen war, dass die drei westlichen Alliierten in ihrer »Berlin-Initiative« die Frage des Flugverkehrs von und nach Westberlin überhaupt aufwarfen. Berührte er doch äußerst sensible politische und juristische Aspekte der Nachkriegsregelungen, die durch die reale Entwicklung in beiden deutschen Staaten längst als fragwürdig galten. Dazu zählten auch die Vorteile, die sich die drei Westmächte durch den widerrechtlichen zivilen Flugverkehr von und nach Westberlin verschafft hatten.

DDR drängt auf Konsultationen

Angesichts der Aktivitäten der drei Westmächte hinsichtlich der Erweiterung des illegalen Flugverkehrs von und nach Westberlin, in die sogar die Lufthansa einbezogen werden sollte, hielt es die DDR für dringend geboten, mit der UdSSR abgestimmte Schritte zur Wahrung ihrer gemeinsamen Interessen zu unternehmen. Während des offiziellen Besuches von Minister Oskar Fischer in Moskau im Januar 1988 fand ein erster Meinungsaustausch über die »Berlin-Initiative« statt.

Der von Fischer dargelegte Standpunkt, dass unter Missachtung der Souveränität der DDR keine Beschlüsse über »Berlin« und über den Luftraum der DDR gefasst werden könnten, fand die volle Unterstützung Schewardnadses. Zur Bestimmung einheitlicher Positionen wurde eine Konsultation vereinbart.

Doch die Sowjetunion ließ lange auf eine Antwort warten. Die vereinbarten Konsultationen über die Vorbereitung einer offiziellen Antwort auf das Aide-mémoire der drei Westmächte fanden nicht statt, die von der DDR zwischenzeitlich übermittelten Vorschläge zur Wahrung der Rechte der DDR in ihrem Luftraum blieben unbeantwortet. Das betraf auch die Vorschläge der DDR zur Erhöhung der Flugsicherheit im Bereich des Luftraumes über dem Flughafen Schönefeld, die dem sowjetischen Außenministerium am 18. Mai 1988 übermittelt wurden.

Bekanntlich überwachte bis 1990 die Alliierte Luftsicherheitszentrale, die ihren Sitz in Westberlin hatte, den Luftraum über ganz Berlin im Umkreis von 32 Kilometern und damit auch über Teile des Luftraums der DDR. Unabhängig davon existierte das Flugsicherheitssystem der DDR, das eigene Flugregeln im Nahverkehrsbereich des Flughafens Schönefeld hatte, welche auch von den drei Westmächten, ohne dass darüber Absprachen mit der DDR erfolgt waren, beachtet wurden. Aus prinzipiellen Gründen lehnten die drei Westmächte eine einvernehmliche Regelung ab.

1988 schlug die DDR vor, die Flugregeln der DDR der Alliierten Flugsicherheitszentrale offiziell zu übergeben und ihre Beachtung im Interesse der Flugsicherheit im Nahverkehrsbereich des Flughafens Schönefeld zu fordern. Außerdem erklärte sich die DDR bereit, ihr Daten über An- und Abflüge zum und vom Flughafen Schönefeld zu übermitteln. Sie verband damit die Erwartung, dass auch die Alliierte Luftsicherheitszentrale entsprechend handeln würde.

Am 5. Juli 1988 übergab ich im Auftrag von Außenminister Oskar Fischer dem sowjetischen Außenminister Schewardnadse ein Schreiben, in dem erneut der Standpunkt der sowjetischen Seite zu den Überlegungen der DDR angemahnt wurde. In einem Gespräch mit mir teilte Schewardnadse unsere Überlegungen und legte den Standpunkt der Sowjetunion zu den aufgeworfenen Fragen dar.

Bereits am nächsten Tag wurde mir endlich der Entwurf der sowjetischen Antwort auf das Aide-mémoire der drei Westmächte vom 29. Dezember 1987 übergeben. Der stellvertretende Außenminister der UdSSR, Aboimow, brachte dabei zum Ausdruck, dass man versucht habe, die Vorstellungen der DDR zu berücksichtigen. Der vorliegende Entwurf sei mit allen zuständigen Stellen der UdSSR, einschließlich des Ministeriums der Verteidigung, abgestimmt worden. Er bat, den Entwurf durch die zuständigen Organe der DDR prüfen zu lassen und erklärte, dass der Leiter der 3. Europäischen Abteilung des sowjetischen Außenministeriums, Alexander Bondarenko, jederzeit zu Konsultationen nach Berlin kommen könnte.

Auf meine Frage nach den Gründen für die späte Übergabe antwortete er, dass es sowohl objektive als auch subjektive Hindernisse gegeben habe. Einige seien der Meinung gewesen, sich mit der Antwort auf das Aide-mémoire nicht zu beeilen. Das hätte jedoch nicht dazu führen dürfen, dass man die Beratung mit den Freunden so lange hinausschob.

Am 7. Juli übergab Botschafter Wjatscheslaw Kotschemassow an Minister Fischer ein Schreiben von Schewardnadse, in dem auf das Gespräch mit mir und die Übergabe des Entwurfs der Antwort Bezug genommen wurde. In einer Anlage zum Schreiben wurde festgestellt, dass die Überlegungen der DDR insgesamt in die richtige Richtungen weisen würden. Es wurde bekräftigt, dass die Sowjetunion unverändert an ihrer prinzipiellen Position festhalte, die Souveränität der DDR durch die allmähliche Beseitigung der noch bestehenden Überreste der vierseitigen Nachkriegsregelungen, die das Territorium und den Luftraum der Republik beträfen, zu festigen. Die Sowjetunion würde auch weiterhin die entsprechenden Anstrengungen der DDR unterstützen. Zugleich wurde die Bereitschaft erklärt, gegenüber den drei Westmächten erneut die Frage der Verletzung des Flugregimes in den Korridoren durch deren zivile Flugzeuge aufzuwerfen.

Die Überlegungen und Vorschläge der DDR bezüglich der Flugsicherheit im Bereich des Flugplatzes Schönefeld fanden Zustimmung.

Hinsichtlich der Flüge von Hubschraubern der DDR in der Berliner Kontrollzone hielt es die sowjetische Seite für zweckmäßig, die Praxis dieser Flüge beizubehalten und Flüge nur in besonderen Fällen und aus humanitären Gründen sowie in Abstimmung mit den sowjetischen Vertretern in der Berliner Flugsicherheitszentrale durchzuführen. Eine Änderung dieser Praxis könnte angesichts der besonderen Empfindlichkeit der drei Westmächte in dieser Frage die Situation nur verschärfen. Man müsste dann damit rechnen, dass sie die Flüge mit ihren Hubschraubern über der Hauptstadt der DDR, die durch gemeinsame Anstrengungen beendet wurden, wieder aufnehmen würden. Der Sowjetunion würde es auch schwerer fallen, die Versuche der Westberliner Polizei, Hubschrauber über Westberlin einzusetzen, zurückzuweisen. Sie warnte vor den politischen und anderen Verlusten für die DDR, falls die westliche Seite ähnliche Maßnahmen ergreifen würde.

Diese Einwände wurden von der DDR akzeptiert.

Aber es gab zum Entwurf der sowjetischen Antwort auf die westliche »Berlin-Initiative« eine Reihe Vorbehalte, die in einer vom Politbüro der SED am 26. Juli 1988 bestätigten Direktive für die Konsultationen mit dem sowjetischen Außenministerium enthalten waren.

Bei diesen Konsultationen mit Alexander Bondarenko bestätigte sich, dass die Standpunkte der DDR und der UdSSR in allen wesentlichen Fragen übereinstimmten. Wie nicht anders zu erwarten, wies die Sowjetunion die unrealistischen Versuche, die territorial-politischen Realitäten im Zentrum Europas zu ignorieren und mit Begriffen zu operieren, die mit der wirklichen Lage nichts mehr gemein hatten, energisch zurück. Sie konnte mit den drei westlichen Mächten keine Fragen erörtern, welche die Hauptstadt der DDR oder andere Probleme betrafen, die ausschließlich zu den Vorrechten und Privilegien der DDR gehörten. In diesen Angelegenheiten konnte der Partner für andere Staaten, einschließlich der BRD und Westberlin, nur die Regierung der DDR sein. Der Kernpunkt der sowjetischen Reaktion konnte nur in der Forderung nach Respektierung der Realitäten und der Achtung der Souveränität der DDR bestehen. In diesem Sinne wurden auf Vorschlag der DDR einige Veränderungen und Ergänzungen am Text der sowjetischen Antwortnote vorgenommen. Es wurde eindeutig klargestellt, dass Fragen, die Gegenstand von Gesprächen zwischen den vier Mächten sein könnten, sich ausschließlich auf Westberlin und die Realisierung des Vierseitigen Abkommens beziehen müssten. Formulierungen, die im Sinne von Gesprächen der vier Mächte über »Gesamtberliner« Konferenzen, Veranstaltungen und Kontakten interpretiert werden könnten, wurden verändert.

Zum Luftverkehr von und nach Westberlin

Bei der Erörterung der Fragen über die widerrechtliche Nutzung der Luftkorridore und die sogenannte Berliner Kontrollzone durch zivile Fluggesellschaften der drei Westmächte hatte die sowjetische Seite zunächst darauf bestanden, jene Formulierungen im Text der Antwortnote zu belassen, die die Möglichkeit vierseitiger Gespräche über das Regime der Luftkorridore und der Berliner Kontrollzone sowie über das Vierseitige Abkommen als Modell einer einvernehmlichen Regelung unter Berücksichtigung der Interessen aller beteiligten Seiten vorsahen.

Die DDR bestand jedoch darauf, dass Fragen, die ihrer Souveränität unterliegen, einschließlich des zivilen Luftverkehrs von und nach Westberlin, nur im Ergebnis gleichberechtigter Verhandlungen mit der DDR und unter Wahrung ihrer legitimen Rechte und Interessen geregelt werden könnten und müssten. Sie erkannte an, dass das Vierseitige Abkommen für das Zustandekommen des europäischen Vertragswerkes von großer Bedeutung gewesen sei, für künftige Verhandlungen jedoch nicht als Modell dienen könne. Vierseitige Vereinbarungen über Fragen, die das Territorium der DDR betrafen und ihre Souveränität berührten, würden den Eindruck erwecken, als ob ein Zustand fortexistiere, der längst überlebt sei.

Bondarenko argumentierte, dass die sowjetischen Formulierungen erforderlich seien, um der Antwortnote einen konstruktiven Akzent zu geben und die Bereitschaft zu Gesprächen über die Verbesserung der Lage zu bekunden. Nach Meinung der DDR konnte sich eine solche Gesprächsbereitschaft nur auf die Fragen beziehen, die nach dem Vierseitigen Abkommen der Zuständigkeit der vier Mächte unterstanden. Im Vierseitigen Abkommen wurde jedoch der Flugverkehr und natürlich auch der von zivilen Fluggesellschaften nicht erwähnt.

Diesen Erwägungen stimmte Bondarenko im Verlaufe der Konsultationen schließlich zu. Die im Entwurf der sowjetischen Antwort enthaltenen Passagen, die die Möglichkeit von Gesprächen zwischen den vier Mächten bzw. das Modell des Vierseitigen Abkommens zur Regelung der Fragen des zivilen Flugverkehrs von und nach Westberlin vorsahen, wurden gestrichen. Im Zusammenhang mit der widerrechtlichen Benutzung der Luftkorridore durch zivile Fluggesellschaften der drei Westmächte wurde im abgestimmten Text unterstrichen, dass nur die Rede davon sein könne, »wie die gegenwärtige anomale Lage mit den Forderungen des Völkerrechts bei gebührender Beachtung der Souveränität der DDR und ihrer Zuständigkeit im Luftraum der Republik in Übereinstimmung gebracht werden kann«.

Die Diskussion über die sowjetische Antwort zeigte, dass unter dem Einfluss des »Neuen Denkens« auf sowjetischer Seite die Bereitschaft gewachsen war, prinzipielle politische Positionen ohne entsprechende Gegenleistungen der anderen Seite aufzugeben. Deutlich wurde auch, dass sie im Interesse eigener wirtschaftlicher Vorteile bereit war, grundsätzliche Interessen ihrer Verbündeten zu opfern.

Es verdichteten sich die Anzeichen, dass in den sowjetischen Führungsgremien zu grundsätzlichen Fragen, die die Beziehungen zur DDR, zur BRD und Westberlin betrafen, keine einheitlichen Auffassungen mehr vertreten wurden. Das äußerte sich nicht nur in zweifelhaften Erklärungen zu Fragen, die die DDR betrafen, sondern auch in Initiativen einzelner sowjetischer Verantwortlicher, die mit Moskau nicht abgestimmt waren. Es muss nicht besonders betont werden, dass solche Aktivitäten das Politbüro der SED verunsicherten, das Misstrauen verstärkten und die Haltung zur sowjetischen Führung beeinflussten.

Beispiel: Zum Zeitpunkt der Konsultationen wurde der DDR-Führung streng vertraulich mitgeteilt, dass der Botschafter der UdSSR in der BRD, Julij Kwizinski, hinsichtlich des Luftverkehrs von und nach Westberlin eine Initiative ergriffen hätte. Er hätte etwa um den 20. Juli 1988 ein vertrauliches Gespräch mit Franz Josef Strauß geführt und dabei einige »persönliche Ideen« vorgetragen, um dessen Reaktion darauf zu erfahren. So habe Kwizinski erwähnt, dass ja auch die UdSSR das Recht habe, die Luftkorridore zwischen der BRD und Westberlin zu nutzen, wovon sie bisher keinen Gebrauch gemacht habe. Er halte es für denkbar, dass auch die Sowjetunion die Korridore für zivile Flüge nutzen könnte.

Die Idee von Kwizinski war zweifelsohne überlegenswert, aber angesichts der politischen und kommerziellen Interessen der drei Westmächte war damit zu rechnen, dass sie alles unternehmen würden, um einen solchen Flugverkehr zu unterbinden. Es bestand auch nur geringe Aussicht, dass die Bundesregierung einem solchen Vorschlag folgen würde. Er hätte lediglich eine gewisse taktische Bedeutung gehabt, um zu prüfen, wie die Westmächte darauf reagieren würden.

Das Vorgehen von Kwizinski, sollte es überhaupt ein Alleingang gewesen sein, zeigte, dass es von sowjetischer Seite doch ernsthafte Überlegungen gab, wie der direkte Flugverkehr aus der Sowjetunion nach Westeuropa unter Einbeziehung Westberlins und über die BRD entwickelt werden könnte. Die folgenden Ereignisse bestätigten, dass bestimmte Kreise in der UdSSR, entgegen den grundsätzlichen politischen Interessen, schnelle ökonomische Vorteile durch den Luftverkehr mit Westeuropa erreichen wollten. Die mit der DDR abgestimmte Antwort fand darum nicht die Zustimmung bestimmter Kräfte in der Sowjetunion.

Man versuchte sogar, sie gegen die DDR zu verwenden.

Nach der Übergabe der sowjetischen Antwort auf das Aidemémoire der drei Westmächte und den aus diesem Anlass erfolgten Veröffentlichungen in der UdSSR und in der DDR wurde versucht, Meinungsverschiedenheiten zwischen beiden Staaten zu konstruieren.

Die sowjetischen Vorwürfe wurden von mir zurückgewiesen. In Berlin war man trotzdem der Meinung, dass ich nicht energisch genug die Position der DDR vertreten hätte.

Die Sowjetunion versuchte auch andere Möglichkeiten zu nutzen, um das bestehende Regime im Flugverkehr nach Westberlin zu unterlaufen. Eine solche Möglichkeit bot sich nach dem furchtbaren Erdbeben in Armenien Anfang Dezember 1988. Die sowjetische Fluggesellschaft Aeroflot transportierte Hilfsgüter von Tegel nach Armenien. Nach sowjetischen Informationen waren angeblich die Flüge auf Initiative der westlichen Seite zustandegekommen. Laut Meldungen in der Presse der Bundesrepublik und Westberlins hatte jedoch die Sowjetunion Anträge zum Überfliegen des Territoriums der DDR an die drei Westmächte gestellt.

Auf unsere nachdrücklichen Anfragen wurde uns erklärt, dass Moskau mit diesen Flügen einen Präzedenzfall folgender Art schaffen wollte: Die UdSSR stellt als eine der vier Mächte bei der DDR den Antrag zum Überliegen des Hoheitsgebietes der DDR zwecks Landung in Westberlin. Dieser Antrag wird seitens der DDR genehmigt und in der Presse veröffentlicht. Damit wäre zum ersten Mal von einer der vier Mächte ein offizieller Antrag zum Überfliegen des Territoriums der DDR gestellt worden.

So der Plan. Leider sei es aus »irgendwelchen Gründen« nicht zur Veröffentlichung des Antrages der UdSSR an die DDR gekommen, womit »unserer gemeinsamen Sache letztlich Schaden zugefügt wurde. Der Westen konnte somit seine Falschmeldungen über Anträge, welche die UdSSR angeblich an die Westmächte gerichtet hätte, ungehindert propagieren«.

Vertreter des sowjetischen Außenministeriums beteuerten der Botschaft der DDR gegenüber, dass es überhaupt keine Anträge seitens der UdSSR gegeben habe. Solche Anträge müssten nur dann bei den Westmächten gestellt werden, wenn die UdSSR die Absicht habe, die Luftkorridore von Westberlin in die Bundesrepublik zu benutzen. Das hätte sie aber nicht getan. Die sowjetischen Flugzeuge seien vom Osten nach Westberlin geflogen, wozu sie allein die Genehmigung der DDR benötigt hätten. Der Einflug in die Berliner Luftkontrollzone musste, entsprechend den Vierseitigen Vereinbarungen, bis zehn Minuten vor der Landung der Alliierten Luftsicherheitszentrale mitgeteilt werden. Nur diese Informationen seien von der UdSSR gegeben worden.

Es konnte nie ganz aufgeklärt werden, ob es sich wirklich um ein Versehen oder um eine gezielte Maßnahme handelte.

Die drei Westmächte und die BRD hatten offenbar die Bereitschaft der UdSSR zu Gesprächen und Zugeständnissen in den die DDR und ihre Hauptstadt betreffenden Fragen falsch eingeschätzt. Nachdem Moskau fast ein Jahr brauchte, um die Antwort auf das Aide-mémoire der drei Westmächte zu formulieren, konnte sie die klare Ablehnung ihrer Vorschläge und das eindeutige sowjetische Bekenntnis zu den souveränen Rechten und Interessen der DDR kaum noch überraschen.

Sie konnten allerdings so wenig wie wir wissen, dass ein Jahr später die Grenze der DDR geöffnet werden und sich ihre Vorschläge vom 29. Dezember 1987 faktisch von selbst verwirklichen würden.

Das »Neue Denken« kommt zum Tragen

Die auf der 19. Parteikonferenz der KPdSU beschlossenen politischen und wirtschaftlichen Reformmaßnahmen wirkten sich auch auf die Außen- und Sicherheitspolitik der UdSSR aus. Eigentlich kam das »Neue Denken« erst jetzt richtig zum Tragen. Es äußerte sich zunächst im fast völligen Verzicht auf bis dahin geltende ideologische Prinzipien, etwa die Rolle der Klassen und des Klassenkampfes in der Außenpolitik sowie des proletarischen bzw. sozialistischen Internationalismus. An ihre Stelle traten solche Begriffe wie universale Interessen und Werte, allgemeinmenschliche Interessen, humanistischer Universalismus, zivilisatorische Gesellschaft und zivilisatorischer Fortschritt sowie das Konzept der »Freiheit der Wahl«, das im »Neuen Denken« Gorbatschows eine entscheidende Rolle spielte.

Es handelte sich nicht um andere Begriffe für die alte Politik. Dahinter verbarg sich tatsächlich eine andere, neue Außen- und Sicherheitspolitik. Am deutlichsten wurde dies in der Rede Gorbatschows vor der UNO-Vollversammlung in New York im Dezember 1988. Gorbatschow und ein Teil der sowjetischen Führung gingen offenbar davon aus, dass das »Neue Denken« die sowjetischen Positionen in der internationalen Arena stärken und von den westlichen Staaten, vor allem den USA und den anderen NATO-Staaten, honoriert werden würde. Wie die weiteren Ereignisse zeigten, trug das »Neue Denken« weder zur Stärkung der sowjetischen Positionen in den internationalen Beziehungen noch zu einem Einlenken der westlichen Staaten bei.

Im Gegenteil, die Erosion der sowjetischen Positionen setzte sich fort, ihre Handlungsfähigkeit wurde weiter untergraben und geschwächt.

Wiener KSZE-Folgekonferenz

Anfang 1989 war deutlich zu erkennen, dass die NATO-Staaten die geschwächten Positionen und die Fehler der UdSSR konsequent gegen sie und ihre Verbündeten ausnutzten. Das zeigten Verlauf und Ergebnisse der Wiener KSZE-Folgekonferenz sehr deutlich, die Mitte Januar 1989 nach mehr als zweijähriger angestrengter Arbeit abgeschlossen wurde. Die DDR musste in Wien Vereinbarungen zustimmen, die ihre Interessen besonders berührten. Das betraf vor allem Festlegungen, die auf die Prüfung von Möglichkeiten für die Abschaffung des Mindestumtausches, den Zugang der Journalisten zu öffentlichen und privaten Informationsquellen, den Verzicht auf Ausweisung von Journalisten wegen des Inhalts der Berichterstattung und die Bildung unabhängiger, der nationalen Gesetzgebung nicht unterworfener »Helsinki-Gruppen« gerichtet waren.

Die Staaten des Warschauer Vertrages traten im gesamten Verlauf des Treffens immer weniger einheitlich auf. Während die NATO-Staaten ihre Grundpositionen einheitlich und geschlossen vertraten, fehlten bei den Staaten des Warschauer Vertrages die Fähigkeit und inzwischen auch der politische Wille, ihre Einheit und Geschlossenheit ebenso zu demonstrieren. Mehr noch, wie mir ein Teilnehmer berichtete, ließen die Reden und das Verhalten manches »Bruders« ein eifriges Bemühen erkennen, »den ihnen offensichtlich immer peinlicher werdenden sozialistischen Stallgeruch möglichst rasch loszuwerden«. In Wien sprach jeder nur noch für sich selbst, niemand solidarisierte sich mit der DDR oder einem anderen verbündeten Staat, der angegriffen oder verleumdet wurde.

Es zeigten sich auch deutliche konzeptionelle Unterschiede im Herangehen der einzelnen sozialistischen Länder an die Menschenrechts- und humanitären Fragen. Vor allem die UdSSR akzeptierte westliche Forderungen als »Ergebnis eigener Umgestaltungs- und Demokratisierungsprozesse«.

Noch vor Beginn des Wiener Treffens kamen die Warschauer Vertragsstaaten nach gemeinsamer Abstimmung überein, die sicherheitspolitischen Aspekte, Fragen der Abrüstung und der Rüstungskontrolle sowie die handels- und wirtschaftspolitischen Fragen aus dem Korb 2 in den Mittelpunkt des

Treffens zu stellen. Doch bereits in seiner Eröffnungsrede in Wien im November 1986 rückte der sowjetische Außenminister Schewardnadse mit dem Vorschlag, eine repräsentative Konferenz der KSZE zur humanitären Zusammenarbeit einschließlich der Fragen der menschlichen Kontakte, der Information, der Kultur und der Bildung in Moskau durchzuführen, die humanitären Fragen und die Menschenrechte in den Mittelpunkt der Diskussionen.

Dieser Vorschlag kam für die Verbündeten und die übrigen Teilnehmer der Konferenz völlig unerwartet.

Der unabgestimmte Vorstoß glich in gewisser Weise dem Vorgehen Gorbatschows in Reykjavik, als er mit einem Überraschungsangriff versucht hatte, Reagan zu überrumpeln. Moskau wollte mit diesem Vorschlag zeigen, dass die Sowjetunion für alle Fragen, auch angeblich heikle, gesprächsbereit sei und nun selbst die Initiative übernehmen werde. Ein an sich richtiger Schritt, der die westlichen Teilnehmer etwas verwirrte, aber andererseits entsprach er ihren Vorstellungen über die Schwerpunkte des Wiener Treffens.

Sozialistische Länder ziehen keine Schlussfolgerungen

Mitte Januar 1989 wurde die 3. KSZE-Folgekonferenz in Wien mit der Annahme des Schlussdokuments beendet. Bei der Bewertung, was die einzelnen Ländergruppen in das Dokument wirklich einbringen konnten und wie die Umsetzung in den einzelnen Staaten erfolgen sollte, gingen die Meinungen in Ost und West und innerhalb der Bündnisse weit auseinander.

Am 11. und 12. April 1989 fand in Berlin die 18. Tagung des Komitees der Außenminister der Warschauer Vertragsstaaten statt. Schewardnadse, der wegen der blutigen Zusammenstöße in der georgischen Hauptstadt Tbilissi weilte – bekanntlich war er von 1972 bis 1985 in der Unionsrepublik 1. Sekretär der Partei –, wurde von seinem 1. Stellvertreter Alexander Bessmertnych vertreten.

Wenige Tage später übermittelte mir das Außenministerium der DDR die Materialien der Tagung. Beim Lesen der Berichte und Reden der Tagungsteilnehmer stellte ich fest, dass in den internen Dokumenten keine befriedigenden Antworten auf die uns beunruhigenden Entwicklungen im Bündnis und in den internationalen Beziehungen zu finden waren.

Auffallend waren die selbst damals offenkundige Fehlinterpretation über Bedeutung und Rolle des Sozialismus in der internationalen Entwicklung. Aus dem Wiener Treffen zogen vor allem die Außenminister der UdSSR, Polens, Ungarns, aber auch Bulgariens und der ČSSR den Schluss, dass »Wien ein Meilenstein auf dem Weg zu einem qualitativ anderen Zustand in Europa war«, »ein bahnbrechender Erfolg der sozialistischen Staaten«. Es habe sich erneut gezeigt, dass »der Sozialismus die entscheidende Rolle in der Welt spiele«, »sein Einfluss auf den Gang der Welt« so groß sei wie nie und »die Autorität des Sozialismus im Westen« sich gefestigt habe. Man sonnte sich gewissermaßen in den bescheidenen Erfolgen von Wien und jagte weiter Illusionen hinterher.

In den Materialien sucht man vergebens nach einer gemeinsamen, ausgewogenen Einschätzung der Ergebnisse des Wiener Treffens und erst recht nach einer kritischen Analyse der internationalen Lage, des zu erwartenden Vorgehens der NATO und der realen Möglichkeiten der Staaten des Warschauer Vertrages.

Dieser Tatsache war es auch geschuldet, dass zu entscheidenden Fragen des weiteren gemeinsamen Vorgehens der sozialistischen Länder keine realen Schlussfolgerungen gezogen wurden. Die Meinungsverschiedenheiten zwischen den Verbündeten, die Differenzen in konzeptioneller und taktischer Hinsicht waren nicht mehr zu übersehen und auch nicht mehr überbrückbar.

Bessmertnych hatte in seiner Rede strategische Ziele und Aufgaben formuliert, die das Kräfteverhältnis zwischen Ost und West und die den sozialistischen Ländern noch verbliebenen realen Möglichkeiten in erheblichem Maße ignorierten.

Lediglich Außenminister Oskar Fischer, sein rumänischer Kollege Ioan Totu und, weniger deutlich, der tschechoslowakische Außenminister Jaromir Johanes waren auf die Widersprüchlichkeit der Ergebnisse des Wiener Treffens eingegangen.

Es sei nicht zu übersehen, so Oskar Fischer, dass der Widerstand entspannungsfeindlicher Kräfte zugenommen habe. Die Lüge von der »Bedrohung aus dem Osten« werde in geradezu penetranter Weise aufrechterhalten, um unter dem Deckmantel von Modernisierung und Umrüstung das qualitative Wettrüsten fortsetzen zu können. Vor allem aber werde eine offene und direkte Differenzierungs- und Einmischungspolitik gegenüber sozialistischen Ländern praktiziert. Die westlichen Hauptmächte, allen voran die BRD, würden nach dem Wiener KSZE-Folgetreffen offensichtlich in der stabilen sozialistischen Ordnung das Haupthindernis für die rasche Verwirklichung ihrer Pläne zum breiten Export ihrer bürgerlichen Wertvorstellungen sehen, in denen der Sozialismus allenfalls den Platz eines gescheiterten Experiments habe.

Die Haltung des Außenministers der DDR widerspiegelte die Sorge der SED-Führung über die innenpolitischen Vorgänge in der UdSSR, Polen und Ungarn, die Haltung dieser Staaten zu den gemeinsamen Interessen – also auch den Interessen der DDR – und über die noch unüberschaubaren Folgen dieser Vorgänge für die DDR.

Die DDR ging im Frühjahr 1989 davon aus, dass sich die politisch-diplomatischen Auseinandersetzungen in Europa auf den KSZE-Prozess konzentrieren werden. Deshalb sollte das in Wien Vereinbarte so umgesetzt werden, dass »der Sozialismus gefestigt und die friedliche, gegenseitig vorteilhafte Zusammenarbeit wirklich gestärkt« werde. Laut Fischer galt das umso mehr, als bestimmte Festlegungen keinesfalls zugunsten der sozialistischen Länder ausgefallen waren. Es spräche wohl für sich, so Fischer, wenn internen Einschätzungen der NATO zufolge die vom Westen gehegten Erwartungen in das Schlussdokument von Wien weit übertroffen worden seien. Die DDR hielt es deshalb für dringend geboten, konstruktive, den Interessen der sozialistischen Länder dienende Initiativen zu konzipieren.

Fischer mahnte, dass die bisher praktizierte allgemeine Abstimmung zu den Zielen und Prioritäten des Konzepts der sozialistischen Länder nicht mehr ausreichen werde, um die Interessen der sozialistischen Gemeinschaft wirksamer zur Geltung zu bringen und die Möglichkeiten westlicher Differenzierungs- und Diskriminierungspolitik einschränken zu können. Er appellierte an die Verbündeten, gemeinsame konzeptionelle und konkrete Vorstellungen in allen Hauptrichtungen des KSZE-Prozesses auszuarbeiten. In die gleiche Richtung zielte auch seine Kritik an der schleppenden Arbeit zur Vervollkommnung des Mechanismus im Warschauer Vertrag. Die DDR verlangte einen größeren Vorlauf bei der Abstimmung der gemeinsamen strategischen Ziele, gemeinsame Festlegung der Taktik, regelmäßige Abstimmung zwischen nationalen und bündnisbezogenen Initiativen sowie eine häufigere, operative Überprüfung ihrer Wirksamkeit.

Die Rede von Außenminister Fischer trug den Realitäten in Europa, insbesondere hinsichtlich der Ziele und Absichten der NATO, mehr Rechnung als die Ausführungen seiner Kollegen. Allerdings entsprachen Fischers Erwartungen an die Bündnispartner, so wünschenswert und notwendig sie waren, schon nicht mehr der wirklichen Lage in den Beziehungen zwischen den sozialistischen Ländern und dem viel gepriesenen Prinzip von ihrem einheitlichen Handeln. Ein knappes Jahr später begann der Warschauer Vertrag zu bröckeln und etwas später brach er ganz auseinander.

Die Antwort Bushs

In den Jahren 1988/89 vollzogen sich nicht nur wesentliche Änderungen in der sowjetischen Außenpolitik. Auch in der Außenpolitik der USA und ihrer NATO-Verbündeten war angesichts der veränderten Situation in der UdSSR und in Osteuropa ein neues Herangehen zu spüren. Am 20. Januar 1989 übernahm George Bush sr. offiziell das Amt des Präsidenten der Vereinigten Staaten. In den politischen Kreisen der USA waren die Erwartungen an die Bush-Administration hoch.

Zunächst tat sich die Bush-Administration jedoch schwer mit der Erarbeitung ausgereifter außenpolitischer Konzepte. Die weitgehenden Zugeständnisse Gorbatschows in den Abrüstungs- und Rüstungskontrollgesprächen und bei den KSZE-Nachfolgeverhandlungen in Wien, die faktische Aufgabe der »Breshnew-Doktrin« gegenüber den sozialistischen Ländern, der sowjetische Rückzug aus Afghanistan, die Verhandlungslösungen im südlichen Afrika und die politischen und wirtschaftlichen Reformen in der UdSSR entsprachen den amerikanischen Zielstellungen und wurden dort als Resultat eigener Politik gewertet. Trotzdem stand die neue Mannschaft um Bush Gorbatschows Worten und Taten misstrauisch gegenüber. Sie glaubte nicht so recht, dass sich in der Sowjetunion und in den osteuropäischen Ländern wirklich ein politischer Wandel vollzog.

Im Frühjahr 1989 kristallisierten sich allmählich die Konturen der künftigen amerikanischen Politik gegenüber der Sowjetunion heraus. Die UdSSR blieb unverändert Hauptgegner der USA, daher wurde jede Entscheidung hinsichtlich ihrer Auswirkungen auf das internationale Kräfteverhältnis sorgfältig geprüft.

Washington betrachtete die Sowjetunion bereits als eine Großmacht im Niedergang. Das Ziel der US-Außenpolitik bestand folglich darin, die UdSSR durch qualitative Stärkung des eigenen militärischen Kräftepotenzials, vor allem aber durch wirtschaftlichen und politischen Druck weiterhin so zu schwächen, dass sie ihre Bedeutung als Supermacht und ihren globalen Einfluss endgültig verlöre.

Durch die Herstellung eines Wechselverhältnisses zwischen Druckmitteln und Anreiz sollten die Führungen der sozialistischen Länder veranlasst werden, die eingeleiteten Veränderungen in ihren Ländern rascher voranzutreiben. Den Reformern in den Führungen sollte soviel wirtschaftliche Hilfe gegeben werden, dass die politischen Reformen unumkehrbar werden.

Für Europa sah die Bush-Administration Anfang 1989 die reale Chance, durch die Nutzung der erklärten Bereitschaft der sowjetischen Führung zur Respektierung der freien Entscheidung der Völker über die Wahl des sozialen Systems, die tiefgehenden politischen und wirtschaftlichen Wandlungen in den sozialistischen Staaten Osteuropas so zu beeinflussen, dass eine neue europäische Friedensordnung geschaffen werden könnte, in der die Spaltung des Kontinents in zwei gegensätzliche soziale und militärische Blöcke überwunden und den USA in Europa ein fester Platz gesichert werden könnte.

Dabei wollten sich die USA der sowjetischen Idee von der Schaffung eines gemeinsamen europäischen Hauses bedienen.

Im Vordergrund der amerikanische Aktivitäten stand, durch sehr differenziertes Eingehen auf nationale Interessen der einzelnen Länder, alle Tendenzen zu fördern, die das bilaterale Zusammenwirken mit der UdSSR beeinträchtigen oder die Kooperation im Warschauer Vertrag und im Rat für Gegenseitige Wirtschaftshilfe schwächen würden.

Sonderfall DDR

Die DDR wurde in den konzeptionellen Überlegungen sowohl von den USA und erst recht von der BRD als besonderer Fall eingestuft. In den westlichen Hauptstädten wurde übereinstimmend anerkannt, dass die DDR in den 80er Jahren durch ihr aktives Engagement im Ost-West-Dialog, ihr Eintreten für Frieden und Abrüstung an internationalem Ansehen und Autorität gewonnen hatte.

Zweifellos trugen zur Stärkung des internationalen Ansehens der DDR in der ersten Hälfte der 80er Jahre auch die fortschreitende Normalisierung und der Ausbau der Beziehungen zwischen der DDR und der Bundesrepublik Deutschland bei.

Über die Gründe für den Wandel im Herangehen der DDR-Führung an die Beziehungen zur BRD gab es unterschiedliche Auffassungen, unbestritten bleibt jedoch sicherlich, dass für diesen Pragmatismus in nicht geringem Maße innenpolitische Zwänge verantwortlich waren. Keine geringe Rolle spielte auch die Tatsache, dass es schließlich doch zu dem von Honecker seit Jahren angestrebten Besuch in der Bundesrepublik kam.

Obwohl sich die BRD bemühte, die Bedeutung des Besuches und andere Vorschläge der DDR wie die Aufnahme von Gesprächen der Verteidigungsminister beider Staaten herunterzuspielen, riefen diese Initiativen Irritationen und Misstrauen in der NATO hervor. Sie war daher zu Rechtfertigungen und Beschwichtigungen genötigt, zumal nicht nur in der DDR der Besuch Honeckers in der BRD als völkerrechtliche Anerkennung durch die BRD gewertet wurde.

Aus dieser Tatsache konnte die Außenpolitik der DDR jedoch keinen wesentlichen Nutzen mehr ziehen. Der nachfolgende Besuch Honeckers in Frankreich wurde in der DDR zwar als außenpolitischer Erfolg gewertet, aber auch er konnte nicht darüber hinwegtäuschen, dass – aus der Sicht des Westens – die Existenz der Berliner Mauer und die Menschenrechtspraxis in der DDR einer grundlegenden Verbesserung der bilateralen Beziehungen mit den westlichen Staaten entgegenstanden.

Die außenpolitische Selbstbehauptung wurde für die DDR seit 1988 immer schwieriger. Während auf sicherheits- und abrüstungspolitischem Gebiet ihr internationales Ansehen nach wie vor hoch war, blieb sie jedoch im Ost-West-Dialog generell und ungeachtet ihrer außenpolitischen Aktivitäten hinter dem von ihr ursprünglich mit initiierten Prozess der Wende von der Konfrontation zur Entspannung immer mehr zurück, und in den Menschenrechtsfragen geriet sie direkt in die Defensive. Es deutete sich bereits an, dass die DDR daher längerfristig ihr Image als Vorreiter des »Neuen Denkens« in den internationalen Beziehungen verlieren würde. Ihre Dialogpolitik hatte durch die Politik des »Neuen Denkens« und die Veränderungen in anderen sozialistischen Staaten den Charakter des Besonderen verloren. Angesichts der restriktiven Haltung der DDR gegenüber neuen Formen der Zusammenarbeit, insbesondere in den Bereichen Ökonomie und Kultur, zeichnete sich bereits ein Zurückbleiben der DDR ab.

Durch die zunehmende Bereitschaft anderer Warschauer Vertragsstaaten, ihre Beziehungen zur BRD neu zu ordnen, verlor die DDR außerdem ein exklusives Feld, von dem sie glaubte, dass nur sie allein es kompetent und verantwortungsbewusst im Bündnis verwalten könne. Infolge dieser Entwicklung entstand für die DDR in den Beziehungen mit anderen Warschauer Vertragsstaaten die ungewohnte und überraschende Perspektive einer deutsch-deutschen Konkurrenz.

Die gleiche Tendenz zeichnete sich auch im Verhältnis zur UdSSR ab. Nach dem Besuch von Bundeskanzler Kohl in Moskau im Oktober 1988 rechnete sich die BRD Chancen aus, in der Europapolitik der UdSSR die Rolle der DDR als Dialog- und Kooperationspartner zu übernehmen. Außerdem bemühte sich die Kohl-Regierung, die UdSSR über den Kopf der DDR hinweg zu Absprachen zu bewegen, die deutsch-deutsche Übereinkünfte präjudizieren sollten.

Die Ursachen für die Schwierigkeiten der DDR beim Erhalt und Ausbau ihrer internationalen Positionen waren sicher vielfältiger Natur. Zweifellos gehörte die absolute Verkennung und Unterschätzung der innenpolitischen Situation in der DDR durch die Partei und Staatsführung zu ihnen. Politische und ökonomische Reformen wurden von ihr grundsätzlich abgelehnt. Zu einem deutlichen Ansehensverlust führte die Weigerung, außenpolitische Gesprächsbereitschaft durch einen innenpolitischen Dialog mit Andersdenkenden zu ergänzen. Die

Fortschritte im KSZE-Prozess wirkten auf die Bevölkerung der DDR und erzeugten einen wachsenden Erwartungsdruck hinsichtlich innerer Reformen, die von der DDR-Führung leider als potenzielle Gefahr für die Stabilität des Landes und seine Gesellschaftsordnung betrachtet wurden.

Der außenpolitische Handlungsspielraum der DDR wurde immer mehr auch durch ökonomische Schwierigkeiten begrenzt. Ihr fiel es zunehmend schwieriger, den durch ihre Selbstdarstellung als Staat mit stabiler Wirtschaft und hohem Lebensniveau hervorgerufenen Forderungen nach ökonomischen und finanziellen Leistungen im Rahmen der UNO sowie nach Unterstützung progressiver Regimes in der dritten Welt zu entsprechen.

Die Führung der SED reagierte auf diese Situation mit einer zweigleisigen Politik. Sie bemühte sich um ideologische Abschottung gegenüber dem Westen, ganz besonders gegenüber der BRD, intensivierte die innere Erfolgspropaganda und die Versuche zur Disziplinierung der SED-Mitglieder und ging mit unangebrachter Härte gegen oppositionelle Kräfte vor. Nach der Unterzeichnung des INF-Abkommens (Vertrag über nukleare Mittelstreckensysteme), der Annahme des Gemeinsamen Dokuments SED-SPD, dem BRD-Besuch von Erich Honecker und dem Abschluss des Wiener KSZE-Folgetreffens ließen sich die bisherigen Feindbilder und die geforderte Verteidigungs- und Wehrbereitschaft kaum noch aufrechterhalten. Die eingeschränkte Freizügigkeit, die restriktive Medienpolitik, die Ablehnung jeglicher Gespräche mit Oppositionellen und die anhaltenden Repressionen gegen diese Kräfte konnte die Führung nur noch schwer begründen und rechtfertigen.

Zur Abgrenzung von den Reformen in der UdSSR und anderen sozialistischen Ländern propagierte sie die These vom »Sozialismus in den Farben der DDR«. Gleichzeitig beabsichtigte sie, durch Veränderungen auf anderen Gebieten, durch Lockerungen im Reiseverkehr, in der Kulturpolitik, bei der Rechtsprechung oder der Aufarbeitung der Geschichte ihr internationales Image aufzubessern und dem inneren Reformdruck entgegenzuwirken. Beides brachte jedoch nicht die erhofften Erfolge, wirkte teilweise kontraproduktiv und führte die DDR noch mehr in die Defensive. Das Ignorieren offensichtlicher innen-, wirtschafts- und gesellschaftspolitischer Probleme, die einseitig auf Erfolgsmeldungen abgestellte Berichterstattung in den Medien wie die nicht erfüllbaren Versprechungen bewirkten einen Glaubwürdigkeitsverlust der DDR-Führung, der es ihr schwer machte, die tatsächlich erreichten wirtschaftlichen und sozialen Errungenschaften und die grundsätzlich im Interesse der DDR-Bürger liegenden Entscheidungen massenwirksam zu machen und in höheres Ansehen umzumünzen.

Es entstand eine Art Teufelskreis, wo einmal Gewährtes schnell selbstverständlich wurde, und von einer höheren Ausgangsbasis immer weitergehende Forderungen gestellt wurden. Das zeigte sich besonders spürbar beim Reiseverkehr und der Ausreiseproblematik.

Entgegen allen heutigen Darstellungen rechneten westliche Führungskreise im ersten Halbjahr 1989 mit keinen raschen oder gar spektakulären Veränderungen in der Innen- und Außenpolitik der DDR. Die Gründe dafür sah man in der unorganisierten und schwachen Opposition und in der Tatsache, dass die UdSSR an keiner Destabilisierung der inneren Lage interessiert sei und keinen oder nur dosierten Druck auf die Führung der DDR ausüben würde.

Westliche Politiker und Experten stimmten jedoch darin überein, dass sich auch die DDR auf Dauer den inneren und äußeren Reformzwängen nicht entziehen werden könne. Um dieser Entwicklung nachzuhelfen, versuchte man auf der Grundlage des Dokuments des Wiener KSZE-Folgetreffens die Möglichkeiten der Einflussnahme auf die innere Entwicklung der DDR, insbesondere zur Etablierung einer legalen und organisierten Opposition, maximal zu nutzen.

An der Spitze des Forderungskatalogs der NATO-Staaten sollten weiter Menschenrechtsfragen, in erster Linie Forderungen nach Freizügigkeit für DDR-Bürger, stehen. Man war sich ziemlich sicher, dass die DDR im Interesse ihres internationalen Ansehens in diesen Fragen zu weiteren Zugeständnissen bereit sein würde.

Ausgehend von der Überlegenheit des Westens in Bezug auf das materielle Lebensniveau der Bevölkerung und der besonderen Verwundbarkeit der DDR auf diesem Gebiet betrachtete man die ökonomischen Einwirkungsmöglichkeiten auf die

DDR als das effektivste Mittel, um dieses Ziel zu erreichen. Wirtschaftliche Aktivitäten westlicher Länder wie Kooperation, Kredite und andere finanzielle Hilfen sollten von der Erfüllung von Forderungen bei Menschenrechts- und humanitären Fragen durch die DDR abhängig gemacht werden.

In den westlichen Hauptstädten war man sich darin einig, eigenständige Elemente in der Politik der DDR-Führung nicht zu honorieren, weil das als Billigung des »reformfeindlichen Kurses der SED« gegenüber der UdSSR missverstanden werden könnte. Die USA zogen nie ernsthaft in Erwägung, ihre Beziehungen zur DDR zu verbessern. Sie sollten erst nach wesentlichen innenpolitischen Veränderungen in der DDR und einem Einschwenken auf einen Reformkurs weiterentwickelt werden. In den USA war man überzeugt, dass Anfang 1989 günstige Möglichkeiten bestanden, die DDR schrittweise international zu isolieren, weil die Verbündeten der DDR immer weniger geneigt waren, deren Sonderinteressen zu unterstützen, wenn diese im Widerspruch zu ihren eigenen Interessen standen.

Das State Department achtete sorgfältig darauf, dass bei diplomatischen Aktivitäten der USA gegenüber der DDR keine positive Haltung zur DDR abgeleitet werden oder gar als indirekte Unterstützung der Politik der SED interpretiert werden konnte. Nach gelegentlichen ablehnenden Äußerungen amerikanischer Politiker zur Wiedervereinigungsdiskussion in der BRD wurde stets schnell richtig gestellt, dass zwischen den USA und der BRD in dieser Frage keine prinzipiellen Meinungsverschiedenheiten bestünden. Die Attacken gegen die DDR richtete sich verstärkt gegen das Grenzregime gegenüber der BRD und zu Westberlin.

Honecker und die Mitglieder des Politbüros sowie alle politisch denkenden Menschen in der DDR kannten die strategischen Ziele der NATO-Staaten in Bezug auf die DDR seit ihrer Gründung, sie als sozialistischen Staat früher oder später zu beseitigen. Wir wussten Anfang 1989 aber auch, welche konkreten taktischen Ziele sich die USA, die BRD und andere NATO-Staaten kurz- und mittelfristig stellten.

Meine hier dargelegten Gedanken waren der Führung der DDR gut bekannt. Aufgrund bestimmter günstiger Umstände erhielt ich Kenntnis von internen Informationen, die die Parteiführung damals besaß. Ich konnte Einsicht in diese und andere Materialien nehmen und mir, wenn auch nicht ganz legal, Auszüge anfertigen.

Ich frage mich bis heute, warum unsere Führung diese Informationen nicht ernst genommen, sie nicht gründlich ausgewertet, zum Gegenstand sachlicher Diskussionen gemacht und daraus entsprechende Schlussfolgerungen gezogen hatte. Einseitige Schuldzuweisungen an Honecker und die Mitglieder des Politbüros scheinen jedoch nicht gerechtfertigt, da auch sie mich nicht zu weitergehenden Einschätzungen veranlassten. Was ich im Einzelnen dachte, ist mir heute nicht mehr erinnerlich. Vielleicht hatte ich den Eindruck, dass nur bestätigt wurde, was wir ohnehin wussten oder ahnten. Doch das allein konnte kaum der Hauptgrund für meine relative Gleichgültigkeit gegenüber solchen Informationen gewesen sein.

In diesen Informationen wurden neben kritischen Wertungen der Innen- und Außenpolitik der DDR auch westliche Einschätzungen zitiert, die davon ausgingen, »dass die innere Stabilität der DDR und die Position der SED auf absehbare Zeit nicht unmittelbar gefährdet seien« und »dass Hoffnungen und Spekulationen hinsichtlich einer möglichen Preisgabe der DDR durch die UdSSR als Gegenleistung für außen- und sicherheitspolitisches Wohlverhalten der BRD oder für ökonomische Unterstützung keine reale Grundlage haben«. Vielleicht haben solche Sätze unsere kritische Wahrnehmung und unser Misstrauen geschwächt und uns in unserem Glauben von der politischen, wirtschaftlichen und militärischen Festigkeit des Sozialismus bestärkt. Entscheidender war offenbar, dass ich mir, und mit mir sicher viele andere, einfach nicht vorstellen konnte, dass die sozialistische Gesellschaftsordnung je wieder beseitigt werden könnte.

Erneuerungen oder Korrekturen am Sozialismus hielt ich für möglich, Reformen für dringend erforderlich, aber eine Beseitigung des Sozialismus, noch dazu auf einem friedlichen und gewaltfreien Weg, für absolut unmöglich. Letztlich war es der »unerschütterliche Glaube an die Unbesiegbarkeit des Sozialismus«, der unseren Blick trübte und uns in diese historische Niederlage schlittern ließ.

Eigene Zweifel wachsen

Die Situation in der DDR, die Stimmungslage der Bevölkerung und der Parteimitglieder war mir, nicht zuletzt aus den Erfahrungen mit meinen Mitarbeitern und den in der UdSSR arbeitenden und studierenden DDR-Bürgern, gut bekannt. Ich halte mich generell für einen disziplinierten Menschen und 1989, noch dazu als Mitglied des ZK der SED, war ich überzeugt, die Parteidisziplin streng einhalten zu müssen. Sicher habe ich im engsten Freundeskreis auch mal offen meine Verärgerung oder Unzufriedenheit mit der Politik meiner eigenen Führung und der Haltung Gorbatschows und seiner Getreuen zum Ausdruck gebracht. Auf Konferenzen oder Beratungen im größeren Kreis hielt ich mich jedoch mit kritischen Bemerkungen an die Adresse meiner Führung zurück. Damals versuchte ich noch, unsere Politik zu erklären und meine Mitarbeiter und andere DDR-Bürger von ihrer Richtigkeit zu überzeugen. Mein Werben um Verständnis und Unterstützung für diese Politik fand im Verlaufe des Jahres immer weniger Gehör, was angesichts der Fehler und Mängel in der Innen- und Außenpolitik eigentlich völlig verständlich war und worunter letztlich auch meine Glaubwürdigkeit litt.

Doch diese nach außen gezeigte Haltung konnte nicht darüber hinwegtäuschen, dass mich die Entwicklungen in der DDR und in der Sowjetunion, die von beiden Parteiführungen begangenen Fehler und das zunehmend gespanntere Verhältnis zwischen der KPdSU und der SED und zwischen ihren Repräsentanten sehr beunruhigten. Gelegentlich brachte ich meine Verärgerung und meine Zweifel gegenüber Gleichgesinnten auch offen zum Ausdruck.

Gemeinsam mit meinen Mitarbeitern suchte ich nach Möglichkeiten, um sowjetischen Freunden unsere Sorgen und Bedenken in der Hoffnung wissen zu lassen, dass sie auf diesem Wege auch der sowjetischen Führung zur Kenntnis gebracht werden würden.

Bei meinen späteren Recherchen in Moskau fand ich zufällig einen solchen Beweis. In einem Manuskript unter dem bezeichnenden Titel »Aufstand im ZK der KPdSU« berichtet der damalige Konsultant der Abteilung für Internationale Beziehungen des ZK der KPdSU Alexander Zipko, über ein Gespräch, das er am 2. März 1989 mit einem Diplomaten der Botschaft der DDR führte. Bevor er auf das Gespräch einging, erwähnte er eine Beratung in dieser Abteilung im November 1989 – nach der Ablösung Honeckers und dem Fall der Mauer in Berlin –, an der nicht nur die Deutschlandexperten der Abteilung, sondern auch Vertreter des KGB, des Verteidigungsministeriums und Experten aus entsprechenden Instituten der UdSSR teilnahmen.

Eine ausführliche Darlegung der außerordentlich interessanten Diskussion und der verschiedenen Ansichten der Teilnehmer über die Situation in der DDR und ihr weiteres Schicksal würde hier zu weit führen. Es sei nur soviel gesagt, dass sich die Diskussion um die moralische Verantwortung der UdSSR für das Schicksal der DDR und die strategischen Interessen der UdSSR drehte. Der Autor der Aufzeichnung vertrat die These, dass nach dem Sturz der kommunistischen Regime in Polen und Ungarn und dem sichtbaren Zerfall des Sozialismus in ganz Osteuropa der Zusammenbruch der DDR nicht mehr aufzuhalten sei und die UdSSR ihre Politik gegenüber beiden deutschen Staaten überprüfen und ändern müsse.

Zipkos Zorn richtete sich gegen die Mehrheit der Beratungsteilnehmer, vor allem gegen die Vertreter des KGB und des Generalstabes, die dieser Auffassung nicht folgten. Sie seien von den traditionellen geopolitischen Interessen der UdSSR ausgegangen, hätten die Situation völlig falsch eingeschätzt und den »Schutz des ersten sozialistischen Staates auf deutschem Boden« gefordert.

Zipko konnte nicht verstehen, dass angesichts der weit reichenden Veränderungen in der UdSSR und der internationalen Situation an alten ideologischen Dogmen festgehalten und die reale Lage nicht zur Kenntnis genommen wurde. In diesem Zusammenhang erinnerte er sich an ein im März 1989 geführtes Gespräch mit einem Diplomaten unserer Botschaft, der in diesem Gespräch verdeutlicht habe, dass schon Anfang 1989 alle negativen Folgen der Perestroika und der Demokratisierung in der UdSSR für die DDR als sozialistischer Staat offensichtlich gewesen seien.

Der Instinkt der Selbsterhaltung hätte den DDR-Funktionären geholfen, das zu sehen, was die »Reformer« aus dem Kreml lange nicht verstanden (oder nicht verstehen wollten). Es waren Mitarbeiter der Botschaft der DDR, die Anfang 1989 auf eigene Faust begannen, der Führung der KPdSU zu erläutern, wohin die Aufforderung zu mehr Demokratie in der DDR führen und was das für die UdSSR bedeuten könnte. Der Diplomat, so Zipko hätte darauf hingewiesen, dass bei der in der DDR angehäuften Unzufriedenheit, wo selbst Mitglieder der SED an der Zukunft des Sozialismus als gesellschaftlicher Ordnung zu zweifeln begännen, der kleinste Riss in der Politik der SED zu einem schnellen Zusammenbruch unseres ganzen Systems führen könnte. Umso verwunderlicher sei, dass viele sowjetische Genossen und Freunde uns zur Perestroika in der DDR drängten, ohne die spezifischen Bedingungen der DDR zu beachten.

Zipko rätselte, wie er schrieb, wer hinter dieser Initiative, wie er jenes Gespräch bezeichnete, gestanden habe. Ihn beschäftigte die Frage, ob der Diplomat nur im Auftrag des Botschafters handelte oder ob dahinter »gesunde Kräfte« in der Führung der SED stünden, die Gorbatschow und Jakowlew darauf aufmerksam machen wollten, dass sie mit dem Feuer spielten und ihre Politik letzlich den Sozialismus zerstören würde.

Ich kann mich nicht erinnern, ob ich einem Mitarbeiter einen solchen Auftrag gegeben hatte, und ich konnte auch nicht überprüfen, ob das Gespräch genau so verlaufen war, wie es in den Aufzeichnungen dargestellt wurde. Tatsache ist, dass in der Botschaft damals so gedacht wurde und die Diplomaten den Auftrag hatten, sowjetischen Gesprächspartner, vor allem im Apparat des ZK der KPdSU, unsere Sorgen und Zweifel darzulegen.

Alexander Zipko behauptete, dass er die »Auffassungen interessierter Mitarbeiter der Botschaft der DDR in Moskau« an Gorbatschow weitergeleitet habe. Das will ich nicht bezweifeln. Ob Gorbatschow sie jedoch jemals zu Gesicht bekommen hat, ist eine ganz andere Frage.

Die Deutschlandpolitik Moskaus ändert sich

Der 3. Oktober 1990, der Tag der Einheit, wird für mich Zeit meines Lebens ein verhängnisvoller Tag bleiben. Ein Tag, der mich immer wieder sehr nachdenklich stimmt, der mich zwingt, über die Ursachen des Untergangs der DDR, den Zusammenbruch der sozialistischen Gemeinschaft, die Fehler und Mängel der von mir mitgetragenen Politik, eigene Verstrickungen und Schuld nachzudenken. Er bleibt ein Tag tiefer Enttäuschung über leichtsinnig verspielte Chancen, um zu einer wirklichen Einheit zu kommen, ohne die in den vergangenen Jahren erlebten und zunehmenden Versuche, die Geschichte der DDR neu zu deuten und umzuschreiben, ohne die vielfältigen Verleumdungen, Schmähungen, die Häme und manche Demütigung ehemaliger DDR-Bürger.

Das Verschwinden der DDR als Staat wurde von den einen bejubelt und gefeiert und von anderen, zu denen ich mich auch zähle, bedauert und als schwere politische Niederlage empfunden. Über dieses historische Ereignis, seine Vorgeschichte, die Höhepunkte dieses Prozesses, seine inneren und äußeren Aspekte ist inzwischen viel geschrieben und gestritten worden. Hunderte von Büchern wurden geschrieben und unzählige Dokumente veröffentlicht, und trotzdem hat sich bis heute kein einheitliches, übereinstimmendes Bild ergeben. Das wird auch künftig so bleiben.

Sicher, seit diesem einschneidenden Ereignis für Deutschland und Europa sind erst wenige Jahre vergangen. Viele Zeitzeugen, Betroffene und Autoren sind nicht frei von emotionalen Erinnerungen. Die politischen Leidenschaften der Mitgestalter dieses Prozesses haben sich noch nicht genügend abgekühlt. Andere fühlen sich in ihrer gewünschten historischen Rolle noch nicht ausreichend bestätigt und gewürdigt. Sie feilen noch an ihrem Platz in der Geschichte. Der Auftrag, die DDR allseitig zu delegitimieren, wird von den herrschenden Eliten weiter gefordert und von ihren Gehilfen willig erfüllt. Daran wird sich nichts ändern. Wenigstens vorläufig nicht.

Viele ehemalige Bürger der DDR und ihre Freunde bewegt immer noch die Frage, wie es zu diesem erstaunlich schnellen, gewaltfreien und für die Mehrheit unerwarteten Zusammenbruch der DDR kommen konnte. Unangenehme Fragen werden gestellt, und nicht immer gibt es befriedigende Antworten. Die Erklärungen der Historiker, der Journalisten und Zeitzeugen fallen in Deutschland, wo politische Positionen, Haltungen und Meinungen zu diesen Ereignissen tief gespalten sind, sehr unterschiedlich und widersprüchlich aus. Das wäre an sich nicht tragisch, wenn damit nicht eine Umdeutung und Umschreibung der Geschichte der DDR verbunden wäre. In einer solchen Situation entsteht auch manche Legende.

Ein Problem bleibt auch, dass zwar die Dokumente aus den DDR-Archiven – bis auf die des Außenministeriums – der Öffentlichkeit weitgehend zugänglich gemacht wurden, nicht aber die anderer Länder. Das gilt vor allem für die sowjetischen Dokumente, aber auch für die der alten Bundesrepublik. So bleiben uns viele interne Vorgänge gerade in der sowjetischen Führung verborgen. Die in den vergangenen Jahren veröffentlichten Memoiren führender sowjetischer Politiker, die in Deutschland Verbreitung fanden, weisen eine sichtbare Einseitigkeit auf. Gerade die Erinnerungen Gorbatschows und seiner Getreuen vermitteln in der Frage der Vereinigung der beiden deutschen Staaten kein annähernd exaktes Bild der wirklichen Entwicklungen, weil sie meist von der Position einer Rechtfertigung geschrieben wurden. Die wirklich bewegenden Motive der wichtigsten handelnden Personen auf sowjetischer Seite bleiben nach wie vor im Dunklen.

Es ist aber auch erfreulich, dass in den letzten Jahren in der Bundesrepublik einige Publikationen von jüngeren Historikern und Politologen erschienen sind, die sich um eine sachliche und faire Aufarbeitung der komplizierten Vorgänge Ende der 80er und Anfang der 90er Jahre bemühen.

Das Verschwinden der DDR hat das Leben ihrer Bürger nachhaltig beeinflusst. Für viele verschlechterte sich die politische, wirtschaftliche oder soziale Lage. In solch einer Situation sind Fragen nach den Ursachen des Zerfall des Sozialismus und des Verlustes der DDR verständlich. Für viele ehemalige Bürger der DDR reduziert sich die Frage nach den Ursachen des Verlustes der DDR jedoch auf eine einfache Formel, nämlich auf die Frage nach den Schuldigen.

Während eine große Anzahl Menschen die Ursachen im »Verrat Gorbatschows, Schewardnadses und anderer sowjetischer Politiker« sieht, versuchen andere, alles mit der verfehlten Politik der SED-Führung gegenüber der Perestroika oder mit der Selbstüberschätzung, dem Unvermögen und der Arroganz des damaligen Generalsekretärs, ja sogar mit einem angeblichen Antisowjetismus Honeckers zu erklären.

Selbst wenn ich es könnte, würde ich nicht auf diese Fragen und Annahmen antworten. Nicht zuletzt durch meine Tätigkeit als Botschafter der DDR in Moskau habe ich jedoch Eines gelernt: dass es keine einfachen und einseitigen Erklärungen gibt.

Ich habe seit dem Januar 1987 bis in die jüngste Vergangenheit manchen Einblick in die komplizierten Beziehungen zwischen der DDR und der UdSSR und die internationalen Veränderungen gewinnen können. Nach meiner Meinung – und hier möchte ich meinen Darlegungen über diesen Prozess vorgreifen – war der Zusammenbruch des Sozialismus in der DDR kein isolierter Vorgang. Er war eng verbunden mit den Entwicklungen in der UdSSR, den osteuropäischen Staaten und im sozialistischen Bündnissystem.

Aber auch die veränderten internationalen Rahmenbedingungen in der zweiten Hälfte der 80er Jahre, die Veränderungen im internationalen Kräfteverhältnis haben in entscheidendem Maße die Existenzbedingungen der DDR berührt. Die Besonderheit der DDR als Staat bestand, im Unterschied zu den anderen sozialistischen Ländern Mittel- und Osteuropas, darin, dass sie eine historische Chance nur als sozialistischer deutscher Staat hatte.

Diese Chance ging verloren, weil ein ganzes gesellschaftliches System an seine politischen und materiellen Grenzen stieß, seine Ressourcen erschöpft waren und keine der in diesen Ländern führenden Parteien für die Erneuerung des Sozialismus und für die Lösung der brennenden Fragen in der Welt rechtzeitig eine Antwort fand. Mit dem Zerfall des sozialistischen Systems verlor die DDR ihre Existenzgrundlage und verschwand als Staat von der politischen Landkarte Europas.

Ursachen für unser Versagen und unsere Fehler sind in unseren Handlungen lange vor dem Herbst 1989 zu suchen. Ich will eventuellen Missverständnissen vorbeugen und betonen, dass die politische Verantwortung für den Verlust der DDR in erster Linie die Führung der DDR trägt, mit ihr aber auch jene, die wie ich diese Politik über Jahrzehnte mitgetragen und damit mitzuverantworten haben. Aber so wie die Sowjetunion entscheidenden Einfluss auf Entstehen und Werden der DDR, auf Positives und Negatives in unserem Land ausübte, so wenig kann man ihre Mitverantwortung für den Verlust der DDR leugnen. Wer über die Politik der SED-Führung urteilt, muss auch die Politik der Führung der KPdSU und der UdSSR einer kritischen Betrachtung unterziehen.

Das Gleiche gilt im übrigen auch für die Politik der Bundesrepublik Deutschland, für die USA und die anderen Alliierten und NATO-Staaten.

Nach meinen eigenen Erfahrungen, aber auch aufgrund meiner späteren Recherchen bin ich fest davon überzeugt, dass eine deutliche Änderung in der Haltung der sowjetischen Führung zur Vereinigung der beiden deutschen Staaten erst um die Jahreswende 1989/90 eintrat. Mindestens vier Faktoren scheinen diese Veränderungen beeinflusst zu haben.

Zu ihnen gehörte *erstens*, die tiefe Krise, in der sich die KPdSU und die UdSSR zu Beginn des Jahres 1990 befanden; *zweitens* die unerwartete Dynamik der inneren Entwicklung in der DDR und der unüberhörbaren Rufe nach der schnellen Vereinigung; *drittens* das Entstehen nichtkommunistischer Regime in den mittel- und osteuropäischen Staaten, die Veränderungen im Warschauer Vertrag und im RGW sowie *viertens* die Änderungen in der Haltung der NATO-Verbündeten der BRD zur Wiedervereinigung Deutschlands.

Diese Entwicklungen verliefen nicht abgegrenzt nebeneinander, sondern waren eng miteinander verflochten. Aus diesem Grund scheint es mir zweckmäßig, sie auch in ihrer gegenseitigen Verflechtung und Abhängigkeit und in ihrem chronologischen Ablauf darzustellen.

Obwohl erst Ende 1989/Anfang 1990 eine entscheidende Wende in der Haltung der Sowjetunion eintrat, vollzogen sich ihre Positionsveränderungen in einem Prozess der Erosion.

Dieser Prozess sollte nicht unbeachtet bleiben, weil er manche Aufschlüsse für die späteren Vorgänge geben kann. In dieser Zeit sind auch einige der besonders Anfang der 90er Jahre verbreiteten Legenden angesiedelt. Obwohl sie von untergeordneter Bedeutung sind, habe ich an ihnen ein gewisses Interesse, weil einzelne Politiker und Autoren mich oder meine Aussagen gelegentlich als Zeugen für ihre Ansichten benutzen.

Legenden und Wahrheiten

Eine der Legenden geht davon aus, dass die von Gorbatschow am 30. September 1985 im französischen Fernsehen geäußerte Idee vom »Gemeinsamen Europäischen Haus« auf die Revision der Beschlüsse von Jalta und die Überwindung der Spaltung Deutschlands gerichtet gewesen wäre. Die Anhänger dieser These fühlen sich unter anderem durch die zweifelhafte Aussage von Eduard Schewardnadse gedeckt, der in seinem Buch »Die Zukunft gehört der Freiheit« erklärte, dass er bereits 1986 zu der Schlussfolgerung gelangt sei, dass die Existenz zweier deutscher Staaten im Herzen des Kontinents die Sicherheit Europas ernstlich bedrohe und ihre Vereinigung daher unvermeidlich sei.

Nun mag Schewardnadse durchaus diese Vision gehabt haben, wie wir alle zuweilen unsere Visionen haben, nur war das 1986 nicht die offizielle sowjetische Politik. Auf dem XXVII. Parteitag der KPdSU im März 1986 wurde die Idee vom »Gemeinsamen Europäischen Haus« nicht weiterentwickelt. Im Politischen Bericht des ZK der KPdSU gab es lediglich einen Passus, in dem die europäische Richtung als eine der wichtigsten in der internationalen Tätigkeit genannt wurde. Von den Zeitungen wurde die Idee aufgegriffen, aber man hielt sie, wohl zu recht, für zu abstrakt und nichtssagend. Erst in seiner Rede am 10. April 1987 in Prag erklärte Gorbatschow, was er unter einem gesamteuropäischen Haus verstehe.

Der Begriff gesamteuropäisches Haus bedeutete im sowjetischen Verständnis vor allem die Anerkennung einer bestimmten Ganzheitlichkeit, der Unteilbarkeit Europas, der Existenz von Staaten, die verschiedenen sozialen Systemen und gegensätzlichen militärpolitischen Bündnissen angehören.

In diesen Überlegungen ist kein Hinweis zu finden, dass damit eine Revision der Beschlüsse von Jalta oder die Überwindung der Spaltung Deutschlands beabsichtigt gewesen sei. Im Gegenteil. In seinem Buch »Umgestaltung und Neues Denken für unser Land und für die ganze Welt«, das im Herbst 1987 erschien, kritisiert Gorbatschow jene, die die Spaltung Europas auf Jalta und Potsdam zurückführten und die dort geschlossenen historischen Abkommen in Frage stellten. Für die Spaltung Europas machte er damals ohne Einschränkung die NATO-Staaten verantwortlich. Immer wieder und »scheinbar unabsichtlich wurde Europa mit Westeuropa gleichgesetzt« und die UdSSR aus Europa »ausgeklammert«.

Die Sowjetunion jedoch wollte von einer künftigen gesamteuropäischen Zusammenarbeit nicht ausgeschlossen werden. Mehr noch, sie glaubte, rechtzeitig die Weichen stellen zu müssen, um in die künftige westeuropäische Integration, vor allem in den geplanten europäischen Binnenmarkt, einbezogen zu werden. Außerdem schien ihr, dass verbesserte politische Beziehungen zu den westeuropäischen Ländern zu einer größeren Aufgeschlossenheit bei den Regierungen und in der Öffentlichkeit der westeuropäischen Länder gegenüber der Perestroika führen würden. In der Anfangsphase hatte die Idee sogar eine gewisse antiamerikanische Tendenz.

Nach meiner Meinung wird der Idee vom gesamteuropäischen Haus nachträglich eine Bedeutung eingeräumt, die sie eigentlich nicht verdient.

Signale aus Moskau?

Zu den Legenden rechne ich auch die von einigen Autoren vertretene Auffassung, dass es bereits vor 1987 zwischen der UdSSR und den USA geheime Absprachen über die Lösung der deutschen Frage gegeben hätte. Sie stützen sich dabei auf keinen Geringeren als Honecker, der gegenüber den Autoren des Buches »Der Sturz«, Reinhold Andert und Wolfgang Herzberg, erwähnte, dass die DDR-Führung 1987 entsprechende Signale aus Washington erhalten habe. Nach den Hauptursachen für seinen Sturz als Partei- und Staatschef befragt, erklärte Honecker in dem allerdings nicht von ihm autorisierten Interview: »Mein Sturz als Partei- und Staatschef war das Ergebnis eines groß angelegten Manövers, deren Drahtzieher sich noch im Hintergrund halten. Diejenigen, die sich heute mit dieser Tat brüsten, sind dagegen kleine Lichter. Hier handelt es sich um große Vorgänge, die nicht von heute auf morgen eintraten, sondern um langfristig angestrebte Veränderungen auf der europäischen Bühne, ja auf der Weltbühne. […]

Wir erhielten 1987 Signale aus Washington. Wir konnten und wollten sie nicht als Grundlage unserer Politik betrachten. Dies, obwohl unser Botschafter in Moskau, König, schon 1987 feststellte, dass viele sowjetische Autoren in den Medien ›die Überwindung der deutschen Zweistaatlichkeit‹ plötzlich als politische Tagesaufgabe beschrieben und die Überwindung der ›deutschen Zweistaatlichkeit‹ als Beitrag zur Herausbildung des ›europäischen Hauses‹ betrachteten. Dies konnte nach Lage der Dinge nur durch einen Systemwechsel in der DDR erreicht werden. Keine leichte Sache.«

Ich habe mich zu dieser Darstellung Honeckers nur in Vorträgen geäußert, nicht aber in Veröffentlichungen. Das hat vielleicht dazu beigetragen, dass in einigen Publikationen diese Äußerung Honeckers unkritisch und widerspruchslos übernommen wurde. Es ehrt mich zwar, dass mir Honecker eine solche Weitsicht zutraute und andere würden vielleicht nicht widersprechen, aber Honeckers Aussage entspricht nicht der Wahrheit.

Sicher kann ich mich heute nicht mehr an jede Information erinnern, die ich 1987 an Honecker geschickt habe. Aber ich bin fest davon überzeugt, dass ich eine solche Information damals nicht übermitteln konnte. Und zwar aus dem einfachen Grund, weil über die Beendigung der »deutsche Zweistaatlichkeit« in den sowjetischen Medien 1987 nicht berichtet oder diskutiert wurde. Richtig ist, dass nach dem XXVII. Parteitag der KPdSU, mit dem Aufkommen von Glasnost, einige sowjetische Schriftsteller, Wissenschaftler oder Journalisten glaubten, sich bei Aufenthalten in der Bundesrepublik oder in Westberlin unbedingt zur Vereinigung beider deutscher Staaten äußern zu müssen. Sie fanden in den westlichen Medien breite Darlegung und führten oft zu Verärgerung bei Honecker und den Mitgliedern des Politbüros. Meistens erhielt ich danach den Auftrag, gegen das Verhalten der jeweiligen sowjetischen Bürger und deren Äußerungen im ZK der KPdSU oder im Außenministerium der UdSSR zu protestieren. Und stets wurde mir erklärt, dass man solche Äußerungen bedauere, sie nicht die Meinung der sowjetischen Führung widerspiegeln und wir, die DDR, nicht so empfindlich und überreizt reagieren sollten.

Nicht allein wegen unserer Proteste, sondern weil die sowjetische Führung zu diesem Zeitpunkt noch nicht daran dachte, die DDR aufzugeben, fanden solche Äußerungen in den sowjetischen Medien keinen Widerhall und folglich konnte ich darüber auch nicht berichten. Bleibt die Frage, wie Honecker zur Auffassung kam, dass die Sowjetunion bereits frühzeitig die DDR zur Disposition gestellt hätte. Eine exakte Antwort kann ich darauf nicht geben, aber es gibt begründete Vermutungen, dass sich die Dinge in etwa folgendermaßen abgespielt haben könnten.

Die Autoren des Buches »Der Sturz«, Andert und Herzberg, führten ihr Gespräch mit Honecker im Frühjahr 1990, als sich dieser im sowjetischen Militärhospital in Beelitz aufhielt. Zur gleichen Zeit, am 26. Februar 1990, veröffentlichte *Der Spiegel* ein Interview mit mir, in dem mir die Frage gestellt wurde, wann ich gemerkt hätte, dass die Sowjetunion die Staatlichkeit der DDR zur Disposition stellte.

Ich war mir in diesem Moment nicht ganz sicher und versuchte zuerst der Frage auszuweichen. Dann antwortete ich schließlich doch, wenn auch etwas unbestimmt: »Ich kann doch lesen, auch zwischen den Zeilen, und habe bemerkt, wie viele sowjetische Autoren die Überwindung der deutschen Zweistaatlichkeit plötzlich als politische Tagesaufgabe beschrieben.«

Der konkrete Zeitpunkt blieb hier offen. Auf keinen Fall dachte ich an das Jahr 1987, eher an die dem Interview vorangegangenen Wochen und Monate. Wenn man die Formulierungen in meinem Interview mit den späteren Formulierungen in Honeckers Buch vergleicht, kann man leicht feststellen, dass sie fast wörtlich übereinstimmen. In seinen in der edition ost 1994 erschienenen »Moabiter Notizen« wiederholte Honecker etwas abgewandelt, aber unter ausdrücklicher Berufung auf den Botschafter der DDR in Moskau diese Auffassung.

Beim Lesen des Buches von Jürgen Nitz »Länderspiel« musste ich feststellen, dass es offensichtlich noch einen weiteren »Informanten« gegeben hat, an den sich Honecker jedoch eigenartiger Weise nicht erinnerte. Im Vorwort zum Buch »Länderspiel« bemerkte Verleger Frank Schumann: »Honecker schreibt darum wohl die Wahrheit, wenn er in seinen ›Moabiter Notizen‹ behauptet, er habe 1987 Nachricht erhalten, dass die Sowjetunion die DDR zur Disposition gestellt habe. Gorbatschow hatte damals bei einem Gespräch in Moskau mit einem deutschen Banker erklärt, dass er bereit wäre, die DDR aus dem Warschauer Vertrag zu entlassen. Diese Mitteilung gelangte über Nitz zu Honecker.«

Jürgen Nitz nennt keine Namen. 2005 offenbarte Ferdinand Kroh in seinem Buch »Wendemanöver«, wer sich dahinter verbirgt. Danach soll Gorbatschow um Ostern 1987 den Chef der Deutschen Bank, F. Wilhelm Christians, gebeten haben, Bundeskanzler Kohl eine vertrauliche Botschaft zu überbringen. Moskau sei bereit, die DDR aus dem Warschauer Pakt zu entlassen, wenn die Deutschen dies so wollen. Dies würde zwar nicht die deutsche Frage im Sinne Bonns lösen, denn die deutsche Einheit könne nicht von Moskau verordnet werden. Aber beide deutsche Staaten könnten sich arrangieren, wie sie es für richtig befänden. Es sei höchste Diskretion vereinbart worden.

Interessant ist, dass weder Christians noch Axel Leban, einer der Leiter der Moskauer Vertretung der Deutschen Bank, der für seinen Chef das Gespräch übersetzte, sich an diese Botschaft erinnern können. Nitz jedoch behauptet, dass ihm Leban davon erzählt und gebeten habe, dies dem Politbüro zur Kenntnis zu bringen. Über Max Schmidt, damals Leiter des Instituts für Politik und Wirtschaft (IPW), sei Horst Sindermann, Mitglied des Politbüros, informiert worden.

Ich habe berechtigte Zweifel am Wahrheitsgehalt der angeblichen Botschaft der deutschen Banker. Aufgrund der damaligen innen- und außenpolitischen Situation der Sowjetunion, der sowjetischen Politik gegenüber beiden deutschen Staaten und der damaligen Verärgerung über Kohl wegen dessen Vergleich mit Goebbels kann Gorbatschow eine solche weitgehende Bemerkung gegenüber einem westdeutschen Banker nicht gemacht haben. Es gibt genügend Beweise, dass Gorbatschow 1987 an eine Preisgabe der DDR nicht gedacht hatte. Honecker als Zeugen aufzurufen, ist absolut unbegründet und falsch.

Lange Zeit konnte ich keine Antwort darauf finden, woher die von Honecker erwähnte Information aus Washington stammte. Erst vor kurzem fand ich unter meinen Aufzeichnungen einen vagen Hinweis. Am 13. Oktober 1987 strahlte das ZDF im Rahmen eines »Sowjetischen Tages« die »Fernsehbrücke Mainz – Leningrad« aus. In einer Diskussionsrunde äußerte ein sowjetischer Teilnehmer: »Wir wünschen jedenfalls, dass Deutschland so schnell wie möglich wiedervereinigt wird. Wir wünschen ein starkes Deutschland und wir glauben, dass der Tag der Wiedervereinigung kommt.«

Auf diesen an sich bedeutungslosen Vorfall kam Honecker, der sich aus Anlass der Feierlichkeiten zum 70. Jahrestag der Oktoberrevolution in Moskau aufhielt, während seines Treffens mit Gorbatschow am 4. November 1987 zu sprechen. Honecker bemerkte damals: »Wir müssen gerade in einer solchen Situation vor allem dafür sorgen, dass auf die Sache des Roten Oktober keine Schatten fallen. Dazu gehören auch die allzu lockeren Zügel – um nicht mehr zu sagen – der Massenmedien. Ich denke dabei an die sogenannte Fernsehbrücke zwischen Leningrad und Mainz. Der Aufruf von Leningrad zur Wiedervereinigung ist ein Skandal. [...] Die Haltung der Organisatoren dieser Sendung und der Teilnehmer ist unverantwortlich und gefährlich.«

Gorbatschow ging darauf nicht direkt ein, stellte aber völlig berechtigt fest, »der Gegner versuche, uns gegeneinander auszuspielen. Man behaupte, dass die Führung der SED und Genosse Honecker die Politik der Sowjetunion angeblich nicht verstehen. Andererseits versuche der Gegner der DDR einzureden, dass es in der Haltung der Sowjetunion gegenüber der DDR Zweideutiges gebe.«

Als Honecker am Abend des gleichen Tages im engen Kreis – an dem Gespräch nahm ich teil – sein Treffen mit Gorbatschow kommentierte, stellte er auch die Frage, wer diese Diskussionen über die Einheit eigentlich steuere. Einerseits, so bemerkte er, redeten westdeutsche Politiker ständig über Entspannung, forderten den politischen Dialog und die Zusammenarbeit, und andererseits würde ständig die Diskussion über die Einheit geschürt. Eine solche Politik störe die Beziehungen zwischen der DDR und der BRD.

In diesem Zusammenhang erwähnte Honecker einen Artikel des damaligen Generalsekretärs der ZK der Kommunistischen Partei der USA, Gus Hall, in dem dieser angeblich feststellte, dass die Botschafterin der USA bei den Vereinten Nationen, Jeane Kirkpatrick, erklärte habe, dass die Sowjetunion bereit wäre, die Frage der Vereinigung der beiden deutschen Staaten zu überdenken. Das war für Honecker offenbar das Signal aus Washington, von dem er in dem Buch »Der Sturz« sprach. Die Existenz eines solchen Artikels habe ich nicht mehr überprüfen können.

Trotz gravierender Fehler Honeckers und des Politbüros in den Beziehungen zur KPdSU und zur Sowjetunion halte ich ihn nicht für so leichtsinnig, dass er die oben erwähnten Signale, sollte es sie je gegeben haben, leichtfertig und über lange Zeit einfach ignoriert hätte.

Egon Krenz schrieb und bestätigte mir auch im Gespräch, dass darüber im Politbüro nie gesprochen worden sei.

Überraschende Rückendeckung für meine Auffassung, dass Gorbatschow und die sowjetische Führung 1987 oder früher keinesfalls über die Vereinigung der beiden deutschen Staaten nachgedacht hätten, erhielt ich während meiner Recherchen im November 1997 in Moskau. Das ehemalige Mitglied des Politbüros und Sekretär des ZK der KPdSU, Wadim Medwedew, informierte mich damals über seine Auseinandersetzungen mit einigen russischen Buchautoren. Er hätte festgestellt, dass einige Autoren den Eindruck vermitteln, als ob Gorbatschow bereits frühzeitig die Absicht gehabt habe, die DDR zur Disposition zu stellen. Konkret nannte er den ehemaligen Berater Gorbatschows Anatoli Tschernjajew, der in seinen Büchern und anderen Veröffentlichungen diesen Eindruck vermittelte.

Medwedew bat mich nachdrücklich, dieser Darstellung nicht zu folgen. Er wisse aus eigener Erfahrung und durch seine langjährige Zusammenarbeit mit Gorbatschow, dass dieser weder 1985 noch 1987 die Absicht gehabt hätte, die DDR aufzugeben. Dessen Standpunkt hätte sich erst Anfang 1990 geändert.

Die Darlegungen von Tschernjajew seien nicht nur falsch, sondern auch gefährlich. Nach Auseinandersetzungen mit Tschernjajew hätte dieser seine Behauptungen etwas zurückgenommen.

Während des oben erwähnten Aufenthaltes in Moskau überließ mir Tschernjajew den Text eines Vortrages, den er wahrscheinlich im Mai 1995 in Mainz gehalten hatte. Dort wird einleitend erklärt, dass Gorbatschow von Anfang an einer gewissen inneren Logik gefolgt sei, die die Perestroika mit der deutschen Einheit verband. Das Hauptziel Gorbatschows sei die Beendigung des Wettrüstens gewesen, die ohne die Verbesserung der Beziehungen mit den USA nicht möglich gewesen wäre. Diese sei wiederum nur dadurch zu erreichen gewesen, dass dem Westen die Angst vor der »sowjetischen Gefahr« genommen werde, was seinerseits nicht ohne die Liquidierung des »Eisernen Vorhangs«, sprich, ohne die Überwindung der Spaltung Europas und ohne die Wiedervereinigung Deutschlands möglich gewesen wäre.

Mir geht es hier nicht um diese »innere Logik« Gorbatschows, sondern um die danach folgenden Aussagen Tschernjajews, die mit den Hinweisen von Medwedew im Zusammenhang stehen. Im Vortrag heißt es wörtlich: »Ich will nicht sagen, dass Gorbatschow 1985 oder 1987 diese Logik klar sah und entsprechend seine Politik aufbaute. Keineswegs. Aber sie machte sich unvermeidlich und immer stärker bemerkbar, hatte Einfluss auf Meinungen und auf die Politik.«

Diese Aussage bestätigt, dass sich Gorbatschows Haltung allmählich, nach und nach herausbildete und der Umschwung erst um die Jahreswende 1989/90 eintrat.

Professor Daschitschews Überlegungen

Zu den Legenden gehören nach meiner Meinung auch die »Zeugenaussagen« von Prof. Wjatscheslaw Daschitschew. Gerade deutsche Autoren bemühen immer wieder Daschitschew als Zeugen für ihre These, dass man angeblich bereits 1987 im sowjetischen Außenministerium und in wissenschaftlichen Instituten an Plänen zur Preisgabe der DDR gearbeitet hätte. Bis 1988 spielte Daschitschew in der sowjetischen Öffentlichkeit keine besondere Rolle. Bekannt wurde er vor allem über die westlichen Medien, weil er während seiner Besuche in der Bundesrepublik Deutschland zu Veränderungen der Verhältnisse in der DDR, an der Grenze zwischen den beiden deutschen Staaten und zur Beseitigung der Berliner Mauer aufgerufen hatte. Am 9. Juni 1988 veröffentlichte *Die Welt* eine ausführliche Meldung unter der Überschrift »Die Mauer wird verschwinden müssen«.

Danach hatte Daschitschew in einem Gespräch mit westdeutschen Journalisten in der Botschaft der UdSSR in Bonn erklärt, Mauer und Stacheldraht seien Überreste des Kalten Krieges und müssten beseitigt werden.

Diese Meldung beunruhigte und verärgerte Honecker in höchstem Maße. Seit diesem Vorfall war Daschitschew für die Führung der SED ein rotes Tuch, ein Mann, den man faktisch mit einem Bann belegte.

Dieses Ereignis ist mir gut in Erinnerung geblieben, weil ich von Hermann Axen den Eilauftrag erhielt, sofort den Wahrheitsgehalt dieser Meldung zu prüfen, festzustellen, was wirklich gesagt wurde, und eine sowjetische Stellungnahme anzumahnen. Ich sollte erklären, »dass es kaum vorstellbar sei, dass die Zitate, die wörtlich wiedergegeben wurden, nicht zutreffen sollten. In diesem Falle würden sich die Äußerungen von Prof. Daschitschew gegen die Souveränität der DDR, die Sicherheitsinteressen des Warschauer Vertrages und unser gemeinsames politisches und militärisches Bündnis richten. Solche Äußerungen seien Wasser auf die Mühlen der imperialistischen Propaganda, die gerade in der letzten Zeit, die Hetze gegen die Grenzen in Europa und gegen die Grenzen der DDR im Besonderen, zum Hauptbestandteil der Propaganda gegen den Sozialismus gemacht habe.«

Prinzipieller ging es kaum.

In etwas konzilianterer Form trug ich den Protest in der Internationalen Abteilung des ZK der KPdSU vor. Mir war klar, dass Äußerungen wie die von Daschitschew und anderen Ergebnis und Ausdruck der Glasnost waren, persönlichen Charakter trugen und nicht unbedingt die offizielle Meinung der sowjetischen Führung widerspiegelten. Aufgrund eigener Erfahrungen mit der Perestroika war mir bewusst, dass solche Vorfälle auch künftig nicht zu verhindern sein würden. Andererseits konnte ich nicht verstehen, was solche Leute wie Daschitschew und andere dazu trieb, angesichts der ihnen bekannten politischen Brisanz dieser Fragen, im Westen ihre persönliche Meinung zu verbreiten und stillschweigend zur Kenntnis zu nehmen, dass ihre Meinung als die der sowjetischen Führung ausgegeben wurde.

Im Ergebnis unserer Reaktion erfuhr ich später, dass Honecker schon vorher dem sowjetischen Botschafter Kotschemassow seine Meinung unmissverständlich zum Ausdruck gebracht hatte. Der Sekretär des ZK der KPdSU Medwedew beauftragte den für die DDR zuständigen Sektorenleiter Koptelzew, mit Daschitschew eine kritische Aussprache zu führen.

Wie mir Koptelzew erzählte, nahm Daschitschew die ruhig und sachlich vorgetragene Schelte ohne Reaktion zur Kenntnis. Damit war die Angelegenheit für die sowjetische Seite erledigt. Nach Koptelzew hatte Daschitschew allerdings seitdem in der Internationalen Abteilung als persona non grata, als unerwünschte Person, gegolten.

Ich kenne Prof. Daschitschew nicht persönlich. Wegen der offiziellen Haltung meiner Führung ihm gegenüber hielt ich es 1988 nicht für opportun, mit ihm persönlichen Kontakt herzustellen. Allerdings unterhielten Mitarbeiter der Politischen Abteilung der Botschaft mit meiner Zustimmung enge Verbindung mit Prof. Daschitschew. Ich kenne die Vermerke und Notizen, die nach Gesprächen mit ihm geschrieben wurden. Bei der Sichtung dieser Materialien musste ich feststellen, dass Daschitschew recht realistisch die Lage in Europa und die Situation in den sozialistischen Ländern einschätzte. Er äußerte sich seit dem Herbst 1989 auch sehr freimütig über die Entwicklungen in der DDR sowie die Politik der Sowjetunion und der BRD in der Frage der Wiedervereinigung.

In diesen Notizen konnte ich jedoch keine Hinweise finden, dass er meinen Mitarbeitern gegenüber jemals seine Tätigkeit als Vorsitzender des wissenschaftlichen Beirats im Außenministerium erwähnt hätte. Es ist auch kein Hinweis auf seine Memoranden zu finden, die er in jenen Jahren anfertigte und die heute in Deutschland als Beweis dafür gelten, dass die sowjetische Führung bereits seit 1987 an der Preisgabe der DDR gearbeitet hätte.

Heute ist bekannt, dass auf der Sitzung des Wissenschaftlichen Konsultativen Beirats im Außenministerium am 27. November 1987 der Punkt »Die deutsche Frage – Stand und Perspektiven der Entwicklung« behandelt wurde. Dazu gab Daschitschew eine Einführung. Er war der Auffassung, die deutsche Frage sei weiter offen, die DDR würde den Wettbewerb mit der BRD verlieren und damit die herrschende politische Ordnung in der DDR diskreditieren. Das Problem der nationalen Einheit würde so in ein völlig neues Licht rücken. Die Teilung Deutschlands und die Existenz von zwei deutschen Staaten betrachtete er als eine gefährliche und für die Interessen der Sowjetunion schädliche Entwicklung Europas. Für die Sowjetunion sei die DDR eine unerträgliche wirtschaftliche, moralische und politische Bürde. Die Spaltung stehe als eine Barriere auf dem Wege zur Beseitigung der Ost-West-Konfrontation. Unter bestimmten Bedingungen könne sie auch zu einer Gefahr für die Perestroika werden.

Wie er selbst berichtet, war die Reaktion der Teilnehmer auf seine Überlegungen und Vorschläge extrem negativ. Sein Vortrag wurde als politischer Defätismus bezeichnet und zurückgewiesen. Der Leiter der Verwaltung sozialistische Länder Europas, Gorinowitsch, ordnete sogar an, alle Exemplare des Vortrags einzusammeln und zu vernichten.

In seinem Buch »Moskaus Griff nach der Weltmacht« schreibt Daschitschew: »Interessant ist es herauszufinden, dass Honecker, wie er in seinen Erinnerungen andeutet, über den Verlauf der Sitzung schon 1987 auf dem Umweg über Washington unterrichtet wurde. In demselben Jahr berichtete der DDR-Botschafter in Moskau, König, nach Ostberlin, dass einige sowjetische Autoren plötzlich begannen, als akute Aufgabe der Politik die ›Überwindung der deutschen Zweistaatlichkeit‹ zu betrachten.«

Ich habe schon beschrieben, wann und was ich über diese Fragen geäußert habe. Von diesen Aktivitäten Daschitschews habe ich erst in den 90er Jahren Kenntnis erhalten. Auch Honecker hat mit keinem Wort die Sitzung vom November 1987 oder ähnliche Vorgänge erwähnt.

Daschitschews Vorsicht in den Kontakten mit Mitarbeitern der Botschaft der DDR könnte man bis Anfang 1990 noch verstehen, aber auch später, als das Schicksal der DDR bereits entschieden war, zeigte er in dieser Hinsicht große Zurückhaltung. Daschitschew war nicht der einzige, der sich mit seinem Wissen uns gegenüber zurückhielt. Ich kann mich nicht erinnern, dass einer unserer vielen sowjetischen Freunde im Außenministerium mit uns jemals über den von Daschitschew geleiteten wissenschaftlichen Beirat und die dort behandelten Probleme gesprochen hätte.

Unbestritten bleibt, dass Daschitschew frühzeitig Gedanken zur Lösung der deutschen Frage äußerte, die der damals offiziellen sowjetischen Haltung konträr gegenüberstanden. Nach seinen eigenen Aussagen zu urteilen, fanden seine Auffassungen jedoch weder im sowjetischen Außenministerium noch im ZK der KPdSU Unterstützung. Als er am 14. November 1988 auf einer Beratung der Internationalen Abteilung des ZK der KPdSU versucht habe, deutlich zu machen, dass der Aufbau eines »Gemeinsamen Europäischen Hauses« unter den Bedingungen des gespaltenen Kontinents und des geteilten Deutschland eine irreale Sache und der bestehende Status quo in Europa für die nationalen Interessen der Sowjetunion schädlich sei und auf lange Zeit nicht aufrechterhalten werden könne, habe man ihn scharf zurechtgewiesen.

Die anwesenden Vertreter von Regierungsgremien, der Akademie der Wissenschaften und Generäle hätten seine Vorschläge zur Änderung des Status quo abgelehnt. Falin habe nach einer ziemlich langen Rede über die amerikanischen Handlungen zur Entfesselung des Kalten Krieges sogar empört den Saal verlassen.

Trotz seiner vielen Niederschriften und der Behauptung, dass er einen bedeutenden Einfluss auf die Meinungsbildung von Gorbatschow und Schewardnadse gehabt hätte, wurde Daschitschew im Juni 1989 von seinem Posten als Vorsitzender des wissenschaftlichen Beirates des Außenministeriums abgelöst. Möglicherweise haben seine Auffassungen bei dieser Entscheidung die geringere Rolle gespielt. Vielleicht sah man in ihm mehr den Störenfried, der mit seinen kontraproduktiven Empfehlungen der praktischen Politik keinen guten Dienst erwies.

Unter den Beratern Gorbatschows und den sowjetischen Deutschlandexperten wird immer noch darüber gestritten, ob die Denkanstöße und Memoranden Daschitschews Einfluss auf die sowjetische Politik gehabt hätten. Während Gorbatschows Berater Nikolai Portugalow und andere der Meinung sind, keine Analyse Daschitschews sei Gorbatschow je zur Kenntnis gegeben worden, vertreten andere, wie der Berater Gorbatschows und Freund Daschitschews, Tschernjajew, die Auffassung, dass Gorbatschow die Niederschriften Daschitschews gelesen und solche Niederschriften, die Änderung der Positionen Gorbatschows, seines Herangehens an die deutschen und überhaupt an die allgemein europäischen Probleme bewirkt hätten. Daschitschew selbst bekundete wiederholt öffentlich, dass Gorbatschow und Schewardnadse seine Ideen bis 1990 weder im ZK noch im Außenministerium, geschweige denn im Obersten Sowjet, aufwerfen konnten.

Natürlich ist nicht auszuschließen, dass die Auffassungen Daschitschews diesen oder jenen Berater oder Experten beeinflusst haben. Alle Fakten bestätigen aber, dass die Positionen von Daschitschew bis Ende 1989 keinen praktischen Einfluss auf die reale, operative Politik der Sowjetunion hatten.

Nach meiner Überzeugung wird die Rolle von Daschitschew in den westlichen Medien aus verständlichen Gründen und wegen des Mangels nützlicherer Zeugen und Beweise bis heute bewusst überbetont.

Dokumente aus dem »Bogomolow-Institut«

Ich halte es durchaus für möglich, dass auch über die Kontakte und den Meinungsaustausch zwischen wissenschaftlichen Einrichtungen und Wissenschaftlern der UdSSR und der BRD die Erosion der sowjetischen Positionen in der deutschen Frage, zumindest bei den sowjetischen Gesprächspartnern, beschleunigt wurde. Anfang 1994 wurden mir aus dem Institut für Internationale und Politische Studien der Russischen Akademie für Wissenschaften, das nach seinem ehemaligen Direktor Professor Oleg Bogomolow auch als »Bogomolow-Institut« bekannt wurde, Materialien zur Kenntnis gebracht, die das bestätigen.

Zu den politischen Kräften in der Bundesrepublik, die frühzeitig einen Interessenausgleich zwischen der BRD und der

UdSSR mit dem Ziel einer Vereinigung der beiden deutschen Staaten anstrebten, gehörte Professor Wolfgang Seiffert. Nach der Wahl Gorbatschows zum Generalsekretär der KPdSU und dessen faktischer Absage an die »Breshnew-Doktrin« analysierte Seiffert die neue Situation. Sein Buch »Gorbatschow und die Deutschen« rief auch in interessierten Kreisen der westdeutschen Wirtschaft und der Banken Interesse hervor. 1988 und 1989 versuchte Seiffert, seine Vorstellungen über einen Interessenausgleich zwischen Deutschland und der Sowjetunion an Gorbatschow heranzutragen. Das gelang nur bedingt. Die Vorgänge um diese Materialien werden von deutschen und russischen Beteiligten öffentlich unterschiedlich dargestellt und haben zu einer gewissen Verwirrung in der Bewertung der damaligen Vorgänge beigetragen.

Ich erhielt von Freunden aus dem »Bogomolow-Institut« 1994 zwei Dokumente Seifferts zur Kenntnis: »Erwägungen für die Zukunft der deutsch-sowjetischen Beziehungen« vom 6. September 1988 und ein »Szenario für die Beendigung der Teilung Europas und die Wiedervereinigung Deutschlands« offenbar aus dem Sommer 1989.

Die spätere Entwicklung zeigte, dass Seiffert in wesentlichen Punkten eine treffende Einschätzung gegeben hatte. Wann und auf welchem Wege dieses Material nach Moskau gelangte, ist nicht ganz klar. Nach seinen eigenen Darlegungen hätte Seiffert 1988 – das genaue Datum wird leider nicht genannt – ein Schreiben an Gorbatschow gerichtet, in dem er der Sowjetunion einige Vorschläge für ihre Deutschlandpolitik unterbreitet habe. Als Überbringer wurde offenbar der mir gut bekannte Deutschlandspezialist der Internationalen Abteilung des ZK der KPdSU Nikolai Portugalow ausgewählt. Wenn es der Wahrheit entsprechen sollte, dann informierte dieser zwar seinen Chef, Valentin Falin, von dem Schreiben, der nur ein Achselzucken übrig gehabt hätte, leitete es jedoch nicht an Gorbatschow oder dessen Berater weiter. Als Seiffert davon erfahren habe, habe er »später noch mal versucht, auf einem anderen Wege die Sache voranzubringen«. Auf welchem Wege, erwähnte er nicht. Es gibt aber berechtigte Gründe anzunehmen, dass die Vorschläge diesmal über Professor Daschitschew und das »Bogomolow-Institut« weitergeleitet wurden.

In einem Vermerk vom 17. Oktober 1989, veröffentlicht im gleichen Buch, teilt Seiffert mit, er habe aus Kreisen der Industrie ein Szenarium erhalten, wie die Wiedervereinigung und der Interessenausgleich zwischen der Sowjetunion und Deutschland mit finanziellen Leistungen an die Sowjetunion verknüpft werden sollten. Angeblich habe Seiffert den Vorschlag ohne eigene Kommentierung an Bogomolow mit der Bitte weitergeleitet, die Idee zu prüfen und mitzuteilen, ob auf sowjetischer Seite überhaupt Interesse bestehen würde. Das mir von Moskauer Freunden überlassene Memorandum stammt vom 16. Oktober 1989 und trägt den Titel »Szenario für die Beendigung der Teilung Europas und die Wiedervereinigung Deutschlands«. Es geht von den bereits in den »Erwägungen« angeführten Einschätzungen aus. Die Autoren des Memorandums kommen im Oktober 1989 zu bemerkenswerten Feststellungen. Zunächst bringen sie ihre Ungeduld und vielleicht auch ihr Unverständnis darüber zum Ausdruck, dass die sowjetische Führung die bewusste Herbeiführung eines historischen Ausgleichs zwischen Deutschland und der Sowjetunion noch nicht durch Taten zu erkennen gegeben habe.

Gleichzeitig unterstellen sie ihr quasi, dass sie einer Beendigung der Teilung Europas und der Wiedervereinigung Deutschlands nur zustimmen werde, wenn diese für sie materiell und finanziell vorteilhafter wäre als deren Verweigerung. Danach wird ein Szenarium gezeichnet, das dem wirklichen Verlauf der Ereignisse in der UdSSR, der DDR und in anderen Staaten des Warschauer Vertrages Ende 1989/Anfang 1990 sehr nahekam. Sie schlugen der Sowjetunion ein großes politisches Geschäft vor. Für den Rückzug der sowjetischen Truppen aus der DDR, Polen, der Tschechoslowakei und Ungarn und die Erfüllung einer Reihe anderer politischer Forderungen sollte die Sowjetunion eine bedeutende unentgeltliche wirtschaftliche Hilfe erhalten.

In dem Material heißt es, Ungarn und Polen würden nach Westeuropa abdriften, die Tschechoslowakei würde ihnen folgen und die DDR isoliert bleiben. Sie wäre dann eine vorgeschobene Militärbastion, die von der Sowjetunion durch einen Gürtel zumindest de facto neutraler Staaten getrennt würde, die sich wirtschaftlich und kulturell auf den Westen ausrichten würden. Die sowjetischen Truppen in der DDR würden bald unerwünscht sein, als Besatzung empfunden und früher oder später aufgefordert werden, das Land zu verlassen.

Aus dieser Einschätzung wurde die Schlussfolgerung abgeleitet, dass ein allmähliches Abdriften der osteuropäischen Staaten nach Westeuropa der Sowjetunion nichts bringen würde, noch weniger aber ein brutales Intervenieren. Und so fragen die Autoren: »Warum also nicht dem wahrscheinlichen Gang der Dinge zuvorkommen und mit gewaltigen Zahlungen der Deutschen die eigene Entwicklung vorantreiben? […] Es ist offensichtlich, je länger die Sowjetunion wartet, desto niedriger wird der Preis sein, den sie durch einen militärischen Rückzug erzielen wird.«

In einem zweiten Szenarium wurde herausgearbeitet, wie der historische Ausgleich zwischen der Sowjetunion und Deutschland erfolgen sollte. Dort heißt es unter anderem: »Die Bundesrepublik bezahlt innerhalb von sechs Jahren 500 Milliarden DM in Form von Waren und Dienstleistungen an die Sowjetunion.« Wie diese riesige und fantastische Summe aufgebracht werden sollte, wird in dem Dokument ebenfalls kurz skizziert.

In der Stellungnahme von Prof. Oleg Bogomolow zu dem Memorandum wurden die Vorschläge als hart bezeichnet, die in dieser Form durch die Sowjetunion unannehmbar seien. Es sei aber nicht ausgeschlossen, dass man im Verlaufe von Verhandlungen zu einem annehmbaren Kompromiss käme.

Die sowjetische Seite sollte das Projekt im engen Zusammenhang mit der dynamischen Entwicklung der internationalen Situation in Europa und der ausgesprochen gefährlichen und fast ausweglosen ökonomischen Situation in der Sowjetunion sehen. Für die Sowjetunion hätte die Existenz von zwei selbstständigen deutschen Staaten nur während der scharfen Konfrontation zwischen Ost und West und der Erhaltung sowjetischer Herrschaftspositionen in Osteuropa einen politischen Sinn gehabt. Jetzt hätten sich die Bedingungen geändert. Die 40-jährige Konfrontation mit allen Ländern des Westens hätte die sowjetische Wirtschaft ernsthaft geschwächt. In der gegenwärtigen Etappe verliere die Konfrontation für die Sowjetunion jeden politischen Sinn und verwandele sich in eine unerträgliche Belastung und Bürde. Daher habe in nächster Zeit die Beendigung der Konfrontation für die Sowjetunion höchste außenpolitische Priorität. Die Lösung dieser Aufgabe sei jedoch undenkbar ohne die Überwindung der Spaltung Europas und Deutschlands. So oder so werde die Frage der Wiederherstellung der gewaltsam zerstörten Einheit der deutschen Nation auf die Tagesordnung der europäischen Entwicklung gesetzt. Vor dieser Entscheidung könnten sich weder die Sowjetunion noch die westlichen Staaten drücken.

Das Projekt würde der Sowjetunion für fünf bis zehn Jahre eine Reihe großer Vorteile bringen. Unter dem Gesichtspunkt der Festigung ihrer Sicherheit würde die UdSSR nur gewinnen. Die Realisierung des Projekts würde das Zerbrechen der Blockstrukturen in Europa beschleunigen, was angesichts der Prozesse in Osteuropa für die sowjetischen Interessen nur wünschenswert wäre.

Die Stellungnahme Bogomolows enthält, auch aus damaliger Sicht, einige eklatante Fehleinschätzungen, die nicht nur für dieses Akademieinstitut charakteristisch waren. Bogomolow vertrat die Auffassung, dass die Sowjetunion das vereinigte Deutschland nicht fürchten müsse, weil in ihm die Positionen der Sozialdemokratie beachtlich gestärkt würden. Das sei außerordentlich wichtig für die künftige Entwicklung des Sozialismus im europäischen Maßstab! Außerdem würde die Einheit Deutschlands im Zusammenhang mit der völligen Selbständigkeit der osteuropäischen Länder, die Existenz der NATO in seiner jetzigen Form infrage stellen. Sie würde zu einem hemmenden Faktor für die Bildung einer geschlossenen westeuropäischen Gruppierung mit antisowjetischer Ausrichtung. Polen und die ČSSR würden sich, um ihre westlichen Grenzen zu schützen, geopolitisch zur Sowjetunion hingezogen fühlen.

All das würde der Sowjetunion erlauben, aus der außerordentlich belastenden Konfrontation mit dem Westen heraus zu kommen und ihre materiellen und geistigen Anstrengungen auf die Verbesserung des Wohlstandes des Volkes und die Lösung unaufschiebbarer innenpolitischer Aufgaben zu konzentrieren.

Bei Bogomolow und seinen Mitarbeitern rief das Memorandum gewisse Zweifel über die Seriosität der Vorschläge und über die Einflussmöglichkeiten der hinter ihm stehenden westdeutschen Wirtschaftskreise hervor. Die Leitung des Instituts und wahrscheinlich auch einige Berater Gorbatschows hielten das Angebot für sehr großzügig und waren nicht überzeugt, dass hinter den Autoren des Projektes wirklich einflussreiche und entscheidende Kräfte der westdeutschen Industrie standen, obwohl die Autoren auf Nachfragen aus Moskau mitgeteilt hatten, dass »bisher Vertreter der Atomindustrie, des Maschinenbaus, der chemischen und der Leichtindustrie, die Konzerne Siemens, Höchst, Krupp, Daimler-Benz und andere« als Initiatoren auftreten würden. Wie es hieß, seien Banken wie auch Regierungskreise bis zu diesem Zeitpunkt nicht hinzugezogen worden.

Die offenen Fragen sollten bei Expertengesprächen, die für den 7. Dezember 1989 in Moskau, der BRD oder auf neutralem Boden vorgeschlagen wurden, weiter sondiert werden. Neben Seiffert sollten an dem Treffen Erich Kronauer, Mitglied des Vorstandes der Fichtel & Sachs AG, Dr. Lorenz M. Raith, Vorsitzender des Vorstandes INA Wälzlager Schaeffler KG, Dipl.-Ing. Bernhard Auge, Geschäftsführer der Mercedes Benz AG, Niederlassung Gütersloh, und Uwe Jens Thomsen, Mitglied des Vorstandes der Hoechst AG, teilnehmen.

Danach wurde das Memorandum offenbar Gorbatschows Berater Tschernjajew übergeben, der es angeblich seinem Chef vorlegte. Wie Seiffert berichtete, habe Gorbatschow auf die Vorschläge geantwortet und ihm mitteilen lassen, dass er sich für die Initiative bedanke, aber die Zeit in der Sowjetunion für einen solchen Schritt leider noch nicht reif sei. Falin habe das Projekt abgelehnt, weil es ein »Ausverkauf des Sozialismus« und »Verrat am Sozialismus« bedeuten würde.

In Seifferts Vermerk wird allerdings auch festgestellt, dass Daschitschew erklärt habe, Gorbatschow sei an der Sache sehr interessiert und habe Bogomolow und Daschitschew beauftragt, die Sache »unabhängig vom ZK der KPdSU« weiterzuverfolgen.

Ob die Ereignisse sich tatsächlich so abgespielt haben, die Beteiligten wirklich auf diese Weise reagiert haben, bleibt für mich angesichts der unterschiedlichen Darstellung durch die Beteiligten nach wie vor zweifelhaft. Wichtiger ist, dass Gorbatschow diesem Vorhaben nicht zustimmte, ob aus politischen oder moralischen Gründen ist dabei zweitrangig. Wahrscheinlich spielten beide Aspekte eine Rolle. Für mich ist es ein weiterer Beweis dafür, dass Gorbatschow zu diesem Zeitpunkt die Vereinigung vielleicht für unausweichlich hielt, aber keine konkreten Vorstellungen über die Wege und Methoden zur Erreichung dieses Zieles hatte.

Die von den westdeutschen Industriellen geäußerten Ideen und Vorschläge beschäftigten jedoch die sowjetischen Deutschlandexperten und die Berater Gorbatschows weiter. Im Zusammenhang mit der sich ständig verschlechternden Situation auf wirtschaftlichem und sozialen Gebiet drängten immer mehr sowjetische Politikwissenschaftler und Experten darauf, sich weniger an den »Interessen des Weltsozialismus« zu orientieren, sondern sich vordringlich auf die nationalen Interessen der Sowjetunion zu besinnen und auf ausländische Hilfe nicht zu verzichten.

Diese Diskussion blieb nicht ohne Einfluss auf Gorbatschow und andere in der sowjetischen Führung, die in den westdeutschen Vorschlägen eine Chance sahen, sich auf diesem Wege die für die Fortsetzung der inneren Reformen dringend benötigten finanziellen und materiellen Mittel aus dem Ausland zu beschaffen. Gorbatschow hatte seit Januar 1990 keine Skrupel mehr, seine Bitten an Kohl und die BRD-Regierung um materielle und finanzielle Hilfe mit dem politischen Pokerspiel um die deutsche Einheit zu verbinden.

Stellenwert der BRD in der sowjetischen Politik

Die Beantwortung der Frage, wann die sowjetische Führung ihre Haltung zur deutschen Frage geändert hat, ist ohne einen kurzen Rückblick auf die sowjetisch-westdeutschen Beziehungen seit Anfang der 80er Jahre kaum möglich.

Die Bundesrepublik Deutschland war der politische und der potenzielle militärische Gegner der Sowjetunion und des Warschauer Vertrages, aber sie war zugleich der größte westliche Wirtschaftspartner und 1983 mit einem Anteil von 5,2 Prozent am gesamten Außenhandelsumsatz der UdSSR beteiligt. Trotz der Verschärfung des politischen Klimas entwickelten sich die wirtschaftlichen Beziehungen zwischen beiden Staaten auf der

Grundlage bestehender Verträge und Abkommen völlig normal. Selbst zu Zeiten der schärfsten politischen Krise zwischen der BRD und der UdSSR trafen sich fast regelmäßig hochrangige Wirtschaftsdelegationen beider Länder in Moskau oder Bonn.

Im Zusammenhang mit dem verschärften Konfrontationskurs der NATO und den sowjetischen Gegenmaßnahmen gegen die Stationierung der amerikanischen Mittelstreckenraketen »Pershing II« und »Cruise Missiles« in der BRD und in anderen NATO-Staaten verschlechterten sich jedoch seit 1984 die politischen Beziehungen zwischen der BRD und der UdSSR und damit auch die Rahmenbedingungen für die wirtschaftliche Zusammenarbeit. Hinzu kam, dass sich die Außenhandelsmöglichkeiten der Sowjetunion mit der BRD und anderen westlichen Ländern wegen der sinkenden Preise für Erdöl und Erdgas auf dem Weltmarkt und der Stagnation bei den sowjetischen Angeboten für Erdöl sowie den begrenzten westdeutschen Aufnahmemöglichkeiten für steigende Gasexportmengen spürbar verschlechterten.

Selbst Gorbatschow bestätigte, dass man in Moskau den politischen Kurs der BRD in erster Linie unter dem Gesichtspunkt der Konfrontation zwischen den Supermächten betrachtete. Die Bundesrepublik war der engste Verbündete der USA in Europa, Wegbereiter der amerikanischen Politik auf dem Kontinent, eine wichtige militärische Kraft der NATO. Auf ihrem Territorium waren die amerikanischen »Pershing-II« stationiert, die in wenigen Minuten die UdSSR erreichen konnten. Hinzu kam das psychologisch schwere Erbe des II. Weltkrieges. Zudem eröffnete die Sowjetunion im April 1984 eine breite öffentliche Kampagne mit scharfen Attacken gegen den Revanchismus in der BRD.

Die Kritik richtete sich allerdings auch oder sogar in erster Linie an die Adresse der DDR-Führung, die wegen ihrer ablehnenden Haltung zu den sowjetischen Gegenmaßnahmen in Moskau auf Widerstand stieß. Die Artikel in der *Prawda* vom Juli und August 1984 enthielten auch eine herbe Kritik an der wirtschaftlichen Zusammenarbeit der DDR mit der BRD. In Moskau glaubte man offenbar, dass mit dem von Honecker eingeschlagenen Kurs einer »Verantwortungsgemeinschaft« mit der BRD vitale Interessen der Sowjetunion berührt würden.

Hermann Axen bemerkte einmal mir gegenüber, dass das damalige Vorgehen der Sowjetunion von Honecker und den Mitgliedern des Politbüros als grobe Einmischung in die inneren Angelegenheiten der DDR betrachtet wurde. Bis zum Sommer 1987 setzte Moskau die 1984 eingeleitete »Politik der Stagnation und der Bestrafung« gegenüber der BRD fort. Beweise dafür findet man in den Aufzeichnungen über die Gespräche Gorbatschows mit Honecker aus den Jahren 1986 und 1987.

Im April 1986 kritisierte Gorbatschow im Gespräch mit Honecker die Politik der Bundesregierung in scharfen Worten, weil sie nach seiner Meinung am aktivsten von allen westeuropäischen Ländern den Neoglobalismus der USA unterstütze. Es erhebe sich sogar die Frage, so Gorbatschow, ob wir es nicht mit einer Kreuzung des Revanchismus der BRD mit dem Kurs der sozialen Revanche der USA zu tun haben. Auch Kohl kam nicht gut weg, er bewege sich nicht nur im Fahrwasser der USA, sondern verhalte sich wie ihr Lakai, der sich mit Reagan und dessen SDI-Plänen vollkommen solidarisiere.

Daraus zog er die Schlussfolgerung, dass angesichts der westdeutschen Unterstützung für die USA, die Politik Bonns nicht noch gefördert werden sollte. Die Termine für die Besuche Honeckers und Gorbatschows in der BRD sollten offen bleiben, um sie später zum Bestandteil des sowjetischen Spiels zu machen. Beide verständigten sich darüber, die Beziehungen zur BRD auf der Grundlage einer gemeinsamen Konzeption zu gestalten. Konkrete Festlegungen wurden jedoch nicht getroffen.

Bis zu den Bundestagswahlen in der BRD, die Ende Januar 1987 stattfanden, hielt sich die sowjetische Führung in ihren Aussagen zur Politik der BRD zurück. Sie wartete das Wahlergebnis ab, vielleicht hoffend, dass die SPD die Wahlen gewinnen würde. Erst danach sollte ihr weiteres Vorgehen festgelegt werden.

Aus der Niederschrift eines Gespräches Egon Bahrs Mitte Februar 1987 in Moskau mit Falin, der zu dieser Zeit noch Direktor der Nachrichtenagentur *APN* war, wird jedoch ersichtlich, dass die SPD über das Verhalten der sowjetischen Seite vor den Wahlen und unmittelbar danach wegen der bereits spürbaren Veränderungen und der zu erwartenden sowjetischen Politik gegenüber der BRD verunsichert war. Es bestätigt aber auch, dass die Sowjetunion zu diesem Zeitpunkt noch keine endgültige Entscheidung für ihr Vorgehen gegenüber der BRD getroffen hatte. Die vorherrschende Zurückhaltung der UdSSR gegenüber der Bundesregierung war zugleich mit Misstrauen gegenüber der SPD verbunden.

Auch das Gespräch Gorbatschows mit Honecker am 28. Mai 1987 in Berlin machte lediglich deutlich, dass man mit der DDR zu einer gemeinsamen Position gegenüber der BRD kommen wollte. Man war sich einig, dass die Beziehungen der DDR und der UdSSR mit der Bundesrepublik von wichtiger Bedeutung für die europäische und Weltpolitik wären. Gorbatschow erwähnte zwar, dass das Politbüro des ZK der KPdSU diese Frage schon mehrmals beraten hätte, ließ aber Honecker im Unklaren, zu welchen Ergebnissen man gekommen sei. Beide kamen überein, unter Federführung der Internationalen Abteilungen der Zentralkomitees zunächst getrennte Analysen über die Lage in der BRD und über das weitere Vorgehen auszuarbeiten, diese Materialien auszutauschen und gemeinsam zu diskutieren.

Während der Tagung des ZK der SED Mitte Juni 1987 sprach ich mit Honecker. Ich beantwortete ihm einige Fragen über die Situation in der Sowjetunion, die sowjetischen Reaktionen auf den Flug und die Landung des BRD-Bürgers Rust auf dem Roten Platz in Moskau sowie zu Problemen in unseren gegenseitigen Beziehungen. Am Schluss des Gesprächs bemerkte er, dass die Einschätzung der DDR zur Lage in der BRD ausgearbeitet sei und es gut wäre, wenn ich sie mit nach Moskau nehmen und dort möglichst bald und auf hoher Ebene übergeben würde. Die Eile Honeckers war verständlich, ging es doch um die Vorbereitung seiner Reise in die BRD.

Als ich mit dem Auftrag Honeckers zu Hermann Axen kam und ihn bat, mir die Einschätzung auszuhändigen, ließ er mich völlig überraschend abblitzen. Später erfuhr ich, dass das Material erst am 23. Juni im Politbüro formal beschlossen wurde, an der Sitzung nahmen aber Stoph und Mittag, die das Material am gleichen Tag in Moskau übergaben, nicht teil. Warum also die Verzögerung und Verweigerung von Axen? Er wusste genau, dass es auf der Sitzung des Politbüros keine prinzipiellen oder wesentlichen Änderungen geben würde. Seine wahren Gründe für die Ablehnung habe ich nie erfahren.

Über Axens Verhalten war ich mächtig verärgert. Einerseits wurde mir und anderen Botschaftern vorgeworfen, dass wir nicht genügend nach Möglichkeiten für Gespräche auf hoher oder höchster Ebene suchen würden. Andererseits wurde uns nur selten ein wichtiges Dokument oder Material zur Weiterleitung an die sowjetische Führung in die Hand gegeben. Solche Materialien wurden in der Regel durch Honecker oder Axen direkt dem sowjetischen Botschafter in Berlin übergeben. Mit diesem Material in der Hand hätte ich durchaus um ein Gespräch auf hoher Ebene bitten können.

Im Stillen dachte ich sogar, Hermann Axen behandelte die Vorbereitung des Besuches von Honecker in der BRD wieder so geheim, dass nicht einmal der Botschafter in Moskau davon wissen durfte. Für meine Vermutung spricht, dass er mich ebenfalls von den Konsultationen ausschloss, die er in Vorbereitung des Besuches im Juli 1987 in Moskau führte. Über sein Verhalten ließ ich mich vor Diplomaten der Botschaft in sehr drastischen Worten aus. Wie von mir gewünscht, gelangten meine Bemerkungen sehr schnell nach Berlin. Sie führten jedoch nicht zu dem von mir gewünschten Ergebnis, zu einem vertrauensvollen Miteinander, sondern dazu, dass meine Äußerungen als politisch falsch und respektlos kritisiert wurden.

Die Meinung der DDR fand in der »Analyse zur Politik der BRD – Schlussfolgerungen für eine gemeinsame Politik« ihren Niederschlag, die von Günter Mittag am 23. Juni 1987 in Moskau dem Vorsitzenden des Ministerrates der UdSSR übergeben wurde. Der nahm sie zwar entgegen, wusste aber auch nicht gleich, wie damit zu verfahren sei. So gelangte die Analyse zunächst auf den bürokratischen Amtsweg und erst Tage später den eigentlich Verantwortlichen auf den Tisch.

Die Analyse war kaum übergeben, als Hermann Axen mich anrief und sich nach der Meinung der sowjetischen Seite erkundigte und mich beauftragte, die sowjetische Einschätzung schnellsten zu beschaffen. Mit einer gewissen inneren Genugtuung teilte ich ihm mit, dass die Analyse erst einmal verschwunden sei und nach ihr gesucht werde. Trotz meiner ständigen Mahnungen wurde mir die entsprechende Einschätzung der KPdSU nicht ausgehändigt und auch keine Meinung zu unserem Material geäußert. Entweder verfügte die KPdSU über keine Analyse der Lage in der BRD, was schwer zu glauben war, oder man wollte uns, was noch schlimmer war, die Meinung der KPdSU nicht zur Kenntnis geben.

Tatsache ist, dass erst während der Konsultationen von Hermann Axen am 21. Juli in Moskau über die Probleme gesprochen wurde. Wadim Medwedew erklärte damals, dass die sowjetische Seite sowohl der Reise Honeckers in die BRD wie auch der Analyse der DDR grundsätzlich zustimme. Die Analyse könne ohne jede Änderung als Grundlage gemeinsamen Vorgehens gegenüber der BRD verwendet werden. Diese Aussage nährte den Verdacht, dass die KPdSU offenbar tatsächlich über keine eigene Analyse der Lage in der BRD verfügte. Die sowjetischen Zweifel an der Notwendigkeit und Richtigkeit der Reise Honeckers blieben jedoch erhalten.

Der prinzipiellen Zustimmung folgten die vom Misstrauen geprägten Belehrungen. Die sowjetische Seite, so erklärte Medwedew, folge nicht den Vorschlägen der DDR, sich auf das Machbare zu beschränken. Sie hielt es Mitte 1987 noch für möglich, die BRD zu zwingen, die Geraer Forderungen der DDR zu akzeptieren und die Beziehungen zwischen der DDR und der BRD voll und uneingeschränkt auf völkerrechtliche Grundlagen zu überführen. Man hoffte und erwartete, dass Honecker die BRD-Regierung nachdrücklich mit den prinzipiellen Forderungen der DDR konfrontieren werde. Faktisch wurde von der Durchsetzung dieser Forderungen der Erfolg des Besuches abhängig gemacht. In dem Bemühen, die DDR als souveränen Staat zu stärken, sollte sich die DDR mehr auf die SPD, die Grünen und andere demokratische Kräfte stützen.

Heftig gestritten wurde um die Feststellung Medwedews, dass die sowjetische Führung den Eindruck habe, die DDR würde den Revanchismus der BRD unterschätzen, ihn nur als ein Moment der inneren Lage der BRD betrachten, diesen nicht entschieden bekämpfen und ihre Beziehungen mit der Bundesrepublik auf pragmatischer Grundlage entwickeln. Auf diese Weise würden in der Bevölkerung der DDR gesamtdeutsche Illusionen geweckt.

Diese Äußerungen wurden von Axen entschieden zurückgewiesen. Die DDR hätte keine Illusionen über die Schwierigkeiten des Kampfes, sie bagatellisiere den Revanchismus nicht, aber sie überschätze ihn auch nicht. Die DDR habe dem Revanchismus mit der Gründung der DDR, dem Bau der Mauer in Berlin, dem Grundlagenvertrag und der Aufnahme der DDR in die UNO bereits spürbare Schläge versetzt und der Besuch Erich Honeckers werde ein weiterer sein.

Medwedew forderte die DDR auf, energisch der in der BRD verbreiteten Version entgegenzuwirken, dass die Sowjetunion angeblich gegen die Verbesserung der Beziehungen zwischen der DDR und der BRD auftreten würde und die klassenmäßigen Elemente in der Politik der DDR das Ergebnis sowjetischen Drucks wären. Schließlich warnte er noch davor, die These von der Verantwortung beider deutscher Staaten für den Frieden falsch auszulegen. Der BRD dürfe nicht erlaubt werden, der DDR die gleiche Verantwortung für die heutige komplizierte Situation in der deutschen Frage aufzubürden, wie sie die BRD zu Recht zu tragen hätte.

Die SED und die KPdSU vereinbarten, die Lage in Westberlin zu analysieren und Schlussfolgerungen für eine gemeinsame Politik auszuarbeiten. Das Material der SED dazu wurde der sowjetischen Seite im November 1987 übergeben. Sollte es eine entsprechende Analyse der KPdSU je gegeben haben, was ich stark bezweifle, so habe ich sie nie zu sehen bekommen.

Im Sommer 1987 forderte die sowjetische Führung auf jeden Fall von der DDR noch die Einhaltung der bekannten restriktiven Positionen in Bezug auf die BRD, wobei die These vom Revanchismus eine besondere Rolle spielte. Das dies kein Zufall war, zeigt auch noch ein anders Dokument aus jener Zeit.

Am 29. Mai 1987 verabschiedete der Politische Beratende Ausschuss des Warschauer Vertrages die neue Militärdoktrin des Bündnisses. In dem Dokument wird die BRD, als einziges Land namentlich erwähnt. Dort heißt es, dass das Bündnis die Aktivitäten revanchistischer Kräfte, vor allem in der BRD, und die Förderung des Revanchismus, wo auch immer, die den Interessen der Entspannung und der Sicherheit, dem Geist und dem Buchstaben der Schlussakte von Helsinki zuwiderlaufen, verurteilt.

Nach meiner Meinung genügen diese Darlegungen, die man fortsetzen könnte, um zu beweisen, dass man in den ersten Jahren der Perestroika in Moskau eine ganz andere Sicht auf die deutsche Problematik hatte, als man uns später einreden wollte. Gorbatschow konnte nicht voraussehen, zu welchen Entwicklungen es in der Sowjetunion und in den internationalen Beziehungen kommen und welche Herausforderungen sich daraus für die Sowjetunion ergeben würden. Noch herrschte in der sowjetischen Führung die aufrichtige Überzeugung vor, dass die Sicherheitsinteressen der Sowjetunion am besten durch die Existenz von zwei deutschen Staaten geschützt würden. Es bleibt eine Tatsache: die Wiedervereinigung stand zu dieser Zeit nicht auf der Tagesordnung.

In seinen »Erinnerungen« bestätigte Gorbatschow das: »Als ich in die große Politik eintrat, war die Existenz zweier deutscher Staaten eine Tatsache, die Wiedervereinigung stand nicht zur Debatte.« Die Vereinigung der beiden deutschen Staaten war keine beabsichtigte Folge der Perestroika und der veränderten Außenpolitik der Sowjetunion. Sie ergab sich eher indirekt, gewissermaßen als Konsequenz aus dem »Neuen Denken« und Handeln Gorbatschows und seiner Getreuen. Vielleicht hat Gorbatschow die deutsche Einheit, so wie sie zeitlich und inhaltlich ablief, nicht gewollt, aber er hat durch seine widersprüchlichen Handlungen entscheidend dazu beigetragen, dass die Hoffnungen auf die Vereinigung immer wieder neu geweckt wurden. Es wird kaum ernsthafte Einwände geben, wenn er sich weiter als einer der Väter der Vereinigung fühlt, aber dann muss er auch seinen Teil der Verantwortung für die Unterlassungen, Mängel und schweren Fehler im Vereinigungsprozess übernehmen.

Fast zwei Jahrzehnte nach diesen Ereignissen ist davon allerdings kaum etwas zu spüren. Unzählige Fakten und Dokumente jener Zeit zeigen, dass sich Gorbatschow in einem sehr widersprüchlichen Prozess des Suchens befand. Einerseits hielt er an den alten Auffassungen der sowjetischen Führung in den internationalen Fragen fest, andererseits suchte er nach einer neuen Politik, nach Möglichkeiten, Hindernisse in den Beziehungen mit den westeuropäischen Ländern zu überwinden. Gorbatschow und seine Mitstreiter glaubten, dass es ohne Verbesserung der Beziehungen zum Westen unmöglich sein würde, die Umgestaltung in der Sowjetunion durchzuführen und die herangereiften Probleme in den internationalen Beziehungen zu lösen. Nachdem zunächst die sowjetisch-amerikanischen Beziehungen im Vordergrund standen, orientierte sich die sowjetische Politik seit dem Sommer 1986 verstärkt auf die europäischen Länder, von denen man mehr Verständnis und Unterstützung für die eigene Politik erwartete.

Natürlich war der sowjetischen Führung klar, dass man eine erfolgreiche Europapolitik nicht ohne oder an der BRD vorbei gestalten kann. Während sich die Beziehungen zu Großbritannien, Frankreich, Italien und anderen westeuropäischen Staaten gut entwickelten, blieben die mit der Bundesrepublik zurück. Bonn unterstützte weiter den Konfrontationskurs der Reagan-Administration und unterschätzte die Veränderungen in der Sowjetunion, die sie als billigen Propagandatrick ansah. In dieser Situation beschloss die sowjetische Führung, wie Gorbatschow freimütig bekennt, den Westdeutschen eine Lehre zu erteilen, ohne ihnen ganz den Rücken zu kehren.

Im Gespräch mit Honecker am 3. Oktober 1986 in Moskau kam Gorbatschow auf seine erste Begegnung mit Hans-Dietrich Genscher im Juli zu sprechen. Damals verfügte Gorbatschow offenbar noch über ein begründetes Misstrauen gegenüber westdeutschen Politikern und westdeutscher Politik, das er leider allzu schnell verlor.

Ausgehend von der Bemerkung Genschers, dass die Russen und die Deutschen eine besonders große Verantwortung für die Geschichte Europas haben, stellte Gorbatschow fest, »natürlich muss man da immer präzisieren und genau hinhören, was sie meinen und was Genscher meint, wenn er davon spricht, dass sie ebenfalls für den Frieden eintreten, um genau zu hören, welche Ziele sie wirklich verfolgen. Oder, was sie damit meinen, wenn sie die Beziehungen zur DDR intensivieren wollen.«

Als Honecker einwarf, dass Genscher Otto Reinhold, den Rektor der Akademie für Gesellschaftswissenschaften beim ZK der SED, über sein Gespräch mit Gorbatschow informiert und dabei größten Wert darauf gelegt hätte zu betonen, dass ein neues Blatt in den Beziehungen zwischen der UdSSR und der BRD aufgeschlagen wurde, ging Gorbatschow mit keinem Wort darauf ein, wie dieses neue Blatt beschrieben werden sollte. Bei ihm herrschte wohl immer noch der Eindruck vor, dass er Genscher habe »anständig schwitzen lassen«.

Erst der Besuch von Bundespräsident Weizsäcker in der Sowjetunion im Juli 1987 signalisierte, dass die Sowjetunion bereit war, die politischen Beziehungen mit der BRD aus der Stagnation herauszuführen. Gorbatschow betrachtete die beiden deutschen Staaten als eine Realität, von der man ausgehen müsse: »Wir beabsichtigen, auf der Basis dieser Realitäten auch in Zukunft unsere Beziehungen zu gestalten. Die Geschichte wird zu gegebener Zeit ihr Urteil sprechen.«

Das war ein klares und unmissverständliches Bekenntnis zum Status quo in der deutschen Frage. In seinen »Erinnerungen« schreibt er 1995 im Zusammenhang mit dem Treffen mit Richard von Weizsäcker: »Ich schloss die Wiedervereinigung der deutschen Nation im Prinzip nicht aus, hielt aber die Diskussion über diese Frage auf politischer Ebene für verfrüht und schädlich.« Mit anderen Worten: von einer Wiedervereinigung war auch diesmal keine Rede.

Interessant ist, dass Gorbatschow in seinem 1999 herausgegebenen Buch »Wie es war. Die deutsche Wiedervereinigung« nachträglich versucht, seinen Ausführungen einen anderen Sinn zu geben. So hätte er mit seinen obigen Formulierungen sagen wollen, »dass die gewaltsam herbeigeführte Spaltung einer großen Nation nicht normal ist und dass ein ganzes Volk nicht für immer und ewig für frühere Verbrechen seiner Herrscher bestraft werden kann«. Außerdem hätte er damit den Wunsch verbunden, »einem sehr wichtigen Partner bei den Prozessen, die ich im internationalen Rahmen initiieren und mit Hilfe des neuen politischen Denkens fördern wollte, Hoffnung zu geben.«

Diese nachträglichen Interpretationen Gorbatschows reihen sich »würdig« in andere Aussagen über seine »Ziele und Absichten« ein, die er angeblich während seiner Amtszeit verfolgt habe.

Seit Dezember 1987 traf sich Gorbatschow wiederholt mit führenden Politikern der BRD. Am 29. Dezember 1987 mit Franz Josef Strauß, am 9. Februar 1988 mit Lothar Späth, am 11. Mai mit Hans-Jochen Vogel, wenige Tage später, am 16. Mai mit Martin Bangemann und, knapp vier Wochen nach Abschluss der 19. Parteikonferenz der KPdSU, am 30. Juli 1988 erneut mit Genscher. Die Niederschriften über diese Gespräche oder längere Auszüge daraus habe ich in russischen Archiven gefunden.

Hier will ich auf deren Analyse verzichten und nur unterstreichen, dass Gorbatschow in diesem halben Jahr mit Politikern anderer Ländern nicht annähernd so viele Kontakte unterhielt wie mit denen der BRD. Sie hatten zweifellos Einfluss auf die Erosion der Positionen Gorbatschows in der deutschen Frage, obwohl sie sich in seinem öffentlichen Auftreten noch nicht bemerkbar machten.

Ich fand in den Aufzeichnungen keine Aussagen, die auf eine Änderung der sowjetischen Position in der deutschen Frage hinweisen würden. Allerdings erhielt die Bundesrepublik Deutschland einen ganz anderen Stellenwert in der sowjetischen Politik. Nach gründlicher Vorbereitung von beiden Seiten kam es am 24. Oktober 1988 zum ersten offiziellen Besuch von Bundeskanzler Kohl in Moskau. Er trug entscheidend zur Normalisierung der politischen Beziehungen und zu einem umfangreichen vertraglichen Ausbau der wirtschaftlichen, wissenschaftlich-technischen und kulturellen Zusammenarbeit zwischen beiden Staaten bei.

Zusammenfassend kann man feststellen, dass bei dem Treffen Kohl-Gorbatschow im Oktober 1988 in Moskau sich erneut zeigte, dass keine Änderung in der sowjetischen Haltung zu den beiden deutschen Staaten eingetreten war. Gorbatschows scharfe Absage, die »deutsche Frage« auch nur zu diskutieren, machte unmissverständlich deutlich, dass er zu diesem Zeitpunkt nicht gewillt war, das von ihm wenige Wochen zuvor postulierte Prinzip der »Freiheit der Wahl« auf die deutsche Situation anzuwenden.

Im Juni 1989 fand der lang erwartete Besuch Gorbatschows in der BRD statt. Seine Ergebnisse wurden von beiden Seiten hoch und in Bonn über alle Maßen gelobt. Während die Bundesregierung und die ihr nahe stehenden politischen Kräfte von einem Meilenstein in den Beziehungen zwischen beiden Staaten sprachen, warnten die oppositionellen Parteien der BRD, wie auch westeuropäische Regierungskreise davor, diesem Besuch bereits das Prädikat »historisch« zu verleihen.

Trotz der aus verschiedenen Gründen unterschiedlichen Gesamtbewertung des Besuches von Gorbatschow bleibt festzustellen, dass durch die Unterzeichnung der »Gemeinsamen Erklärung« und elf weiterer Abkommen die politischen Rahmenbedingungen für eine umfassende, auf lange Sicht angelegte Zusammenarbeit zwischen der Bundesrepublik und der UdSSR geschaffen wurden. Es zeigte sich, dass nicht nur zwischen den offiziellen Führungen beider Länder, sondern auch zwischen ihren Repräsentanten, Helmut Kohl und Hans-Dietrich Genscher einerseits und Michael Gorbatschow und Eduard Schewardnadse andererseits, ein hohes Niveau politischer Verständigung und Übereinstimmung erreicht wurde.

Für mich ist immer noch schwer begreiflich, wie zwischen diesen nach ihrer Herkunft, ihren politischen Auffassungen und auch ihren charakterlichen Eigenschaften so unterschiedlichen Menschen sich in kurzer Zeit, bei Gorbatschow war es noch nicht einmal ein Jahr, ein freundschaftliches Verhältnis aufbauen konnte. Sollten es wirklich freundschaftliche Gefühle oder gar eine feste Freundschaft gewesen sein, dann hat sie sich wenig später als sehr hilfreich bei der Herstellung der deutschen Einheit erwiesen. Man muss nicht jeder übertriebenen westdeutschen Einschätzung über die »Gemeinsame Erklärung« zustimmen, trotzdem wird ihr zu Recht eine außerordentliche Bedeutung zugemessen.

Die deutsche Frage wurde in der »Gemeinsamen Erklärung« nicht direkt erwähnt, aber die bereits angeführten und weitere Aussagen erlaubten es der BRD, künftig alle Möglichkeiten wahrzunehmen, die sich aus dem gemeinsamen Ziel, der Überwindung der Teilung Europas und Deutschlands ergaben. Die der DDR-Führung vorliegenden Informationen besagten aber auch, dass nach Ansicht der BRD-Regierung die Schwierigkeiten im Zusammenhang mit der Einbeziehung Westberlins in die bilateralen Beziehungen – das Schifffahrtabkommen konnte nicht unterzeichnet, und die Frage der Vertretung von Westberliner Bundestagsabgeordneten durch die Botschaft der BRD in Moskau nicht gelöst werden – deutlich gemacht hätten, dass eine grundsätzliche Konzessionsbereitschaft der UdSSR in Angelegenheiten, die den Status quo in Europa tangieren, auch künftig kaum zu erwarten sei.

Gorbatschows Konzept von der »Freiheit der Wahl«

Die Konzeption der »Freiheit der Wahl« wurde von Gorbatschow erstmals auf der 19. Parteikonferenz der KPdSU Ende Juni/Anfang Juli 1988 erwähnt. Er bezeichnete sie als das wichtigste Element des »Neuen Denkens«. Er und seine Anhänger waren von der Universalität dieses Prinzips für die internationalen Beziehungen in einer Zeit, in der, nach seiner Auffassung, das Überleben der Zivilisation zum wichtigsten Problem der Menschheit wurde, überzeugt. Sie sei durch eine präzedenzlose und wachsende Vielseitigkeit der Welt bedingt gewesen.

In seinem Referat betonte er deshalb: »In dieser Situation mit beliebigen Mitteln, schon gar nicht mit militärischen, jemandem von außen die soziale Ordnung, die Lebensweise und die Politik aufzuzwingen, ist ein gefährliches Rüstzeug vergangener Jahre. Souveränität und Unabhängigkeit, Gleichberechtigung und Nichteinmischung wurden zu allgemein anerkannten Normen der internationalen Beziehungen, was an sich eine große Errungenschaft des 20. Jahrhunderts ist. Sich dieser Freiheit der Wahl entgegenzustellen bedeutet, sich dem objektiven Verlauf der Geschichte entgegenzustellen. Darum hat sich die Politik der Stärke in allen ihren Formen und Erscheinungen historisch überlebt.«

Diese Aussagen hatten weder mich noch – so bin ich überzeugt – jemanden in der Führung der SED besonders beunruhigt. Sie klangen wie die ausdrückliche Bekräftigung des Selbstbestimmungsrechts der Völker und des Status quo in Europa und in der Welt. In den westlichen Ländern allerdings begann man darüber zu diskutieren und zu spekulieren, wie diese, vorerst noch sehr vagen Aussagen Gorbatschows, zu deuten wären. Weitergehende Schlussfolgerungen wurden jedoch zunächst nicht gezogen. Am 7. Dezember 1988 hielt Gorbatschow vor der UNO-Vollversammlung in New York eine viel beachtete und folgenreiche Rede, in der er ein breites Spektrum von Fragen behandelte. Seine Ausführungen stellten den bis dahin auffälligsten Versuch dar, die sowjetische Außenpolitik unabhängig von ideologisch geprägten und damit auch imperialen Zielsetzungen zu definieren. Von weitreichender Bedeutung war die Ankündigung einseitiger sowjetischer Abrüstungsschritte, die offenbar darauf gerichtet war, das Klima für die Weiterführung von Verhandlungen über Abrüstung und Rüstungskontrolle und das Ost-West-Verhältnis insgesamt zu verbessern. Gorbatschow wollte damit seine Entschlossenheit demonstrieren, einen Prozess des Umdenkens in Gang zu setzen, der zu einer Verminderung der Rüstungen im konventionellen Bereich führen sollte. Seine Vorschläge hatten jedoch auch einen innenpolitischen Aspekt. Sie sollten den ernsthaften Willen der sowjetischen Führung unter Beweis stellen, dass durch die Reduzierung der Ausgaben für den militärisch-industriellen Komplex künftig mehr Mittel für die Verbesserung der Lebensbedingungen der Bevölkerung zur Verfügung stehen würden. Eine weitere Fehleinschätzung Gorbatschows.

In den Einschätzungen der Botschaft schenkten wir, wenn ich mich recht erinnere, diesem von Gorbatschow verkündetem Prinzip »Freiheit der Wahl« leider keine besondere Aufmerksamkeit. Offensichtlich aus dem einfachen Grund, weil wir aus dem gesamten Kontext der Rede schlussfolgerten, dass Gorbatschow von der Anerkennung des Status quo der verschiedenen gesellschaftlichen Systeme und nicht von einem Regimewechsel ausging. In seiner Feststellung, dass »innerhalb einzelner Länder und sozialer Strukturen gründliche Wandlungen und revolutionäre Veränderungen« geschehen könnten, und damit meinte er zweifelsohne die Veränderungen in den ost- und mitteleuropäischen sozialistischen Ländern, sahen wir eher den Hinweis auf die sich vollziehenden Reformen als auf angedachte Regimewechsel. Warnte doch Gorbatschow davor, sich in diese inneren Prozesse der Länder einzumischen und zu versuchen, sie auf fremde Art umzumodeln, weil das für das Werden der friedlichen Ordnung besonders verderblich sein würde.

In Regierungskreisen der BRD wurde dagegen eingeschätzt, dass das Konzept der »Freiheit der Wahl« Züge aufweise, die aus westlicher Sicht zu begrüßen seien.

Die Verkündung des Prinzips der »Freiheit der Wahl« wurde bald auch im eigenen Land, in der UdSSR, und zunehmend auch in anderen Staaten, als eine Änderung bisheriger sowjetischer Positionen betrachtet. Eine Folge davon war, dass in der Öffentlichkeit immer offener und direkter von der Sowjetunion die Einhaltung der Universalität dieses Prinzips gefordert wurde. Das drückte sich besonders in den wachsenden Forderungen nach Beseitigung der Berliner Mauer, der Öffnung der Grenzen zwischen der DDR und der BRD sowie der Vereinigung beider deutscher Staaten aus.

Die Bekenntnisse von Gorbatschow, Schewardnadse und in zunehmendem Maße auch anderer Politiker, Wissenschaftler und Journalisten zu den allgemein anerkannten Normen des Völkerrechts, insbesondere zur Universalität des Prinzips der Freiheit der Wahl, brachte ihre führenden Repräsentanten bald in Widerspruch zu ihrer eigenen Politik. Ein Beispiel soll hier für viele stehen.

Am Rande des Wiener KSZE-Treffens im Januar 1989 witzelte Schewardnadse vor westdeutschen Kameras über den »Rost im Eisernen Vorhang«. Als die Berliner Mauer errichtet wurde, so Schewardnadse, habe es dafür Gründe gegeben, ob diese Gründe heute noch existierten, darüber sollten sich »zuständigkeitshalber« die Außenminister der DDR und der BRD, Oskar Fischer und Hans-Dietrich Genscher, verständigen. Von den westdeutschen Medien wurden diese Äußerungen bereitwillig aufgegriffen und genüsslich und breit kommentiert. Schon etwas früher hatte das Mitglied des Politbüros des ZK der KPdSU, Alexander Jakowlew, gegenüber dem Hessischen Rundfunk erklärt: »Das ist ja nicht unsere Mauer, nicht wir haben diese Mauer gebaut, das ist eine Sache der DDR.«

Am 25. Januar 1989 wurde ich zu Schewardnadse gebeten, der mich darüber informierte, dass die sowjetische Parteiführung die von der DDR am 23. Januar 1989 verkündeten Maßnahmen zur Reduzierung der Nationalen Volksarmee und der Verteidigungsausgaben als außerordentlich bedeutsame Initiativen zur Verwirklichung der gemeinsamen Strategie einschätze. Gorbatschow habe auf der Sitzung des Politbüros des ZK der KPdSU am 24. Januar 1989 seine hohe Wertschätzung der UdSSR für diese Maßnahmen zum Ausdruck gebracht und betont, dass sie die volle Unterstützung der sowjetischen Führung fänden.

Angesichts der heutigen Vergesslichkeit der damaligen sowjetischen Repräsentanten scheint es mir sinnvoll, ausführlicher auf die Meinung Schewardnadses einzugehen, die er im Januar 1989 mir gegenüber vertreten hatte. Er führte aus, dass nach sowjetischer Einschätzung die Maßnahmen der DDR besonders bedeutsam seien, da sie an der Trennlinie zwischen dem Warschauer Vertrag und der NATO die Entschlossenheit der sozialistischen Staaten überzeugend demonstrieren würden, den begonnenen Abrüstungsprozess konsequent fortzusetzen. Die von der DDR beschlossenen Reduzierungen seien auch eine direkte Unterstützung für die von der UdSSR getroffenen Festlegungen zur einseitigen Reduzierung der sowjetischen Streitkräfte, Rüstungen und Militärausgaben. Schewardnadse schien überzeugt, dass »durch die Maßnahmen der UdSSR und der DDR sowie den von der ČSSR und der Ungarischen Volksrepublik beabsichtigten Schritten, die Meinung der Weltöffentlichkeit in starkem Maße im Sinne der Politik der sozialistischen Staaten beeinflusst werde«. Vor allem würde sich der Druck auf die westlichen Staaten verstärken, ihre Haltung zu den Fragen der Abrüstung zu überdenken. Für sie werde es angeblich immer schwieriger, die Modernisierung der taktischen Atomwaffen glaubhaft zu erklären und dies weiter mit den bestehenden Asymmetrien im militärischen Kräfteverhältnis zu begründen. Daher sei die Veröffentlichung der DDR-Maßnahmen vom Zeitpunkt her sehr wirkungsvoll gewesen.

Die Reaktionen der Weltöffentlichkeit auf die Maßnahmen der DDR und anderer sozialistischer Staaten würden, so Schewardnadse weiter, die Richtigkeit und Zweckmäßigkeit der getroffenen Entscheidungen bestätigen. Er bat mich, Erich Honecker und das Politbüro der SED über die Einschätzung der sowjetischen Führung zu informieren. Aufgrund der Bedeutung der von der DDR beschlossenen Maßnahmen schlug der sowjetische Außenminister vor, über unser Gespräch eine Pressemitteilung zu veröffentlichen und darin die Haltung der UdSSR zur neuen Abrüstungsinitiative der DDR darzulegen. Ich bedankte mich für die Information und stimmte dem Vorschlag, eine entsprechende Pressemitteilung zu veröffentlichen, zu.

Vor dem Gespräch hatte ich gehofft, dass Schewardnadse etwas zum Treffen der Außenminister in Wien und seinen Bemerkungen vor der Presse sagen würde. Mir war inzwischen bekannt, dass die Berichte in den westdeutschen Medien über die Äußerungen von Jakowlew und Schewardnadse über die Grenze in Berlin bei Honecker und in der Führung der SED erneut Verärgerung hervorgerufen hatten. Im Unterschied zu Berlin reagierten wir, die Diplomaten der DDR in Moskau, auf solche Äußerungen sowjetischer Politiker und die Berichterstattung darüber in den westlichen Medien nicht so empfindlich und nervös. Wahrscheinlich hatten wir uns durch die Glasnost in der Sowjetunion und die damit verbundene fabulöse, manchmal auch schockierende Berichterstattung in den sowjetischen Medien bereits an diese Praxis gewöhnt.

Doch das Verhalten der sowjetischen Freunde zu den Grenzfragen verstand auch ich nicht mehr. Ich hielt damals die sowjetischen Aussagen zur Mauer in Berlin oder zu anderen sensibleren Fragen für unbedacht, weil sie das bereits vorhandene Misstrauen zwischen den Führungen der KPdSU und der SED verstärkten. Sie erweckten den Eindruck, als ob in dieser politisch brisanten Frage zwischen der UdSSR und der DDR ein Widerspruch besteht und die Realitäten in Moskau neu überprüft würden. Im Kontext der späteren Entwicklungen kann man heute auch zu der Schlussfolgerung kommen, dass diese Äußerungen durchaus gezielt und gewollt erfolgten. Ich bin jedoch nach wie vor überzeugt, dass Anfang 1989 unsere Auffassungen, die der UdSSR und der DDR, in der Grenzfrage zu Westberlin und zur BRD noch übereinstimmten. Die Äußerungen von Schewardnadse und Jakowlew zeigten allerdings auch, dass wenigstens bei einigen Mitgliedern der sowjetischen Führung die Positionen bereits aufgeweicht waren.

Als Schewardnadse mir den Vorschlag mit der Pressemitteilung machte, nutzte ich die Gelegenheit, um ihn wegen seiner Äußerungen vor der Presse in Wien anzusprechen. Ich erwiderte ihm, dass ich seine Absicht um so mehr begrüße, weil so auch westlichen Versuchen entgegengewirkt werde, seine Äußerungen am Rande des Wiener Treffens über die Staatsgrenze der DDR zu Westberlin und zur BRD gegen die DDR auszunutzen.

Schewardnadse reagierte mit Erstaunen und der Feststellung, dass ihm derartige Versuche nicht bekannt seien. Die sowjetischen Botschaften in Wien, Bonn und Berlin hätten ihn darüber bisher nicht informiert. Er bestätigte aber, dass er in Wien von westlichen Journalisten mehrfach zur Staatsgrenze der DDR in Berlin befragt worden sei und stets darauf geantwortet habe, dass Grenzen und Fragen des Grenzregimes souveräne Angelegenheiten der betreffenden Staaten seien. Die UdSSR sei deshalb auch nicht bereit, sich in die inneren Angelegenheiten der DDR einzumischen. Er erinnerte sich dann sehr genau, dass er in diesem Sinne auch einmal auf die Zuständigkeit des Außenministers der DDR Oskar Fischer verwiesen hätte. Wenn er sich recht erinnere, hätte er in Wien betont, dass es für die Errichtung der Berliner Mauer seinerzeit Gründe gegeben habe, die auch noch heute weiter bestehen. Ihm sei deshalb nicht verständlich, in welcher Weise seine Äußerungen gegen die DDR ausgenutzt werden könnten.

Ich erwiderte ihm, dass seine Äußerungen so interpretiert würden, als ob die DDR die alleinige Verantwortung für die Errichtung und das Fortbestehen der Grenzsicherungsanlagen gegenüber Westberlin trage, die Gründe für die Errichtung der Mauer nicht mehr existieren und man im Warschauer Pakt den Beschluss von 1961 überdenken würde.

Schewardnadse stimmte mir zwar zu, dass die Entscheidung über die Errichtung der Mauer eine gemeinsame Entscheidung der Staaten des Warschauer Vertrages gewesen sei, vertrat aber weiter die Meinung, dass es heute nicht mehr zweckmäßig sei zu sagen, der Warschauer Vertrag trage die gemeinsame Verantwortung für diese Grenze. Das hieße ja, so Schewardnadse weiter, dass sich der Warschauer Vertrag in die souveränen Rechte und Zuständigkeiten der DDR einmischen würde. Er räumte jedoch ein, dass seine Bemerkungen über das Verschwinden des »Eisernen Vorhanges« und die Zuständigkeit von Oskar Fischer gewisse Nuancen enthielten, die den westlichen Journalisten die Möglichkeit geben würden, seine Bemerkungen zu verfälschen.

Obwohl unser Gespräch sachlich und ruhig geführt wurde, hatte ich den Eindruck, dass der Verlauf Schewardnadse sichtlich unangenehm berührte. Ich hatte mich nicht darauf berufen, einen Auftrag Berlins auszuführen, den ich auch nicht erhalten hatte, aber ihm war selbstverständlich bewusst, dass ich nicht nur meine persönliche Meinung zum Ausdruck brachte. Möglicherweise war er doch besser informiert, als er mir gegenüber zugab. Honecker hatte einige Tage zuvor, möglicherweise auch in Anspielung auf die Äußerungen von Schewardnadse und Jakowlew, in einer Rede die später viel zitierte Bemerkung gemacht: »Die Mauer wird ungeachtet des kraftvollen Auftretens von Herrn Genscher und Herrn Shultz so lange stehen bleiben, wie die Bedingungen nicht geändert werden, die zu ihrer Errichtung geführt haben. Sie wird in fünfzig und auch in hundert Jahren noch bestehen bleiben, wenn die dazu vorhandenen Gründe noch nicht beseitigt sind.«

Ich kann mir nicht vorstellen, dass die sowjetische Botschaft in Berlin Moskau darüber nicht informiert haben soll.

Schewardnadse war auf jeden Fall bemüht, nochmals zu bekräftigen, dass die UdSSR zu allen Fragen, die Westberlin und die Grenze zu Westberlin betreffen, eine klare, prinzipielle Position vertrete, die mit der der DDR übereinstimme. Die UdSSR weise alle Vorwürfe und Angriffe auf die DDR zurück.

Meine Bemerkungen hätten jedoch deutlich gemacht, dass es notwendig sei, in diesen Fragen auch die kleinste Nuance zu beachten, damit nirgendwo Zweifel an der Position der UdSSR auftreten könnten. Er ermunterte mich und seine anwesenden Mitarbeiter, sofort darauf aufmerksam zu machen, sollte es irgendwelche unterschiedliche Auffassungen zwischen der DDR und der UdSSR, auch zu Veröffentlichungen und Äußerungen in der Presse geben, um erforderlichenfalls eine gemeinsame Reaktion abzustimmen. Das sei umso notwendiger, da zu erwarten sei, dass die USA und die BRD ihre Aktionen und ihre Propaganda in Bezug auf die Westberlinfrage noch verstärken würden.

Am nächsten Tag konnte man in der *Prawda* in der an sich ausführlichen Mitteilung über unser Gespräch zu diesen Fragen lediglich lesen: »In dem Gespräch wurden auch andere Fragen von gemeinsamem Interesse erörtert. Dabei wurde die volle Übereinstimmung der Standpunkte der UdSSR und der DDR bezüglich Westberlin bekräftigt.« Ich möchte diese Aussagen Schewardnadses im Januar 1989 weder überbewerten, noch etwas hineininterpretieren. Mir geht es lediglich darum zu zeigen, wie führende Repräsentanten der UdSSR, in dieser für die DDR und die UdSSR gleichermaßen entscheidenden Frage zu dieser Zeit dachten und handelten.

Aus den Äußerungen Schewardnadses wurde erneut deutlich, dass Moskau Anfang 1989 immer noch den Standpunkt der DDR in den Grenzfragen mit der BRD und Westberlin unterstützte.

Teil 5
*Mit dem Zerfall des
sozialistischen Systems
verlor die DDR
ihre Existenzgrundlage*

Botschafter und Parteifunktionär in stürmischen Zeiten

Ende Juli 1989 kehrte ich, nach einem kurzen Urlaub, nach Moskau zurück. Die Sommermonate waren in Moskau eigentlich eine »Saure-Gurken-Zeit«, die Führung befand sich im Urlaub, und besondere politische Entscheidungen waren nicht zu erwarten. Das bedeutete, dass auch die Botschaften etwas ruhiger treten konnten. Für den Sommer 1989 traf das nicht ganz zu. Wir bereiteten uns intensiv auf den 40. Jahrestag der DDR und den Besuch Gorbatschows in der DDR vor. Aus diesem Anlass sollten Mitte Oktober die »Tage der Kultur der DDR« in Moskau stattfinden. Wir erwarteten das Gewandhausorchester Leipzig, Theater, Künstler und Schriftsteller.

Im Spätsommer begann die letzte und entscheidende Phase der Beziehungen zwischen der DDR und der UdSSR.

Ich will versuchen, wenigstens in großen Zügen die Entwicklung der Ereignisse aus der Sicht des Botschafters zu skizzieren.

In der DDR eskaliert die Systemkrise

Die Perestroika und das »Neue Denken« hatten die Rahmenbedingungen der sowjetischen Osteuropapolitik in einem Maße verändert, dass Gorbatschow unter dem Druck der sich in den osteuropäischen Staaten vollziehenden Veränderungen und Reformen gezwungen war, diese Politik zu korrigieren.

Noch bis Ende 1988 hatte sich Gorbatschow bemüht, die zentrifugalen Tendenzen in der sozialistischen Gemeinschaft einzudämmen, die außenpolitische Koordinierung zu vertiefen sowie das umfangreiche wirtschaftliche und wissenschaftlich-technische Potenzial der europäischen RGW-Staaten für die

Modernisierung der sowjetischen Wirtschaft nutzbar zu machen. Selbst die Bedenken einzelner Führungen der Warschauer Vertragsstaaten, er würde bei der Verfolgung seines Umgestaltungskurses wenig Rücksicht auf die Problemlage seiner Verbündeten nehmen, konnten seine reformorientierte Besessenheit nicht bremsen. Die faktische Infragestellung des damals herrschenden sozialistischen Modells und die Forderung nach einer sozial-ökonomischen Effizienzsteigerung als Maßstab für den erforderlichen Reformprozess führten letztlich zur Neudefinition des Begriffes Sozialismus.

Wadim Medwedew, Mitglied des Politbüros und Sekretär des ZK der KPdSU, blieb es vorbehalten, auf einer Anfang Oktober 1988 in Moskau durchgeführten gesellschaftswissenschaftlichen Konferenz Ziel und Inhalt des Prozesses neuer politischer Selbständigkeit der sozialistischen Länder zu markieren. Nach seiner Auffassung müsste ein zeitgemäßer Sozialismus konzeptionell eine Synthese aus den reformpolitischen Neuerungen der Sowjetunion, den Erfahrungen der anderen sozialistischen Länder und auch sozial-ökonomischen Strukturelementen nichtsozialistischer Staaten darstellen. Der von ihm festgestellte allgemeine Reformbedarf für alle Warschauer Vertragsstaaten und die angemahnte generelle Systemerneuerung nach sowjetischem Vorbild implizierte die Forderung, die Macht der kommunistischen Parteien einzuschränken und ihre politische Herrschaft auf eine gesamtgesellschaftliche Legitimationsbasis zu stellen.

Im außen- und sicherheitspolitischen Bereich verstärkte die forcierte Rüstungskontrollpolitik der sowjetischen Führung zwar den außenpolitischen Konsens der Warschauer Vertragsstaaten und begünstigte auch das multilaterale Zusammenwirken auf diesem Gebiet, doch Gorbatschow ließ den anderen Verbündeten nur begrenzte Möglichkeiten, aus seinem gewachsenen internationalen Ansehen eigenen Nutzen zu ziehen. Seine entscheidenden abrüstungspolitischen Vorstöße erfolgten faktisch im Alleingang und dienten vorwiegend dem unmittelbaren Prestigegewinn für sich und sein Land.

Außerdem galt der sowjetische Reformkurs international zunehmend als Maßstab, an dem die innenpolitische Situation in den anderen sozialistischen Ländern gemessen wurde. In

Anbetracht ihres Strebens nach einer verstärkten Zusammenarbeit mit den westlichen Ländern gerieten sie damit auch von westlicher Seite unter den Druck einer Reformerwartung, der die sowjetischen Forderungen nach Reformen in ihren Ländern ergänzte.

Das Bündnis der sozialistischen Länder zerbricht

Anfang 1989 war die Politik der UdSSR gegenüber den osteuropäischen Ländern durch zwei sich gegenseitig und wechselseitig beeinflussende Tendenzen gekennzeichnet. Einerseits wirkten sich die Reformprozesse in der Sowjetunion, insbesondere die Neuordnung des politischen Systems zunehmend auf die Führungen der sozialistischen Länder aus und zwang sie auch hinsichtlich des eigenen innenpolitischen Kurses zu einer prinzipiellen Positionsbestimmung. Das wiederum führte zu einer klareren Trennlinie zwischen denen, die mehr Reformbereitschaft zeigten, und jenen, die sich weiterhin gegen notwendige Reformen sträubten.

Dieser sich vertiefende Dissens behinderte andererseits die von der sowjetischen Seite angestrebte Multilateralisierung des Umgestaltungsprozesses im Rahmen des Warschauer Vertrages und des RGW und teilweise auch die bilaterale Zusammenarbeit. Die sowjetische Führung verfolgte diese Entwicklung mit gemischten Gefühlen. Einerseits entsprach diese Entwicklung ihren eigenen Vorstellungen, sie wurde als Unterstützung der Perestroika und des »Neuen Denkens« empfunden. Mit Zufriedenheit stellte sie eine prinzipielle Identität der Ziele und Lösungswege in der Sowjetunion, in Polen und Ungarn heraus. Andererseits versuchte sie, die zentrifugalen Tendenzen in der sozialistischen Gemeinschaft einzudämmen. Sie erinnerte an das gemeinsame sozialistische Schicksal, die gemeinsame sozialistische Vergangenheit, beschwor die gemeinsame Verantwortung für das Schicksal des Sozialismus und warnte vor einer allzu großen Abweichung von der bisherigen gemeinsamen Politik. Jedoch zeigte sich auch in diesem Fall, dass man die Geister, die man rief, nicht mehr zu bändigen vermochte.

Die Politik der sowjetischen Führung wurde zusätzlich durch den Umstand erschwert, dass sie mit der selbst auferlegten Stiländerung im Umgang mit den anderen sozialistischen Staaten, genauer gesagt, der frühzeitigen Aufgabe der Führungsrolle, das Handlungsinstrument gegenüber diesen Ländern verloren hatte und den unterschiedlichen Prozessen in den sozialistischen Ländern faktisch hilflos gegenüberstand.

Die bilateralen Beziehungen der Sowjetunion mit ihren Bündnispartnern zeigten Anfang 1989 wegen der bündnispolitischen Zielsetzungen der sowjetischen Führung und der unterschiedlichen Interessenlage der anderen sozialistischen Länder ein äußerst differenziertes Bild von Problemkonstellationen und Interessenkollisionen. Es vertieften sich die Widersprüche mit der Sowjetunion und zwischen anderen sozialistischen Ländern. Einige Länder wie Polen und Ungarn beschritten, wenn auch mit großem Risiko, bereits eigene Wege. Immer deutlicher traten Probleme und Konflikte zwischen den sozialistischen Verbündeten auf, die Gegensätze im RGW verschärften sich und die Risse im Bündnis wurden für jedermann sichtbar.

Aus den für die DDR bekannten Folgen, will ich auf einige Momente der Beziehungen mit Ungarn eingehen.

Seit dem Wechsel von János Kádár zu Károly Grósz im Mai 1988 erwies sich Ungarn als derjenige Partner der Sowjetunion, dessen ideologische Auffassungen und politische Strategie mit dem Reformkurs Gorbatschows am weitesten übereinstimmten. Dies begünstigte erheblich die beiderseitige Verständigung und Zusammenarbeit. Den wirtschaftlichen Strukturreformen attestierte die sowjetische Führung eine Vorbildrolle und den unorthodoxen Methoden zur Lösung der ungarischen Wirtschaftsprobleme begegnete sie mit großer Toleranz. Nach Darstellung des damaligen ungarischen Ministerpräsidenten Németh habe Gorbatschow im Gespräch mit ihm am 3. März 1989 in Moskau geäußert, dass ihm bei einem Scheitern der ungarischen Reformen ein Trumpf aus der Hand genommen würde. Es war daher keine Überraschung, dass die sowjetische Führung den Systemwechsel in Ungarn im Februar 1989 ohne Widerstand akzeptierte, ihn quasi handlungsunfähig hinnehmen musste.

Der sich anbahnende Systemwechsel in Ungarn erwies sich für die DDR als äußerst folgenschwer. Bereits im März 1989 wurden die Botschafter der sozialistischen Länder in Budapest offiziell informiert, dass Ungarn aus finanziellen Gründen beschlossen habe, die veralteten technischen Sperren an der ungarisch-österreichischen Grenze nicht zu erneuern, sondern abzubauen.

Offenbar als Test gedacht, wie weit Ungarn gehen und wie die Sowjetunion auf eine Grenzöffnung zwischen Ost und West reagieren würde, öffnete Ungarn für etwa 600 fluchtwillige DDR-Bürger kurzzeitig das Grenztor. Die Ungarn sahen ihre Erwartungen bestätigt, denn wie nicht anders zu erwarten, hielt sich Gorbatschow aus allen Problemen heraus. In Moskau verwies man darauf, dass das einzig und allein die Entscheidung Ungarns sei, die man lediglich zur Kenntnis nehmen könne.

Mein Eindruck war, dass die Sowjetunion über die Absprachen zwischen Ungarn und der BRD informiert war und diese nicht nur stillschweigend duldete, sondern sie auch billigte.

Bis Ende August hatte sich das sowjetische Außenministerium in Gesprächen mit der DDR zur massenhaften Flucht von DDR-Bürgern und den damit entstandenen Problemen nicht direkt geäußert. Bei uns bestand der Eindruck, dass die Sowjetunion die Vorgänge für ihre Politik als störend empfand, faktisch jedoch billigte, aber auf keinen Fall hineingezogen werden wollte. Umso befremdlicher musste das Schreiben des sowjetischen Außenministers Schewardnadse vom 1. September wirken, das er an Außenminister Oskar Fischer richtete. Erstaunlicherweise unterstützte Schewardnadse die Einschätzungen der DDR über die Ursachen und den Charakter der »illegalen« Ausreisen von DDR-Bürgern.

Nach seiner Meinung handelte es sich sogar um Exzesse. Das Vorgehen der BRD hielt er für anrüchig, weil es mit den allgemeinen Normen des zwischenstaatlichen Verkehrs nicht übereinstimme. Als Quelle der entstandenen Schwierigkeiten wurden die Ansprüche der BRD auf das »Obhutsrecht« für alle Deutschen und das gesamte in der BRD geltende politisch-rechtliche und soziale System gesehen, das darauf berechnet sei, die Immigration aus der DDR maximal zu stimulieren. Es könne »zu jedem Zeitpunkt, abhängig von den politischen Interessen der Machthaber, voll in Gang gesetzt werden, erneut Spannungen und Konflikte in den zwischenstaatlichen Beziehungen zu erzeugen beginnen«. Schewardnadse kam zu dem »richtigen« Schluss, dass dies mit der Staatsbürgerschaft der DDR und ihrer Nichtanerkennung durch die BRD verbunden sei. Alles berechtigte Wertungen und Aussagen, von denen sich Schewardnadse und seine Anhänger jedoch bald lossagen würden.

Obwohl Schewardnadse anerkannte, dass trotz des gemeinsamen langjährigen Kampfes um die Anerkennung der Staatsbürgerschaft der DDR die BRD nicht von ihren Positionen abgebracht werden konnte, hatte er in dieser für die DDR zwar selbst verschuldeten, aber komplizierten und brenzligen Situation nichts anderes vorzuschlagen, als »die Aufmerksamkeit der internationalen Öffentlichkeit aktiver auf das Problem der Nichtanerkennung der Staatsbürgerschaft der DDR seitens der BRD und auf die Folgen dieser Nichtanerkennung zu lenken« und zu versuchen, »dieses Problem in die internationalen Foren zu tragen«. Im Schreiben hieß es weiter: »Offenbar lohnt es auch darüber nachzudenken, welche praktischen Schritte zum Einwirken auf die gegenwärtige Bundesregierung zweckmäßigerweise ergriffen werden sollten, unter Berücksichtigung dessen, dass ihre Lage nicht allzu unverwundbar ist. Wenn man, sagen wir, dem Kanzler vertraulich mitteilen würde, dass im Falle der Fortsetzung der entfachten Anti-DDR-Kampagne und der Aufnahme von Flüchtlingen durch die Botschaften der BRD die Behörden der DDR gezwungen sein würden, die Zahl der Übersiedler in diesem und im nächsten Jahr spürbar zu verringern, würde eine solche Warnung vor den Bundestagswahlen, wie es scheint, Bonn zumindest zum Überlegen zwingen«.

Ich habe dieses Schreiben in den vergangenen Jahren wiederholt gelesen, und es hat jedes Mal nur Kopfschütteln hervorgerufen. Es spricht von massiven Unklarheiten in Moskau über die Lage im eigenen Bündnis, die explosive Situation in der DDR und die wenigen uns noch verbliebenen Möglichkeiten, aus dieser Krise herauszukommen. Die der DDR angebotenen irrealen Vorschläge zeugten von erschreckender politischer Naivität. Sie waren sicher auch nicht ernst gemeint. Hinter dieser Geste verbarg sich wohl eher die Absicht, sich vor wirklichen Entscheidungen zu drücken.

Diese Annahme fand wenige Tage später seine Bestätigung. Am 4. September traf sich Außenminister Oskar Fischer mit

Gorald Gorinowitsch, Leiter der Verwaltung Sozialistische Staaten Europas im Außenministerium der UdSSR, der im Auftrag von Schewardnadse in Berlin weilte. Oskar Fischer informierte Gorinowitsch über die Entscheidungen und Maßnahmen der ungarischen Seite sowie über die mit Horn geführten Gespräche. Fischer unterbreitete den Vorschlag, kurzfristig eine Sondertagung des Komitees der Außenminister der Warschauer Vertragsstaaten nach Berlin einzuberufen. Als Begründung wies er darauf hin, dass das Vorgehen des Westens gegen die DDR und die Forderung nach Vereinigung der beiden deutschen Staaten als ein massiver Angriff auf den Sozialismus insgesamt zu betrachten seien. In diesem Kontext sei es wichtig, dass sich die sozialistischen Länder beraten, was gemeinsam zu tun sei und was jedes Land zu tun habe.

Gorinowitsch erhob sofort Einwände gegen diesen Vorschlag, ohne sich zunächst mit Moskau zu verständigen. Das deutete darauf hin, dass bereits vor dem Gespräch mit Fischer in Moskau entschieden wurde, diese Sondertagung auf jeden Fall zu verhindern. Zur Begründung wurde von Gorinowitsch angeführt, dass es vor der geplanten Tagung des ZK der KPdSU zur Nationalitätenfrage und der bevorstehenden UN-Vollversammlung kaum eine Möglichkeit für eine Zusammenkunft der Außenminister gebe. Außerdem würde es sehr schwierig sein, sich angesichts des Drucks und der Einmischung des Westens in Bezug auf Polen und Ungarn auf gemeinsame Positionen zu verständigen, zumal die Regierungsbildung in Polen noch nicht abgeschlossen sei. Die sowjetische Seite, so Gorinowitsch weiter, trete, wie in Bukarest vereinbart, für einen Meinungsaustausch über den Aufbau des Sozialismus auf der Ebene der Generalsekretäre der Bruderparteien ein – der natürlich nie stattfand. Die völlig inakzeptable Begründung für die Absage eines gemeinsamen Treffens der Außenminister zeigte auch, dass die UdSSR sich bereits entschlossen hatte, den Lauf der Dinge nicht mehr aufzuhalten.

Die von Gorinowitsch in Ergänzung zum Brief Schewardnadses vorgeschlagenen Aktivitäten wie die Begrenzung oder Unterbindung von Reisen nach Ungarn, die Überprüfung der bisherigen großzügigen Gewährung von Reisemöglichkeiten von DDR-Bürgern in die BRD oder von BRD-Bürgern in die

DDR und von Reisen von und nach Westberlin fanden aufseiten der DDR keine Unterstützung. Während in der DDR bereits an eine Erleichterung der Ausreisen von DDR-Bürgern gedacht und an einem entsprechenden Pass- und Reisegesetz gearbeitet wurde, hatte die sowjetische Führung nur destruktive und restriktive Empfehlungen anzubieten.

Schließlich verständigten sich beide Seiten, dass der sowjetische Botschafter in Bonn bei Genscher oder Seiters und der Botschafter der UdSSR in Budapest bei Horn noch einmal intervenieren sollten.

Alle unsere Bemühungen blieben jedoch erfolglos. Ungarn öffnete am 11. September 1989 für die DDR-Bürger die Grenze nach Österreich. Mit diesem Schritt wurde faktisch das bisherige Grenzregime der DDR gegenüber der BRD und Westberlin hinfällig.

Die sowjetische Führung äußerte sich zur Haltung der ungarischen Regierung lediglich in einer Mitteilung des Außenministeriums und erst am 23. September. In dieser Mitteilung, die in der Zeitung *Iswestija* am gleichen Tage veröffentlicht wurde, hieß es: »In einigen amerikanischen Zeitungen, insbesondere in der *Washington Post,* erschienen mit dem Hinweis auf eine angebliche Äußerung von Mátyás Szürös, Vorsitzender der Staatsversammlung der UVR, Kommentare, in welchen behauptet wird, dass Budapest, wie es heißt, die Sowjetunion vorher informiert hätte, die Grenze für die Ausreise von Bürgern der DDR in die BRD zu öffnen und darauf keinerlei Widerspruch aus Moskau erfolgte. Diese Behauptungen entsprechen nicht der Wahrheit und können die internationale Öffentlichkeit täuschen. In unseren Kontakten brachten wir der ungarischen Seite unser Verhältnis zu dem Problem zur Kenntnis.

Unsere offizielle Position wurde in der *TASS*-Erklärung vom 12. September dieses Jahres dargelegt. In ihr wurde eine prinzipielle Beurteilung der widerrechtlichen Handlungen der BRD gegeben, die mit der Entwicklung des gesamteuropäischen Prozesses nicht vereinbar sind und faktisch eine Einmischung in die inneren Angelegenheiten eines souveränen Staates, der Deutschen Demokratischen Republik darstellt.«

Es handelt sich, wie leicht festzustellen ist, um ein schwaches Dementi. Heute ist unbestritten, dass die Sowjetunion über die Öffnung der ungarischen Grenze informiert war. Es ist unwichtig, auf welchem Wege dies geschah. Wenn sie mit diesem Schritt nicht einverstanden gewesen wäre, hätte sie energischer intervenieren können oder müssen. Aus der *TASS*-Erklärung geht nicht hervor, was man der ungarischen Seite, wann und auf welcher Ebene mitgeteilt haben will. Eine Kritik an der ungarischen Politik oder gar eine Verurteilung der ungarischen Haltung durch die Sowjetunion ist nicht bekannt geworden. Die Öffnung der Grenze zu Österreich wurde in Moskau lediglich als »ungewöhnliche Entscheidung« bezeichnet.

Vorbereitungen zum 40. Jahrestag der DDR

Bereits im Sommer wurde der UdSSR eine Einladung für die Teilnahme Gorbatschows an den Feierlichkeiten zum 40. Jahrestag der DDR in Berlin übergeben. Natürlich dankte man in Moskau herzlich für die Einladung, aber mit einer Zusage tat man sich schwer. Der Führung der KPdSU und der Sowjetunion war klar, dass man die Einladung nicht ablehnen konnte, aber wie man mit ihr umgehen sollte, wusste auch niemand so richtig. Aufgrund ihrer Erfahrungen mit der DDR und Honecker konnte Gorbatschow davon ausgehen, dass die Feierlichkeiten in Berlin für eine überzogene Darstellung der Errungenschaften der DDR und damit auch der Rolle der SED und Honeckers benutzt würden.

Kritische Worte zur Lage in der DDR, Andeutungen oder gar Ankündigungen über die Notwendigkeit von Reformen in der DDR waren von Honecker nicht zu erwarten. Was Honecker auch sagen würde, es würde im Widerspruch zur Haltung Gorbatschows und zu den Entwicklungen in der Sowjetunion stehen. Die Spannungen zwischen ihm und Honecker und damit auch zwischen der DDR und der Sowjetunion beunruhigten Gorbatschow. Man darf seinen Mitstreitern glauben, dass sich Gorbatschow der komplizierten Lage der SED und der DDR durchaus bewusst war und er Honecker auf keinen Fall zusätzliche Schwierigkeiten bereiten wollte.

Aber Moskau war auch nicht bereit, Honecker mehr Ehre zu erweisen als unbedingt nötig. Auch auf die Darlegung eigener Erfahrungen mit der Perestroika und den Reformen wollte und konnte man nicht verzichten. So blieb die entscheidende Frage, mit welcher Linie Gorbatschow in Berlin auftreten sollte, ohne sich direkt in die aktuellen inneren Entwicklungen der DDR einzumischen.

Ich wurde von sowjetischen Funktionären immer wieder gefragt, was ich für das Auftreten Gorbatschows in der DDR empfehlen würde. Zunächst hatte ich auch keine klaren Vorstellungen und keine überzeugenden Antworten. Nachdem sich die Lage in der DDR Ende September weiter verschlechterte, meinte ich, dass Gorbatschow in der geplanten gemeinsamen Sitzung des Politbüros offen über alle Probleme in der DDR und über das gemeinsame Vorgehen gegenüber der BRD sprechen sollte. Das bereitete den Beratern Gorbatschows und ihm persönlich jedoch die größten Schwierigkeiten.

Natürlich wusste ich nicht, wie die Feierlichkeiten verlaufen und welche Probleme im Umfeld entstehen würden, aber ich hatte von Anfang an ein unangenehmes Gefühl bei der Vorbereitung der Reise und wünschte mir im Stillen, unter welchen Vorwänden auch immer, eine Absage Gorbatschows. Ich kann heute nicht mehr sagen, woher meine Befürchtungen im Einzelnen kamen. Vielleicht ahnte ich bereits, dass die Anwesenheit Gorbatschows in Berlin eher die Opposition als die SED und Honecker stärken würde.

Gorbatschow zeigte auch deshalb keine besondere Begeisterung für die Teilnahme an den Feierlichkeiten zum 40. Jahrestag der DDR, weil die sich weiter zuspitzende Entwicklung in der Sowjetunion und in der KPdSU eigentlich seine Anwesenheit im Lande dringend erforderte. Es gab also viele Gründe, warum Gorbatschow keine Lust verspürte, an den Feierlichkeiten teilzunehmen.

Über die aktuelle Situation in der UdSSR informierte ich Honecker, wie vor einem solchen Besuch üblich, Ende September 1989. Es sollte meine letzte Information an ihn sein. Sie zeigt, dass wir die Situation kritischer als noch im Sommer 1989 einschätzten.

In meinen Darlegungen vom 25. September hieß es: »Die innere Lage ist trotz aller Anstrengungen der KPdSU gegenwärtig von einer krisenhaften Zuspitzung gekennzeichnet, die alle

Bereiche des gesellschaftlichen Lebens erfasst hat. Eine Umkehr dieser Tendenz ist in Kürze nicht absehbar. Durch die weitere Anhäufung von Widersprüchen, eine komplizierte Verflechtung nationaler und sozialer Konflikte verstärkt sich das Element von Spontaneität und Unberechenbarkeit in der gesellschaftlichen Entwicklung des Landes. Begünstigt wird diese Tendenz noch dadurch, dass die sich entwickelnden Demokratisierungsprozesse eine Eigendynamik erhalten haben und zum Teil außer Kontrolle geraten. Die Unüberschaubarkeit der Prozesse im Bereich der Wirtschaft hat zugenommen. In der sozialen Situation breiter Bevölkerungskreise, vor allem der Arbeiterklasse, gibt es keine Verbesserungen. Überwiegend sind, wenn auch regional differenziert, weitere Verschlechterungen im Lebensniveau eingetreten. Wir beobachten, dass die Unzufriedenheit unter den Werktätigen von einer allgemeinen Gereiztheit der Stimmungen begleitet wird. Die Zuversicht, dass mit den bisher eingeleiteten Maßnahmen eine schnelle Überwindung der besonders drückenden Versorgungsprobleme herbeigeführt werden kann, ist spürbar zurückgegangen.

Die Entwicklung in den zurückliegenden Wochen bekräftigt, dass die krisenhafte Zuspitzung der sozialökonomischen und gesellschaftlichen Probleme ursächlich mit der Schwächung der Kampfkraft der Partei und ihres Autoritätsverlustes verbunden ist. Auch innerhalb der Partei vertiefen sich die Unterschiede in den Auffassungen nicht nur zu den Wegen und Methoden der Umgestaltung, sondern auch zu Grundfragen des sozialistischen Aufbaus, insbesondere zur künftigen Rolle und Verantwortung der Partei in der sowjetischen Gesellschaft.«

Natürlich hielt ich es auch für notwendig, auf einige Fragen unserer bilateralen Zusammenarbeit, vor allem im ökonomischen Bereich, hinzuweisen. Sie entwickelte sich gut, so wie das zwischen Gorbatschow und Honecker im September 1988 vereinbart wurde. Obwohl wir ein starkes Bemühen der sowjetischen Partner feststellen konnten, der DDR solidarisch zur Seite zu stehen und die Beziehungen allseitig weiter zu vertiefen, zeigten sich auch einige ernste Probleme, auf die ich aufmerksam machen wollte. So betonte ich, dass »bei der künftigen Gestaltung der Zusammenarbeit die komplizierten Prozesse in der Sowjetunion und vor allem die schwierige ökonomische

Situation nicht ohne Auswirkungen bleiben werden. Es ist abzusehen, dass es im Zusammenhang mit den vorgesehenen starken Kürzungen der zentralen staatlichen Investitionen zu zunehmenden Zahlungsproblemen und Importreduzierungen vonseiten der Sowjetunion kommen wird. Angesichts der Situation in den Zweigen des Maschinenbaus ist eine Exportsteigerung der Sowjetunion nicht wahrscheinlich. Die Frage nach Kreditierung durch die DDR könnte damit künftig noch nachdrücklicher gestellt werden. Es ist nicht auszuschließen, dass im Zusammenhang mit weitgehenden Verschiebungen in der Investitionsstruktur (hin zur Leicht- und Lebensmittelindustrie) und den bestehenden Programmen zur Konversion der Verteidigungsindustrie die Abnahmebereitschaft für traditionelle Maschinen und Ausrüstungslieferungen der DDR sinken wird. Das wird aus gegenwärtiger Sicht vor allem die Bereiche Schwermaschinenbau, Landmaschinen und Rechentechnik betreffen. Hohe Konsumgüterlieferungen der DDR werden zunehmend als Bedingung für die Roh- und Brennstofflieferungen der Sowjetunion gestellt. Eine Erhöhung der Bezüge der DDR an Energieträgern wird in absehbarer Zeit kaum durchsetzbar sein.«

Mit zeitlichem Abstand gelesen, habe ich den Eindruck gewonnen, dass dieser Brief, obwohl er die damalige Situation eher noch nicht kritisch genug widerspiegelte, Honecker kaum zum Nachdenken über die eigenen Versäumnisse und Fehler anregte, sondern ihn eher in seiner Ablehnung der notwendigen Reformen in der DDR bestärkte.

Am 6. Oktober traf Gorbatschow, begleitet von seiner Frau Raissa, in Berlin ein. Ich gehörte zur Begrüßungsgruppe auf dem Flugplatz. Das Protokoll sah vor, dass ich gemeinsam mit Valentin Falin und Georgi Schachnasarow vom Flugplatz zum Schloss in Niederschönhausen fahren sollte. Da unser Wagen unmittelbar hinter der Sicherungsgruppe für die beiden Generalsekretäre fuhr, konnte ich die Vorgänge am Straßenrand gut beobachten. Es war allgemein bekannt, dass die Berliner nur widerwillig den Aufforderungen der SED zur Spalierbildung beim Aufenthalt von Staatsoberhäuptern folgten. Diesmal kamen sie jedoch in Scharen an die Straßen und bereiteten Gorbatschow einen begeisterten Empfang. Vor allem Jugendliche hießen Gorbatschow in Berlin auf Transparenten herzlich willkommen und skandierten geradezu euphorisch »Gorbi, Gorbi«. Von Honecker nahm kaum jemand Notiz.

Meine schlimmsten Befürchtungen schienen plötzlich wahr zu werden. Für mich war in gewisser Weise unfassbar, dass Gorbatschow, dessen Stern in der Sowjetunion bereits im Sinken war und der angesichts der Misserfolge der Perestroika in nicht mehr zu übersehenden Schwierigkeiten steckte, von den jungen Leuten in der DDR mit einer solchen Begeisterung empfangen wurde. Damals sah ich die Ursachen in erster Linie in unserer verfehlten Medienpolitik, unserer einseitigen und voreingenommenen Berichterstattung über die Perestroika und weniger in der generellen Unzufriedenheit der Bürger der DDR mit der Politik meiner Partei.

Obwohl ich die damalige Situation heute anders einschätze, bin ich immer noch der Meinung, dass eine sachliche, ausgewogene und ehrliche Berichterstattung über die Perestroika uns manche böse Überraschung erspart hätte. Unsere Medienpolitik schürte die Unzufriedenheit der Bürger, vermittelte ihnen das Gefühl, unmündig zu sein, und untergrub letztlich ihr Vertrauen in die Politik der SED und in ihren Staat, die DDR.

Mit Gorbatschow in Berlin

Ich begleitete die sowjetische Delegation während ihres Aufenthaltes in Berlin ständig, nahm an allen Treffen Gorbatschows teil und hielt mich stets in seiner Nähe auf. Über den Aufenthalt Gorbatschows wurde später viel geschrieben, und das meiste deckt sich mit meinen eigenen Erlebnissen. Sie müssen hier im Einzelnen nicht wiederholt werden. Manches Detail habe ich auch vergessen, aber einige Eindrücke möchte ich erwähnen.

Trotz der Spannungen in den Beziehungen der beiden Generalsekretäre verlief der Besuch in einer ruhigen und freundschaftlichen Atmosphäre. Erneut musste ich jedoch erleben, dass man miteinander sprach, aber nicht zuhörte, sich nicht wirklich verstand oder nicht verstehen wollte. Beide Gesprächspartner redeten aneinander vorbei.

Honecker zählte traditionsgemäß die Erfolge der DDR auf,

machte keine Versprechungen in Bezug auf Veränderungen in der Politik der DDR und verwies lediglich darauf, dass anstehende Probleme in Vorbereitung auf den XII. Parteitag der SED gelöst werden können. Allerdings verzichtete er diesmal auf Vorwürfe oder Angriffe gegen die KPdSU oder die Sowjetunion.

Die Ignoranz Honeckers, seine Neigung, vorhandene Konflikte und Widersprüche zu bagatellisieren, verursachten bei mir regelrechte körperliche Schmerzen. In der Politbürositzung kam noch hinzu, dass auch kein anderes Mitglied des Politbüros den Mund aufmachte, was bei mir das Gefühl verstärkte, den Entwicklungen ohnmächtig ausgeliefert zu sein.

Eine von sowjetischen und russischen Autoren wiederholt vertretene These verlangt eine Ergänzung. Georgi Schachnasarow, einer der Berater Gorbatschows und Teilnehmer der Gespräche in Berlin, vertritt in seinen Erinnerungen die Meinung, Gorbatschow habe mit Nachdruck versucht, Honecker an den Gedanken von der Notwendigkeit der Reformen heranzuführen. Das war meine Hoffnung, und über meine Erwartungen habe ich mit Georgi Schachnasarow vor dem Besuch gesprochen.

Doch nach meinen Erinnerungen hat Gorbatschow genau das nicht getan. Von Nachdruck kann keine Rede sein. Gorbatschow blieb seiner oft gehörten Linie treu. Er berichtete über seine und die sowjetischen Erfahrungen bei der Verwirklichung der Perestroika und verpackte darin die Gedanken oder kritischen Bemerkungen, die er Honecker und dem Politbüro der SED mitteilen wollte. In seinen Ausführungen in Berlin gibt es eine einzige Passage, in der er etwas offener sagt, was er meint.

»Gestern sagte ich, dass du in deinen Ausführungen die Leistungen der Republik überzeugend dargestellt hast. Es ist gut, dass du auch einen Blick in die Zukunft geworfen hast. An einem solchen Tag und einer solchen Rede ist es wohl nicht notwendig gewesen, auf dieses Thema näher einzugehen. Wie ich es verstehe, werdet ihr euch gleich nach Ende der Feierlichkeiten und auch im Zuge der Vorbereitungen auf den Parteitag damit befassen müssen.

Das Problem, das euch wie uns beunruhigt, macht es erforderlich, zügig zu handeln. Die Initiative muss bei der Partei, der Führung liegen. Man darf sich nicht verspäten! Eure sozialökonomische Situation ist besser als die unsrige. Auf dieser Grundlage lassen sich die spruchreifen Prozesse im Bereich von Politik und Demokratie voranbringen.«

Gorbatschow, Schewardnadse, Jakowlew, Medwedew und andere haben in ihren Erinnerungen behauptet, dass sie Honecker und die Führung der SED immer wieder und mit Nachdruck auf die Fehler und Versäumnisse in unserer Politik hingewiesen hätten.

Aus meiner Teilnahme an diesen Gesprächen kann ich das nicht bestätigen.

Noch ein Eindruck von den Feierlichkeiten zum 40. Jahrestag der Gründung der DDR blieb in meinem Gedächtnis besonders haften. Ich hatte zeitweilig das Gefühl, an einer irrealen Veranstaltung teilzunehmen, die mit der mir bekannten und erwünschten Wirklichkeit der DDR nichts zu tun hatte. Das galt vor allem für die Vorgänge auf den Straßen: der gespenstische Fackelzug der FDJ mit den unaufhörlichen Rufen »Gorbi, Gorbi«, die mir immer noch in den Ohren gellen, und das Drängen hunderter Menschen gegen die Absperrungen der Polizei in der Nähe des Palastes der Republik, die ich vom Fenster aus beobachten konnte. Ich hatte es mit eigenen Augen gesehen, und trotzdem sträubte sich alles in mir, diese Realitäten anzuerkennen.

Während der Treffen Gorbatschows mit Honecker und dem Politbüro sah ich die Ratlosigkeit, Unwilligkeit und Unfähigkeit der Führung, sich der Wirklichkeit zu stellen und auf den Straßen die Unruhe und Ungeduld der Menschen, die schnellstens eine Änderung der Politik erwarteten. Erst später wurde mir bewusst, dass an diesem Abend mein Glaube an die Festigkeit und »Ewigkeit« der DDR einen ersten Riss bekommen hatte.

In solchen dramatischen Zeiten, wie wir sie 1989 und 1990 erlebten, gibt es wesentliche und entscheidende und weniger wichtige Vorkommnisse und Ereignisse. Oft werden aber gerade die nebensächlichen Vorkommnisse in den Veröffentlichungen in den Vordergrund gerückt. Sie können über längere Zeit die Gemüter bewegen und von wichtigeren Fragen ablenken.

Zu diesen Darstellungen rechne ich auch den bekannten, Gorbatschow zugesprochenen Ausspruch »Wer zu spät kommt, den bestraft das Leben«, dessen Entstehungsgeschichte viel besprochen wurde. Dazu gehört auch die Version von der Teilnahme Günter Mittags an dem »Vieraugengespräch« am 7. Oktober 1989.

Für das »Vieraugengespräch« Honeckers mit Gorbatschow war ursprünglich nur die Teilnahme von Botschafter Kotschemassow und mir vorgesehen. Kurz vor der Ankunft Gorbatschows wurde von sowjetischer Seite mitgeteilt, dass Falin und Schachnasarow Gorbatschow begleiten würden. Daraufhin wurde von Honecker festgelegt, dass vonseiten der DDR die Mitglieder des ZK Frank-Joachim Herrmann, Leiter der Kanzlei des Vorsitzenden des Staatsrates, und Günter Sieber, Leiter der Abteilung Internationale Verbindungen des ZK der SED, an dem Gespräch teilnehmen sollten.

Als wir uns im Salon des Schlosses trafen, staunte ich nicht schlecht, dass auch Günter Mittag mit uns am Tisch Platz nahm. Honecker hatte ihn, entgegen den Absprachen im Politbüro, zu dem Gespräch mitgebracht. Schabowski will uns in seinen Erinnerungen etwas anderes einreden. Sein sowjetischer Informant habe angeblich gesehen, dass Mittag an dem Gespräch nicht teilgenommen habe. In meinem Besitz befindet sich eine Fotografie von diesem Gespräch, auf der zu sehen ist, dass Günter Mittag mit am Tisch saß.

Nach dem Gespräch wurden wir Teilnehmer des Treffens von Mitgliedern und Kandidaten des Politbüros erregt bestürmt, ob Mittag tatsächlich dabei gewesen sei. Sie waren über diesen erneuten Alleingang Honeckers erbost und machten aus ihrer Verärgerung kein Hehl.

Dieser Vorfall stimmte sehr nachdenklich. Galt er doch als ein weiteres Indiz dafür, dass Honecker mit Mittag besondere Absichten verfolgte.

DDR-Kulturtage in Moskau

Nach den Feierlichkeiten flog ich mit sehr gemischten Gefühlen nach Moskau zurück. Die Erlebnisse in Berlin waren nicht dazu angetan, in Jubel auszubrechen. Doch die Probleme setzten sich in Moskau fort.

Am 12. Oktober 1989 wurden in Moskau die Tage der Kultur der DDR eröffnet. Die Delegation der DDR wurde vom Politbüromitglied Kurt Hager geleitet. Ihr gehörten der Minister für Kultur Hans-Joachim Hoffmann, die Leiterin der Abteilung Kultur des ZK der SED Ursula Ragwitz und eine Reihe von Schriftstellern und Künstlern der DDR an.

Die Eröffnung der Tage der Kultur begann fast mit einem Eklat, der vor der Öffentlichkeit jedoch verborgen blieb. Die Kulturtage wurden mit einem Konzert des Gewandhausorchesters Leipzig unter Leitung von Kurt Masur im Tschaikowski-Saal des Moskauer Konservatoriums eröffnet. In der Ehrenloge hatten die Mitglieder des Politbüros des ZK der KPdSU Saikow und Medwedew, der Minister für Kultur der UdSSR Sacharow, weitere sowjetische Persönlichkeiten und ihre Gäste aus der DDR Platz genommen. Das Eröffnungsprogramm sah vor, dass die beiden Kulturminister kurze Reden halten und das Orchester die Hymnen der UdSSR und der DDR intonieren sollten.

Aus mir zunächst unbekannten Gründen verzögerte sich der Beginn des Konzerts. Der Zeitpunkt für die Eröffnung war lange verstrichen, im Saal breitete sich bereits Unruhe aus, als mir mitgeteilt wurde, dass sich das Gewandhausorchester aus Protest und wegen der Anwesenheit Kurt Hagers weigere, die Nationalhymne der DDR zu spielen.

Ich suchte Hans-Joachim Hoffmann, Minister für Kultur der DDR, den ich schließlich im Gespräch mit Kurt Masur fand. Von Hoffmann erfuhr ich, dass der Orchesterrat beschlossen hatte, nicht zu spielen, so lange sich Hager im Saal befinde. Kurt Masur erklärte, dass er nichts tun könne und die Entscheidung des Orchesterrates respektieren müsse.

Alle Versuche, die Musiker umzustimmen, schlugen fehl. Um diese peinliche Situation zu beenden, spielten die Gastgeber eine Bandaufzeichnung der Hymnen ein. Nach einer kurzen und improvisierten Begrüßung durch Hoffmann konnte das Konzert schließlich beginnen. Bis heute kann ich nicht sagen, woher so schnell das Band mit den beiden Hymnen kam oder ob nicht einige Verantwortliche von den Absichten des Orchesters Kenntnis hatten.

Dass viele Kulturschaffende und auch andere Bürger der DDR Kurt Hager für die Fehler in der Kulturpolitik, ob berechtigt oder nicht, verantwortlich machten und dagegen auftraten, konnte ich verstehen. Diese Meinungsverschiedenheiten oder auch Abrechnungen sollten meiner Meinung nach jedoch in der DDR ausgetragen werden. Eine solche Protestaktion im Ausland zu organisieren, hielt ich für einen Affront, auch gegen unsere sowjetischen Gastgeber, für politisch unangemessen und unseren Beziehungen abträglich. Manche mögen die Aktion für eine weitere Heldentat der Leipziger halten, für mich war es schlicht und einfach eine Provokation. Wenn ich mich erinnere, boykottierten die Orchestermitglieder auch meinen Empfang, den ich aus Anlass der Kulturtage gab und an dem auch die Schriftsteller und Künstler teilnahmen, die weitaus stärker durch die Führung der SED verletzt und gedemütigt wurden und mehr Anlass zur Unzufriedenheit mit Hager hatten als die Mitglieder des Gewandhausorchesters.

Am Abend des ersten Besuchstages saß ich mit Kurt Hager und seiner Frau in ihrem Zimmer im Gästehaus des ZK der KPdSU zusammen, und wir ließen die Ereignisse des Tages noch einmal Revue passieren. Dabei erkundigte sich Hager auch nach der Stimmung unter den Mitarbeitern der Botschaft und den Bürgern der DDR in der Sowjetunion. Ich erzählte ihm, dass die Mitarbeiter über die Entwicklungen in der DDR, die Flucht tausender Bürger über Ungarn und andere Länder in die Bundesrepublik sowie über die Vorkommnisse zum 40. Jahrestag der DDR äußerst beunruhigt sind. Starke Unzufriedenheit rufe die Berichterstattung der DDR-Medien hervor. Nicht nur die Mitarbeiter der Botschaft, sondern auch ich selbst habe, vor allem nach den Ereignissen in Berlin, den Eindruck gewonnen, dass wir ungenügend über die wirkliche Situation in der DDR und in der Partei informiert werden.

Ohne den Generalsekretär und das Politbüro direkt zu kritisieren, ließ ich keinen Zweifel daran, dass wir von der Handlungsunfähigkeit der Führung und besonders Erich Honeckers enttäuscht sind.

Ich kannte Kurt Hager seit vielen Jahren, aber meine Zusammenarbeit mit ihm ging nie über das normale Arbeitsverhältnis eines Mitarbeiters des ZK oder eines Botschafters zu einem Mitglied des Politbüros und Sekretär des ZK hinaus. Es gab eine Reihe von Mitgliedern oder Kandidaten des Politbüros, zu denen ich ein weitaus besseres persönliches Verhältnis hatte. Das bedeutete, dass zwischen uns ein bestimmtes Vertrauensverhältnis existierte und ich mit ihnen auch offener über unsere gemeinsamen Probleme sprechen konnte. Ein solches Verhältnis gab es zwischen Kurt Hager und mir nicht. Aber es gab auch keinen Grund zur Klage. Hager wahrte zwar stets die Distanz, aber er verhielt sich immer sachlich und freundlich zu mir. Bis zu jenem Abend hatte ich nicht erlebt, dass er mir jemals mehr erzählt hätte, als unbedingt nötig war.

Die Funktion eines Mitglieds des ZK und des Botschafters der DDR in Moskau hielt ich für so wichtig, dass Offenheit und Vertrauen der Mitglieder des Politbüros, die meinen Einsatz beschlossen hatten, zu mir herrschen sollte. Im Laufe der Zeit hatte ich jedoch genügend Erfahrungen sammeln können, die mich eines anderen belehrten. Man sah in mir zu Recht den Vertrauten des Generalsekretärs und Vorsitzenden des Staatsrates, der ihm loyal ergeben ist. In dieser Frage unterschied ich mich nicht von den Botschaftern anderer Staaten und anderer gesellschaftlicher Systeme. Doch meine Loyalität galt nicht nur Honecker, sondern in erster Linie meinem Staat, der DDR.

Nach Honecker hatte ich es mit verschiedenen führenden Repräsentanten der DDR zu tun. Zu ihnen hatte ich ein sehr differenziertes Verhältnis, bis hin zu kritischer Ablehnung. Ich hatte gelernt, dass man Vertrauen nicht erzwingen kann und wusste auch, dass ich mich selbst sehr aufmerksam, wachsam und misstrauisch zu den führenden Mitgliedern der SED oder später der PDS und der de-Maizière-Regierung verhielt, von denen ich glaubte, dass sie mir kein Vertrauen schenkten, mich nicht vorbehaltlos in die Arbeit einbezogen oder mich ihr Misstrauen offen spüren ließen.

Ungewohnte Offenheit Kurt Hagers

An jenem Abend in Moskau begann Kurt Hager plötzlich, über die Probleme in der Partei und in der Führung zu sprechen. Offensichtlich stand er noch unter dem Eindruck der Sitzung des Politbüros am 10. und 11. Oktober 1989, die ganz im Zeichen der massenhaften Forderungen nach demokratischen Reformen und Reisefreiheit stand. Im Politbüro entwickelte sich eine äußerst kritische Debatte, in der die Meinungsverschiedenheiten zwischen Honecker und der Mehrheit des Politbüros über die Einschätzung der Lage offen zutage traten. Im Ergebnis dieser kritischen Aussprache wurde die von Egon Krenz vorgelegte Erklärung zur Lage in der DDR angenommen.

Seit dem Sommer, in den Monaten des Schweigens der Parteiführung, hatten auch wir keine zusätzlichen Informationen, Hinweise oder gar Wertungen zu den Vorgängen in der DDR erhalten. Einiges konnten wir uns selbst erklären, manches erfuhr ich während meines Aufenthaltes in Berlin, und trotzdem war ich vom Ernst der Einschätzung durch Kurt Hager überrascht. Ich hörte ihm einfach zu, ohne Fragen zu stellen. Nach einer Weile schienen mir die Informationen doch so wichtig zu sein, dass ich ihn fragte, ob er etwas einzuwenden hätte, wenn ich mir einige Notizen machen würde, um die Mitarbeiter der Botschaft zu informieren. Er hatte keine Einwände.

Seit der Wahl Honeckers zum Generalsekretär habe es zum ersten Mal eine kritische Aussprache in einer Sitzung des Politbüros über die Lage in der DDR, die Fehler und Mängel in der Arbeit der Partei und die Ursachen für die gegenwärtige Krise gegeben. Die Lage im Lande sei sehr ernst und könne sich weiter zuspitzen. Die Angriffe auf die Partei und die Führung verstärkten sich. Die Vorgänge in Ungarn, Polen und in der Sowjetunion hätten im Volk Zweifel am Sozialismus geweckt. Die Tausenden Aussiedler haben uns einen Schock versetzt. Vor allem die jüngeren Menschen und Fachleute würden uns fehlen. Viele seien durch das alltägliche Leben, durch die Fülle der Schwierigkeiten dazu veranlasst worden. Die Probleme hielten seit langem unvermindert an. Weder in der Versorgung von Nahrungs- und Konsumgütern noch bei den Ersatzteilen oder den Baumaterialien ändere sich etwas. Unsere Presse bringe aber eine Erfolgsmeldung nach der anderen. Dieser Widerspruch zwischen den angeblichen Erfolgen und den eigenen Erfahrungen habe den Unmut der Bürger über die nicht abgestellten und weiter wachsenden Mängel im Lande verstärkt. Erscheinungen der Resignation unter allen Schichten des Volkes würden zunehmen. Starke Verärgerung habe das Schweigen der Führung über die massenhaften Ausreisen der Bürger hervorgerufen. Das sei ein tragischer Führungsfehler gewesen. Angesichts dieser Situation müssten wir dem Spontaneitätsfaktor besondere Beachtung schenken. Die gesamte gesellschaftliche Situation verlange eine rasche Auflösung der Konflikte. Das sei jedoch mit den alten Mitteln nicht mehr möglich. 1989 sei nicht mit 1953 zu vergleichen. Die Partei trage die Verantwortung für die entstandenen Probleme und damit auch die Verantwortung für ihre Lösung. Im Leben der Bürger vollziehe sich eine Wende, auf die unsere Partei auf dialektische Art, mit Kontinuität und Erneuerung reagieren müsse. Vor allem müssten wir den Dialog mit allen Bürgern suchen, sich auf neue Weise den Alltagssorgen und Fragen zuwenden und den Bürgern befriedigende Antworten geben. Man müsse sich von vielem trennen, auch von den Manuskripten, und eine offene, lebendige Diskussion führen.

Vieles in der Arbeit der Partei und der Staatsorgane, Routine und bürokratische Arbeitsweise, müsse über Bord geworfen werden. Die Tätigkeit der Volkskammer und der Bezirkstage sollten gründlich überdacht und verändert werden.

Neu stelle sich auch die Zusammenarbeit mit den Parteien der Nationalen Front. Das Beispiel der Liberaldemokratischen Partei zeige, dass man bereits versuche, sich abzuseilen. Man wolle sich von der diskreditierten SED distanzieren und strebe eine Position relativer Selbstständigkeit an. Ihr Vorsitzender Manfred Gerlach spiele bereits den starken Mann. Das Politbüro denke über eine Änderung der Zusammenarbeit mit den anderen Parteien nach, sei aber fest davon überzeugt, dass die Lösung der Konflikte in der DDR nur durch gemeinsame Anstrengungen aller politischen Parteien möglich sei.

Von entscheidender Bedeutung sei eine schnelle Änderung unserer Informationspolitik. Das verlange viel Arbeit und sei nicht so einfach zu erreichen. Die Konflikte im tagtäglichen Leben der Bürger müssten sich auch in der Berichterstattung der Medien widerspiegeln. Der Widerspruch zwischen Wort und Tat müsse schnellstens überwunden werden.

Im Bereich der Kultur gäbe es Bewegung wie nie zuvor. Die Künstler und Kulturschaffenden würden den Dialog suchen, und eigentlich habe er bereits begonnen. Wie ihre Erklärungen zeigten, trete die Mehrheit für eine Stärkung der DDR, für mehr Demokratie und die Achtung der Menschenrechte ein. Ihre Unzufriedenheit habe viele Ursachen, es seien aber weniger künstlerische oder soziale Probleme, die sie beunruhigen, sondern vielmehr die allgemeinen gesamtgesellschaftlichen Entwicklungsprozesse in der DDR.

Die politischen Probleme der DDR würden sich auch aus den ungelösten ökonomischen Fragen ergeben. Zunächst müsse geklärt werden, welche Änderungen auf wirtschaftlichem Gebiet notwendig seien. Sicher würden wir nicht um eine Änderung der Strukturpolitik herumkommen. Man könne schon jetzt sagen, dass die Effektivität in der Wirtschaft generell erhöht werden müsse. Die Stärkung der Konsumgüterindustrie scheine unumgänglich zu sein. Widersinniges in der Preispolitik müsse ausgeschaltet werden. Das Leistungsprinzip sei konsequent durchzusetzen, und die Gleichmacherei müsse überwunden werden.

Obwohl Hager die Krise der DDR eindeutig mit unserer verfehlten Politik, ihren Fehlern und Mängeln erklärte, widmete er der Strategie unserer politischen Gegner viel Aufmerksamkeit. Man dürfe nicht vergessen, dass der Gegner uns zuerst auf den ungarischen und polnischen Weg lenken wolle, um dann die Wiedervereinigung vorzubereiten. Mit verstärkten revanchistischen Angriffen und Abenteuern sei zu rechnen. Auch die Hetze gegen die DDR werde sich verstärken. Die Demonstrationen auf den Straßen würden zunehmen, dabei würden Zusammenstöße mit der Polizei kaum zu vermeiden sein, obwohl das der Linie des Politbüros widerspreche. In diesem Zusammenhang erwähnte er die neuen oppositionellen Gruppen, die sich in den letzten Wochen in der DDR gebildet hatten.

Für mich waren seine Ausführungen über die oppositionellen Gruppen, von denen wir so gut wie nichts wussten, von besonderem Interesse. Deren Einschätzung fiel ihm offensichtlich noch schwer. Beim Lesen meiner Aufzeichnungen fiel mir auf, dass er sie vorwiegend als ein Resultat konterrevolutionärer Aktivitäten betrachtete. Mit allen Gutwilligen, das sei offenbar die Mehrheit, müsse man den Dialog suchen. Das gelte auch für die Kirchen, obwohl ein Teil der Kirche die Lage anheize. Generell stehe die Aufgabe, der Opposition den Wind aus den Segeln zu nehmen. Zum Schluss stellte Hager fest, Erneuern heiße eine Konzeption zu entwickeln, die wir leider nicht hätten. Als nächste Schritte nannte er die geplante Tagung des Zentralkomitees, die Ausarbeitung einer Plattform und eine breite Volksdiskussion sowie die Ausarbeitung eines neuen Pass- und Reisegesetzes und die Aushändigung eines Reisepasses an jeden Bürger.

Aus heutiger Sicht verliert die Information an Bedeutung, aber damals, noch dazu aus dem Munde eines Politbüromitgliedes, hatte sie schon einen bestimmten Wert. Ich war Kurt Hager jedenfalls für die Information über die Diskussion im Politbüro dankbar.

Doch er korrigierte mich. Er habe mich nicht über die Diskussion im Politbüro informiert, sondern über die Lage in der DDR.

Am nächsten Tag informierte Kurt Hager seinen sowjetischen Kollegen Wadim Medwedew ebenfalls ausführlich über die Situation in der DDR. Medwedew antwortete, dass man in Moskau von der Beratung im Politbüro der SED bereits wisse. Er übermittelte herzliche Grüße von Gorbatschow, der die Vorgänge in der DDR mit großer Aufmerksamkeit verfolge und hoffe, dass die SED auch mit dieser Situation fertig werde. Gorbatschow habe im Politbüro ausführlich über die Ergebnisse seines Besuches in Berlin und alle dort geführten Gespräche informiert. Es seien vertrauensvolle Gespräche gewesen. Er möchte nochmals bekräftigen, dass die Sowjetunion die DDR immer unterstützen und der Führung der SED helfen werde, alle Attacken abzuwehren. Man sei zuversichtlich, dass auf der Grundlage einer tiefen Analyse der Situation die richtigen Lösungen für die Festigung der Positionen des Sozialismus gefunden würden. Das sei im Interesse der Bürger der DDR, aber auch aller sozialistischen Länder, der Sowjetunion sowie der ganzen Welt.

Während der Kulturtage unterzeichneten Hager und Medwedew eine langfristige Vereinbarung über die kulturelle Zusammenarbeit.

Kurt Hager wurde bei der Eröffnung der Ausstellung »Die Pracht Dresdens« im Puschkin-Museum und bei anderen öffentlichen Veranstaltungen von den westlichen Korrespondenten hart bedrängt. Seine Äußerungen vom Februar 1987 über den nicht notwendigen »Tapetenwechsel« in der DDR waren nicht vergessen. Nun hatte Hager kurz vor seinem Besuch in Moskau der sowjetischen Wochenzeitung *Moskowskije Nowosti* ein Interview gegeben, in dem er sich für Erneuerung, demokratische Reformen, die Lösung gesellschaftlich bedeutender Probleme und die Verbesserung der Informationspolitik ausgesprochen hatte. Dieses Interview hatte in den westlichen Medien einen breiten Widerhall gefunden. Natürlich wollten die Journalisten wissen, womit der Sinneswandel Hagers zu erklären sei.

Im Stillen bewunderte ich ihn, mit welcher Ruhe und Souveränität er sich den unbequemen und provokativen Fragen stellte und sie beantwortete.

Die Mission Harry Tisch

Für den 16. Oktober wurde mir die Anreise von Harry Tisch, Vorsitzender des FDGB, angekündigt. Wie es hieß, wollte er den Vorsitzenden der sowjetischen Gewerkschaften Schalajew in Vorbereitung einer Tagung des Weltgewerkschaftsbundes in Budapest konsultieren. Wie beim Aufenthalt von Mitgliedern des Politbüros in Moskau üblich, fuhr ich zu seiner Begrüßung zum Flugplatz. Schalajew erwähnte eher beiläufig, dass das Gespräch im Gästehaus der Gewerkschaften stattfinden würde, das sich nur wenige Schritte von der Botschaft der DDR entfernt befand. Tisch war über meine Anwesenheit etwas erstaunt und meinte, dass mein Kommen nicht notwendig gewesen wäre. Es würde sich doch nur um eine Konsultation handeln.

Wir verabredeten ein Treffen am Nachmittag im Gästehaus und verließen gemeinsam den Flugplatz.

Frank Bochow, Sekretär des Bundesvorstandes und ein Studienfreund von mir, stieg zu mir in den Wagen, und der Konvoi setzte sich in Bewegung. Wir sprachen angeregt über die Lage in der DDR und auch von der Notwendigkeit, endlich Veränderungen in der Führung vorzunehmen. Aus den Worten von Bochow konnte ich entnehmen, dass sich die Entwicklungen auf einen Höhepunkt zubewegten, aber das hatte ich in Berlin selbst gespürt.

Ob er über die Mission Harry Tisch informiert war und mir etwas durch die Blume zu verstehen geben wollte, vermag ich nicht zu sagen. Auf jeden Fall habe ich es zu diesem Zeitpunkt so nicht verstanden.

Durch unser Gespräch abgelenkt, bemerkte ich zunächst nicht, dass wir in Chimki nicht auf den Autobahnring in Richtung Botschaft und das Gästehaus abbogen, sondern auf der Leningrader Chaussee und dem Leningrader Prospekt in Richtung Stadtzentrum weiterfuhren. Da von der sowjetischen Sicherheit oft kurzfristig andere Fahrtrouten gewählt wurden, maß ich dem keine besondere Bedeutung bei. Erst als wir auf dem Manege-Platz nicht rechts, sondern links abbogen, wurde ich stutzig. Nach wenigen Minuten war klar, wohin uns der Weg führte. Die Wagenkolonne hielt vor dem Gebäude des ZK der KPdSU – und zwar vor dem Eingang zu den Räumen der Mitglieder des Politbüros.

Als ich aus dem Wagen stieg, blickte mich Harry Tisch erstaunt an und bat mich erregt, den DDR-Stander von meinem Wagen zu entfernen. Es müsse doch nicht jeder wissen, dass es sich um eine Delegation der DDR handele. Er flüsterte mir zu, dass Schalajew während der Fahrt einen Anruf erhalten hätte, dass Alexander Jakowlew, Mitglied des Politbüros und Sekretär des ZK, verantwortlich für internationale Verbindungen, ihn im Zusammenhang mit dem Treffen in Budapest allein sprechen möchte.

Mir kam die ganze Angelegenheit recht komisch vor, und ich fühlte mich wie vor den Kopf gestoßen. Mir blieb nichts anderes übrig, als mich verärgert in meinen Wagen zu setzen und in die Botschaft zurückzukehren.

Als wir uns am Nachmittag im Gästehaus trafen, wiederholte sich die Maskerade. Tisch erzählte mir von seinem angeblichen Gespräch mit Jakowlew und der Konsultation mit Schalajew. Ich merkte, dass er mit seinen Gedanken jedoch ganz woanders war. Natürlich sprachen wir auch über die Situation in der DDR und die Erwartungen der Parteimitglieder, dass endlich etwas geschehen möge. Es beruhigte mich, dass wir offensichtlich einer Meinung waren. Da ich einen vereinbarten Termin im ZK der KPdSU einhalten wollte, verabschiedete ich mich von Harry Tisch bereits im Gästehaus.

Ich kann mich nicht mehr erinnern, worum es bei diesem Treffen in der Internationalen Abteilung mit Rafael Fjodorow, 1. Stellvertreter des Leiters der Abteilung, und Valentin Koptelzew, Sektorenleiter DDR, eigentlich ging. Doch was ich dann am Rande des Gesprächs erfuhr, brachte mich in einige Verlegenheit. Auf die Frage, ob mich Harry Tisch über sein Gespräch im ZK informiert habe, bejahte ich sie wahrheitsgemäß.

Was ich dann zu hören bekam, versetzte mich jedoch in Erstaunen. Tisch hatte sich nicht nur mit Jakowlew getroffen, sondern es hatte ein geheimes Treffen mit Gorbatschow stattgefunden.

Ich wollte meine Gesprächspartner nicht in Verlegenheit bringen und zugeben, dass mir Tisch etwas ganz anderes erzählt hatte. Meine Neugier war jedoch geweckt. Nun wollte ich auch unbedingt hören, worum es bei dem Treffen wirklich ging. Ich spielte weiter den Informierten, obwohl ich zunächst ziemlich im Nebel herumruderte. Bald wurde mir klar, dass Harry Tisch im Auftrag einer Gruppe von Mitgliedern des Politbüros in Moskau weilte, um Gorbatschow zu informieren, dass auf der Sitzung des Politbüros am 17. Oktober die Ablösung Honeckers erfolgen würde. Gorbatschow habe die Nachricht offenbar mit Genugtuung zur Kenntnis genommen, ohne sich näher zu äußern. Die Ablösung habe er als unumgänglich bezeichnet, und im Übrigen sei es Sache der deutschen Genossen, dieses Problem zu lösen. Wie meine Gesprächspartner betonten, wolle Gorbatschow auf keinen Fall, dass er persönlich oder die Führung der KPdSU mit der Entscheidung des Politbüros der SED in Verbindung gebracht würden.

Sehr nachdenklich kehrte ich in die Botschaft zurück. Die Ablösung Honeckers hielt auch ich für dringend notwendig. und ich wünschte, das Vorhaben möge gelingen. Die Bitte Fjodorows, darüber Stillschweigen zu wahren, wäre nicht nötig gewesen. Das verstand sich für mich von selbst. Dagegen beunruhigte mich die Konspiration um die Ablösung und die leichtsinnige und abenteuerliche Vorbereitung und Durchführung der Tisch-Mission. Harry Tisch hatte die Aufgabe nicht, wie Schabowski behauptet, »mit der gebotenen Diskretion bewerkstelligt«. Doch das war weniger seine Schuld als die der Organisatoren. Ich weiß nicht, auf welchem Wege das Treffen vorbereitet worden war, aber sicher war es keine spontane Entscheidung Gorbatschows, sondern mit der sowjetischen Seite vorher abgesprochen und organisiert. Mir ging später der Gedanke im Kopf herum, was ein anderer Botschafter an meiner Stelle getan hätte. Es handelte sich doch nicht um die Ablösung eines Bezirkssekretärs oder Mitglieds des Politbüros, sondern faktisch um eine Verschwörung gegen das amtierende Staatsoberhaupt.

Der Führungswechsel bleibt ohne Wirkung

Am 17. Oktober fasste das Politbüro den Beschluss, Erich Honecker abzulösen und Egon Krenz zum Generalsekretär zu wählen. Ebenfalls abgelöst wurden die Mitglieder des Politbüros Günter Mittag und Joachim Herrmann, der für die Medien verantwortlich war. Bereits am Nachmittag wurde mir telefonisch mitgeteilt, dass für den 18. Oktober die 9. Tagung des ZK der SED einberufen wurde.

Ich hatte damit gerechnet und flog sofort nach Berlin.

Auftrag des neuen Generalsekretärs

In einer Tagungspause bat mich Egon Krenz, nach der Tagung in sein Arbeitszimmer zu kommen. Ich musste ziemlich lange warten, weil Krenz durch seinen Auftritt im Fernsehen aufgehalten wurde. Unser Gespräch war kurz. Er bat mich, Gorbatschow und den Mitgliedern des Politbüros der KPdSU herzliche Grüße zu überbringen. Wir seien sicher einer Meinung, dass das Plenum so verlaufen sei, wie das unter den gegenwärtigen Bedingungen möglich gewesen ist. Die SED und die DDR befänden sich in einer tiefen Krise, wovon auch die Tagung des ZK geprägt worden sei. Ich sollte über den Rücktritt Erich Honeckers und die Wahl von Krenz zum Generalsekretär sowie die Abwahl von Günter Mittag und Joachim Herrmann als Mitglieder des Politbüros und Sekretäre des ZK informieren.

Über die Neubesetzung ihrer Funktionsbereiche soll auf der Sitzung des Politbüros beraten und auf der nächsten Tagung des ZK entschieden werden. Die Ablösung Mittags und Herrmanns sei richtig gewesen, offen bleibe, was mit den anderen Mitgliedern des Politbüros geschehe. Die Diskussion auf der Tagung sei sehr stürmisch verlaufen. Es habe zahlreiche spontane Meinungsäußerungen gegeben. Die Unzufriedenheit der

Mitglieder des ZK sei offensichtlich. Gorbatschow und das Politbüro der KPdSU sollten über die Aktionen auf der Straße nicht beunruhigt sein. Wir seien überzeugt, dass alle Probleme nur mit politischen Mitteln gelöst werden könnten. Ein Konzept für die Lösung des ganzen Komplexes der Probleme sei bis jetzt nicht vorhanden. Seine Ausarbeitung werde noch einige Zeit benötigen. Es müsse, wie von Gorbatschow geraten, mutig, durchdacht und weitsichtig sein. Was wir angekündigt haben, müsse nun auch ausgestaltet werden.

Ich sollte die sowjetischen Genossen auch über seine Treffen mit den Arbeitern im Berliner Kombinat »7. Oktober«, mit Vertretern der Kirche und sein Auftreten im Fernsehen der DDR informieren. Er wisse, dass nicht alle seine ersten Schritte positiv aufgenommen wurden. Seine Rede auf der Tagung des ZK im Fernsehen einfach zu wiederholen, sei falsch gewesen. Eine kurze Rede, ohne drumherum zu reden, klar zu sagen, woran wir festhalten und was wir verändern wollen, wäre geeigneter und besser gewesen. Die Handreichung an die Bürger sei zu kurz gekommen. Auch den Rücktritt Honeckers hätte er anders bewerten müssen. Schließlich ging es um dessen Ablösung wegen seiner Fehler in der Politik.

In der Außenpolitik müssten wir die verlorenen Positionen wieder zurückerobern und dabei zügig und wohlüberlegt vorgehen. Die westlichen Medien setzten ihre Politik der Verleumdungen und der Versuche, uns zu diskreditieren, fort.

Egon Krenz trug mir auf, Gorbatschow nochmals Dank zu sagen für dessen Besuch in der DDR und die große Hilfe, die er uns zukommen ließ. Dank auch für das Glückwunschtelegramm zur Wahl von Krenz als Generalsekretär. Es sei bereits am Abend über das Fernsehen und den Rundfunk der DDR verbreitet worden und stelle eine sichtbare Unterstützung und Hilfe durch Gorbatschow und die Sowjetunion dar.

Der Generalsekretär erteilte mir den Auftrag, Gorbatschow die Bitte für ein baldiges Treffen zu übermitteln. Er hätte den Wunsch, das weitere Vorgehen mit ihm abzustimmen. Natürlich werde er sich nach dem Zeitplan Gorbatschows richten, aber wenn möglich, sollte das Treffen noch vor dem nächsten Plenum des ZK stattfinden. Da er Russisch spreche, könnte die

Verständigung und Abstimmung zwischen beiden Generalsekretären direkt geschehen.

Am Abend des 19. Oktober flog ich nach Moskau zurück, und bereits am Vormittag des 20. Oktober überbrachte ich Alexander Jakowlew die Grüße und Wünsche des neuen Generalsekretärs und informierte ihn über die Tagung des ZK der SED.

Auf dem Rückflug nach Moskau hatte ich Zeit, über die Ereignisse und darüber, was ich den Mitgliedern der SED und Bürgern der DDR in Moskau sagen wollte, nachzudenken. Ich ahnte, dass ich dabei Schwierigkeiten haben würde. Natürlich würde die Ablösung Honeckers und auch die von Mittag und Herrmann begrüßt werden, aber würde man die Veränderungen als ausreichend ansehen? Sicher hatte man von der Tagung mehr erwartet. Die Basis verlangte bereits viel mehr, als das Politbüro und das ZK in dieser Situation zu geben vermochten. Wir glaubten immer noch, die Initiative zu besitzen und den Prozess zu lenken, doch in Wirklichkeit liefen wir den Ereignissen hinterher. Die Handlungsunfähigkeit setzte sich fort. Jetzt wirkte sich sehr negativ aus, dass wir in den vergangenen Monaten über die Notwendigkeit der Ablösung Honeckers diskutiert hatten, jedoch nicht darüber, was nach seinem Sturz konkret geschehen sollte, was im Lande verändert werden musste. So waren Wochen nutzlos verstrichen, in denen kein Vorlauf für die anstehenden inhaltlichen Veränderungen unserer Politik geschaffen wurde.

Es war auch nicht verborgen geblieben, dass der Amtsantritt von Egon Krenz gleich mit Inkonsequenz und Ungeschicklichkeiten verbunden war. Anstatt unmissverständlich zu erklären, dass Honecker wegen seiner Fehler abgelöst wurde, wurde in der offiziellen Erklärung mitgeteilt, dass er aus gesundheitlichen Gründen zurückgetreten sei. Als ein Fehler erwies sich auch, dass Krenz alle drei Funktionen von Honecker erbte, die des Generalsekretärs, des Vorsitzenden des Staatsrates und des Vorsitzenden des Nationalen Verteidigungsrates. Ihm würde auch übel genommen, dass er seine Rede vor dem Plenum des ZK in unveränderter Form und ungekürzt im Fernsehen der DDR noch einmal vortrug.

Ein emotionaler Appell an die Bürger, mit einem Eingeständnis der Fehler und einigen klaren Reformvorschlägen wäre weitaus besser angekommen. Krenz dafür die alleinige Schuld zu geben, wäre falsch, weil wir alle auf diese neue Situation nicht vorbereitet waren.

Schließlich machte ich mir auch Gedanken, wie ich eigentlich zu Egon Krenz stand und welche Auswirkungen der Wechsel an der Spitze für mich haben würde. Es gehört zu den internationalen Normalitäten, dass sich Führungen von Parteien oder Regierungen mit ihnen nahestehenden Freunden und Mitarbeitern umgeben. Zu diesen Freunden, der FDJ-Fraktion, wie sie auch genannt wurde, gehörte ich nicht. Als Egon Krenz in der FDJ Karriere machte, arbeitete ich bereits im Parteiapparat und im diplomatischen Dienst. Aber er kannte mich, und ich glaube, dass er meine Tätigkeit als Botschafter in Prag und Moskau positiv bewertete. Seine Tätigkeit als Mitglied des Politbüros konnte ich nicht beurteilen, aber wesentliche negative Meinungen waren mir auch nicht bekannt. Neben seinen politischen Qualitäten und Erfahrungen sprach auch sein Alter für ihn als ein Nachfolger Honeckers. Über andere Möglichkeiten der Nachfolge hatte niemand laut nachgedacht, weil wir, die Mitglieder des ZK, unsere Kompetenzen seit langem leichtfertig abgetreten hatten. Jetzt schien es zu spät. Wer wollte und konnte im Galopp die Pferde wechseln.

Trotzdem irritierte mich von Anfang an etwas an ihm. Was es genau war, kann ich nicht erklären. Waren es die taktischen Ungeschicklichkeiten, störte mich der, wie mir schien, »jugendliche« Überschwang, sein »übertriebener« Optimismus? Oder war es seine Sicht auf Gorbatschow und die Perestroika, die mir zu euphorisch und unkritisch vorkamen? Ich weiß es nicht. Wahrscheinlich war es nur ein Gefühl, das man bekanntlich nicht rational erklären kann. Sicher bin ich mir jedoch, dass bei mir ein Funken Argwohn vorhanden war, der sich nicht nur mit den Vorgängen um die Mission von Harry Tisch erklären ließ.

Ungeachtet solcher Überlegungen sah ich keine wesentlichen Probleme für meine Zusammenarbeit mit dem neuen Generalsekretär.

Inhaltsreiches Gespräch mit Rafael Fjodorow

Einen Tag nach meinem Gespräch mit Jakowlew und wenige Tage nach der 9. Tagung des ZK der SED, am 21. Oktober, rief mich Falins Stellvertreter Fjodorow an und bat mich um ein vertrauliches Gespräch. Wir vereinbarten für den Abend ein Treffen in der Datsche des Botschafters im Silberwäldchen. An diesem Gespräch nahm mein Stellvertreter Karl-Heinz Fehlberg teil.

Einleitend bemerkte Fjodorow, dass er mit mir einige Fragen der weiteren Zusammenarbeit zwischen unseren beiden Parteien und Staaten beraten möchte. Er ließ keinen Zweifel daran, dass dieses Gespräch der Vorbereitung des Gesprächs von Gorbatschow mit Krenz dienen sollte. Ziel seines Gespräches sei es, zu erfahren, wie die KPdSU und die UdSSR den von der 9. Tagung eingeleiteten Prozess unterstützen könnten. Aus meiner damaligen Sicht und auf der Grundlage meiner Erfahrungen bemühte ich mich, seine Fragen zu beantworten.

Im Verlaufe des Gesprächs wurden von Fjodorow Auffassungen geäußert, die für uns viel interessanter und wichtiger waren. Fjodorow begrüßte zunächst, dass das Politbüro und das ZK der SED endlich auf die komplizierte Situation reagiert und deutlich gemacht hätten, dass die Partei wieder die Führung übernehmen wolle. Die eingeleiteten Maßnahmen würden in Moskau begrüßt. Egon Krenz werde durch die KPdSU jegliche Unterstützung erhalten. Das Wichtigste sei, schnell für das ganze Volk sichtbare Veränderungen herbeizuführen. Obwohl, wie die Erfahrungen der KPdSU zeigen würden, man die möglichen Folgen jedes Schrittes genau abwägen müsse, sei Eile geboten. Unter den ersten Maßnahmen, die zu beschließen wären, nannte er eine neue Pass- und Reiseregelung und Entscheidungen auf anderen Gebieten, um die gröbsten Unzufriedenheiten zu beseitigen.

Darunter verstand er die Probleme und Engpässe in der Versorgung mit dringend benötigten Waren, bürokratische Erscheinungen in staatlichen Organen, die Berichterstattung der Medien und andere Missstände. Die Lage in der DDR wäre so überhitzt, dass man auf keinen Fall die Probleme in einer Reihenfolge lösen könnte. Viele unterschiedliche Fragen müssten gleichzeitig, also parallel, angefasst und gelöst werden.

Sicher müsste man zuerst die Partei mobilisieren und ihre Einheit und Geschlossenheit stärken. Dabei dürfe man jedoch nicht stehen bleiben. Fjodorow interessierte sich in diesem Zusammenhang für die Lage im Politbüro. In Moskau hoffe man, dass Krenz wisse, auf wen er sich stützen könne. Auf jeden Fall sollte er mit allen Mitgliedern und Kandidaten intensiv arbeiten, sie einbeziehen und nicht abstoßen. Genosse Krenz müsste gewissermaßen den Schlüssel zu jedem finden. Es wäre auch gut, die Ambitionen seiner »potenziellen Konkurrenten« zu beachten. Zu ihnen rechnete er Günter Schabowski und vor allem Hans Modrow.

So wie er Gorbatschow kenne, werde dieser sich dazu sicher nicht äußern, aber die Erfahrungen der KPdSU zeigen, dass weitere Kaderänderungen im Politbüro und im Sekretariat nicht auf die lange Bank geschoben werden sollten. Für die Realisierung der gegenwärtigen und zukünftigen Aufgaben sei auf dem XII. Parteitag der SED eine grundsätzliche Erneuerung des Zentralkomitees notwendig. Bereits heute sei wichtig, das Kräfteverhältnis im ZK zu analysieren, zu beachten und mit den Mitgliedern und Kandidaten intensiv zu arbeiten.

Ausgehend von der breiten Unzufriedenheit der Bevölkerung der DDR, die sich vor allem in den Massendemonstrationen äußere, brachte er die Auffassung zum Ausdruck, dass die SED einen breiten unvoreingenommenen Dialog mit allen Bürgern einleiten sollte. So wie es Egon Krenz mit den führenden Vertretern der Kirche bereits begonnen habe. Fjodorow ließ jedoch keinen Zweifel daran, dass nach seiner Meinung die SED nicht in der Lage sei, einen breiten und offenen Dialog mit den Bürgern zu führen. Er erklärte dies vor allem mit dem zu engen Verständnis der SED vom Sozialismus. Weil die SED von eingefahrenen, engen Positionen ausgehe, würden viele Bürger, die auch für den Sozialismus sind, ihn aber vielleicht etwas anders sehen, vor den Kopf gestoßen und zum Gegner gestempelt. Es wäre besser, die Menschen mehr reden zu lassen, auch kontroverse Meinungen zu akzeptieren, mit den Bürgern freimütig zu diskutieren und zu versuchen, sie mit überlegten Argumenten zu überzeugen. Das gelte auch für die Diskussion innerhalb der Partei. Eine zu enge Auslegung des Statuts sei gegenwärtig nicht angebracht. Natürlich, auch das würden die Erfahrungen der KPdSU zeigen, dürfe der Disziplinlosigkeit nicht Tür und Tor geöffnet werden.

Fjodorow erkundigte sich, ob die SED noch davon ausgehe, dass sie den Dialog im Rahmen der bestehenden gesellschaftlichen Strukturen führen könne. Fügte allerdings als seine Meinung gleich hinzu, dass dies »kaum noch möglich erscheine«. Ähnliche Erfahrungen habe auch die KPdSU mit den Volksfronten und anderen informellen Organisationen machen müssen. Auch in dieser Frage müsse man sich auf nicht erwartete Entwicklungen einstellen.

Mein Gesprächspartner interessierte sich für unsere Meinung zur weiteren Ausgestaltung der Beziehungen zwischen der KPdSU und der SED sowie der UdSSR und der DDR. Trotz mancher Meinungsverschiedenheiten, Reibungen und unterschiedlicher Entwicklungen sei es gelungen, die Beziehungen auf einem hohen Niveau zu halten. Was die KPdSU betreffe, so sei dies vor allem das Verdienst von Gorbatschow. In Moskau sei aber auch bekannt, dass in den letzten Jahren viele Mitglieder der SED und Bürger der DDR in diesem Sinne gearbeitet hätten. Er sei daher fest davon überzeugt, dass unter den neuen Bedingungen die Zusammenarbeit zwischen unseren beiden Völkern einen noch größeren Nutzen bringen könne. Natürlich wisse man in Moskau auch, dass der Freundschaft mit der Sowjetunion hier und da Schaden zugefügt würde. Das sollten wir gemeinsam schnell überwinden.

Die Massenmedien in beiden Ländern müssten dabei eine besondere Rolle spielen. Die KPdSU wäre daran interessiert zu erfahren, wie die Massenmedien der UdSSR den Entwicklungsprozess in der DDR unterstützen könnten, worüber sie berichten sollten. Angesichts der Lage in den sowjetischen Medien werde dies nicht einfach durchzusetzen sein, aber in der *Prawda* und einigen anderen Presseorganen könnte man es lenken.

Zur wirtschaftlichen Entwicklung in der DDR hatte Fjodorow kaum etwas zu sagen. Er glaubt, dass nicht nur er zu wenig darüber wisse. Es scheine, dass die DDR die höchste Vervollkommnung des administrativen Kommandostils in der Wirtschaft erreicht habe. Damit seien beachtliche Erfolge erreicht worden. Aber dieses System habe keine Perspektive. Für die sowjetische Seite sei unklar, wie es weitergehen solle. Leider würden auch die Erfahrungen der UdSSR zeigen, dass bisher kein wirksames System gefunden wurde. Bei allen nationalen Spezifika stehe vor allen sozialistischen Staaten die Aufgabe, gemeinsam nach einer Lösung zu suchen. In Moskau erwarte man, dass Krenz auf die wirtschaftliche Lage und die Probleme der DDR auf diesem Gebiet eingehe.

Fjodorow begrüßte ausdrücklich die in der Rede von Egon Krenz enthaltenen Vorschläge und Forderungen an die BRD. Sie sollten aktiv weiter verfolgt werden. In diesem Zusammenhang wurde von Fjodorow erklärt, dass die DDR ihre Existenz nicht mit dem gegenwärtigen Sozialismus in der DDR zu eng verbinden sollte. Die Existenz der DDR, ihre staatliche Souveränität sei durch eine Vielzahl von internationalen Verträgen, nicht aber durch den Sozialismus garantiert. Ganz gleich welcher Sozialismus in der DDR entstehen würde, ja selbst wenn er nicht mehr existieren würde, bleibe die DDR als Staat erhalten. Selbst die engsten Verbündeten der BRD würden einer Wiedervereinigung gegenwärtig nicht zustimmen. Die Gefahr für die DDR gehe in erster Linie von der inneren Entwicklung aus. Demonstrationen von 100 000 oder 200 000 Bürgern kann man noch beherrschen, aber die durch Massenaktionen von Millionen Bürgern möglicherweise geforderte Wiedervereinigung sei kaum noch zu beeinflussen. Vor solchen Massenaktionen fürchte man sich in Moskau.

Ich kann heute nicht mehr mit Sicherheit sagen, warum ich diese Information nicht an Egon Krenz direkt geschickt habe und den Umweg über Günter Sieber wählte. Aus meinem Schreiben an ihn ist jedoch zu ersehen, dass mich etwas unsicher gemacht hatte. Lag es an den teilweise weitgehenden, wenn auch berechtigten Forderungen an die neue Führung, oder an meinem Argwohn gegenüber der neuen Umgebung des Generalsekretärs? Das ist schwer zu sagen. Vielleicht spielten auch noch andere Überlegungen eine Rolle. Außerdem war ich überzeugt, dass Günter Sieber einen Weg finden würde, den Generalsekretär vor seinem Besuch in Moskau in geeigneter Form über die Ansichten im ZK der KPdSU zu informieren.

Ob das auch wirklich geschah, kann ich allerdings nicht sagen.

Treffen Gorbatschow – Krenz

Das Treffen mit Gorbatschow fand am 1. November 1989 in Moskau statt. Mein Misstrauen erhielt neue Nahrung. Während ich an den Treffen Honeckers mit Gorbatschow in Moskau und auch in der DDR bis auf eine Ausnahme immer teilgenommen hatte, wurde mir nun erklärt, dass wegen der Abwesenheit des Botschafters Kotschemassow meine Teilnahme an dem Treffen mit Gorbatschow nicht zweckmäßig sei. Dieser Meinung waren die sowjetischen Gastgeber nicht. Und auch ich hielt die Entscheidung des Generalsekretärs für falsch, musste mich jedoch letztlich beugen. Von dem Gespräch kenne ich, wie alle, nur das Protokoll. An den anderen Maßnahmen, dem Essen im Kreml oder der Pressekonferenz, nahm ich teil.

Als mich Krenz vor der Pressekonferenz bat, mit ihm im Präsidium Platz zu nehmen, lehnte ich das mit der Begründung ab, bei den Pressekonferenzen führender Repräsentanten anderer sozialistischer Staaten hätten die Botschafter auch nicht im Präsidium gesessen. Ich muss bekennen, dass der faktische Ausschluss vom Gespräch mit Gorbatschow bei mir Fragen aufwarf, mein Misstrauen erhöhte und mich als Mitglied des ZK und Botschafter verletzte.

Egon Krenz hatte von meinen Gedanken und Gefühlen sicher keine Ahnung, warum auch, er hatte ganz andere Sorgen und Probleme. Auch später habe ich mit Egon Krenz nie darüber gesprochen. Vielleicht hatte er auch Gründe, mir nicht zu vertrauen oder mit meiner Tätigkeit unzufrieden zu sein. Ich habe nie geleugnet, dass auch ich während meiner Tätigkeit in Moskau Fehler begangen habe.

Der Führungswechsel in der SED hatte die Situation in der DDR leider nicht entschärfen können. Der Druck der Straße und der Opposition nahmen weiter zu. Am 4. November kam es in Berlin zu der gewaltigen Demonstration von einer halben Million Menschen auf dem Alexanderplatz. Am gleichen Tag, um 10 Uhr vormittags, fand im Kreml eine Gratulationscour des Moskauer diplomatischen Korps aus Anlass des Jahrestages der Oktoberrevolution statt. Die Glückwünsche der Diplomaten nahmen Gorbatschow, der Vorsitzende des Ministerrates Ryschkow und Außenminister Schewardnadse entgegen. Wir, die Botschafter, defilierten einzeln an ihnen vorüber und hatten dabei die Möglichkeit, die Glückwünsche unserer Regierungen zu überbringen und ein paar Worte zu wechseln. Obwohl ich keinen konkreten Auftrag hatte, gratulierte ich pflichtgemäß im Namen des Generalsekretärs und des Politbüros des ZK der SED, der Regierung und der Volkskammer der DDR sowie aller Bürger.

Gorbatschow ließ mich kaum aussprechen. Ihn interessierte etwas ganz anderes. Er wollte wissen, wie die Demonstration auf dem Alexanderplatz verläuft.

Darauf konnte ich nicht antworten, weil die Kundgebung in Berlin noch nicht begonnen hatte. Er machte einen sehr besorgten Eindruck und fragte nach meiner Meinung, ob ich die Organisatoren für vertrauenswürdig halte und diese zu ihrem Versprechen stehen würden, den Demonstrationszug nicht in Richtung auf das Brandenburger Tor und vor die sowjetische Botschaft zu führen.

Ich entnahm aus der Frage Gorbatschows, dass es zwischen den Organisatoren der Demonstration, den Vertrauensleuten der Gewerkschaft Berliner Theater und staatlichen Stellen offensichtlich Absprachen gegeben hatte. Von einer Sicherheitspartnerschaft zwischen den Organisatoren der Demonstration und der Volkspolizei hatte ich keine Ahnung. Das erfuhr ich erst später. Ich verfügte jedoch über genügend Erfahrungen, um meine Unwissenheit zu verschleiern.

Erst in diesem Moment wurde mir die Brisanz der Situation schlagartig bewusst. Eine Demonstration von 500 000 Bürgern vor dem Brandenburger Tor und der sowjetischen Botschaft, der Druck auf die Grenze und eine unerwartete Provokation oder gar ein versuchter Grenzdurchbruch hätte verheerende Folgen für die Sowjetunion haben und sie möglicherweise zum gewaltsamen Eingreifen zwingen können. Diese Befürchtungen trieben Gorbatschow ständig um, denn das wollte er auf jeden Fall verhindern.

Ich verstand ihn und teilte seine Besorgnis. Ohne Genaueres zu wissen, versicherte ich, dass sich die Organisatoren nach meiner Überzeugung an die Absprachen halten würden. Trotzdem war ich erleichtert, als ich am Nachmittag erfuhr, dass die Kundgebung ohne Zwischenfälle abgelaufen war.

Leider habe ich das Protokoll über das Gespräch Gorbatschows mit Krenz und die Information für das Politbüro über Stand und Vorbereitung der Demonstration auf dem Alexanderplatz erst viel später zu lesen bekommen, sonst hätte ich gewusst, dass beide auch über die möglichen Gefahren gesprochen hatten, die mit der Demonstration verbunden waren. Krenz hatte versprochen, Schritte einzuleiten, um einen Massendurchbruch an der Mauer zu verhindern. Er ließ keinen Zweifel daran, dass Durchbrüche nach Westberlin die Regierung der DDR zwingen würden, den Ausnahmezustand auszurufen. Das lag keinesfalls im Interesse Gorbatschows und der Sowjetunion.

Später wurde aus den Sitzungsprotokollen des Politbüros des ZK der KPdSU bekannt, dass am Tag zuvor, am 3. November, offenbar im Zusammenhang mit der Auswertung des Gespräches mit Egon Krenz und der geplanten Demonstration in Berlin sowie der damit verbundenen Sicherheitslage eine Diskussion stattgefunden hatte, in der Schewardnadse den Gedanken äußerte, die Mauer in Berlin lieber selbst abzubauen. Nach meiner festen Überzeugung war diese Äußerung in erster Linie ein Ausdruck der Angst und der Befürchtung, durch unüberlegte Schritte der Regierung der DDR, durch die Massendemonstrationen oder durch unerwartete Provokationen in eine offene Konfrontation mit der BRD und den westlichen Alliierten getrieben zu werden.

Es zeigte sich immer mehr, dass die DDR, wie auch die anderen sozialistischen Staaten, zu einer Belastung für die Sowjetunion geworden war. Gerade Schewardnadse hatte noch Anfang 1989 im Gespräch mit mir jegliche gemeinsame Verantwortung für die Mauer abgelehnt, warum sollte er plötzlich seinen Standpunkt geändert haben und nun die Mauer selbst abbauen wollen. In Moskau hatte man inzwischen begriffen, dass man, um des Überlebens wegen, sich in erster Linie von den engen nationalen Interessen der Sowjetunion leiten lassen müsse. Die Interessen der DDR und ihrer Bürger spielten in den Überlegungen kaum noch eine Rolle. Sie wollte man loswerden, möglichst ohne Probleme und konfliktlos.

Seit dem Sommer konnte die Führung die massenhafte Flucht von DDR-Bürgern nicht unter Kontrolle bringen. Zunächst schien es, als ob allein Honecker dafür verantwortlich zu machen sei, der sich hartnäckig weigerte, die Tatsachen anzuerkennen. Doch auch nach seiner Ablösung änderte sich nicht viel. Auch der neue Generalsekretär hatte keine Konzeption, wie die Fluchtwelle gestoppt und unter Kontrolle zu bringen wäre. Vor allem unter dem Druck der tschechoslowakischen Führung erteilte das Politbüro am 24. Oktober den Auftrag, ein neues Reisegesetz auszuarbeiten. Am 6. November wurde der Entwurf des Gesetzes veröffentlicht. Wie nicht anders zu erwarten, rief er negative Reaktionen in der Bevölkerung hervor. Tausende Menschen verließen weiter die DDR, die Lage an der Grenze zur ČSSR wurde immer bedrohlicher. Inzwischen drohte die Führung in Prag mit der Schließung der Grenze. Im Politbüro verstand man, dass damit schwerwiegende Probleme für die Situation in der DDR entstehen könnten.

Die zwei Fragen, Gewährung des Grundrechts auf freies Reisen für alle Bürger und die Ausgabe von Reisepässen für alle Bürger sowie die unverzügliche Beendigung des illegalen Verlassens der DDR über die ČSSR, waren zu einem unlösbar verwickelten Knäuel geworden. In ruhigeren Zeiten wären sicher andere Lösungen möglich gewesen. In der verworrenen Situation Anfang November 1989 schien dies unmöglich geworden zu sein. Unsere Angst, Zehntausende von DDR-Bürgern oder mehr würden nicht mehr zurückkehren, war nicht kleiner, sondern größer geworden. Diese Angst, gepaart mit allen Problemen der damaligen Krise, mangelnder politischer Weitsicht und staatsmännischer Erfahrung, Unentschlossenheit, bürokratischem Gezerre zwischen den beteiligten Ministerien, langem Streit um einzelne Formulierungen und dem ständigen Druck der Straße verhinderten eine für die Mehrheit akzeptable Lösung des Problems.

Angesichts dieser Situation traf das Politbüro am 7. November 1989 eine sehr widersprüchliche Entscheidung. Eigentlich bestand die Absicht, die Lage an der Grenze zur ČSSR zu entlasten. Die vorgesehenen Maßnahmen beschäftigten sich jedoch vorwiegend mit der Behandlung des Problems in den Medien, Forderungen gegenüber der Bundesregierung oder mit Bitten an die ČSSR. Nach den Vorstellungen des Politbüros sollte weder die Grenze der DDR mit der BRD geöffnet noch die Grenze der DDR mit der ČSSR geschlossen werden. Wie unter diesen Bedingungen eine Entlastung an der Grenze eintreten sollte, blieb das Geheimnis des Politbüros. Allerdings sollte der Teil des Reisegesetzes, der sich mit der ständigen Ausreise von DDR-Bürgern befasste, vorgezogen werden. Über diese Entscheidung des Politbüros informierte Außenminister Fischer noch während der Sitzung des Politbüros den sowjetischen Botschafter Kotschemassow. In dem Vermerk über dieses Gespräch hieß es unter anderem: »Genossen Krenz ist die Meinung von Genossen Gorbatschow sehr wichtig, sowohl hinsichtlich des gesamten Problems als auch hinsichtlich der Absichten zum Reisegesetz. Die DDR wäre für Unterstützung dankbar.« Diese wenigen lakonischen Zeilen entsprechen kaum der Brisanz der damaligen Situation. Der Vermerk gibt nicht mehr her, aber ich nehme an, da ausdrücklich auf das »gesamte Problem« verwiesen wurde, dass Oskar Fischer weitaus mehr darlegte und sehr nachdrücklich auf den Ernst der Lage hingewiesen hatte.

Leider ist nicht dokumentiert, ob das wirklich erfolgte.

Aufgrund meiner Erfahrungen mit Botschafter Kotschemassow möchte ich glauben, dass auch er den Ernst und die Dringlichkeit der Bitte verstanden hatte. Ob er aber wirklich alle sich daraus ergebenden Konsequenzen für das gesamte Grenzregime der DDR, auch für die Grenze mit Westberlin und der damit verbundenen Verantwortung der UdSSR wirklich erfasst hatte, bleibt offen. Kotschemassow schlug als zusätzliche Maßnahme vor, auch die ehemaligen Verbündeten (USA, Großbritannien, Frankreich) einzubeziehen, um diese zu veranlassen, Druck auf die BRD auszuüben. Daraus könnte man schließen, dass Kotschemassow wenigstens bewusst war, dass in dieser Situation die westlichen Alliierten in die Lösung der Probleme einbezogen werden sollten. Es gibt auch keinen Zweifel daran, dass er darüber unverzüglich Moskau informierte.

Ungereimtheiten zur Grenzöffnung

Dann beginnen allerdings die Ungereimtheiten und widersprüchlichen Darstellungen. Obwohl meine Sicht an dem historischen Ablauf nichts ändert, will ich zu den bekannten Versionen noch meine hinzufügen.

Die Festveranstaltung des ZK der KPdSU und der Regierung der UdSSR aus Anlass des Jahrestages der Oktoberrevolution fand bereits am Sonnabend, dem 4. November, abends im Kreml statt. Der 7. November, der eigentliche Feiertag war ein Dienstag, der Montag galt im ganzen Land als arbeitsfreier Tag. Wahrscheinlich war auch der 8. November noch ein Feiertag. So ergab sich ein langes Wochenende, das auch von der Führung zur Erholung genutzt wurde. Sie wollte, wie immer bei solchen Anlässen, nicht gestört werden. In den Ministerien gab es Diensthabende, die entscheiden mussten, ob in dringenden Fällen die Führung informiert wird oder nicht. Die Erfahrung besagte, dass man das nach Möglichkeit unterlassen sollte.

Wie mir der stellvertretende Außenminister Aboimow später erzählte, habe er den Diensthabenden, den 1. Stellvertreter des Ministers für Auswärtige Angelegenheiten Kowaljow, am 7. November nachmittags von den Absichten der DDR und der Bitte um eine schnelle Antwort informiert. Wie die Information des sowjetischen Botschafters wirklich aussah, ist nicht bekannt. Kowaljow hielt die Bitte offensichtlich nicht für so wichtig, dass sie sofort weitergeleitet werden müsste. Vielleicht war sein Argument, das Reisegesetz sei eine interne Angelegenheit der DDR und müsse von ihr selbst entschieden werden, wegen der meisten von der DDR vorgesehenen Maßnahmen berechtigt und ausreichend, um die sofortige Weiterleitung an die Führung zu verhindern.

Man kann Kowaljow auch nicht für das verantwortlich machen, worüber am 7. November niemand sprach, nämlich über die Öffnung der Grenze. Trotzdem hatte Kowaljow den Ernst der Lage unterschätzt. Angesichts der im sowjetischen Außenministerium vorliegenden kritischen Informationen über die Krise in der DDR und der wachsenden Besorgnis Gorbatschows und Schewardnadses über die Entwicklungen in der DDR hätte er der Bitte von Krenz, die Meinung Gorbatschows zum gesamten Problem zu erfahren, mehr Aufmerksamkeit schenken müssen. So ging wertvolle Zeit verloren.

Unklar blieb, ob Oskar Fischer den sowjetischen Botschafter am 8. November über die Reiseverordnung informiert hatte, wie Egon Krenz behauptete. Laut Krenz habe Stoph ihm am 9. November bestätigt, dass der Entwurf der Reiseverordnung mit Moskau abgestimmt sei. Ich erinnere mich, dass wir der Reiseverordnung erst am Nachmittag des 9. November auf dem Plenum des ZK zustimmten. Fischer hätte den sowjetischen Botschafter erst danach informieren können, und in Moskau hätte die Information erst am Abend vorgelegen. Das wäre möglich gewesen. Eine Abstimmung halte ich jedoch für völlig unmöglich. Nach meinen Informationen hatte das sowjetische Außenministerium, trotz des Drängens der sowjetischen Botschaft in Berlin, auf die Bitte der DDR vom 7. November bis zum 10. November nicht reagiert.

Nach der Öffnung der Grenze spielte man den Ahnungslosen und Überraschten. Zunächst suchte man in Moskau einen Schuldigen für die versäumte Information Gorbatschows und des Politbüros. Dafür spricht das erste Telefongespräch Kotschemassows mit Egon Krenz am 10. November. Er teilte aufgeregt mit, dass man in Moskau beunruhigt über die Lage an der Berliner Mauer sei, wie sie sich in der Nacht entwickelt hatte. Krenz zeigte sich verwundert. Nach seiner Meinung wurde im Prinzip doch nur um Stunden vorgezogen, was am 10. November ohnehin vorgesehen war. Außenminister Fischer hätte doch die Reiseverordnung mit ihm abgestimmt.

Kotschemassow entgegnete, dass das nur zum Teil stimme. In dem Gespräch ging es nur um die Öffnung von Grenzübergängen zur BRD. Das sei eine ausschließlich interne Angelegenheit der DDR. Die Öffnung der Grenze in Berlin berühre jedoch auch die Interessen der Sowjetunion sowie der westlichen Alliierten. Die DDR hätte sie mit ihnen und dem Westberliner Senat abstimmen müssen.

Der Botschafter stimmte jedoch Krenz zu, dass die Grenzöffnung nur durch militärische Mittel zu verhindern gewesen wäre, was ein Blutbad ergeben hätte. Die Bemerkung Kotschemassows, in der Reiseverordnung sei nur von der Öffnung von Grenzübergängen zur BRD die Rede gewesen, deutet eher darauf hin, dass der Botschafter und die Sowjetunion über die Reiseverordnung nicht informiert wurden, weil in dem Beschluss des ZK vom 9. November in Punkt 2c festgestellt wurde, dass ständige Ausreisen »über alle Grenzübergangsstellen der DDR zur BRD bzw. zu Berlin (West) erfolgen« können. In seinen Erinnerungen stellt Kotschemassow die Vorgänge jener

Tage völlig anders dar. Danach habe er von der Öffnung der Grenze nichts gewusst. Obwohl er sich fast täglich mit Krenz getroffen habe, hätte jener nie mit ihm darüber gesprochen.

Man kann den Eindruck gewinnen, er unterstelle Krenz eine bewusste Täuschung der Sowjetunion. Er bestätigte jedoch eine Abstimmung mit Krenz über die Öffnung einiger Übergänge an der südwestlichen Grenze mit der BRD.

Über sein dokumentiertes Treffen mit Oskar Fischer am 7. November verlor er kein Wort. Die Behandlung dieser Information in Moskau und das Verhalten von Kowaljow stellt er anders dar als ich. Er bringt sie offensichtlich mit einem anderen Vorgang in Zusammenhang: mit der Öffnung der Übergänge am Brandenburger Tor, die erst viel später erfolgte.

Natürlich hat Kotschemassow Recht, wenn er feststellt, dass man einen solchen wichtigen und prinzipiellen Schritt wie die Öffnung der Grenze zu Westberlin, zuvor der Volkskammer hätte vorlegen müssen. Auch der Kritik, dass eine solch entscheidende Frage nicht mit der Sowjetunion, den drei Westmächten sowie mit der Bundesrepublik und Westberlin abgestimmt wurde, ist berechtigt. Andererseits klingt das sehr demagogisch. Kotschemassow war bestens über die Vorgänge im Politbüro, im ZK der SED, dem Ministerrat der DDR und einzelnen Ministerien informiert. Er kannte die Situation in der DDR und speziell das Problem der ständigen Ausreisen im Detail.

Genauso gut kannte man die Probleme in Moskau. Warum hat man nicht von selbst die Initiative ergriffen und eine aktive Abstimmung mit allen Betroffenen begonnen? Wie heute behauptet wird, habe doch Schewardnadse selbst am 3. November im Politbüro der KPdSU einen solchen Gedanken geäußert. Kotschemassow wusste auch, in welcher chaotischen Situation sich die Führung der SED befand, unter welchem Druck der Straße sie stand und in welcher Hektik Entscheidungen getroffen werden mussten. Die Weichen für die Ereignisse am 9. November wurden doch nicht erst am 7. November gestellt.

Es bleibt eine Tatsache: Als die DDR die Meinung Gorbatschows sowie des Politbüros der KPdSU und die Unterstützung der Sowjetunion dringend benötigte, schwieg man in Moskau. Nach meinen Informationen hatte es zwischen dem 7. und

9. November keine Kontakte mit Moskau in dieser lebenswichtigen Angelegenheit gegeben.

Heute ist es vielleicht nur noch für Historiker von Bedeutung, wie die verhängnisvolle Entscheidung zur Grenzöffnung zustande kam. Die Umstände waren sicher sehr vielschichtig, aber die Verantwortung für diesen tragischen und dilettantischen Ablauf tragen in erster Linie das Politbüro und das Zentralkomitee der SED. Schabowski setzte mit seinem Irrtum über die unverzügliche Öffnung der Grenzübergänge, die erst für den 10. November vorgesehen war, nur noch den Punkt aufs i.

Noch während der Tagung des Zentralkomitees am 10. November ruft Botschafter Kotschemassow ein weiteres Mal Egon Krenz an und teilt ihm mit freudiger Stimme mit, dass er im Namen von Michail Gorbatschow und der sowjetischen Führung ihn und alle deutschen Freunde zu dem mutigen Schritt der Öffnung der Berliner Mauer beglückwünsche.

Die Frage, warum Kotschemassow innerhalb weniger Stunden zwei grundsätzlich verschiedene Standpunkte oder Meinungen aus Moskau übermittelte, ist nicht schwer zu beantworten. Am späten Abend des 9. November und in der Nacht musste man in Moskau mit dem Schlimmsten rechnen. Die unkontrollierte Öffnung der Grenze hätte zu ernsten oder gar blutigen Zwischenfällen führen können. Also suchte man nach einem Sündenbock, der keiner sein wollte.

Ich kann mir vorstellen, welche Erleichterung Gorbatschow und Schewardnadse empfanden, als am Morgen des 10. November feststand, dass die Grenzöffnung ohne größere Probleme verlief. Der zweite Anruf des Botschafters war ein Ausdruck der Freude, weil ein entscheidendes Problem in den Beziehungen zwischen der Sowjetunion und den westlichen Staaten fast konfliktfrei gelöst wurde. Allerdings war damit auch das Schicksal der DDR endgültig besiegelt.

Ungläubig vernahm ich am Abend aus dem Fernsehen, dass wir die Öffnung der Grenzübergänge nach Westberlin verfügt hätten. Zuerst dachte ich, ich hätte mich verhört. Doch was ich im Fernsehen sah, war raue Wirklichkeit. Meine Reaktion bestand nur aus einem einzigen Satz: »Das ist das Ende der DDR«. Es war eine instinktive und keine bewusste Reaktion, die sich leider bald bewahrheiten sollte.

Ende einer kurzen Amtszeit

Am 6. Dezember 1989 endete die kurze Amtszeit von Egon Krenz. An jenem Tag trat er auch als Vorsitzender des Staatsrates und als Vorsitzender des Nationalen Verteidigungsrates der DDR zurück. Eine seiner letzten Amtshandlungen war die Teilnahme an dem inoffiziellen Treffen der Teilnehmerstaaten des Warschauer Vertrages am 4. Dezember 1989 in Moskau. Gorbatschow hatte nach Moskau eingeladen, um die Repräsentanten der europäischen sozialistischen Länder über seine Gespräche mit dem Präsidenten der USA, George Bush, auf Malta und Papst Johannes Paul II. zu informieren.

Ursprünglich sollte Krenz, in seiner Eigenschaft als Generalsekretär des ZK der SED und Vorsitzender des Staatsrates, die Delegation leiten. Mit dem geschlossenen Rücktritt des ZK der SED verlor Egon Krenz jedoch seine Funktion als Generalsekretär der Partei.

Nach Abschluss der ZK-Tagung informierte mich Hans Modrow, dass er die Delegation der DDR, die am nächsten Tag nach Moskau fliege, leiten werde. Ich nahm an, diese Entscheidung sei mit Egon Krenz abgesprochen gewesen. Wie vereinbart sollte ich mit der Delegation nach Moskau zurückfliegen und an dem Treffen in Moskau teilnehmen.

Als ich am frühen Morgen auf der Fahrt zum Flugplatz den Chef des Protokolls Franz Jahsnowski in seiner Wohnung abholte, erzählte er mir, dass er am späten Abend einen Anruf von Krenz erhalten hätte, der ihm mitgeteilt habe, dass er auf Bitte von Gorbatschow nun doch nach Moskau fliegen werde.

Ich war darüber ziemlich erstaunt. Im eigenen Interesse von Krenz hielt ich diese Absicht für falsch. Ich gehörte zu denen, die der Auffassung waren, dass Egon Krenz als Vorsitzender des Staatsrates nicht zu halten sei und freiwillig zurücktreten sollte, bevor die Opposition ihn dazu zwingen würde. Noch vor Beginn der letzten Tagung des Zentralkomitees hatte mich Werner Jarowinsky, Mitglied des Politbüros, wegen dieser meiner Haltung kritisiert. Mit dem Verzicht auf diese Funktion würde die SED auch den Vorsitz des Nationalen Verteidigungsrates verlieren und damit jeglichen Einfluss auf den weiteren Verlauf der Ereignisse in der DDR.

Obwohl nicht offen darüber gesprochen wurde, war mir nicht verborgen geblieben, dass man sich in Moskau bereits von Krenz verabschiedet hatte. Modrow war der Hoffnungsträger, auf den sich Gorbatschow und die sowjetische Führung wenigstens für eine kurze Zeit orientierten. Irgendwie tat mir Krenz auch leid, und ich fürchtete, dass seine Anwesenheit auf dem Treffen in Moskau eher demütigend für ihn sein würde. Hinzu kam, dass sich die persönlichen Beziehungen zwischen Krenz und Modrow in den letzten Wochen nicht sehr harmonisch entwickelt hatten. Moskau wusste inzwischen, dass Hans Modrow die Delegation der DDR leiten würde. Ich stellte mir die Frage, wie sich Modrow nun fühlen würde, wenn Krenz wieder auftauchte. Wie sich bald zeigte, war meine Besorgnis nicht unbegründet. Obwohl Krenz auf die Leitung der Delegation verzichtete, wirkte die ganze Atmosphäre im Flugzeug und später auch in Moskau angespannt.

Ich habe das Treffen vom 4. Dezember 1989 in keiner guten Erinnerung. Sicher hatten die noch frischen Erlebnisse in Berlin und die politischen Wirren in der DDR negativen Einfluss auf meine Stimmung und auf meine Aufmerksamkeit und Konzentration. Vielleicht ist mir dadurch Wichtiges auf dieser Beratung entgangen. Doch das war nicht der einzige Grund.

Es war Gorbatschow, der mich beunruhigte. Ich hatte von seiner Information über seine Treffen in Italien mehr erwartet und war von seinen Darlegungen enttäuscht. Seine Gemeinplätze, sein Philosophieren und Moralisieren war mir zwar hinlänglich bekannt, trotzdem hatte ich diesmal mehr und konkretere Informationen erwartet. Erneut versprach er den führenden Repräsentanten der verbündeten Staaten, von denen einige zum ersten Mal an einem solchen Treffen teilnahmen, das Blaue vom Himmel. Zum wiederholten Mal beteuerte er, dass derartige Treffen und Kontakte lebenswichtig geworden seien und die Zusammenarbeit dem Tempo, der Tiefe und den Dimensionen der Veränderungen angepasst werden müsse. Es komme jedoch nicht darauf an, nur Feuerwehraktionen zu unternehmen, nicht nur auf die Situation zu reagieren, weil man dann sicher die Schlacht verlieren werde. Für ihn war Ende 1989 also nicht die sofortige Reaktion auf die damalige Situation wichtig und notwendig, sondern das Erkennen der Hauptrichtung der Veränderungen. Die waren damals bereits allzu deutlich zu erkennen. Im gleichen Atemzug erklärte Gorbatschow auf ein seit geraumer Zeit geplantes Treffen zur Erörterung der Gesamtsituation in den sozialistischen Ländern anspielend, eine solche umfassende Erörterung sei bei dieser Begegnung jedoch aus Zeitgründen nicht möglich. Man sollte sie aber unbedingt im Auge behalten. Es fehlte auch nicht die Variante, dass die Erfahrungen der sowjetischen Umgestaltung und auch die anderer Länder zeigen würden, dass man mit politischen Lösungen nicht zu spät kommen dürfe. Man sei dann nicht mehr in der Lage, Lösungen zu finden, sondern könne nur noch den Wagen unter Kontrolle halten und die Zügel nicht aus der Hand geben.

Die hatte man uns schon aus der Hand genommen und ihm sollte es bald ähnlich ergehen.

Obwohl sich die osteuropäischen Länder zum Teil bereits demonstrativ von der Sowjetunion abwandten, glaubte Gorbatschow immer noch, dass sich alle gegenseitig brauchten und die Zusammenarbeit erhalten und vertiefen wollten. Die Forderungen in einigen osteuropäischen Staaten nach Auflösung des militärischen Bündnisses, des Warschauer Vertrages, negierte er zunächst. Erst in seinen abschließenden Bemerkungen warnte er vor der Auflösung der Militärblöcke. Gerade seine Ausführungen über die sozialistischen Länder zeigten, dass man in Moskau immer noch hinter den Ereignissen herlief. Es gab keine exakte Analyse der Situation in den noch verbündeten Ländern und erst recht keine realen Vorstellungen über das weitere Vorgehen.

Nachdem Gorbatschow über seine Gespräche in Rom und im Vatikan informiert, den Papst in den höchsten Tönen gelobt und ausgiebig über den Zusammenhang von Politik und Moral philosophiert hatte, kam er zu den Ergebnissen seiner Gespräche mit dem amerikanischen Präsidenten George Bush auf Malta. Die Wende in der amerikanischen Politik sei eindeutig, ihr Feindbild sei verschwunden, aus den ehemaligen Feinden seien nun politische Gegner geworden.

Für uns war von besonderem Interesse, was Gorbatschow und Bush über die deutsche Frage erklärt hatten. Nach Gorbatschows Worten hätte Bush bekräftigt, dass die USA an den

Realitäten der Nachkriegszeit, der Existenz zweier deutscher Staaten und den bestehenden Grenzen festhalten würden. Bush forderte jedoch Gorbatschow gleichzeitig dazu auf, den Veränderungen in der DDR Rechnung zu tragen. Den Wunsch der Deutschen nach Wiedervereinigung würde die USA nicht übersehen, aber auch nicht künstlich forcieren und nichts unternehmen, was gefährliche Folgen haben könnte. Gorbatschow unterstrich, dass die zwei deutschen Staaten erhalten werden müssten. Dies würden alle Europäer wünschen. Man müsse alles tun, um zu verhindern, dass Bush Vorschläge einbringe, die diese Lage verändern könnten.

Den Gedanken Helmut Kohls von einer Konföderation beider deutscher Staaten bezeichnete Gorbatschow als eine politisch unreife Doktrin, von der nichts Gutes kommen könne, außer einer Zunahme der Spannungen und einer Verletzung der Stabilität. Sie könnte für den normalen Entwicklungsprozess Europas und der Welt einen ersten Rückschlag bedeuten, denn das Verhältnis der beiden deutschen Staaten zueinander sei eine große Frage der Weltpolitik. Alles große Worte und wenig Substanz. Ich gewann immer mehr den Eindruck, dass sich Gorbatschow in seiner Information über das Treffen mit dem amerikanischen Präsidenten Bush auf Malta zurückhielt und seine Zugeständnisse und die eingegangenen Kompromisse mit den USA herunter spielte. Seine Sicht auf die internationale Lage war allgemein bekannt, und seine Ausführungen bedeuteten für die Teilnehmer keinen wesentlichen Gewinn. Bei mir blieb nur Unzufriedenheit und wachsende Besorgnis zurück.

In Moskau hörte ich wenig später, vorwiegend aus dem ZK der KPdSU und dem Ministerium für Verteidigung, vereinzelt auch aus dem Außenministerium, dass Gorbatschow in der deutschen Frage keinen festen Standpunkt eingenommen hätte. Man warf ihm sogar vor, einen fatalen Fehler begangen zu haben, weil er keine klaren Forderungen in der deutschen Frage erhoben hatte. Die Amerikaner zogen aus der Haltung Gorbatschows die Schlussfolgerung, dass er in der deutschen Frage beeinflussbar sei und die Pläne des Westens bei der Sowjetunion daher kaum auf Widerstand stoßen würden. Die USA vermieden alles, was die Sowjetunion veranlassen könnte, zu einem bestimmten Vorschlag bezüglich der Wiedervereinigung oder in einer anderen Frage Nein zu sagen. Diese Taktik ging auf.

Hans Modrow informierte in seinem Beitrag kurz über die politische und wirtschaftliche Lage in der DDR und ging auch auf die Äußerungen Gorbatschows zur deutschen Frage ein. Er erläuterte die Idee der Regierung der DDR von einer Vertragsgemeinschaft zwischen beiden deutschen Staaten. Obwohl auch in der DDR bestimmte Kräfte von einer Konföderation sprechen, gehe es der Regierung der DDR gegenwärtig darum, eine volle Ausfüllung der Möglichkeiten der Vertragsgemeinschaft zu erreichen. Modrow bat die anderen Staaten, dieses konstruktive Angebot der DDR zur weiteren Gestaltung der Beziehungen zur Bundesrepublik zu unterstützen.

In seinen Schlussbemerkungen ging Gorbatschow auf die Ausführungen Modrows ein und kam zu der Schlussfolgerung, dass bei einer Vertragsgemeinschaft zwischen der DDR und der BRD die Existenz der beiden deutschen Staaten als Realität der Nachkriegsentwicklung erhalten bleibe. Er versprach, den Gedanken Modrows über die Vertragsgemeinschaft aufzugreifen und gemeinsam mit den Freunden aus der DDR zu präzisieren. Es müsse die gemeinsame Sorge der Bruderländer sein, auf den Appell der Freunde aus der DDR zu antworten.

Am Rande des Treffens kam es zu einem Gespräch zwischen Hans Modrow und dem Vorsitzenden des Ministerrates der UdSSR Nikolai Ryschkow über Fragen der bilateralen Beziehungen zwischen beiden Staaten. Ryschkow war dafür bekannt, dass er sich offener, direkter und auch kritischer über die Politik der UdSSR, ihre Ziele und Absichten, aber auch über die Politik anderer Parteien oder Regierungen äußerte als Gorbatschow.

Zur Lage in der DDR meinte er, in der Sowjetunion habe man den Eindruck, dass einige Beschlüsse der letzten Wochen nicht genügend durchdacht waren und unter starkem Druck gefasst wurden. Dadurch konnten die Folgen nicht genügend abgewogen werden. Er unterstützte die These von Modrow, dass man vor der Öffnung der Grenzen hätte mit der BRD verhandeln, bestimmte Übereinkünfte erzielen und Wirtschaftsabkommen schließen müssen. Erst danach hätten solche weitgehenden politischen Entscheidungen gefällt werden sollen.

Zur Diskussion über eine Konföderation zwischen der BRD und der DDR erklärte er, dass sie auf keinen Fall zugelassen werden darf. Eine solche Entwicklung würde zu einer ernsthaften Destabilisierung nicht nur der DDR, sondern ganz Europa, führen. Die DDR sei ein selbstständiger Staat mit relativ großem Gewicht in Europa, und alle weiteren politischen Lösungen könnten nur in diesem Rahmen gefunden werden.

Ryschkow stimmte dem Vorschlag Modrows zu, kurzfristig Konsultationen zwischen den Außenministerien der DDR und der UdSSR durchzuführen, um die Grenzen, bis zu denen man gehen kann und die bei der weiteren Annäherung nicht überschritten werden dürfen, präzise abzustecken. Diese Ausführungen machten zugleich deutlich, dass die Sowjetunion Anfang Dezember 1989 die Lage in der DDR und zwischen den beiden deutschen Staaten nicht realistisch einschätzte.

Mit dem Rücktritt von Egon Krenz als Vorsitzender des Staatsrates und des Verteidigungsrates der DDR endete dessen kurze Amtszeit. Die Bewertungen seiner Tätigkeit fallen sehr unterschiedlich, aber vorwiegend negativ aus. Aber auch Egon Krenz hat das Recht auf eine faire Beurteilung seines Wirkens an der Spitze der SED und der DDR. Die komplizierte und widersprüchliche Situation in der DDR hatte seine Möglichkeiten von Anfang an stark beschränkt. Die Konzeptionslosigkeit der Führung unter Honecker, der Egon Krenz seit vielen Jahren angehörte, endete nicht mit dem Amtsantritt von Krenz, sie setzte sich fort. Honecker und das Politbüro hatten keine klaren Vorstellungen von einer grundlegenden Wende, von einer neuen Strategie, auf die Krenz hätte zurückgreifen können. So wurde die »Politik von Kontinuität und Erneuerung« fortgesetzt. Eine denkbar schlechte Ausgangsposition, die niemanden in der DDR wirklich überzeugte.

Der von der Mehrheit der Bürger und der Mitglieder der Partei sehnsüchtig erwartete Umschwung trat nicht ein. Es gab keinen überzeugenden Bruch mit der Vergangenheit, keine ausreichende Distanzierung von der Politik Honeckers, keine durchgreifenden neuen Zielstellungen und keine konkreten Vorschläge für die Lösung der Probleme. Die anhaltende Handlungsunfähigkeit des Politbüros setzte sich fort. Unter dem Druck der Opposition in der eigenen Partei, den entstandenen oppositionellen Gruppen, Bewegungen und Parteien und den Demonstrationen auf den Straßen kam Egon Krenz schnell unter Zeitdruck.

Auf zwei gravierende Fehler von Egon Krenz möchte ich jedoch noch hinweisen.

Krenz konnte sich nicht rechtzeitig von der »Gorbi-Euphorie« über die Perestroika, wie sie in der DDR herrschte, lösen. Der alten Führung hatte man vorgeworfen, der Perestroika Gorbatschows nicht gefolgt zu sein. In diesem »Fehler« sahen viele die Ursachen für die Probleme und Schwierigkeiten in der DDR, die schließlich zu ihrem Untergang führten. Wegen der fehlenden eigenen Strategie und Konzeption für das weitere Vorgehen, den Forderungen eines Teils der Mitgliedschaft der SED und vor allem der Jugend nach einer Umgestaltung der Gesellschaft, ähnlich der in der Sowjetunion sowie unter dem Druck der Demonstrationen auf den Straßen und der Medien, versuchte Krenz, die Perestroika zu kopieren. Dieses unbegründete und etwas naive Festhalten an ihr, obwohl sie bereits im Sinken begriffen und ihr Scheitern erkennbar waren, hat dem Image von Egon Krenz letztlich geschadet. Krenz hätte aufgrund der ihm zugänglichen Informationen wissen müssen, wie es in der KPdSU und in der UdSSR im Herbst 1989 wirklich aussah.

Noch negativer wirkte sich ein weiterer Fehler aus. Mit der Öffnung der Mauer am 9. November 1989 wurde deutlich, dass die Führung der SED und der DDR ihre Haltung in der nationalen Frage korrigieren musste. Doch dazu war die neue Führung unter Egon Krenz noch nicht bereit. Es war ein fataler Irrtum und Fehler zu glauben, dass man nach der Öffnung der Grenze so weiter existieren könne wie seit 1961. Durch die Maueröffnung wurde die DDR zu einem offenen Land, dem politischen Einfluss und medialen Druck sowie der starken Wirtschaftskraft der BRD schonungslos ausgeliefert. Die Maueröffnung schuf eine Situation, die es auch der Modrow-Regierung unmöglich machte, die Lage in der DDR erfolgreich zu stabilisieren.

Zur Entlastung von Krenz muss man allerdings anerkennen, dass auch viele Bürger der DDR noch lange diesem Irrtum unterlagen.

Alltag und Ende einer Parteikarriere

In den ersten Novembertagen 1989 standen wir, die Funktionäre der Partei, unter einem schier unerträglichen politischen und moralischen Druck. Das zeigte die 10. Tagung des ZK sehr deutlich, in die die Mitglieder der Partei und alle Bürger hohe Erwartungen setzten. Die entscheidende Frage war, ob die Führung eine kritische und selbstkritische Einschätzung der Lage und der Ursachen für die Probleme vornehmen würde und überzeugende Signale für die Erneuerung der Partei, demokratische Reformen und eine neue Politik, mit neuen Leuten setzen würde.

Doch bereits die ersten Kaderentscheidungen riefen den Unwillen der Mitglieder hervor. Noch während der Tagung mussten einige Entscheidungen auf Protest von Bezirksleitungen korrigiert werden. Die Tagung verlief quasi unter irregulären Bedingungen, in einer hektischen, fast panikartigen Atmosphäre. Die Demonstrationen und Kundgebungen, auch vor dem Gebäude des ZK der SED, stellten keine Hilfe dar, sondern störten die Diskussion und lenkten von den wichtigen Problemen ab. Immer wieder wurden von uns schnelle Entscheidungen zu Problemen gefordert, von denen ein großer Teil oder sogar die Mehrheit der Mitglieder keine Ahnung und keine Sachkenntnis hatte. Es fehlte die Zeit und die Ruhe, um Entscheidungen zu durchdenken oder alternative Vorschläge einzubringen. Ich bin heute erst recht davon überzeugt, dass wir alle uns in diesem Moment über die schwerwiegenden Konsequenzen mancher Entscheidungen nicht im Klaren waren. Allein die Vorgänge um das neue Reisegesetz oder die Reiseverordnung zeigten, dass die Mitglieder des Politbüros, aber auch die des ZK einfach überfordert waren.

So lange ich dem ZK als Kandidat und Mitglied angehörte, wurden von uns im Herbst 1989 zum ersten Mal wirkliche Entscheidungen abverlangt. Es ging nicht um zweitrangige Fragen, sondern um das Schicksal der DDR. Als Botschafter hatte ich vorwiegend Aufträge auszuführen, was oft schwer genug war, aber als Mitglied des ZK hatte ich Entscheidungen zu treffen und mit zu verantworten. Ich bin mir bewusst, dass ich dieser Verantwortung leider nicht gerecht wurde. Sich heute dieser

Wahrheit zu stellen, betrachte ich nicht als Schwäche, sondern als ein Zeichen der Einsicht und der Ehrlichkeit.

Ständiges Pendeln zwischen Moskau und Berlin

In jener Zeit pendelte ich ständig zwischen Moskau und Berlin hin und her. Damals ist mir nicht besonders aufgefallen, dass in diesen entscheidenden Wochen für die DDR fast alle Kontakte mit Moskau, die Vorbereitung von Treffen und anderen Aktivitäten nur über die sowjetische Botschaft in Berlin liefen. Als ich später die Erinnerungen der damals führenden Zeitgenossen las, musste ich feststellen, dass sie ständige Gäste in der sowjetischen Botschaft waren, alle wichtigen Fragen dort beraten und mit Moskau abgestimmt wurden. Für mich ein weiteres Indiz gegen das Argument, Moskau sei bei wichtigen Entscheidungen der Führung der SED und der DDR nicht informiert oder gefragt worden. Botschafter Kotschemassow muss sich wie in früheren Zeiten gefühlt haben, als seine Vorgänger gleichzeitig auch als Hohe Kommissare für Deutschland fungierten. Von diesen Aktivitäten erfuhr der Botschafter der DDR in Moskau erst viel später, oft von sowjetischen Freunden oder überhaupt nicht. Von dem fast konspirativen Treffen zwischen Falin und Krenz am 24. November 1989 oder dem sowjetischen Schriftstück vom 16. November über die Haltung Moskaus zur Grenzöffnung erfuhr ich zum Beispiel erst aus den Erinnerungen von Egon Krenz.

Für den 3. Dezember 1989 wurde ich zu einer außerordentlichen Beratung des ZK der SED nach Berlin eingeladen. Diese Beratung des ZK gehört mit zu den unangenehmsten Episoden in meinem Leben. In diesen knapp zwei Stunden spielte sich etwas völlig Irreales ab. Natürlich gab und gibt es für den Rücktritt des Zentralkomitees berechtigte Gründe und bei meiner Zustimmung zu diesem Schritt ließ ich mich auch von diesen Tatsachen leiten. Trotzdem hinterließ der beschämende Rücktritt und unser würdeloses Auseinanderlaufen einen bleibenden bitteren Nachgeschmack. Ich weiß, dass ich nicht der Einzige bin, der so empfindet. Ein vom Parteitag gewähltes Organ, das nur ihm rechenschaftspflichtig ist, beugt sich faktisch dem

Druck der Straße und wird in einer beispiellosen Aktion einfach hinweggefegt. Wir wurden zu Handlungen genötigt, ohne über die Konsequenzen ruhig nachdenken zu können.

In diesen Tagen wurden die ehemaligen Mitglieder des Politbüros Günther Kleiber, Werner Krolikowski, Erich Mielke und Willi Stoph festgenommen. Haftverschonung erhielten Erich Honecker aufgrund seines Gesundheitszustandes und Hermann Axen, der sich zu einer Augenoperation in Moskau aufhielt.

Hermann Axen wurde seit Jahren von dem bekannten sowjetischen Augenchirurgen Prof. Krasnow behandelt. Seit dem Sommer 1989 sollte Hermann Axen zu einer Operation nach Moskau kommen. Die Reise wurde jedoch wegen der Entwicklungen in der DDR immer wieder verschoben. Erst nach der 11. Tagung des ZK reiste Axen mit Wissen des neu gewählten Politbüros und mit schriftlicher Zustimmung des Generalsekretärs Egon Krenz zu der seit Monaten verschobenen Augenoperation nach Moskau. Die Behandlung im Regierungskrankenhaus erfolgte mit Zustimmung und Unterstützung des ZK der KPdSU. In den ersten Tagen des Dezembers wurde Hermann Axen erfolgreich operiert und verblieb zur stationären Behandlung in Moskau.

In dieser Zeit hielt ich zu ihm ständigen Kontakt. Zwei Mitarbeiter der Botschaft hatten sich freiwillig bereiterklärt, ihn während meiner Abwesenheit mit Zeitungen und anderen Informationen zu versorgen. Als ich am 8. Dezember, ich befand mich wegen der Teilnahme am außerordentlichen Parteitag der SED in Berlin, aus den Medien erfuhr, dass gegen Hermann Axen ein Ermittlungsverfahren eingeleitet wurde und wegen Verdunkelungsgefahr ein Haftbefehl erlassen wurde, hielt ich das für einen schlechten Scherz, ihn des Amtsmissbrauchs zu beschuldigen für völlig absurd.

Gegen Hermann Axen wurden zwei Beschuldigungen erhoben. Die erste betraf seine Reise mit einem Sonderflugzeug der DDR in die USA und die dabei entstandenen Kosten.

Es war das erste Mal in der Geschichte der DDR, das ein Mitglied des Politbüros der SED, das zugleich der Vorsitzende des außenpolitischen Ausschusses der Volkskammer war, zu offiziellen Gesprächen in die USA eingeladen wurde. Der Besuch wurde vom Politbüro als positiv und wichtig für die Stärkung der internationalen Positionen der DDR gewertet. Aufgrund der Bedeutung der Reise, der Einmaligkeit und des Angebots der amerikanischen Regierung, den Militärflughafen in Washington zu nutzen, hatte Erich Honecker entschieden, ein Flugzeug der Regierungsstaffel einzusetzen. Der Flug sollte auch als Probe genutzt werden, denn Honecker strebte selbst einen Besuch in den USA an. Die Bereitstellung des Flugzeuges, die Festlegung des Flugplanes sowie anderer technischer und finanzieller Fragen übernahm, entsprechend der Ordnung der DDR, das Ministerium für Staatssicherheit. Über diese Fragen wurde Axen nicht unterrichtet, weil sie ihn auch nichts angingen.

Die zweite Anschuldigung betraf sein Wochenendhaus im Kreis Ribnitz-Damgarten.

Aufgrund des sich in den letzten Jahren verschlechterten Gesundheitszustandes von Hermann Axen empfahlen ihm die behandelnden Ärzte, im Urlaub und in seiner Freizeit das erholsame Mikroklima auf dem Darß zu nutzen. Selbst wenn Axen es gewollt hätte, wäre es aus Sicherheitsgründen für ihn als Mitglied des Politbüros nicht möglich gewesen, einfach ein Wochenendhaus zu bauen oder zu erwerben. So beauftragte Honecker das Ministerium für Staatssicherheit mit der Auswahl des Ortes und dem Bau eines geeigneten Wochenendhauses. Das Haus war ein Typenprojekt und blieb Eigentum des Staates. Für die Nutzung des Hauses zahlte Axen von Anfang an die für solche Objekte festgelegte Miete. Man kann ihm glauben, dass er über die Kosten für den Bau nicht informiert wurde. Welcher Bürger kannte oder kennt die Kosten für den Bau des Wohnhauses, in dem er wohnt und Miete zahlt?

Axen hat von den gegen ihn erhobenen Beschuldigungen und Verdächtigungen nur aus den Medien erfahren. Während seines Aufenthaltes in Moskau hatte weder die Staatsanwaltschaft noch eine andere staatliche Stelle der DDR sich in dieser Angelegenheit, schriftlich oder mündlich, an ihn gewandt. Den Haftbefehl und die Begründung, warum er wegen Verdunkelungsgefahr in Haft genommen werden sollte, hatte er in Moskau nie zu sehen bekommen.

Seit seiner Ankunft in Moskau hatte ich mit ihm manches Gespräch geführt. Die Krankheit und seine Mitverantwortung für die Krise in der Partei und in der Gesellschaft der DDR belasteten ihn außerordentlich. Ich erlebte, wie er mit sich um notwendige Einsichten rang und wie schwer es ihm fiel, seine Verantwortung für die Fehler einer Führung einzugestehen, der er Jahrzehnte angehörte. Er war überzeugt, dass er immer nur das Beste für die Menschen in der DDR gewollt habe. Nun stand er plötzlich vor den Trümmern eines Staates, dem die Bürger den Rücken kehrten. Für ihn eine schmerzliche Erkenntnis. Er, der aus einer jüdischen Familien stammte, deren Angehörige von den Nazis ausgerottet wurden, und der selbst nur mit Not die Hölle von Auschwitz überlebte, sah in der DDR stets seine politische Heimat. Mit seiner Familie führte er ein relativ bescheidenes Leben.

Hermann Axen fühlte sich stets als Diener der Partei. Als er von den Verdächtigungen hörte, galt seine erste Sorge der Partei. Ihn kriminellen Verhaltens zu beschuldigen, betrachtete er in erster Linie als Versuch, die Partei zu schädigen. Der Vorwurf des Amtsmissbrauchs und der Korruption traf ihn persönlich hart und war für ihn schmerzlich. Er sah darin einen Angriff auf sein bisheriges Leben, seine Ehre als Mensch, Antifaschist und Kommunist.

Um Schaden von seiner Partei, von sich selbst und seiner Familie abzuwenden, forderte er ein schnelles und faires Ermittlungsverfahren und eine umfassende Information der Öffentlichkeit über die Untersuchungsergebnisse. Über seinen Rechtsanwalt Dr. Friedrich Wolff ließ Axen erklären, dass er zu einer Vernehmung in Moskau, im Krankenhaus oder in der Botschaft, im Beisein seines Rechtsanwalts bereit sei. Auf diesen Vorschlag erhielt er nie eine Antwort.

Für mich gab es kein Zögern, ihn in dieser schweren Zeit so gut es ging zu helfen. Ich unterstützte die Kontakte zu seiner Familie, seiner Frau Sonja und seiner Tochter Katrin und zu seinem Rechtsanwalt Dr. Friedrich Wolff und half ihm beim Ausfertigen und der Übermittlung von Informationen und Schreiben an Freunde und Weggefährten in der DDR. Vor seiner Rückreise nach Berlin übergab er mir, wie er sich ausdrückte »in freundschaftlicher Verbundenheit«, Kopien seiner Schreiben. Vielleicht befürchtete er, dass man den Schriftverkehr bei seiner Rückkehr in Berlin beschlagnahmen würde.

Wie es vorauszusehen war, erwiesen sich die Anschuldigungen schnell als haltlos. Hermann Axen sollte Recht behalten, geschadet haben die Verdächtigungen wegen Amtsmissbrauch und Korruption vor allem der SED. Sie trugen entscheidend zu ihrer Diskreditierung bei.

Verantwortung als ZK-Mitglied

Die Mitarbeiter für den diplomatischen Dienst der DDR wurden nach strengen Kriterien ausgewählt. Zu ihnen gehörte die soziale Herkunft der Ausgewählten, die politische Einstellung, die Haltung zur DDR, die Mitgliedschaft in der SED, in einzelnen Fällen auch in einer Blockpartei, die Haltung zur Sowjetunion, entsprechende charakterliche Eigenschaften, z. B. ein einwandfreies moralisches Verhalten und vor allem eine hohe fachliche Ausbildung und gute Fremdsprachenkenntnisse. Im Verlauf der 40 Jahre DDR wurde manches gelockert, aber im Prinzip galten die Kriterien bis zum Ende.

Ähnlich, vielleicht nicht ganz so streng, wurde bei der Auswahl der Mitarbeiter für den Außenhandel, für Vertretungen der Wirtschaft, des Transports, der Wissenschaft, bei Journalisten oder anderen Bürgern der DDR verfahren, die im Ausland tätig waren. Natürlich wurden diese Maßstäbe auch bei den Studenten angelegt, die ein Auslandsstudium absolvieren konnten. Durch diese Auswahl hatten wir in der Sowjetunion immer ein großes Kollektiv weitgehend einheitlich handelnder und denkender Mitarbeiter.

Trotzdem waren sie keine homogene Einheit. Es waren Menschen mit ihren Stärken und Schwächen, ihren Freuden und Sorgen, ihren Schwierigkeiten und Problemen. So unterschieden wir uns nicht von denen, die in der DDR lebten und arbeiteten. Das galt auch für die ideologische Haltung und die politische Einstellung. Jede soziale oder politische Erschütterung in der DDR übertrug sich auch auf die im Ausland arbeitenden DDR-Bürger, wie auch politische Entwicklungen in den sozialistischen Ländern Auswirkungen auf unsere Mitarbeiter hatten. Mit diesen Problemen wurde ich seit 1987 in der Sowjetunion ständig konfrontiert.

Die Entwicklungen in der Sowjetunion seit 1985, die Politik Gorbatschows, Glasnost, Erneuerung und Perestroika fanden bei unseren Bürgern in der UdSSR Zustimmung und Unterstützung. Zugleich wurden mehr und mehr Zweifel an der Politik der eigenen Partei laut, Unverständnis und Kritik wurden offen zum Ausdruck gebracht. Viele Mitarbeiter, wahrscheinlich die Mehrheit, verstanden nicht, warum man in Berlin die Perestroika negierte und daraus keine adäquaten Schlussfolgerungen für die DDR zog. Besonders stark traten solche Diskussionen an den Wendepunkten der sowjetischen Politik, wie dem XXVII. Parteitag der KPdSU, dem Januar-Plenum 1987, dem 70. Jahrestag der Oktoberrevolution oder der 19. Parteikonferenz der KPdSU auf. Sie wurden aber vor allem durch die Reaktion der SED auf diese Ereignisse hervorgerufen. Eine besondere Situation ergab sich Ende 1989/Anfang 1990 und bis zum Ende der DDR.

Für die ideologische und organisatorische Arbeit unter unseren Bürgern war die Parteiorganisation der SED in der UdSSR zuständig. Sie hatte faktisch die Rechte und Pflichten einer nichtterritorialen Kreisleitung der SED. Ihre Tätigkeit wurde von drei hauptamtlichen Sekretären geleitet. Ihnen standen zwei oder drei Mitarbeiterinnen aus dem Kreis der mitreisenden Ehefrauen zur Seite. Der Leitung der Parteiorganisation gehörten mehr als 30 Mitglieder an, die auf Delegiertenkonferenzen gewählt wurden. In der Regel gehörte auch der Botschafter als gewähltes Mitglied der Leitung an.

1. Sekretär der Parteiorganisation war vom Sommer 1987 bis Ende 1989 Lothar Sass. Er war von Beruf Chemieingenieur, hatte Mitte der 1980er Jahre ein Studium an der Akademie für Gesellschaftswissenschaften der KPdSU absolviert und wurde danach zum 1. Sekretär der Parteiorganisation gewählt. Er war ein gewissenhafter Parteiarbeiter, diszipliniert und bescheiden und stets bemüht, mit den umfangreichen, oftmals unbequemen und komplizierten Aufgaben fertig zu werden. Erschwerend wirkte sich aus, dass er nicht aus dem außenpolitischen Bereich kam. Angesichts der zunehmenden Schwierigkeiten in der DDR und in der Sowjetunion schien er manchmal überfordert zu sein. Seine verantwortungsvolle und ungeliebte Arbeit, wie auch die der anderen Sekretäre, verdiente Respekt und An-

erkennung. Unsere Zusammenarbeit war freundschaftlich und nützlich. Ich konnte mit ihm und den anderen Sekretären gut zusammenarbeiten. Sie waren mir während meiner Tätigkeit in Moskau eine wichtige Stütze und große Hilfe. Meine Mitgliedschaft in der Leitung nahm ich ernst und versuchte, so gut es möglich war, deren Tätigkeit zu unterstützen. Als Botschafter war ich, wie es so schön hieß, der höchste Repräsentant von Partei und Regierung und damit ohnehin automatisch für alles verantwortlich, was in der Parteiorganisation oder unter den Bürgern geschah.

Angesichts der politischen und ökonomischen Schwierigkeiten in der DDR und in der UdSSR sowie der Probleme in unseren Beziehungen nahmen die Zweifel und die Kritik an der Richtigkeit der Politik der SED und der DDR zu. Mit den ehrlichen Absichten der Zweifler und Kritiker ging auch eine verstärkte und unbegründete Nörgelei und Meckerei über Mängel und Fehler unserer Politik einher. Mir gefielen diese Diskussionen nicht, vor allem nicht in Vorbereitung auf den 40. Jahrestag der DDR, aber ich duldete sie, wenn auch manchmal widerwillig, weil ich mit manchen Entscheidungen des Politbüros oder der Regierung selbst nicht einverstanden war. Andererseits sah ich keinen vernünftigen Grund, die Erfolge der DDR zu negieren oder kleinzureden. In der Hoffnung, dass mir möglichst viele folgen, bekannte ich mich mit Stolz zu den sozialistischen Errungenschaften, die von Millionen Menschen mit viel Enthusiasmus und oft unter großen Entbehrungen geschaffen wurden. Für mich und viele Menschen meiner Generation waren sie ein Stück des eigenen Lebens. Deshalb empfinde ich immer noch Genugtuung und Zufriedenheit, daran mitgearbeitet zu haben, aber auch Enttäuschung darüber, dass wir unsere Chance so kläglich verspielt haben.

Im Sommer 1989 verschlechterte sich die Situation in der DDR, und damit nahm auch die Unruhe unter den Mitarbeitern und Studenten der DDR in der UdSSR zu. In den Diskussionen und Auseinandersetzungen begann man offener nach den Verantwortlichen für die Fehler in unserer Politik zu fragen. Zunächst beschränkte sich die Suche nach den Schuldigen auf das Politbüro. Nach der Sommerpause sollte sich das ändern. Während in den vergangenen Jahren meine Funktion als

Mitglied des ZK in der Praxis keine besondere Rolle spielte, wurde nun erst vorsichtig, später immer offener und auch aggressiver nach meinem Verhalten im ZK gefragt. Den Mitgliedern war mehr oder weniger bekannt, dass die Tagungen des ZK nach einem eingespielten Ritual verliefen, an dem zuvor kaum jemand Anstoß genommen hatte. Der Generalsekretär oder ein Mitglied des Politbüros trug den Bericht des Politbüros vor, dem sich die Diskussion anschloss. Die Diskussionsbeiträge wurden durch das Politbüro vorher festgelegt, aus eigenem Antrieb hat sich kaum jemand zu Wort gemeldet. Nach der Diskussion wurde in der Regel ein Beschluss gefasst. Natürlich wussten auch alle, dass nach dem Statut der Partei die Mitglieder und Kandidaten des ZK das Recht und auch die Pflicht hatten, auf den Tagungen zu beliebigen Themen zu sprechen. Dass wir, die Mitglieder und Kandidaten des ZK, davon kaum Gebrauch machten, ist allein unsere Schuld. Leider habe ich mich in all den Jahren nicht anders verhalten als die Mehrheit meiner Kollegen, nämlich geschwiegen. Trotzdem habe ich versucht, in meiner Tätigkeit als Botschafter meiner Verantwortung als Mitglied des ZK der SED im Interesse der DDR gerecht zu werden. In Diskussionen mit Mitarbeitern und Studenten habe ich die Politik der Partei stets flexibel vertreten. Ich hatte kein schlechtes Gewissen, denn Privilegien oder Vorrechte hatte ich nie missbraucht. Meine Mitverantwortung für die gravierenden Fehler in unserer Politik habe ich jedoch nie geleugnet.

In meinem Diskussionsbeitrag für die 10. Tagung des ZK erklärte ich in Bezug auf die Ereignisse in der DDR: »Ich verfolge diese Entwicklung mit dem Gefühl der Mitverantwortung für die entstandene Situation, für den ungeheuren Vertrauensverlust, den unsere Partei verschuldet hat, für die Führungsschwächen des Politbüros und des Zentralkomitees, für die negativen Auswirkungen auf unsere Freundschaft mit der KPdSU und der UdSSR.« Ganz in diesem Sinne stellte ich mich den unangenehmen und peinlichen, zum größten Teil jedoch berechtigten Fragen nach meiner Verantwortung.

Mein Verhalten wurde in diesen Monaten von den Mitarbeitern sehr aufmerksam beobachtet. Über jeden Schritt sollte ich Rechenschaft ablegen und ihn am besten vorher mit allen abstimmen. Seit der 9. Tagung des ZK fuhr ich nicht mehr ohne einen vorbereiteten Diskussionsbeitrag, der in einem kleineren Kreis verantwortlicher Mitarbeiter abgestimmt wurde, nach Berlin. Nicht wenige verlangten jedoch, dass ich diesen allen zur Bestätigung vorlege. Das widersprach allen Vorstellungen von Demokratie und wurde von mir einfach negiert. Ich konnte meine Beiträge auf den Tagungen nicht vortragen, aber ich gab sie zu Protokoll. Außerdem fand ich nach den Tagungen immer Gelegenheiten, um meine Vorstellungen öffentlich zur Diskussion zu stellen.

Ich erinnere mich, dass ich aus den Grundorganisationen der Studenten in Moskau über Wochen heftig angegriffen und immer wieder befragt wurde, warum ich auf der 10. Tagung des ZK für die Wahl von Günter Sieber zum Kandidaten des Politbüros gestimmt hatte.

Der Hintergrund für die Unzufriedenheit der Studenten war das Schlusswort, welches Günter Sieber ein Jahr zuvor, im Dezember 1988, auf einer Delegiertenkonferenz der Parteiorganisation der SED in der UdSSR gehalten hatte. Es ging darin um ideologische Probleme unter den Studenten, die sich durch die Ausführungen zu Unrecht kritisiert fühlten. An die Details kann ich mich schon nicht mehr erinnern. Günter Sieber wusste selbst, dass er damals eine etwas unglückliche und missverständliche Rede gehalten hatte.

Vielleicht schien nicht nur den Studenten mein Wahlverhalten etwas eigenartig. Die damalige Situation verlangte schnelles Handeln. Für eine langfristige Auswahl der Kandidaten bestand keine Möglichkeit. Das Politbüro handelte eher spontan und, wie mir schien, wenig durchdacht. Für eine gründliche Aussprache über die Vorschläge gab es keine Zeit. Um die Arbeitsfähigkeit des Politbüros zu gewährleisten, musste die Wahl schnell durchgeführt werden. Ich empfand das fast als eine Nötigung, wenn ich auch einsah, dass es kaum eine andere Möglichkeit gab.

Die vorgeschlagenen Kandidaten kannte ich aus der gemeinsamen Arbeit gut. Gegen keinen von ihnen hatte ich etwas Grundsätzliches einzuwenden.

Aber ich war ein wenig von der Perestroika »infiziert«. Ich wollte nicht wieder einfach den Arm heben und jedem Vorschlag unwidersprochen zustimmen. Außerdem glaubte ich, dass in dieser Situation bestimmte Eigenschaften der Kandidaten erforderlich sind, die ich bei dem einen oder anderen Kandidaten nicht zu sehen glaubte.

Aus der Tagesordnung des Plenums ersah ich, dass als letzter Punkt Kaderfragen vorgesehen waren. Ich befürchtete, dass die Behandlung dieses Punktes am Ende des Plenums die Beratungen über das Aktionsprogramm der SED belasten könnten. Nach meiner Meinung sollten zuerst die gewählt werden, die dieses Programm führend verwirklichen mussten. Am nächsten Tag entwarf ich einen Brief an Egon Krenz mit dem Vorschlag, die Kaderfragen als ersten Punkt der Tagesordnung zu behandeln. Was unter diesem Punkt behandelt werden sollte, wusste ich nicht, aber es war nicht schwer zu erraten, dass die Erneuerung des Politbüros zur Diskussion stand. Ich schrieb in dem Entwurf, dass in das Politbüro Genossen gewählt werden sollten, die keinen unmittelbaren Anteil an Fehlentscheidungen der vergangenen Monate hätten, das notwendige Alter aufweisen und über entsprechende Erfahrungen verfügen würden und bereit wären, die Politik der Wende mitzutragen. Mit anderen Worten, das Politbüro sollte durch jüngere Funktionäre und Frauen verstärkt werden. In jedem Falle sollte die Befähigung für die Funktion ausschlaggebend sein. Ursprünglich wollte ich auch einen personellen Vorschlag für das Politbüro unterbreiten. Nach Beratung mit Freunden verwarf ich jedoch diese längere Version und formulierte einen relativ kurzen Brief, den ich am 3. November 1989 an Egon Krenz übermittelte. Er enthielt nur zwei Vorschläge. Ich schlug vor, dass zu Beginn der 10. Tagung des ZK das Politbüro geschlossen zurücktritt und ein neues Politbüro gewählt wird. Schon ahnend, dass die ZK-Mitglieder in eine Situation gebracht werden könnten, wie sie dann auch leider eintrat, schlug ich vor, die Vorschläge für ein neues Politbüro durch eine Kommission von Mitgliedern des ZK auswählen zu lassen. Darauf reagierte in Berlin niemand. Vielleicht waren solche Aktivitäten auch tatsächlich ein überzogener Aktionismus.

Alle diese Vorgänge und Überlegungen hatten auf mein Wahlverhalten bei einigen Kandidaten Einfluss. Das galt jedoch nicht für Günter Sieber, den ich seit Jahren aus gemeinsamer Arbeit kannte und schätzte. Wir wurden fast zur selben Zeit als Botschafter ernannt. Günter Sieber ging als Botschafter nach Warschau, und ich wurde Botschafter in Prag. 1977 wurden wir beide als Kandidaten in das ZK gewählt. In dieser Zeit hielten wir engen Kontakt, tauschten unsere Erfahrungen aus und stimmten unser Vorgehen in Fragen ab, die für uns beide von Interesse waren. Nach seiner Ernennung zum Leiter der Abteilung Internationale Verbindungen im ZK verstärkte sich diese Zusammenarbeit noch. Durch ihn und die Mitarbeiter der Abteilung IV erhielt ich eine unschätzbare Hilfe und Unterstützung für meine Tätigkeit als Botschafter in Moskau. Ich hatte keine Veranlassung, gegen seine Wahl zum Kandidaten des Politbüros zu stimmen. Er schien mir in dieser komplizierten Zeit, auch wegen seines Ansehens in Moskau, der richtige Mann für die internationalen Beziehungen der SED zu sein.

Angesichts meiner Erfahrungen mit Günter Sieber schienen mir die Meinungen der Studenten, sein Schlusswort auf unserer Delegiertenkonferenz hätte ihn für eine Funktion im Politbüro disqualifiziert, als nebensächlich. Bei meinen Treffen mit den Studenten verteidigte ich Günter Sieber. Mein Verhalten erregte damit nur noch mehr die Unzufriedenheit mancher Studenten und Mitglieder der Partei. Jeder pochte inzwischen auf seine Meinungs- und Handlungsfreiheit, also betonte ich, dass dies auch für mich gelte und ich mir mein Verhalten bei dieser oder jener Entscheidung von niemandem vorschreiben lasse.

Anfang Dezember 1989 trat das Zentralkomitee der SED geschlossen zurück. Ein Vorgang, den ich bis heute noch nicht richtig einordnen kann. Die Vernunft sagt mir, dass es keinen anderen Weg für die Erneuerung der Partei gegeben habe, meine Gefühle jedoch rufen immer wieder Zweifel und auch Scham hervor. Für meine Tätigkeit in Moskau änderte sich damit nicht viel. Ich leitete weiter umsichtig die Botschaft, versuchte, soweit es möglich war, die Situation in der DDR zu erklären, stellte mich in Versammlungen und in den Sonntagsgesprächen den Fragen der Bürger und hielt enge Kontakte zu den sowjetischen Institutionen. Allerdings wuchs meine Unsicherheit. Ich war mir nicht sicher, welche Unterstützung ich in der Botschaft und in den Dienststellen der DDR in der UdSSR noch besaß. Die Einberufung des Außerordentlichen Parteitages der SED half mir, diese für mich wichtige Frage zu beantworten. Ich war bereit, meine Tätigkeit aufzugeben, wenn ich nicht mehr die Unterstützung der Mehrheit der Parteimitglieder und der Mitarbeiter haben sollte. Meine Teilnahme am Parteitag war kein Problem, weil die Mitglieder und Kandidaten des aufgelösten Zentralkomitees als Gäste am Parteitag teilnehmen konnten.

Gleichzeitig wurde bekannt, dass die Parteiorganisationen im Ausland acht Delegierte mit beschließender Stimme wählen können, davon drei in der UdSSR. Die Leitung der Parteiorganisation und eine Reihe Mitglieder vertraten die Meinung, dass ich mich als Delegierter bewerben sollte. Ich war zunächst nicht begeistert, sah dann aber die Möglichkeit, auf diese Art und Weise zu prüfen, inwieweit ich noch die Unterstützung der Mitglieder besaß.

Auf der Delegiertenkonferenz am 2. Dezember 1989 in Moskau versuchte ich in meinem Diskussionsbeitrag, meine Positionen zu erklären. Zu berücksichtigen war, dass die Mehrheit der Delegierten klare Vorgaben und Festlegungen für das Verhalten der Moskauer Delegierten auf dem Parteitag forderte. Ich hielt das zwar für Unsinn, weil es auf viele Fragen keine eindeutigen Antworten gab, versuchte aber mit meinen Ausführungen eine gewisse Orientierung oder Direktive für die Delegierten zu formulieren. Das betraf sowohl die Analyse der entscheidenden Ursachen der fehlerhaften Entwicklung der SED und der DDR wie auch ein neues Programm und Statut der Partei oder die Wahl eines neuen Zentralkomitees und Politbüros. Einen bedeutenden Teil meiner Ausführungen widmete ich jedoch der Außenpolitik.

In der UdSSR sah ich weiterhin unseren wichtigsten Partner und Verbündeten. Das enge Bündnis mit der UdSSR und die Zusammenarbeit mit ihr blieben für die DDR eine Existenzfrage. Aus meiner Sicht gab es zunächst keinen anderer Ausweg, als die Beziehungen zwischen der DDR und der UdSSR auf allen Gebieten weiter auszubauen, neue Formen und Methoden der Zusammenarbeit breiter zu nutzen und die Effektivität unseres Zusammenwirkens zu erhöhen.

Die Erfahrungen der vergangenen Jahre hatten gezeigt, dass wir gut beraten waren, von einer realistischen Einschätzung unserer gemeinsamen Interessen und Möglichkeiten auszugehen.

Ein zweiter Schwerpunkt unserer Außenpolitik betraf unsere Beziehungen zur Bundesrepublik. Die Diskussionen über die Wiedervereinigung der beiden deutschen Staaten hatten nach dem 9. November, der Öffnung der Staatsgrenze mit Westberlin und der BRD, an Intensität zugenommen.

Seit dem 9. November befand ich mich in einer sehr zwiespältigen Situation. Für mich bedeutete die Öffnung der Grenze das Todesurteil für die DDR. Ich glaubte auch nicht an eine längere Phase des Übergangs bis zur Vereinigung beider Staaten. Alles sprach eher dafür, dass uns nur noch eine kurze Zeit verbleiben würde. Andererseits sträubte sich alles in mir, an eine mögliche Aufgabe der DDR überhaupt zu denken. Obwohl ich selbst daran zweifelte, wünschte ich nichts sehnlicher als den Erhalt der souveränen sozialistischen DDR.

Meine Ausführungen waren in erster Linie als Orientierung für die Moskauer Parteitagsdelegierten gedacht. Sie machten nicht nur meine Zweifel und Unklarheiten, sondern auch die Wünsche und Hoffnungen deutlich. An Einzelheiten der Diskussion kann ich mich nicht mehr erinnern, aber offensichtlich wurden meine Ausführungen gebilligt. Die Grundorganisation der Botschaft schlug mich als einen der drei Delegierten für den Parteitag vor. Zu meiner Überraschung wurde ich bereits im ersten Wahlgang mit den Stimmen von mehr als zwei Dritteln der Delegierten gewählt. Gewählt wurden noch Dietmar Bartsch, Student an der Akademie für Gesellschaftswissenschaften der KPdSU, heute Abgeordneter des Deutschen Bundestages und stellvertretender Vorsitzender der Fraktion der Linkspartei, sowie ein Mitarbeiter der RGW-Vertretung.

Am Vorabend des Parteitages trafen sich die acht Delegierten aus den Parteiorganisationen im Ausland mit Mitarbeitern der Abteilung Internationale Verbindungen im Gästehaus des ZK zu einer Beratung. Im Verlauf des Abends wurde die Frage gestellt, ob nicht einer von uns für den Parteivorstand kandidieren sollte. Keiner erklärte sich dazu bereit, auch ich nicht. Nach der Wahlordnung musste ein solcher Vorschlag schriftlich eingereicht werden und von 35 Delegierten unterschrieben sein.

Die Unterschriften hätten wir sicherlich erhalten, wenn sich einer bereiterklärt hätte. Schon während des Parteitages, bei der Aufstellung und Vorstellung der Kandidaten für den neuen Vorstand, schlug mich völlig unerwartet einer der Delegierten, ohne mit mir zu sprechen, für den Vorstand vor. Weil kein schriftlicher Antrag mit den notwendigen 35 Unterschriften vorlag, wollte das Präsidium den Vorschlag nicht annehmen. Da wir jedoch nur acht Delegierte waren und diese 35 Unterschriften aus eigener Kraft nicht erbringen konnten, forderten andere Delegierte eine Ausnahmeregelung. Meine Kandidatur wurde auch von Delegierten anderer Bezirksdelegationen unterstützt. Ich stand nun zwischen Baum und Borke. Ich wollte auf keinen Fall in den Vorstand, aber nach der offenen Diskussion und mehrheitlichen Zustimmung war es mir peinlich, einen Rückzieher zu machen. Vielleicht spielte auch ein wenig Eitelkeit eine Rolle.

Bereits die erste Sitzung des Parteivorstandes zeigte, dass meine Zustimmung ein Fehler war. Die Sitzung verlief so widersprüchlich und chaotisch, dass ich mich völlig außerstande fühlte, in diesem Wirrwarr von Gedanken und Meinungen den roten Faden zu finden. Enttäuscht, auch von mir selbst, und entsetzt verließ ich nach Abschluss der Diskussion die Sitzung. Ich spürte, dass es für mich schwierig werden würde, erneut eine Politik mitzutragen und mitzuverantworten, von der ich nicht völlig überzeugt war. Bereits zu diesem Zeitpunkt dachte ich darüber nach, aus dem Vorstand auszuscheiden.

Ich wusste, dass ich mich zu vielen innenpolitischen Entwicklungen nicht kompetent genug äußern konnte. Aber zu den internationalen Entwicklungen und den außenpolitischen Erfordernissen wollte ich selbstverständlich meine Meinung sagen.

Nur noch Botschafter

Nach der Wahl des Parteivorstandes am 9. Dezember 1989 vertagte sich der Parteitag und trat erst am 16. Dezember zu seiner Fortsetzung zusammen. Noch am gleichen Tag informierte mich eine Bekannte, dass auf dem Parteitag ein Antrag auf meine Abwahl aus dem Parteivorstand im Umlauf sei. Wenig später übergab mir ein Mitarbeiter der Mandatsprüfungskommission unter dem Siegel tiefster Verschwiegenheit eine Kopie dieses Antrags. Er war am 12. Dezember 1989 in Dresden verfasst worden und an die Schiedskommission des Parteivorstandes gerichtet. Der Antrag war unterzeichnet von Mitgliedern der Leitung der Grundorganisation der SED »Spezialisten Dubna«, die mir persönlich nicht näher bekannt waren. Die Forderung nach meiner Abwahl aus dem Parteivorstand wurde in zwei Punkten begründet. Ich zitiere wörtlich:

»1.) Genosse Gerd König war Mitglied des ehemaligen ZK und ist seit mehreren Jahren Botschafter der DDR in der Sowjetunion. In dieser Funktion hätten gerade von ihm in den letzten Jahren konsequente Aktivitäten unternommen werden müssen, damit unsere Parteiführung nicht eine distanzierte und ablehnende Haltung zur Perestroika in der Sowjetunion bezieht, sondern diese unvoreingenommen analysiert und entsprechende Schlussfolgerungen für unsere Parteipolitik zieht. Die tatsächlich in den letzten Jahren erfolgte Abkühlung der Beziehungen zur Sowjetunion wurde von ihm nicht verhindert.

2.) Genosse König ist Mitglied der Leitung der Parteiorganisation in der UdSSR. Im Rahmen dieser Tätigkeit hat er unmittelbaren Anteil an der dogmatischen und undemokratischen Parteipolitik auf dieser Leitungsebene. Bis in die jüngste Vergangenheit spiegelt sich die gesellschaftliche Realität in der DDR in der Arbeit dieser Leitung nicht wider.«

Diesen Antrag hatten weitere elf Delegierte unterschrieben. Interessant war, dass der Antrag mit vielen handschriftlichen Bemerkungen versehen war, die das Verhalten der Antragsteller kritisierten. Einige Delegierte waren damit unzufrieden, dass eine mehrheitlich erfolgte Wahl nachträglich angefochten wird.

Ich nahm den Antrag ziemlich gelassen. Weder damals und erst recht nicht heute bin ich mit allem einverstanden, was die Antragsteller schrieben. Doch grundsätzlich entsprechen die im ersten Punkt des Antrags geäußerten Feststellungen der Wahrheit. Natürlich hätte ich konsequenter darauf drängen müssen, dass die Perestroika unvoreingenommen analysiert und entsprechende Schlussfolgerungen für die DDR gezogen werden. Die Genossen aus Dubna unterstellten mir aber indirekt ein Verhalten in Bezug auf die Perestroika und die Sowjetunion, das sie überhaupt nicht beurteilen konnten. Sie kannten weder meine Informationen an Honecker, das Politbüro oder eine andere zentrale Einrichtung in Berlin über die Perestroika noch meine dort geäußerten Meinungen, Vorschläge oder gar Kritiken. Sie konnten auch meine Tätigkeit in der Leitung der Parteiorganisation aus eigener Sicht nicht beurteilen. Allerdings hatten sie recht, dass ich die Abkühlung in den Beziehungen zur KPdSU nicht verhindern konnte, aber vielleicht haben die Mitarbeiter der Botschaft und auch ich eine weitaus schlechtere Entwicklung verhindern können.

Die Beschuldigungen im zweiten Punkt verlangen eine differenziertere Bewertung. Für die Parteiorganisation in der UdSSR galten die gleichen Bedingungen und Prinzipien wie für die Parteiorganisationen in der DDR. Die SED hatte ein Statut, das für alle Mitglieder Gültigkeit besaß und von uns allen einzuhalten war. Leider wurde es im Laufe der Jahre mehr und mehr einseitig ausgelegt und verletzt. Auf dieser Grundlage konnte sich eine dogmatische und undemokratische Situation in den Parteiorganisationen entwickeln, sicher auch in der Leitung der Parteiorganisation in der UdSSR. Andere mögen beurteilen, ob mein Verständnis von Parteidisziplin vielleicht dogmatische oder undemokratische Züge angenommen hatte. Trotzdem glaube ich, dass dogmatisches und undemokratisches Verhalten nicht zu den für mich charakteristischen Eigenschaften gehören.

Der Antrag war es vielleicht nicht wert, viele Worte darüber zu verlieren. Er wurde übrigens abgelehnt. Aber er stellt ein interessantes Zeitdokument der damaligen Situation in der SED dar. Nach meiner Rückkehr nach Moskau suchte ich das Gespräch mit Mitgliedern der Leitung der Grundorganisation in Dubna, die angeblich von der Aktion keine Ahnung hatten und sie ablehnten. Damit war das Thema für mich erledigt. Ich konzentrierte mich auf die Aufgaben, die von mir als Botschafter der DDR verlangt wurden.

Um die Jahreswende 1989/90 und im Januar und Februar wurde ich mehrmals dienstlich nach Berlin gerufen. Ich versuchte die Aufenthalte in Berlin so zu legen, dass ich an den fast wöchentlich stattfindenden Sitzungen des Parteivorstandes teilnehmen konnte. Nicht immer ist mir das gelungen. Wenn ich aber an einer Sitzung teilnehmen konnte, musste ich feststellen, dass ich trotz aller Bemühungen keinen richtigen Zugang zu den dort von der Mehrheit vertretenen widersprüchlichen Positionen über die weitere Entwicklung der Partei und die Zukunft der DDR finden konnte.

Mich belasteten auch die von Woche zu Woche zunehmenden Austritte aus der Partei. Bei allem Verständnis für die Unzufriedenheit vieler Mitglieder mit der Politik der früheren Parteiführung und der tiefen Enttäuschung über das sich abzeichnende Ende der DDR hielt ich die Austritte für unangemessene Reaktionen. Besonders weh tat es, wenn es sich um Mitarbeiter handelte, die mir nahestanden, die ich schätzte und denen ich besonders vertraute. In dieser Umbruchszeit erfolgte der Austritt aus der Partei meistens nicht aus prinzipiellen Erwägungen, sondern aus taktischen Überlegungen. Bei vielen hatte ich den Eindruck, dass sie schnell eine nie gewollte Verpflichtung und Verantwortung loswerden wollten. Andere dachten bereits frühzeitig an ihre spätere Karriere. Ich hatte den Eindruck, dass meine Mitarbeiter mich aufmerksam beobachteten, wie ich mich verhalten würde. Sie spürten, dass ich mit der Entwicklung in der SED und anderen Fragen selbst zutiefst unzufrieden war. Im Stillen hofften wohl manche, dass ich auch aus der Partei austreten und ihnen damit die eigene Entscheidung erleichtern würde. Diesen Gefallen tat ich ihnen jedoch nicht.

Anders sah es mit meiner Mitgliedschaft im Parteivorstand aus. Am 17. Februar 1990 erklärte ich in einem Schreiben an Gregor Gysi meinen Austritt aus dem Parteivorstand. Damals hatte es unter meinen Freunden manche Diskussion über meinen Austritt gegeben, deshalb möchte ich hier aus meinem Brief zitieren: »Die vergangenen Wochen haben gezeigt, dass die Mitglieder unserer Partei mit Recht hohe Erwartungen in die Tätigkeit des Präsidiums und des Vorstandes der Partei des Demokratischen Sozialismus setzen und von ihren Mitgliedern eine aktive Mitarbeit bei der Ausarbeitung und Realisierung der Politik der Partei fordern. Ich muss ehrlich feststellen, dass ich dazu von Moskau aus nicht in der Lage bin. Mir fällt es schon schwer, regelmäßig an den Tagungen des Parteivorstandes teilzunehmen. Eine Mitwirkung in der Kommission Internationale Politik, der ich als Mitglied angehöre, war bisher nicht möglich.

Diese Situation und die strikte Trennung von Partei und Staat führten mehr und mehr zu widersprüchlichen Auffassungen über meine Tätigkeit im stark reduzierten Parteikollektiv in Moskau und der UdSSR. Die einen meinen, dass ich meine Mitgliedschaft im Parteivorstand aktiver wahrnehmen muss, und die anderen, dass die Mitgliedschaft im Parteivorstand mich bei der Ausübung meiner staatlichen Funktion als Botschafter der DDR in der UdSSR behindert. Sicher stört auch weiter die Tatsache, dass ich bis zum November 1989 dem ZK der SED angehörte.«

Damit endete faktisch meine Karriere als Parteifunktionär. Ich konnte mich nun voll auf meine staatlichen Aufgaben konzentrieren, die mich enorm in Anspruch nahmen.

Teil 6
*Die Überwindung der
deutschen Zweistaatlichkeit*

Botschafter im Wendejahr

Umbruch der Haltung Moskaus zur deutschen Frage

Anzunehmen die sowjetische Haltung wäre Ende 1989 klar und unmissverständlich gewesen, ist nur die halbe Wahrheit. Die schnellen und grundlegenden Veränderungen in der DDR und die damit verbundene Entwicklung in den Beziehungen zwischen der DDR und der BRD kamen für die Sowjetunion unerwartet. Das gilt besonders für die Rufe nach einer schnellen Vereinigung und die beim Treffen zwischen Hans Modrow und Helmut Kohl am 19. und 20. Dezember 1989 in Dresden getroffenen Absprachen, vor allem über eine Vertragsgemeinschaft zwischen der DDR und der BRD. Sie machten das Dilemma der sowjetischen Deutschlandpolitik deutlich. Die sowjetische Führung wollte oder konnte sich nicht damit abfinden, dass die Politik der Aufrechterhaltung des Status quo in Europa bereits gescheitert war. Brisanz und Tragweite dieser Entwicklung und ihre Rückwirkungen auf die sowjetische Interessenlage wurden zunächst deutlich unterschätzt. Nicht erwartet wurde, dass die Wende in der DDR mit der dann eingetretenen Schärfe die Frage nach der Fortexistenz der Eigenstaatlichkeit der DDR aufwerfen würde. Es wuchsen die Befürchtungen, dass die Deutschen auch ohne die Sowjetunion zu einer Einigung kommen könnten.

Die Zukunft der beiden deutschen Staaten erhielt innerhalb weniger Wochen wieder eindeutige Priorität in der sowjetischen Europapolitik. Man besann sich stärker auf die eigenen Interessen und versuchte, die Entwicklungen in den Beziehungen zwischen der DDR und der BRD sowie um diese herum, nicht dem Selbstlauf zu überlassen. Das Haupanliegen war, die Annäherung zwischen beiden deutschen Staaten nicht in einen Prozess mit unkontrollierter Eigendynamik entgleiten zu lassen.

Verärgerung über Kohls 10-Punkte-Plan

Die sowjetische Führung ging nach dem Rücktritt Honeckers und selbst nach der Öffnung der Grenze weiter davon aus, dass eine tiefgreifende Umgestaltung in der DDR und die Erhaltung der DDR als sozialistischer Staat möglich seien. Eine Voraussetzung dafür war, dass die Ereignisse in der DDR keinen unkontrollierten, unberechenbaren Verlauf nehmen und nicht im Chaos enden würden. Gorbatschow und die sowjetische Führung fürchteten sich vor einer Eskalation der Ereignisse, der Anwendung von Gewalt auf der Straße und möglichen Grenzdurchbrüchen. Hinter diesen Befürchtungen steckte die Sorge, dass in einer solchen Situation von der Sowjetunion ein militärisches Eingreifen gefordert werden könnte, das Gorbatschow zu Recht strikt ablehnte.

In diesem Zusammenhang sind auch seine vielfachen Telefonate mit Egon Krenz, Helmut Kohl und anderen europäischen Staatsmännern zu sehen, die er nach der Öffnung der Grenze mit ihnen führte. Ihm ging es vor allem darum, den erreichten Veränderungen und begonnenen Reformen in der DDR durch unüberlegte Schritte und ungeschickte Handlungen Dritter keinen Schaden zuzufügen. Aus seinen Telefonaten mit Bundeskanzler Kohl gewann Gorbatschow offenbar die Überzeugung, dass auch dieser an der Erhaltung der Stabilität interessiert sei und in dieser komplizierten Situation Augenmaß und Verantwortungsgefühl zeigen werde. Mir wurde immer wieder versichert, dass die UdSSR an ihrer offiziellen Politik festhalten werde, die von der Existenz zweier deutschen Staaten ausging, vom Fortbestand der DDR als einem selbstständigen und souveränen Staat, der weiterhin ein Mitglied des Warschauer Vertrages bleiben müsse. Vielleicht glaubte die Mehrheit der sowjetischen Führung tatsächlich noch, die DDR als Staat erhalten zu können.

Doch mehr erklärte sich die Berufung auf die Existenz von zwei deutschen Staaten und die Legalität der DDR aus der Tatsache, dass die DDR kaum andere Mittel zur Verfügung hatte, um den Versuchen der Einmischung in die inneren Angelegenheiten von außen entgegenzuwirken. Gorbatschow und Schewardnadse forderten in diesen Tagen wiederholt Besonnenheit,

Verantwortungsgefühl und Umsicht von den Politikern, keine Einmischung in die inneren Angelegenheiten der DDR, die Unverletzlichkeit der Grenzen und die Einhaltung bestehender Verträge. In der sowjetischen Presse wurde davor gewarnt, den Status quo in Europa zu verändern und Druck auf die sozialistischen Länder auszuüben.

Allerdings gab es auch andere Signale. So erklärte Gorbatschow in einer Rede vor Moskauer Studenten am 15. November, dass die Wiedervereinigung heute keine Frage der aktuellen Politik sei, was so verstanden wurde, als ob sie zukünftig durchaus möglich sein könnte. Zumal er noch den Satz hinzufügte, dass die Wiedervereinigung eine innere Angelegenheit der BRD und der DDR sei. Schewardnadse schloss zwei Tage später zwar einseitige Veränderungen des Status quo in Europa aus, hielt aber »gemeinsame friedliche Veränderungen«, die im »gesamteuropäischen Konsens« erfolgen könnten, für möglich.

Während die sowjetische Führung in der Öffentlichkeit an ihren prinzipiellen Positionen zur deutschen Frage festhielt, begann im Apparat des ZK der KPdSU und in den beratenden außenpolitischen Gremien das Nachdenken über die neue Lage und die Konsequenzen, die sich daraus für die Sowjetunion ergeben könnten. Über mein Gespräch mit Rafael Fjodorow am 21. Oktober habe ich bereits berichtet. Als man in Moskau zu ahnen begann, dass die Wiedervereinigung der beiden deutschen Staaten zwar verzögert, aber kaum aufgehalten werden kann, besann man sich wieder stärker auf die nationalen Interessen der Sowjetunion. Während einer Beratung in der Internationalen Abteilung des ZK der KPdSU in der zweiten Hälfte November 1989 betonten die Teilnehmer, dass niemand das Recht habe, die Interessen der UdSSR zu eng mit den Interessen des Weltsozialismus zu verbinden. Die sowjetischen Interessen in Deutschland sollten daher nicht zu eng mit dem Sozialismus auf deutschem Boden, also mit der DDR verbunden werden. In den Vordergrund rückten die Fragen: Was gewinnt die Sowjetunion bei einer Vereinigung der beiden deutschen Staaten? Und welchen Preis ist ein vereinigtes Deutschland bereit zu zahlen?

Am 21. November 1989 empfing in Bonn der Berater des Bundeskanzlers, Horst Teltschik, den Abgesandten von Falin und Tschernjajew, Nicolai Portugalow – also etwa zu der Zeit, als im ZK die oben erwähnte Beratung stattfand. Wie Teltschik berichtet, übergab Portugalow ein Material, das eine Einschätzung der Entwicklung in der DDR enthielt und in dem die Sowjetunion die Verantwortung dafür übernimmt. Es wurde eine ganze Reihe von Fragen nach der Haltung der BRD zu den Ereignissen in der DDR und ihren Folgen gestellt. Im zweiten Teil legte Portugalow weitergehende Überlegungen dar, die er angeblich lediglich mit Falin abgesprochen hatte. Es ging um Fragen der Zusammenarbeit zwischen beiden deutschen Staaten. Wie Teltschik schreibt, habe Portugalow auch über die Wiedervereinigung, den Beitritt der DDR zur EG, die Allianzzugehörigkeit des vereinigten Deutschland und die Möglichkeit eines Friedensvertrages gesprochen. Er sei überrascht gewesen, wie weit die Überlegungen der sowjetischen Seite zur deutschen Einheit bereits gingen.

Teltschik ist überzeugt, dass seine Überlegungen aus dem Gespräch mit Portugalow beim Kanzler offenbar Wirkung zeigten. Das war sicher nicht der einzige Beweggrund für Kohl. Aber zu wissen, dass man in der Umgebung Gorbatschows bereits über die Vereinigung nachdenkt, zwang ihn, auch aus parteitaktischen Gründen, die Initiative an sich zu reißen. Er erteilte den Auftrag, ein Konzept für den Einigungsprozess zu erarbeiten, das am 28. November 1989 im Bundestag von ihm vorgestellt wurde.

Während die sowjetische Führung mit widersprüchlichen Äußerungen auftrat, immer noch mühsam nach einer Konzeption für die Lösung der deutschen Frage suchte und um Schadensbegrenzung in der DDR bemüht war, trat Bundeskanzler Helmut Kohl mit einem Plan an die Öffentlichkeit, der trotz mancher Einwände letztlich die Billigung aller politischen Kräfte in der BRD fand. Mit dem Plan setzte die BRD die UdSSR unter beträchtlichen Druck, übernahm selbst die Initiative im Einigungsprozess und gab sie bis zum Herbst 1990 nicht mehr ab. Wie bekannt, lief die sowjetische Führung und mit ihr die der DDR der Entwicklung ständig hinterher. Die Bonner Politiker gingen bewusst davon aus, dass mit diesem Plan die Forderungen nach Vereinigung und der Druck der DDR Bevölkerung zunehmen werden. Der 10-Punkte-Plan setzte auch die Fragen nach dem »Wie« und vor allem nach dem »Wann« der Wiedervereinigung auf die Tagesordnung. Aus diesen und anderen verständlichen Gründen rief der Plan in Moskau keine Begeisterung, sondern Verärgerung und Zorn hervor.

Vor allem der Punkt drei des Planes, in dem ein grundlegender Wandel des politischen und gesellschaftlichen Systems in der DDR gefordert wurde, stieß in Moskau auf Widerspruch.

Diese Äußerung Kohls wurde in Moskau als Belehrung, Bevormundung und Einmischung in die inneren Angelegenheiten der DDR verstanden. Die eigentliche Ursache für Moskaus Verärgerung lag jedoch in dem gesamten Konföderationsplan, der als Ziel die Wiedervereinigung vorsah. Schewardnadse schätzte die Situation damals so ein, dass »ungeachtet der rauen politischen Realitäten« einige politische Kreise in der BRD »von Appellen zur Selbstbestimmung der DDR recht bald zu Ratschlägen« übergingen, »wie und zu welchen Terminen man dort die Gesellschaftsordnung zu wandeln habe, Ratschläge, die Vorschriften recht nahekamen. Dabei wurden die legitimen Interessen der UdSSR und der anderen europäischen Staaten ignoriert, und es wurde die Absicht erkennbar, die deutsche Frage durch einseitige Schritte und nach eigenem Ermessen zu lösen. In jenen Tagen ließ diese Rhetorik unverkennbar das Bestreben durchblicken, die Beteiligung der UdSSR an der Erörterung und der Entscheidung der äußeren Aspekte der deutschen Einheit in Frage zu stellen oder uns zumindest dazu zu zwingen, uns mit vollendeten Tatsachen abzufinden«.

Gorbatschow und Schewardnadse versuchten auch, die Verbündeten der Bundesrepublik für ihren Standpunkt zu gewinnen. Bereits während des ersten Gesprächs mit Präsident Bush am 2. Dezember 1989 auf Malta beklagte sich Gorbatschow über die Haltung Helmut Kohls.

Einen entschlossenen Versuch, den Prozess, wie Gorbatschow offensichtlich glaubte, in den mit der BRD vereinbarten Grenzen zu halten, unternahm er in einem Gespräch mit Hans-Dietrich Genscher am 5. Dezember 1989 in Moskau. Darüber haben die Teilnehmer und deren Berater sehr differenziert berichtet. Was Genscher und Gorbatschow wirklich gesagt hatten, worum der Streit eigentlich ging und warum Gorbatschow verärgert war, wurde daraus nicht deutlich. Erst als ich 1997 das sowjetische Protokoll las, wurde das Bild deutlicher. Später hat Alexander von Plato in seinem 2002 erschienenen Buch »Die Vereinigung Deutschlands – ein weltpolitisches Machtspiel« unter Bezugnahme auf das sowjetische Protokoll eine mit meinen Erkenntnissen weitgehend übereinstimmende Darstellung gegeben. Nach dem sowjetischen Protokoll enthielten Genschers Ausführungen nur Allgemeinplätze und Treuebekenntnisse. Er wiederholte die bekannten Standpunkte der BRD, lobte Gorbatschows Politik und ermahnte ihn in gewisser Weise sogar. Das eigentliche Gesprächsthema erwähnte er mit keinem Wort.

Das war offenbar selbst Gorbatschow zu viel. Er antwortete Genscher zunächst ruhig, aber kritisch. Er könne nicht verstehen, wie Bundeskanzler Kohl mit seinen 10 Punkten, die die Absichten der BRD gegenüber der DDR betreffen, aufgetreten sei. Es gelte offen zu erklären, dass das ultimative Forderungen seien, die gegenüber einem selbständigen und souveränen deutschen Staat erhoben worden seien. Das vom Kanzler Gesagte betreffe, obwohl es um die DDR gehe, sie alle. Mit einem solchen Dokument hätte man erst nach entsprechender Konsultation mit den Partnern auftreten dürfen. Oder habe der Bundeskanzler das alles nicht mehr nötig? Er meine offensichtlich, dass seine Musik gespielt werde, ein Marsch, nachdem er schon selbst zu marschieren beginne. Er denke nicht, dass solche Schritte zur Festigung des Vertrauens und des gegenseitigen Verständnisses beitrügen und die zwischen ihnen erzielten Vereinbarungen mit Leben erfüllen würden.

Am Morgen des nächsten Tages, am 6. Dezember 1989, bat mich der stellvertretende Außenminister Anatoli Adamischin zu einem Gespräch, um mich im Auftrag Schewardnadses über das Treffen Gorbatschows mit Genscher zu informieren. Diese Eile war etwas ungewöhnlich und ich wunderte mich darüber. Schon nach den einleitenden Bemerkungen war klar, warum man es so eilig hatte, die Regierung der DDR schnell zu informieren. Unter Hinweis auf die Veröffentlichungen über das Gespräch in der sowjetischen Presse stellte Adamischin fest, dass darin zwar die wesentlichen Punkte des Gesprächs, jedoch nicht die Hitze und der Ton der Auseinandersetzung deutlich würden. Man habe sich zu dieser entschärften Form der Veröffentlichung entschlossen, um Genscher, der auch von Kohl hintergangen worden sei, nicht unter Feuer zu nehmen und seine Position nicht zusätzlich zu schwächen. Allerdings habe man Genscher zu verstehen gegeben, dass, sollte sich diese Handlungsweise der Bundesregierung fortsetzen, die Öffentlichkeit künftig wahrheitsgetreu über solche Treffen informiert werden würde.

Gorbatschow habe nachdrücklich festgestellt, dass die 10 Punkte, welche die Absichten der BRD hinsichtlich der DDR demonstrierten, als ultimativ einzustufen seien. Angesichts seines Telefongesprächs mit dem Kanzler, das drei Wochen zuvor stattgefunden habe, und bei dem beide Seiten zu allen grundlegenden Fragen anscheinend eine Übereinkunft erzielt hätten, riefe der 10-Punkte-Plan Verwunderung und Empörung auf sowjetischer Seite hervor.

Eine künstliche Beschleunigung der Prozesse in der DDR würde nicht im Interesse der Völker und der beiden deutschen Staaten liegen. Er stellte die Frage, was eigentlich die Konföderation bedeute, von der der Kanzler gesprochen habe. Eine Konföderation setze doch eine einheitliche Verteidigung und eine einheitliche Außenpolitik voraus. Wo werde sich dann die BRD befinden, in der NATO oder im Warschauer Vertrag? Oder werde sie vielleicht neutral bleiben? Und was werde die NATO ohne die BRD bedeuten? Und überhaupt, wie werde es weitergehen? Hätten sie alles durchdacht? Was würde dann aus den zwischen ihnen geltenden Vereinbarungen werden?

Genscher habe versucht zu erklären, abzuwehren und sich zu entschuldigen, Gorbatschow gab jedoch nicht nach. Jawohl, sagte er, die DDR komme ohne grundlegende Veränderungen nicht aus. Aber das sei ihre innere Angelegenheit. Der Kanzler hingegen gehe, im Grunde genommen, mit den Bürgern der DDR wie mit seinen Staatsangehörigen um. Am Ende beschlossen beide Gesprächspartner, die Öffentlichkeit über diese in der internationalen Praxis beispiellos heftige Auseinandersetzung nicht zu informieren.

Adamischins Darstellung des Gesprächs wurde einige Jahre später von den damaligen Beratern Gorbatschows, Tschernjajew und Galkin bestätigt. Den Beratern Gorbatschows war daran gelegen, deutlich zu machen, dass Gorbatschow alles versucht habe, damit es diesmal in der deutschen Frage ohne »Blut und

Eisen« ablaufen würde. In diesem Zusammenhang erinnere ich mich an eine Bemerkung Rafael Fjodorows, der mir dazu einmal erklärte: »Was Kanzler Bismarck mit Blut und Eisen erreichte, versuchte ein späterer Kanzler mit Lug und Trug.«

Es gibt wohl kein weiteres Gespräch Gorbatschows mit einem anderen ausländischen Politiker, das in diesem aggressiven Stil und Ton geführt wurde. Das zeigt, wie Kohls 10-Punkte-Erklärung die Politik der UdSSR störte. Gorbatschow befürchtete nicht nur die Destabilisierung der DDR, sondern auch eine ernsthafte militärische und politische Destabilisierung in Europa, die das Scheitern des gerade beginnenden gesamteuropäischen Prozesses zur Folge hätte haben können. Außerdem sorgte er sich – zu Recht, wie sich später herausstellen sollte –, dass eine Erweiterung der NATO und die Verschiebung ihrer Grenzen nach Osten die Bildung einer starken Opposition in der Sowjetunion gegen die Vereinigung der beiden deutschen Staaten begünstigen würde. Die Geschichte sollte die »deutsche Frage« für die Sowjetunion lösen.

Kohls Eile störte dabei nur. Zudem glaubte Gorbatschow, dass mit dem 10-Punkte-Plan der Versuch unternommen werde, sein Vorgehen in der deutschen Frage zu unterlaufen und zu vereiteln. Gorbatschow fühlte sich von Kohl hintergangen. Das Gespräch machte zugleich die Ohnmacht und Hilflosigkeit der Sowjetunion gegenüber den Auflösungserscheinungen in den osteuropäischen Staaten und der DDR deutlich. Letztlich waren die Gebärden Gorbatschows doch nur Theaterdonner, weil seine harschen Worte ohne Konsequenzen blieben. Der Sowjetunion gelang es nicht, mehr noch, sie versuchte es gar nicht, den 10 Punkten Kohls etwas Gleichwertiges entgegen zu stellen. Die Bundesregierung jedoch begann zügig und erfolgreich die 10 Punkte mit Leben zu erfüllen.

Offenbar übermittelte Gorbatschow nach dem Gespräch mit Genscher ein vertrauliches Schreiben an Kohl, in dem er die kritische Position der sowjetischen Führung zu dessen 10-Punkte-Erklärung nochmals bekräftigte. In den Archiven habe ich das Schreiben nicht gefunden, aber es gibt einen Hinweis auf dessen Existenz.

Am 20. und 21. Dezember 1989 befand sich Karl Lamers, der abrüstungspolitische Sprecher der CDU-Bundestagsfraktion, auf Einladung des sowjetischen Komitees für europäische Sicherheit und Zusammenarbeit in Moskau. Karl Lamers bat einen der außenpolitischen Berater Gorbatschows, Wadim Sagladin, um ein vertrauliches Gespräch unter vier Augen. Er berief sich dabei auf einen Auftrag des Bundeskanzlers und eine vertraulich Mitteilung an Gorbatschow. Im Gorbatschow-Fonds fand ich leider nur Auszüge der Niederschriften, die von Sagladin über die Gespräche mit Karl Lamers angefertigt wurden. Ob es sich bei der Botschaft Kohls um den elfseitigen Brief von Kohl handelt, den er angeblich am 14. Dezember 1989 an Gorbatschow geschrieben habe, bleibt unklar. Die Niederschrift von Sagladin ist so lückenhaft, dass man kein klares Bild vom Inhalt des Gespräches gewinnen kann. Aus den wenigen Sätzen geht hervor, dass der Kanzler die freimütige, aufrichtige Botschaft Gorbatschows, so Lamers, als Fortsetzung des vertraulichen Meinungsaustausches betrachte, der sich in der letzten Zeit zwischen den Führungen beider Staaten entwickelt hätte. Kohl verstehe die Botschaft als Bemühung »unnötigen Streit« zwischen ihnen zu vermeiden.

Aus der Niederschrift Sagladins über ein zweites Gespräch mit Lamers, an dem zeitweilig auch der Botschafter der BRD, Dr. Klaus Blech teilnahm, werden die Absichten der Bundesrepublik etwas deutlicher. Sagladin hatte den Eindruck, dass sich Karl Lamers von den 10 Punkten Kohls etwas absetzte. Offensichtlich hatte er den Auftrag, sie einerseits so zu erklären, dass die sowjetische Reaktion abgeschwächt wird, und andererseits zu zeigen, dass Helmut Kohl von seinen ursprünglichen Positionen etwas »zurückrudert«.

Eigentlich sei Kohl, so behauptete Lamers, auf die Positionen der Vertragsgemeinschaft übergegangen, die von Hans Modrow vorgeschlagen wurden und nach denen er handeln wird. Karl Lamers berief sich nicht nur auf Horst Teltschik, sondern auch auf Hans-Dietrich Genscher, als er ganz eindeutig versicherte, dass die polnische Westgrenze auf keinen Fall verändert werde – nicht jetzt und nicht später. Obwohl im Abschlussdokument von Helsinki die Möglichkeit »einer friedlichen Veränderung der Grenzen« vorgesehen sei, werde man sie in diesem Fall nicht nutzen.

Die Spaltung Deutschlands, so Lamers, sei erstens das Ergebnis des von Hitler entfachten und verlorenen Krieges und zweitens das Resultat sowjetischer Politik in den ersten Nachkriegsjahren. Daraus folgte: Für die Entwicklung der deutschen Frage und ihre möglichen Folgen trügen in erster Linie die Deutschen, beginnend mit der BRD, aber danach auch die Sowjetunion Verantwortung. Schließlich werde alles oder sehr viel davon abhängen, wie erfolgreich sich die sowjetisch-westdeutsche Zusammenarbeit entwickeln werde.

Die Krise in der DDR, sagte Lamers, sei für die BRD nicht weniger überraschend als für die anderen gekommen. Vielleicht sei sie für Bonn eine noch größere Überraschung, weil man dort angenommen habe, dass man die Lage der DDR gut kenne. Man habe Veränderungen erwartet, aber nicht so schnell und so lawinenartig.

Wie Gorbatschow und Schewardnadse die Ausführungen von Lamers aufnahmen, ist nicht bekannt.

Angesichts der stürmischen Entwicklungen in der DDR und der im 10-Punkte-Plan deutlich erklärten Absichten der BRD wuchs in Moskau langsam die Einsicht, dass die UdSSR mehr zur Sicherung ihres Mitspracherechtes bei der Lösung der deutschen Frage tun müsse. Dazu gehörten auch Überlegungen, welchen Nutzen die Sowjetunion bei Zugeständnissen in dieser entscheidenden Frage von einem vereinten Deutschland hätte. Zunächst war aber notwendig, die Wirkung des 10-Punkte-Planes abzubremsen.

Seit dem Fall der Berliner Mauer am 9. November 1989 hatte die sowjetische Führung die Zeit fast nutzlos verstreichen lassen und sich nicht auf die neue Situation in der DDR und in der deutschen Frage eingestellt. Sie erkannte nicht, dass die Öffnung der Grenze zwangsweise die Frage der Vereinigung der beiden deutschen Staaten auf die Tagesordnung setzte. In den folgenden Wochen sandten Gorbatschow und Schewardnadse sehr widersprüchliche Signale aus. Einerseits bemühten sie sich um Schadensbegrenzung in der DDR, versprachen der DDR-Führung jede Unterstützung für die Fortsetzung der Erneuerung, die Durchführung von Reformen und vor allem für die Stabilisierung der DDR. Andererseits lehnten sie jeden Gedanken an eine Vereinigung vehement ab und bemühten sich, die sich abzeichnende Entwicklung hin zur Vereinigung abzubremsen. In Moskau verließ man sich auf die Beteuerungen Kohls, nichts zur Verschärfung der Instabilität der DDR zu unternehmen. Die zweifelsohne vorhandenen Meinungsverschiedenheiten in der deutschen Frage zwischen der Bundesrepublik sowie Großbritannien und Frankreich wurden überbewertet. Alle Anzeichen, die auf eine baldige Vereinigung beider deutscher Staaten hinwiesen, wurden von Gorbatschow zunächst nicht ernst genommen.

Die Haltung der UdSSR zu den Ereignissen in der DDR und ihre weiteren Vorstellungen für die Lösung des Problems legte Schewardnadse am 19. Dezember 1989 in seiner Rede vor dem Politischen Ausschuss des Europaparlaments in Brüssel dar. Die Rede war im Ton ebenfalls scharf und in ihrem Inhalt prinzipiell. Die sowjetische Führung ließ zu dieser Zeit keine Zweifel aufkommen, dass sie von einem Fortbestand der DDR als einem souveränen Staat im Warschauer Vertrag ausging. Schewardnadse erklärte, dass alle »Ratschläge« und »Vorschriften«, wie und in welcher Zeit die Gesellschaftsordnung in der DDR zu ändern sei, unangebracht seien. Er forderte die Beachtung der Realitäten in Europa, zu denen aus sowjetischer Sicht die unterschiedlichen politischen und militärischen Bündnisse, die Unantastbarkeit der Grenzen in Europa und das Bestehen zweier souveräner deutscher Staaten gehörten. Von der Herstellung der deutschen Einheit könne keine Rede sein, wenn die legitimen Interessen anderer Staaten nicht beachtet werden würden.

Schewardnadse legte weiter dar: »Wir verlangen erstens die politischen, rechtlichen und materiellen Garantien dafür, dass auch in der Zukunft aus der deutschen Einheit keine Gefahren für die nationale Sicherheit anderer Staaten erwachsen würden. Zweitens gehörte zu unseren Forderungen die Bereitschaft des vereinigten Deutschlands, die bestehenden Grenzen in Europa anzuerkennen. Drittens werfen wir die Frage nach dem militärisch-politischen Status des neuen deutschen nationalen Gebildes auf. Viertens geht es um eine Synchronisierung des Prozesses der Wiedervereinigung Deutschlands mit dem Prozess von Helsinki und um den Beitrag dieses Landes, zur Überwindung der Spaltung Europas beizutragen.« Angesprochen wurden auch andere Fragen, so die nach einer Entmilitarisierung Deutschlands, nach dessen neutralem Status, nach dessen Haltung zum Aufenthalt der alliierten Truppen auf deutschem Boden, zum Viermächteabkommen über Berlin usw. Unvorstellbar war für die Sowjetunion auch, dass sich der Status der DDR radikal ändern, aber der der Bundesrepublik beibehalten werden sollte. Man hatte noch die Vorstellung, dass der Prozess der Vereinigung sich nur allmählich, in Etappen vollziehen könne. Schewardnadse hat in seinen »Sieben Punkten zur Deutschlandpolitik« faktisch alle Probleme angesprochen, die später in den Zwei-plus-Vier-Verhandlungen eine Rolle spielten. Die aufgeworfenen Forderungen signalisierten allerdings auch die Bereitschaft der UdSSR, sich auf die nahenden Veränderungen in den Beziehungen der beiden deutschen Staaten einzustellen. Mit der Rede wurde von Seiten der UdSSR die Absicht verfolgt, zunächst Zeit für weitere konzeptionelle Überlegungen zu gewinnen.

Um den Prozess der Vereinigung zu verlangsamen, versuchten Gorbatschow und Schewardnadse auch den Vier-Mächte-Mechanismus in Berlin zu beleben. Auf Einladung der Sowjetunion trafen sich am 11. Dezember 1989 die Botschafter der UdSSR, der USA, Großbritanniens und Frankreichs im Gebäude des Alliierten Kontrollrates in Westberlin. Formal trugen die vier Mächte immer noch die Verantwortung für die Belange von Berlin. Doch dieses Gremium hatte sich seit achtzehn Jahren nicht mehr getroffen. Bei diesem Treffen sollte über die von den alliierten Verbündeten geschaffenen Kontrollmechanismen gesprochen werden. Die eigentliche Absicht der Sowjetunion, die Verantwortung der vier Mächte ins Spiel zu bringen, bestand jedoch darin, die Deutschen daran zu erinnern, dass sie nicht allein über ihr weiteres Schicksal bestimmen konnten. Während die USA aus Rücksicht auf die Reaktion der Bundesregierung zögerten, an der Beratung teilzunehmen, stimmten Großbritannien und Frankreich bereitwillig zu.

Die westlichen Alliierten bestanden jedoch darauf, dass nur über die »Berlin-Initiative« und nicht über die deutsche Frage gesprochen werde.

Das Treffen brachte keine konkreten Ergebnisse, aber allein die Tatsache, dass sich die vier Siegermächte des 11. Weltkrieges getroffen hatten und die vier Botschafter sich als Vertreter der

Besatzungsmächte vor dem Kontrollratsgebäude gemeinsam fotografieren ließen, brachte die Bundesregierung in Rage.

Wenige Tage später, während des traditionellen Vierer-Frühstücks am Rande der Tagung des NATO-Ministerrates in Brüssel brachte Genscher seinen Ärger über die Zusammenkunft der Botschafter zum Ausdruck. Das Treffen hätte die Würde des deutschen Volkes verletzt und würde auch nicht der Mitgliedschaft der BRD in der NATO und der EG gerecht. Das Modell der Genfer Vier-Mächte-Konferenz von 1959 sollte sich nie mehr wiederholen. Damit war ein wichtiges Ziel der Bundesrepublik Deutschland für die Vereinigung vorgezeichnet. Es durfte keinen Sonderstatus Deutschlands, keine Singularisierung oder irgendeine Diskriminierung Deutschlands geben. Die Amerikaner verstanden und unterstützten die Bedenken der westdeutschen Seite. Offensichtlich waren die Bemühungen der sowjetischen Seite, den Vier-Mächte-Mechanismus zu beleben, eine Quelle für die Idee des Sechser-Mechanismus, die Ende Januar/Anfang Februar 1990 langsam Gestalt annahm.

Veränderte Grundpositionen

Trotz aller sowjetischen Erklärungen zur Erhaltung der DDR trat um die Jahreswende 1989/90 eine deutliche Änderung in der Haltung der Sowjetunion zur Vereinigung der beiden deutschen Staaten ein. Mindestens vier Faktoren scheinen diese Veränderung beeinflusst zu haben.

Zu Beginn des Jahres 1990 befand sich die UdSSR in einer tiefen Krise, die alle Lebensbereiche der Gesellschaft erfasst hatte. Die Legitimitätskrise des politischen Systems war auf breiter Front sichtbar geworden. Im gesellschaftlichen Leben der Sowjetunion vollzog sich eine Aushöhlung und Demontage des politischen Systems, in dessen Mittelpunkt die KPdSU gestanden hatte. Die Machtbefugnisse des Parteiapparates waren bereits erheblich eingeschränkt. Das ständige Auswechseln von Partei- und Staatsfunktionären auf allen Ebenen durch Gorbatschow, verunsicherte nicht nur den Partei- und Staatsapparat, es schwächte auch dessen Loyalität gegenüber Gorbatschow, störte die Kontinuität der Führungstätigkeit und bereitete so das bald einsetzende Machtvakuum vor. Vor diesem Hintergrund formierten sich seit 1988 alternative Kräfte und Bewegungen.

Nicht weniger kompliziert erwies sich die wirtschaftliche Situation. Die Talfahrt der Wirtschaft als Ergebnis einer lange vor Gorbatschow einsetzenden verfehlten Wirtschaftspolitik, an der auch Gorbatschows Versuche zur Umgestaltung nichts änderten, sie eher beschleunigte, stand mit der politischen Krise in enger Wechselwirkung. Der Leistungsverfall der Wirtschaft war enorm. Es kam zur drastischen Verknappung von Nahrungsmitteln und von anderen Gütern des täglichen Bedarfs. Der Konsumgütermarkt brach zusammen. 1990 konnten in den Geschäften nur noch elf Prozent der Grundnahrungsmittel ohne Einschränkungen gekauft werden.

Die Regierung sah sich daher gezwungen, ein Kartensystem und Berechtigungsscheine einzuführen. Aber selbst durch diese Maßnahmen konnte die Zuteilung der rationierten Waren nicht gesichert werden. Im Jahre 1990 lebten bereits mehr als 20 Prozent der Bürger der UdSSR an oder unterhalb der Armutsgrenze.

Die Perestroika wurde für einen großen Teil der Bevölkerung zu einer herben Enttäuschung. Schließlich kam zu diesen Problemen noch hinzu, dass die innenpolitische Lage durch ungelöste Nationalitätenprobleme sowie durch schwelende nationale Konfliktherde gekennzeichnet war. Diese Situation führte zur Zunahme zentrifugaler Tendenzen in der sowjetischen Gesellschaft, zu einem verstärkten Separatismus und kündigte den beginnenden Zerfall der Union an. Die hier kurz angedeutete komplizierte innenpolitische Situation stieß nicht nur in der Bevölkerung, sondern auch in der eigenen Führung, in der KPdSU, aber vor allem in der Armee und in den Sicherheitskräften auf Widerspruch und Widerstand. Die militärische Führung, die die Abrüstungsvereinbarungen und das Abdriften Osteuropas nur mühsam verkraftete, war nicht bereit, auch den Zerfall der Sowjetunion und die vielfältigen Demütigungen der Streitkräfte hinzunehmen.

Die Kritik am Wesen der Perestroika, nicht mehr nur an ihren Formen und Methoden, und damit auch an Gorbatschow persönlich spitzte sich empfindlich zu. Sein politisches Schicksal stand auf dem Spiel. Diese angespannte innenpolitische Lage schränkte den Handlungsspielraum und die Handlungsfähigkeit Gorbatschows und der sowjetischen Führung in den außenpolitischen Fragen, vor allem auch in der deutschen Frage, wesentlich ein.

Ein weiterer Faktor war das Scheitern der Reformkommunisten und der Zusammenbruch der sozialistischen Gesellschaftsordnung in Polen, Ungarn und in den anderen osteuropäischen Ländern. Diese Entwicklungen verschärften die Krise in der Sowjetunion erheblich. Die sowjetische Führung wurde nun erstmals mit der realen Möglichkeit des Verlustes ihrer Macht konfrontiert.

Ein wesentlicher, vielleicht der entscheidende Faktor für die Änderung der sowjetischen Haltung in der deutschen Frage war der innere Kollaps der DDR. Die unerwartete Dynamik der Prozesse und die grundlegenden Veränderungen in der DDR sowie die damit verbundene Entwicklung in den Beziehungen zwischen der DDR und der BRD kamen für die Sowjetunion unerwartet. Das gilt besonders für die Massendemonstrationen, die unüberhörbaren Rufe nach einer schnellen Vereinigung und die beim Treffen zwischen Hans Modrow und Helmut Kohl am 19. und 20. Dezember 1989 in Dresden getroffenen Absprachen, vor allem über eine Vertragsgemeinschaft zwischen der DDR und der BRD. Die sowjetische Führung musste faktisch hilflos zusehen, wie sich die Bundesregierung bereits massiv in die inneren Angelegenheiten der DDR einmischte, den ohnehin nicht nachlassenden Unmut der Bevölkerung weiter schürte, für eine schnelle Vereinigung auf der Grundlage von Artikel 23 des Grundgesetzes eintrat und keine Bereitschaft mehr zeigte, mit entsprechenden Schritten im Finanz- und Wirtschaftsbereich zur Stabilisierung der DDR beizutragen.

Die Modrow-Regierung war gezwungen, sich sehr schnell den veränderten Bedingungen anzupassen. Sie sah ihre Hauptaufgabe darin, alle Kräfte auf die politische und wirtschaftliche Stabilisierung des Landes zu konzentrieren. Aus eigener Kraft war dies nicht mehr möglich. In der Vergangenheit hatte sich die DDR trotz aller Probleme immer auf die Sowjetunion stützen können, und die engen Beziehungen zu ihr waren die Existenzgrundlage der DDR. Doch die Situation hatte sich gründlich verändert. Die Ereignisse in der Sowjetunion und in den osteuropäischen Ländern entwickelten sich Anfang 1990 so, dass von dieser Seite keine Hilfe und Unterstützung mehr kommen konnte. Das bestätigten die damaligen Gespräche mit den Verantwortlichen in der sowjetischen Regierung. Das Dilemma der Politik der DDR bestand darin, dass sie tatsächlich eine andere, effektivere wirtschaftliche Zusammenarbeit mit der Sowjetunion wünschte, doch dazu waren beide Staaten nicht mehr in der Lage.

Angesichts der politischen und wirtschaftlichen Situation blieb der Modrow-Regierung nur der Ausweg, eine engere Zusammenarbeit mit der BRD zu suchen. Sicher spielte auch die Annahme eine Rolle, dass man den Vereinigungsdruck mindern und die Dynamik der inneren Entwicklung bremsen könne, wenn die Regierung sich an die Spitze der Bewegung für eine Vereinigung stelle. Diesem Ziel sollte auch die Initiative Modrows »Für Deutschland, einig Vaterland« dienen. Sie sollte die Stabilisierung der DDR mit einer Vereinigung der beiden deutschen Staaten, die in Stufen erfolgen sollte, verbinden.

Diese Faktoren haben letztlich dazu geführt, dass sich die sowjetische Führung im Januar 1990 entschied, ihre gesamte Außenpolitik neu zu konzipieren. Dazu gehörte auch die Neubestimmung ihrer Haltung zu den beiden deutschen Staaten. Am 26. Januar 1990 rief Gorbatschow einen kleinen Kreis zur Diskussion über die deutsche Frage zusammen. Dazu gehörten die Mitglieder des Politbüros Ryschkow, Jakowlew, Krjutschkow, Schewardnadse sowie Marschall Achromejew, die Berater des Präsidenten Tschernjajew und Schachnasarow sowie Falin und dessen Stellvertreter Fjodorow.

Was wir über diese Beratung wissen, stammt vor allem aus der Feder von Gorbatschow, Tschernjajew, Schachnasarow und Falin. Diese Darstellungen sind sehr kurz gehalten und in ihren Formulierungen sehr unterschiedlich, so als ob alle keine besonders guten Erinnerungen an diese teils heftigen und auch konfusen Auseinandersetzungen haben. Überliefert sind Schlussfolgerungen Gorbatschows, die von den anderen Teilnehmern geteilt, aber von ihnen auch unterschiedlich bewertet werden.

Im Jahre 2008 veröffentlichte der Gorbatschow-Fonds eine Dokumentation »Im Politbüro des ZK der KPdSU. Nach Aufzeichnungen von Anatoli Tschernjajew, Wadim Medwedew und Georgi Schachnasarow (1985–1991)«. Darin ist unter dem Datum vom 26. Januar 1990 eine Aufzeichnung über eine Beratung im engen Kreis im ZK zu finden. In einer Fußnote wird erklärt, dass »diese Aufzeichnung sofort nach der Sitzung angefertigt wurde, weil kein Stenogramm (auch kein Protokoll) geführt wurde«. Von wem diese Aufzeichnung angefertigt wurde, bleibt unklar.

Sie wirft jedoch die Frage auf, ob die Aufzeichnungen aus der Feder der zwei Teilnehmer des Gesprächs, Tschernjajew und Schachnasarow, stammen oder ob sie ein erneuter Aufguss von Tschernjajew sind? Trifft das Letztere zu, dann stellt sich die Frage, warum Tschernjajew diese Fassung nicht bereits früher verwendete. (*Anmerkung der Herausgeber: Ungeachtet manch offener Fragen stimmt die Darstellung mit den Erkenntnissen und Recherchen von Gerd König überein, weshalb hier nur die Passagen aus der Übersetzung Gerd Königs wiedergegeben werden, die die Denkweise Gorbatschows in jener Zeit anschaulich verdeutlichen.*)

Einleitend soll Gorbatschow erklärt haben: »Mit der DDR geht es uns jetzt wie mit unserem Aserbaidschan, auf keinen kann man sich stützen, mit keinem haben wir vertrauliche Beziehungen. Und selbst wenn wir uns mit jemanden absprechen könnten, hätte das keine entscheidenden Folgen. Sogar Modrow fällt von der SED ab. Dabei ist unwesentlich, dass er unser aufrichtiger Freund ist. Es gibt keine realen Kräfte in der DDR.

Folglich können wir auf den Prozess nur über die BRD Einfluss nehmen. Und hier steht vor uns die Wahl: Kohl oder die SPD. Die Sozialdemokraten, trotz aller beruhigenden Erklärungen und Schwüre Brandts und seiner Kollegen, stürzen sich in den Wahlkampf in der DDR. Brandt ist schon der Vorsitzende der vereinigten SPD. Angesehene Mitglieder dieser Partei sind bereit, für die Volkskammer zu kandidieren, als Mitglied des Bundestages zurückzutreten und in die Heimat, nach Ostdeutschland, wo die Mehrheit von ihnen geboren wurde, zurückzukehren. (*Wo hatte er diese* »*Weisheiten*« *her und hat er sie wirklich geglaubt?* – *G. K.*) Sie versuchen, die CDU noch zu überholen. Wir können da mitspielen.

Laden wir Kohl ein und sagen ihm: Schau was geschieht. Und du spielst das gleiche Spiel und kannst verlieren. Die Sozialdemokraten haben in der DDR mehr Chancen als du. Wir sehen auf das deutsche Problem nicht durch ihre Wahlbrille, wir sehen es im europäischen und weltweiten Kontext. So sehen es auch deine Verbündeten in der NATO. Und du kennst den Unterschied zwischen dem, was sie öffentlich sagen und was sie denken. Sieh da. Wir schlagen dir, lieber Helmut, vor, in der deutschen Frage sich ernsthaft in der Sache und nicht nur in Worten auf den europäischen Standpunkt zu stellen.«

(*Nach meinen Informationen wurde in dem Gespräch sehr widersprüchlich über das Verhalten gegenüber der SPD gestritten. Man orientierte sich schließlich auf Kohl, jedoch sollte die SPD nicht ignoriert werden. In den Erinnerungen von Gorbatschow und auch in den vorliegenden Aufzeichnungen wird dieser Gedanke überhaupt nicht erwähnt – G. K.*)

Schlussfolgernd sagte Gorbatschow dann weiter: »Was bedeutet das konkret: In der DDR stehen unsere Truppen, in der BRD die NATO-Truppen. Das ist ein realer Fakt, der sich aus den juristischen Ergebnissen des Krieges ergibt, die von den Siegern beschlossen wurden. Und das begründet das Recht der vier Mächte, sich am deutschen Prozess zu beteiligen. Dir und besonders Brandt gefällt nicht, dass sich unter den Siegern Frankreich (»Ehrensieger«, wie ihr sie ironisch bezeichnet) befindet. Gut. Aber jetzt gibt es eine andere Realität als 1945. Versammeln wir nicht ›vier‹, sondern mit dir, Kohl, ›fünf‹ Teilnehmer. Und legen wir die Rechte der Deutschen und die Rechte der Übrigen fest.«

Hier habe Tschernjajew eingeworfen – und darauf, sich als einen angeblichen Autoren für den Zwei-plus-Vier-Prozess darzustellen, legte er in seiner Aufzeichnung offenbar größten Wert: »Michail Sergejewitsch, nach meiner Meinung, muss man nicht ›fünf‹, sondern ›sechs‹ versammeln, die vier Sieger und die zwei deutschen Staaten.«

Bezeichnend sind die Meinungsäußerungen von Krjutschkow und Jakowlew.

Krjutschkow: »Die Tage der SED sind gezählt. Sie ist für uns kein Hebel und keine Stütze. Modrow ist eine Übergangsfigur, er hält sich nur auf Kosten von Zugeständnissen, aber bald sind keine Zugeständnisse mehr möglich. Es lohnt sich, der Sozialdemokratischen Partei der DDR Aufmerksamkeit zu schenken. Unser Volk fürchtet, dass Deutschland erneut zu einer Gefahr wird. Deutschland wird niemals mit den heutigen Grenzen einverstanden sein. Man muss unser Volk langsam an die Wiedervereinigung gewöhnen. Unsere Truppen in der DDR sind ein Faktor des gesamteuropäischen Prozesses. Es ist notwendig, aktiver unsere Freunde, die ehemaligen Mitarbeiter des KGB und des Ministeriums für Innere Angelegenheiten in der DDR, zu unterstützen.«

Jakowlew: »Es ist notwendig, Modrow in die Sozialdemokratische Partei zu montieren, um den östlichen Teil zu führen. Unsere Truppen in der DDR sind für Amerika notwendiger als für uns selbst. Es wäre gut, wenn Modrow mit einem Programm der Wiedervereinigung auftreten würde, unvoreingenommen, ausgehend von den Realitäten, und wir würden ihn aktiv unterstützen. Damit erhielten wir die Sympathie des deutschen Volkes. Dabei sollten wir darauf verweisen, dass wir seit 1946 für ein einheitliches Deutschland eintreten. Unter welchen Bedingungen? Neutralisierung, Demilitarisierung. Es wird Widerstand von Seiten Englands, Frankreichs und der kleinen europäischen Staaten geben. Setzen wir in dieser Situation auf die Nachdenklichkeit der Vereinigten Staaten. Und wir können auf dem Berge sitzen und von oben auf das Handgemenge schauen. Was unser Volk angeht, so ist selbst Stalin sofort nach dem Krieg für die Erhaltung eines einheitlichen Deutschland eingetreten. Auf jeden Fall dürfen wir nicht einfach nur zusehen.«

Danach folgt in den Aufzeichnungen der Satz: »Es sprachen noch Tschernjajew, Falin, Achromejew, Schachnasarow.«

Warum die Autoren deren Ausführungen nicht erwähnen, bleibt ihr Geheimnis. Für eine vierstündige Diskussion eine sehr kurze Wiedergabe, denn in den Aufzeichnungen folgen bereits die Schlussfolgerungen Gorbatschows, die sind allerdings so ausführlich, wie ich sie vorher nirgendwo gefunden habe.

Gorbatschow: »Der Prozess bei uns und in Osteuropa ist ein objektiver Prozess. Und er ist schon sehr überhitzt. Dort, wo der Prozess die beständigeren Glieder berührte, in der

DDR, Tschechoslowakei, Rumänien, dort brennt es stärker. Die Lehre für uns ist: nicht zurückbleiben, jederzeit die Realitäten vor Augen haben. Das Volk, selbst bei dieser sehr starken Kritik, die es hört, vergreift sich nicht an der Perestroika. Eher, es nimmt die Gegner der Perestroika nicht an. Unsere Gesellschaft ist die Verfaulteste von allen ihr ähnlichen. Und niemand rettet sie. Wir haben selbst begonnen sie umzubilden. Es ist notwendig, sich weiter so zu halten, vorwärts zu gehen, die Initiative nicht zu verlieren. Auf der Stelle treten ist verderblich.

Es gab den Brester Frieden Nr. 1, jetzt sind wir in der Situation Brester Frieden Nr. 2. Wenn wir damit nicht fertig werden, dann droht, dass man uns erneut das halbe Land abnimmt. Es ist sehr wichtig, das zu verstehen. Die Gesellschaft ist sehr deideoligisiert, deshalb überholen uns die realen Prozesse. Und die Partei kann sich nicht erneuern.

Natürlich muss man die DDR gesondert behandeln. Das ist ein spezieller Fall. Das ist nicht Rumänien. In der DDR ist die Kommunistische Partei (*offensichtlich ist die SED-PDS gemeint – G. K.*) eine ernstzunehmende Angelegenheit. Die Tschechoslowakei, Bulgarien und Ungarn sind an uns nicht mehr interessiert. Sie leiden darunter, aber sie können nicht weit gehen. Auch Polen ist ein besonderer Fall. In Polen blieb ein starker Privatsektor erhalten. Die Landwirtschaft ist im Wesentlichen privat. Aber Polen hängt weder ökonomisch, noch politisch, noch historisch von uns ab. Aber man muss Tadeusz Mazowiecki und seine Ansprüche nicht fürchten. Wir haben den Polen leider nichts gegeben. Im Verlauf der Perestroika haben sich unsere Beziehungen mit dem polnischen Volk aber auch nicht verschlechtert.

Bleibt der schwierigste Punkt übrig, die DDR. Sie kann gehen: Es gibt die BRD und die Europäische Gemeinschaft, an die sie seit langem gebunden ist. Für uns gibt es noch den moralischen Faktor, die Reaktion des sowjetischen Volkes. Ich setze darauf, dass wir nach Möglichkeit mehr Zeit gewinnen. Das Wichtigste ist jetzt, den Prozess hinzuziehen, wie auch immer das Endziel sein mag (Wiedervereinigung). Es ist nötig, dass sich die Deutschen an dieses Ziel gewöhnen, aber auch Europa und wir in der UdSSR.

Die Strategie ist so. Ganz Westdeutschland ist daran interessiert, die Verbindungen mit uns nicht zu verlieren. Wir brauchen sie und sie brauchen uns. Aber nicht absolut. Brauchen wir Frankreich und England nicht? So zu rechnen wäre ein großer Fehler. Die Deutschen brauchen uns. Das zwingt uns, mit einer solchen Abhängigkeit zu rechnen. Die Geschäftskreise wollen keine Kostgänger. In der BRD gibt es 58 Millionen (*Bürger* – G. K.) und in der DDR 16 Millionen. Frankreich will keine Vereinigung. England fürchtet, ausgeschlossen zu werden. Alle diese Momente müssen wir berücksichtigen.«

Gorbatschow nennt dann einige Grundpunkte der weiteren Strategie.

Vielleicht sollten wir nicht vergessen, was Gorbatschow, Falin, Tschernjajew und Schachnasarow in ihren Erinnerungen geschrieben haben. Eine Passage von Schachnasarow möchte ich noch anführen.

Die Teilnehmer stimmten, ungeachtet der Differenzen über die Taktik, offenbar überein, dass die Vereinigung der beiden deutschen Staaten unvermeidlich sei. Schachnasarow zitiert in diesem Zusammenhang Gorbatschow: »Die Ereignisse in Deutschland bringen uns, unsere Freunde, aber auch die westlichen Mächte in eine schwierige Lage. Die SED zerfällt. Nunmehr ist klar, dass die Vereinigung unausweichlich ist, und wir haben kein moralisches Recht, uns ihr zu widersetzen. Unter diesen Bedingungen kommt es darauf an, die Interessen unseres Landes maximal zu wahren: Dazu zählen die Anerkennung der bestehenden Grenzen, ein Friedensvertrag, der den Austritt der Bundesrepublik aus der NATO, zumindest den Abzug ausländischer Truppen vorsieht, und eine Entmilitarisierung ganz Deutschlands. Man sollte den Freunden raten, sich über die Chance einer Vereinigung der SED und der SPD Gedanken zu machen. Unsere Gesellschaft nimmt die Loslösung der DDR und vor allem ihre Absorption durch die Bundesrepublik mit Trauer und Kummer auf. Millionen Frontkämpfer sind noch am Leben. Nicht nur die ältere Generation, sondern auch die Jugendlichen sind gewohnt, im sozialistischen Deutschland eine der Grundfesten der heutigen Welt zu sehen. Das gesellschaftliche Bewusstsein wird ein beachtliches Trauma erleiden. Doch an der Situation ist nichts zu ändern, wir werden das verkraften müssen.«

Wir sollten den Autoren dankbar sein, dass sie eine ausführlichere Darstellung des Gesprächs geben, als wir bisher aus den Erinnerungen Gorbatschows und anderer Teilnehmer erfuhren. Obwohl es erneut nur Bruchstücke sind. Die Meinungen einiger Teilnehmer erfahren wir gar nicht erst, obwohl ich überzeugt bin, dass Tschernjajew gerade diese sehr wohl aufgeschrieben hat. Was wird uns also weiter vorenthalten? Es wird der Eindruck vermittelt, als ob alle grundsätzlich einer Meinung gewesen seien, was unwahrscheinlich ist. Widersprüchliche Meinungen werden in der Regel einfach negiert. Viele Fragen bleiben also weiter offen.

Beim Lesen der Aufzeichnungen wurde mir erneut bewusst, dass der sowjetischen Führung in dieser entscheiden Phase jegliche Klarheit über das politische Kräfteverhältnis in Europa und in der Welt fehlte. Die Ausführungen Gorbatschows und anderer zeugen in erschreckender Weise von Illusionen, sachlicher Unkenntnis, von politischer Naivität und von Fehleinschätzungen der internationalen Realitäten. Die eigenen Kräfte und Möglichkeiten werden sträflich überschätzt. Die Aufzeichnungen lassen die Teilnehmer in keinem besonders guten Licht erscheinen.

Gorbatschow schwenkt endgültig um

Ende Januar 1990 kamen Gorbatschow und die sowjetische Führung zu der Überzeugung, dass die Vereinigung der beiden deutschen Staaten nicht mehr aufzuhalten sei. Obwohl die UdSSR nach wie vor über keine klare Verhandlungsstrategie verfügte und mit kämpferischen Durchhalteparolen versuchte, der internationalen Öffentlichkeit zu imponieren, hatte man in Moskau begonnen, sich auf die eigenen nationalen Interessen zu besinnen und über den Preis für die Vereinigung sowie die Verbesserung der begrenzten Einflussmöglichkeiten nachzudenken.

Die wirtschaftliche Situation und damit auch die politische Stimmung verschlechterten sich. In den Unionsrepubliken verstärkten sich die Spannungen und Konflikte. In Bonn wollte man eine weitere Schwächung Gorbatschows oder gar einen möglichen Sturz auf jeden Fall verhindern. Neben der Forcierung des Vereinigungsprozesses spielte man in Bonn die wirtschaftlichen Trümpfe aus. Die BRD leistete bereits einen beachtlichen wirtschaftlichen Beitrag zur Unterstützung der Sowjetunion. Anfang 1990 verstärkte die Bundesrepublik ihre Hilfe, reagierte auf jedes Hilfeersuchen aus Moskau schnell und positiv und stärkte damit die Position Gorbatschows. Natürlich ging man in Bonn auch von der berechtigten Erwartung aus, dass die Sowjetunion so eher zu entsprechenden Gegenleistungen im Vereinigungsprozess bereit sein würde.

Am 8. Januar 1990 wandte sich Schewardnadse über Botschafter Juli K. Kwizinski mit der Bitte an das Bundeskanzleramt, der Sowjetunion angesichts der prekären Versorgungslage mit bestimmten Lebensmitteln zu helfen. Sie benötigte vor allem Fleisch, Fette, Pflanzenöl und Käse, um einige zeitweilige Engpässe in der Versorgung der Bevölkerung zu überwinden. Die Sowjetunion würde diese Lieferungen selbstverständlich bezahlen, so Kwizinski, aber ein »Freundschaftspreis« wäre wünschenswert.

Kohl erkannte in der Anfrage Schewardnadses sofort die Chance, das Klima in den Beziehungen zur Sowjetunion zu verbessern. Bereits am 24. Januar, also nur zwei Wochen später, war das umfassende Nahrungsmittelpaket geschnürt und stand zur Lieferung in die Sowjetunion bereit. Es bestand aus: 52 000 Tonnen Rindfleisch, 50 000 Tonnen Schweinefleisch, 20 000 Tonnen Butter, 15 000 Tonnen Milchpulver und 5000 Tonnen Käse. Um den von der Sowjetunion gewünschten Sonderpreis gewähren zu können, subventionierte die Bundesregierung dieses Geschäft mit 220 Millionen D-Mark aus dem Bundeshaushalt.

Am gleichen Tage gab Portugalow der *Bild* ein Interview, in dem die bemerkenswerten Sätze zu lesen waren: »Wenn das Volk der DDR die Wiedervereinigung will, dann wird sie kommen. Wir werden uns in keinem Fall gegen diese Entscheidung stellen, werden uns nicht einmischen.«

Eine anmaßende und seine Kompetenzen weit übersteigende Äußerung. Vielleicht war das Zufall, vielleicht aber auch Auftrag. Auf jeden Fall scheint es aber erwähnenswert, weil der Kanzler darin bereits »ein Signal für eine grundlegende Wende in der sowjetischen Haltung gegenüber der deutschen Einigung sah«.

Diese Hilfe wurde vor dem bekannten Treffen zwischen Gorbatschow und Kohl am 10. Februar in Moskau organisiert und in der Zeit des Treffens ausgeliefert.

Nun wäre es absurd zu behaupten, dass die Moskauer Zustimmung zur deutschen Einheit mit diesem Nahrungsmittelpaket erkauft worden sei, wie es genauso absurd wäre, dasselbe von dem Ende Mai gewährten 5 Milliarden D-Mark-Kredit behaupten zu wollen. Es waren nur einige von den vielen westlichen Signalen an Gorbatschow. Doch es waren wichtige und zeitlich wohl überlegte Aktionen. Ob Januar, Mai oder Anfang Juli 1990 immer war es der richtige Zeitpunkt, um mit finanzieller und wirtschaftlicher Hilfe Druck auf politische Entscheidungen Gorbatschows auszuüben. Damit gab die Bundesregierung auch zu verstehen, dass die Sowjetunion keinen zuverlässigeren Helfer als die Bundesrepublik für die Verwirklichung der Perestroika habe und durch die Vereinigung nicht Schaden nehmen würde, sondern nur gewinnen könne.

Das Gefühl für das richtige Timing hat die westdeutsche Seite in dem Vereinigungsprozess mehrfach bewiesen.

Die strategischen Ziele der USA waren Anfang 1990 mit denen der Bundesrepublik Deutschland fast identisch, obwohl sie sich über die Taktik nicht immer einig waren. Die USA nutzten ihre beträchtlichen politischen und militärischen Möglichkeiten, um Entscheidungen der sowjetischen Führung im Interesse der Bundesrepublik zu beeinflussen. Sie gaben Gorbatschow und Schewardnadse »mit dem Gewicht und der Garantenstellung einer Supermacht« die politischen Zusicherungen, die diese zur Beruhigung und Besänftigung ihrer Opponenten in der Führung, der Parteimitglieder und des Volkes benötigten.

Am 7. Februar 1990 traf der Außenminister der USA James Baker zu Gesprächen in Moskau ein. In einem Vieraugengespräch mit Schewardnadse sprach Baker auch die Zwei-plus-Vier-Formel für die Verhandlungen über die Herstellung der deutschen Einheit an. Schewardnadse hatte aber ganz andere und teilweise völlig gegensätzliche Vorstellungen davon, wie die Vereinigung ablaufen sollte. Er warnte vor der Forcierung des Vereinigungsprozesses und sprach sich für ein stufenweises Vorgehen aus. Als Verhandlungsforum hielt er die KSZE für den angemessenen Mechanismus. Im Gespräch mit Gorbatschow lehnte Baker die KSZE als Verhandlungsmechanismus ab und behauptete, auch der Vier-Mächte-Mechanismus könne allein nicht funktionieren. Deshalb setzte er sich hartnäckig für die Anwendung der Zwei-plus-Vier-Formel ein. Gorbatschow blieb, wie schon so oft in seinen Aussagen, unklar, widersprüchlich und unbestimmt. So soll er Baker angeblich vorgeschlagen haben: »Ich sage ›Vier-plus-Zwei‹ und sie sagen ›Zwei-plus-Vier‹.« Das bedeutet, dass Gorbatschow den amerikanischen Standpunkt nicht akzeptierte, aber leider auch nicht ausdrücklich zurückwies. Baker, der den Eindruck gewann, dass sich Gorbatschow viel stärker als Schewardnadse der westlichen Linie der Vereinigung zuneigte, entschloss sich, diese Bemerkung Gorbatschows stillschweigend als Zustimmung zu den amerikanischen Vorstellungen zu betrachten.

Die von Kohl und Genscher kolportierte Auffassung, sie hätten hart kämpfen müssen, um den entscheidenden Durchbruch im Vereinigungsprozess zu erreichen und Gorbatschow zu überzeugen, dass die Deutschen selbst über die Einheit entscheiden müssen, ist stark übertrieben. Die entscheidenden Vorarbeiten haben Gorbatschow und Schewardnadse mit ihrer Inkonsequenz und Inkompetenz, den nicht vorhandenen sowjetischen Bedingungen für die Vereinigung der beiden deutschen Staaten sowie der fehlenden Verhandlungsstrategie mit der BRD und den USA selbst geleistet. Eine bedeutende Unterstützung erhielt Kohl durch die USA und persönlich durch Außenminister James Baker.

Am 10. Februar 1990 traf sich Bundeskanzler Kohl zu Gesprächen mit Gorbatschow in der sowjetischen Hauptstadt. Zunächst lobte und bedankte man sich gegenseitig. Etwas ungewöhnlich war, dass Kohl Gorbatschow einleitend zu den Ergebnissen des letzten Plenums des ZK der KPdSU beglückwünschte, das nach Meinung Kohls »zu einem beeindruckenden, hervorragenden und überdurchschnittlichen Ereignis« wurde. Die Begeisterung Kohls wird verständlich, wenn man weiß, dass sich Gorbatschow auf dieser Tagung noch einmal gegen seine oppositionellen Gegner durchsetzen und die ZK-Mitglieder zu einer Radikalisierung der Perestroika überreden konnte. Das

Plenum beschloss den Verzicht auf das Machtmonopol der Partei, die Streichung des Artikels 6 der sowjetischen Verfassung über die führende Rolle der KPdSU, die Einführung des Präsidialsystems und die Reform des Eigentumsrechts. In einem anderen Zusammenhang fragte Kohl heuchlerisch, was die Sowjetunion wohl ohne Gorbatschow wäre. Die Gegner Gorbatschows stempelte er in arroganter Weise zu Dummköpfen ab, die »keine Ahnung von Politik und Geschichte« hätten.

Wie das Protokoll zeigt, nahm Gorbatschow diese Huldigungen mit Zufriedenheit zur Kenntnis. Gorbatschow bedankte sich für das umfangreiche Lebensmittelpaket und die darin zum Ausdruck kommende »edelmütige politische Geste, die weit über den Rahmen normaler Beziehungen hinausgehe«.

Den Hinweisen Bakers folgend, ging Kohl mit Verständnis auf das Problem der militärischen Sicherheit ein. Ohne auf die Bedenken, die Ängste und Sorgen der Sowjetunion direkt einzugehen, gab Kohl zu verstehen, dass sich das vereinigte Deutschland aus der BRD, DDR und Berlin zusammensetzen werde, wie es später im Zwei-plus-Vier-Vertrag auch vereinbart wurde.

Im Zusammenhang mit der militärischen Sicherheit kam Gorbatschow schnell auf die Grenzfrage mit Polen zu sprechen. Im Verlauf des Gesprächs zeigte sich, dass er beträchtliche Zweifel an der Haltung und den Absichten der Bundesrepublik hatte. Kohl erklärte, dass die Grenze mit Polen in den Verträgen von Moskau und Warschau geregelt sei. Da diese Verträge aber zwischen der Sowjetunion bzw. Polen und der BRD vereinbart wurden seien, müsste nach Vollendung der Einheit das gesamtdeutsche Parlament den Bestand dieser Verträge bestätigen. Damit würde das geeinte deutsche Parlament einen Schlussstrich unter die Grenzfrage mit Polen ziehen, mit dem alle Zweifel und jegliches Misstrauen ausgeräumt werden würden.

Interessant ist, dass Kohl sehr ausführlich auf die mit der Grenzfrage verbundenen innenpolitischen Probleme einging. Deutschland habe im Ergebnis des II. Weltkrieges ein Drittel seines Territoriums, 13 Millionen Deutsche ihre Heimat verloren. Mit dem Verstand hätten sie sich mit dem Verlust ihrer Heimat abgefunden. Der Schmerz in der Seele sitze jedoch immer noch tief. Er brauche aber auch die innere Zustimmung der noch lebenden vier bis fünf Millionen Übersiedler, von deren Kindern und Enkelkindern. Kohl betonte, es sei sein Problem und nicht das von Gorbatschow, und er werde sein gegebenes Wort für die Lösung dieser Frage halten. Gleichzeitig bat er Gorbatschow, das Thema der Grenze in Verbindung mit dem Schicksal der Vertriebenen bis zu dem Tag nicht auf die Tagesordnung zu setzen, bis nicht volle Klarheit herrsche. Er, Kohl, möchte nicht, dass der Druck auf ihn verstärkt werde. Im deutschen Protokoll fehlen all diese Passagen. Es heißt lediglich: »Der Bundeskanzler erläuterte seine Position zur Oder-Neiße-Grenze.«

Beim Gedankenaustausch über die Zwei-plus-Vier-Formel verwendete Gorbatschow bemerkenswerter Weise die amerikanische und westdeutsche Diktion der Formel. Nach den Wahlen in der DDR könnten sich die Vertreter der beiden deutschen Staaten und der vier Mächte versammeln.

Für das wichtigste Ergebnis des Treffens hielten Kohl und Genscher die Zustimmung Gorbatschows zur Vereinigung der beiden deutschen Staaten. Mehr nebenbei sprach Gorbatschow die entscheidenden Sätze, auf die Kohl und Genscher hingearbeitet und auf die sie sehnsüchtig gewartet hatten: »Man kann wohl sagen, dass es zwischen der Sowjetunion und der BRD und der DDR keine Unstimmigkeiten über die Frage der Einheit der deutschen Nation gibt und darüber, dass die Deutschen selbst diese Frage entscheiden sollen. Einfach ausgedrückt, im Hauptausgangspunkt gibt es eine Auffassung. Die Deutschen sollen ihre Wahl selbst treffen.« Im Verlauf des Gesprächs präzisierte er diese Aussage. Die Deutschen träffen ihre Wahl selbst, aber die Vereinigung sei nicht nur die Sache der Deutschen, sie berühre auch die Interessen der Nachbarstaaten, die Situation in Europa und in der Welt.

In der Mitteilung der sowjetischen Nachrichtenagentur *TASS* wurde der für die BRD entscheidende Satz deutlicher und ausführlicher formuliert: Es gebe »zur Zeit zwischen der UdSSR, der BRD und der DDR keine Meinungsverschiedenheiten darüber, dass die Deutschen selbst die Frage der Einheit Deutschlands lösen und selbst ihre Wahl treffen müssen, in welcher Staatsform, zu welchen Zeitpunkten, mit welchem Tempo und zu welchen Bedingungen sie diese Einheit realisieren werden«.

Anfang Februar 1990 war Gorbatschow also endlich bereit, sich den Realitäten in der Frage der Vereinigung der beiden deutschen Staaten zu stellen. Bis zu diesem Zeitpunkt hatte er nur vage Erklärungen darüber abgegeben, dass die Geschichte über das Schicksal der Deutschen entscheiden würde. In der Öffentlichkeit sprach er sich gegen eine schnelle Vereinigung aus und heuchelte gegenüber der DDR seine Bündnistreue. Doch in den entscheidenden Gesprächen mit Hans Modrow, James Baker und Helmut Kohl schwenkte er innerhalb weniger Tage zur bedingungslosen Zustimmung zur Vereinigung der beiden deutschen Staaten um. Nun musste nur noch der konkrete Rahmen für die Vereinigung gefunden und verbindlich vereinbart werden.

Anfang 1990 wurde nicht nur in den beteiligten sechs Staaten über die Vereinigung und die dabei verfolgten Ziele und Interessen sowie über den Verhandlungsrahmen nachgedacht. In Moskau liebäugelte man, wenigstens für eine gewisse Zeit, mit dem Gedanken einer gesamteuropäischen Konferenz der 35 KSZE-Staaten und dem Abschluss eines Friedensvertrages mit dem vereinigten Deutschland. Diese Idee fand auch in anderen europäischen Staaten Zustimmung. Sie wurde jedoch in Bonn und Washington energisch verworfen. Es gibt keinen Zweifel, dass eine solche Konferenz ein langwieriger, schwerfälliger und komplizierter Prozess geworden wäre. Genau das widersprach den Interessen der USA und der BRD. Sie traten für eine schnelle Lösung ein, ohne Einmischung anderer Partner, die das angestrebte Ziel hätten behindern können.

Erfolg versprechender war die Idee, über die Vereinigung auf einer Konferenz der vier Siegermächte, ähnlich der von Jalta oder Potsdam, und ohne die beiden deutschen Staaten zu beraten und zu entscheiden. Dieser Idee gab man in Moskau den Vorrang. Aber auch in London und Paris fand sie Unterstützung. Auf einer solchen Konferenz hätten die Siegermächte ihre Interessen leichter durchsetzen können. Die USA und natürlich auch die Bundesrepublik lehnten diese Idee nachdrücklich ab. In Bonn befürchtete man, dass die vier Mächte das Recht Deutschlands auf Selbstbestimmung ignorieren könnten. Man wehrte sich auch gegen jegliche Form von Friedensverhandlungen. Sie würden zu sehr an den Vertrag von Versailles und die damit verbundenen Folgen erinnern. Diese Demütigung sollte dem deutschen Volk erspart bleiben.

So blieb nur die Möglichkeit, eine Lösung der deutschen Frage im Kreis der vier Siegermächte und der zwei deutschen Staaten zu suchen. Zu dieser Schlussfolgerung scheint man in Washington und in Moskau im Januar 1990 gleichzeitig gekommen zu sein. In Washington einigten sich Experten der USA und der BRD auf die Formel »Zwei-plus-Vier«, was im Klartext hieß, dass die BRD in diesem Prozess die Führung übernehmen würde. Die Formel »Vier-plus-Zwei« wurde aus politischen und emotionalen Gründen abgelehnt.

Vom 11. bis 13. Februar 1990 trafen sich in Ottawa Vertreter der 35 KSZE-Staaten auf der Konferenz »Open Sky«. Die Konferenzthemen waren Inspektionsflüge und Luftbildaufnahmen in gegnerischen Lufträumen. Baker und Genscher kamen jedoch mit dem klaren Ziel nach Ottawa, die Schwäche Gorbatschows und Schewardnadses auszunutzen, den Druck auf sie zu erhöhen und die Zwei-Plus-Vier-Formel unbedingt durchzusetzen. Noch hatte man alles in der Hand, und bevor Moskau vielleicht seine Meinung ändere, sollte die Formel veröffentlicht und der Zwei-Plus-Vier-Prozess in Gang gesetzt werden. Dies geschah letzten Endes auch. Schewardnadse stimmte nach längerem Hin und Her der Abgabe einer entsprechenden Erklärung zu.

Der Verlauf der Gespräche zeigt, dass Schewardnadse zu diesem Schritt von Baker und Genscher faktisch genötigt wurde. Doch Schewardnadse ist nicht unschuldig. Ihm verblieben genügend Möglichkeiten, einer endgültigen Zustimmung in Ottawa auszuweichen. Baker und Genscher gelang es offensichtlich, Schewardnadses ursprüngliches Misstrauen, seine Zweifel und Besorgnisse zu zerstreuen.

Entscheidende Monate – die Regierung Modrow

Am 13. November 1989 wählte die Volkskammer Hans Modrow zum Ministerpräsidenten und beauftragte ihn mit der Bildung einer Koalitionsregierung.

Hans Modrow war in der Partei und in der Republik, ja selbst im Ausland kein Unbekannter. Er war 1. Sekretär einer Kreisleitung, Sekretär der Bezirksleitung Berlin und Abteilungsleiter im ZK der SED. Mehr als 30 Jahre gehörte er dem ZK der SED an und mehr als 15 Jahre leitete er die Bezirksleitung Dresden. Für das Politbüro war er kein besonders bequemer Partner, er wurde einige Male wegen angeblicher Fehler zum Sündenbock erklärt und vom Politbüro auch öffentlich gerügt. In der Partei galt er seit längerem als selbstbewusster und reformfreudiger Funktionär, dessen ruhige Sachlichkeit ihm unter den Mitgliedern Vertrauen und Sympathie einbrachte. An seiner Imagebildung als Hoffnungsträger der Partei waren auch die westlichen Medien nicht ganz unbeteiligt.

Durch unsere gemeinsame Arbeit im ZK kannte ich Hans Modrow recht gut. Wir verstanden uns und vertraten gleiche politische Ansichten. Im Jahre 1973 verließen wir zur gleichen Zeit Berlin. Hans Modrow wurde 1. Sekretär der Bezirksleitung Dresden und ich ging als Botschafter nach Prag. Die territoriale Nähe zwischen Prag und Dresden wirkte sich positiv auf die Zusammenarbeit zwischen der Bezirksleitung und der Botschaft aus. Diese nützliche Zusammenarbeit setzte sich auch während meiner Tätigkeit in Moskau fort. Ich empfand nach der Wahl von Hans Modrow zum Ministerpräsidenten Freude und Genugtuung, weil ich hoffte, dass sich das auch positiv auf die Arbeit der Botschaft in Moskau auswirken würde. Meine Hoffnungen wurden in seiner Regierungszeit auch nicht enttäuscht.

In seiner Regierungserklärung war der außenpolitische Teil relativ kurz und, wie bei solchen Erklärungen nicht ungewöhnlich, allgemein gehalten. Die Erklärung entsprach dem Geist der Zeit, trug den Erfordernissen der Krise in der DDR und den Forderungen der Bürger mehr oder weniger Rechnung. Die nationalen und internationalen Rahmenbedingungen veränderten sich jedoch sehr schnell und entwerteten sie damit.

Unter den Hauptrichtungen der Außenpolitik standen das Bündnis und die Beziehungen mit der UdSSR und den anderen sozialistischen Ländern weiter an erster Stelle. Sie wurden als Rückgrat der Stabilität der DDR angesehen. Die vielfältigen Beziehungen, vor allem mit der Sowjetunion, sollten in neuer Qualität ausgedehnt und vertieft werden. Die DDR stand zu ihren Verpflichtungen im Warschauer Vertrag und für die Mitwirkung einer Bestandsaufnahme der Situation im Rat für Gegenseitige Wirtschaftshilfe. In Europa sollte der Beitrag der DDR für eine europäische Friedensordnung erhöht werden. Sicherheit verstand man als ein komplexes Geflecht von politischen, ökonomischen, ökologischen und kulturellen Beziehungen bei gleichzeitiger Zurückdrängung militärischer Faktoren. In diesem Sinne wollte die DDR künftig im KSZE-Prozess für die Überwindung der Spaltung Europas, nicht aber für die Überwindung der unterschiedlichen sozialen Ordnungen wirken.

Zu den grundlegenden Voraussetzungen der Stabilität und des Friedens in Europa rechnete die Regierung der DDR stabile, berechenbare Beziehungen zwischen beiden deutschen Staaten sowie deren weitere Entwicklung. Man ging noch davon aus, dass mit der angestrebten und bereits begonnenen Reform des politischen Systems in der DDR auch der Weg zur Wahrung und Durchsetzung des Selbstbestimmungsprozesses des Volkes der DDR auf neuer Grundlage gegangen werden könnte. Damit sollte die Legitimation der DDR als sozialistischer Staat, als souveräner deutscher Staat erneuert werden. Nicht durch Beteuerungen, sondern durch eine neue Realität des Lebens in der DDR sollte den, wie immer noch geglaubt wurde, unrealistischen wie gefährlichen Spekulationen über eine Wiedervereinigung eine klare Absage erteilt werden. Die DDR wollte die Zusammenarbeit mit der BRD auf allen Gebieten umfassend ausbauen. Sie erklärte sich bereit, die Verantwortungsgemeinschaft beider deutscher Staaten durch eine Vertragsgemeinschaft zu regeln. Anfangs hoffte die Regierung der DDR noch, dass die Annäherung in Etappen, kontrolliert und eingebettet in den gesamteuropäischen Prozess verlaufen würde. Für ihre ehrlichen und konstruktiven Bemühungen sprechen der Entwurf des Vertrages über Zusammenarbeit und gute Nachbarschaft zwischen der Deutschen Demokratischen Republik und der Bundesrepublik Deutschland, er wurde der Bundesregierung am 17. Januar 1990 übergeben, und die Initiative »Für Deutschland, einig Vaterland« vom 1. Februar 1990.

In der Botschaft sahen wir erste Aufgaben in der ungestörten Fortsetzung der freundschaftlichen Beziehungen mit der Sowjetunion, der Klimaverbesserung mit der KPdSU und der Nutzung der allseitigen Zusammenarbeit mit der Sowjetunion für die Stabilisierung der Lage in der DDR. Vereinfacht gesagt ging es im Herbst und Winter 1989/90 darum, uns der tatkräftigen Unterstützung des ZK der KPdSU und der Regierung der UdSSR für die Lösung der komplizierten Probleme in der DDR sowie eines einheitlichen Auftretens gegenüber der BRD zu versichern. Eine Bedingung dafür war die verantwortungsvolle Erfüllung unserer Verpflichtungen, der Verpflichtungen der DDR gegenüber der Sowjetunion. Daraus ergaben sich umfangreiche Aufgaben für die Mitarbeiter der DDR-Dienststellen, die für den Außenhandel sowie die wirtschaftliche und wissenschaftlich-technische Zusammenarbeit verantwortlich waren. Sie standen vor der komplizierten Aufgabe, unter den veränderten materiellen und finanziellen Bedingungen und Möglichkeiten der DDR, aber auch der UdSSR, zur Stabilisierung der wirtschaftlichen und sozialen Situation in der DDR beizutragen.

Ich erinnere mich in Dankbarkeit an die Leiter und Mitarbeiter, die in diesen Wochen und Monaten bis zum bitteren Ende der DDR mit mir gemeinsam an der Lösung dieser Aufgaben arbeiteten. Sie haben nie ein Wort der Anerkennung oder gar des Dankes von ihren Regierungen in dieser Zeit gehört.

Am 16. und 17. Januar 1990 fand in Berlin eine Beratung mit den Botschaftern statt. Sie wurde durch die Länderbereiche organisiert. In der Beratung mit den Botschaftern der DDR aus den sozialistischen Ländern hielt Harry Ott, Stellvertreter des Ministers für Auswärtige Angelegenheiten, das einleitende Referat. Vieles an dieser Beratung war anders als frühere Treffen dieser Art. Es begann schon damit, dass als Ziel der Beratung die Erarbeitung gemeinsamer Standpunkte genannt wurde. Das wurde dankbar aufgegriffen und zeigte sich dann auch in der Diskussion, die teils konträr zu den Auffassungen der Zentrale verlief. Die leitenden Mitarbeiter des Ministeriums standen vor den gleichen Problemen wie wir in den Botschaften. Sie mussten unter den komplizierten innen- und außenpolitischen Bedingungen die außenpolitische Linie ausgestalten und den Botschaften, wenn möglich, klare Aufgaben stellen. Angesichts der schnellen Veränderungen in der DDR keine leichte Sache. Aus den Ausführungen der Redner war zu erkennen, dass noch nach Antworten gesucht wurde, dass vieles unklar und widersprüchlich blieb. Es war nicht zu übersehen, dass angesichts der krisenhaften Entwicklung in der DDR uns das Gefühl der Hoffnung, des Optimismus vermittelt werden sollte.

Der Linie der Regierung folgend, gingen alle Einschätzungen und Aufgaben von der weiteren Existenz von zwei deutschen Staaten aus. Die Vereinigung stehe nicht auf der Tagesordnung, sie müsse in die gesamteuropäischen Entwicklungen eingebettet werden, und ein vereinigtes Deutschland dürfe nicht Mitglied der NATO sein. Die Zweistaatlichkeit auf deutschem Boden müsse so lange als möglich erhalten bleiben. Das war auch mein Wunsch und sicher auch der meiner Kollegen. Obwohl die präzedenzlose Einmischung der BRD, das Anheizen von Vereinigungsforderungen in der DDR und die Verzögerung der Vertragsgemeinschaft scharf kritisiert wurden, auch die Signale durch die Bundesregierung klar auf die schnelle Vereinigung gestellt waren, glaubte man in Berlin offenbar noch, die beiden deutschen Staaten auf eine längere Periode erhalten zu können. In Wirklichkeit war der Vereinigungsprozess bereits im vollen Gange und die Vereinigung faktisch entschieden. Offen war nur noch der Zeitplan. Die Aufgabe, Unterstützung für die Souveränität der DDR zu gewinnen war einleuchtend, aber der Auftrag, den ausländischen Partnern die Angst vor der morgigen Vereinigung zu nehmen, kaum zu verwirklichen. Wir wussten oder ahnten wenigstens alle, dass wir nur noch Rückzugsgefechte führten.

Die Beratung vermittelte nicht die erwünschte optimistische Stimmung.

»Für Deutschland, einig Vaterland«

In der Anfang 1990 entstandenen Situation war es für die DDR dringend erforderlich, sich mit der sowjetischen Seite abzustimmen und zu klären, welche politische und wirtschaftliche Hilfe die DDR noch von der UdSSR erhalten könnte. Obwohl Modrow bereits am 4. Dezember 1989 im Gespräch mit Ryschkow ein Treffen der beiden Außenminister vorgeschlagen und Oskar Fischer am 20. Dezember gegenüber Alexander Bondarenko, Leiter der 3. Europäischen Abteilung des sowjetischen Außenministeriums, diesen Vorschlag wiederholte, kam das Treffen zwischen Fischer und Schewardnadse erst am 20. Januar 1990 zustande. Schewardnadse informierte ausführlich und relativ kritisch über die innenpolitische Situation in der UdSSR. Das entsprach auch den Einschätzungen der Botschaft in dieser Zeit.

Im Zusammenhang mit den Entwicklungen in Osteuropa ging er vor allem auf die internationale Verschuldung Polens ein. Nach seinen Worten richte sich das Hauptinteresse der UdSSR auf die Entwicklung in der DDR. Es lasse keinen gleichgültig, was angesichts der sowjetisch-deutschen Beziehungen und der langjährigen, für beide Seiten vorteilhaften freundschaftlichen Zusammenarbeit Sowjetunion-DDR nur verständlich sei. Darüber hinaus berührten die Entwicklung in der DDR und zwischen der DDR und der BRD unmittelbare sowjetische Interessen.

Von außerordentlicher Tragweite wäre auch, dass die DDR und die BRD feste Bestandteile des in einander entgegengesetzten Bündnissen strukturierten europäischen Gleichgewichts seien. Von der Stabilität der DDR gehe ein starker Einfluss auf die Stabilität in ganz Europa aus, und umgekehrt müsste eine Destabilisierung im Herzen Europas gefährlich auf Europa und den KSZE-Prozess zurückwirken. Die Sowjetunion könne auch nicht übersehen, dass mit der deutschen Frage auch das Kräftegleichgewicht zwischen den Großmächten berührt ist. Schewardnadse unterstrich, dass die Sowjetunion den Deutschen keinesfalls das Recht auf Selbstbestimmung abspreche. Dieses Recht hätten die Deutschen in der DDR ebenso wie die Deutschen in der BRD. Ihr Wunsch nach engerer Zusammenarbeit und – wenn es die Deutschen so entscheiden – staatlicher Einheit werde respektiert, wobei es sich verstehe, dass Einheit entsprechende Bedingungen voraussetze. Für die Sowjetunion sei z. B. ein einheitliches Deutschland in der NATO nicht hinnehmbar. Es sei auch nicht zu erkennen, wie bei einem Verbleib der BRD in der NATO und der DDR im Warschauer Vertrag eine staatliche Einheit der Deutschen praktisch möglich sei. Und Neutralisierungsverfahren würden vielerorts abgelehnt, sie seien nicht real.

An Vorbehalte der Sowjetunion zur Vereinigung mangelte es also nicht, aber daraus wurde keine Gegenstrategie, keine tragbare Konzeption für die eigene Politik entwickelt. Obwohl die Regierung der DDR und die Führung der Sowjetunion unter einem enormen Zeitdruck standen, wurde kostbare Zeit nutzlos vertan.

Nur wenige Tage später, am 29. Januar 1990, traf Hans Modrow in Moskau ein, um sich der Unterstützung der Sowjetunion zu versichern und das weitere gemeinsame Vorgehen abzustimmen. In seiner Residenz übergab mir der Ministerpräsident ein dreiseitiges Dokument, das er und seine Begleiter während des Fluges überarbeitet und geändert hatten, mit dem Auftrag, es noch abends übersetzen zu lassen und sofort der sowjetischen Seite zu übergeben. Der Entwurf trug den Titel »Für Deutschland, einig Vaterland« und den Untertitel »Eine Konzeption zur Diskussion über den Weg zur deutschen Einheit«. Es handelte sich um eine Initiative, die eine stufenweise Vereinigung und deren feste Verankerung im europäischen Prozess gewährleisten sollte. In der kurzen Einleitung wurde festgestellt: »Ausgehend vom Willen der Bürger der DDR und der BRD und in Verwirklichung des Selbstbestimmungsrechtes des deutschen Volkes wird die Vereinigung beider deutscher Staaten angestrebt. Bedingt durch historische und gesellschaftspolitische und ökonomische Realitäten kann dieses Ziel nur in einem Prozess und etappenweise über mehrere Jahre erreicht werden.« Als notwendige und mögliche Etappen auf diesem Weg wurden genannt: der Abschluss eines Vertrages über Zusammenarbeit und gute Nachbarschaft, die Bildung einer Konföderation und in der weiteren Perspektive das Zusammenwachsen zu einem einheitlichen deutschen Staat in Form einer »Deutschen Föderation« oder eines »Deutschen Bundes«.

Dieser Weg schien Hans Modrow nur realisierbar, wenn eine Reihe von Voraussetzungen erfüllt würde. Zu ihnen gehörten die Fortsetzung der demokratischen Erneuerung, die Wahrung der Stabilität und die Erhaltung der Funktionsfähigkeit der staatlichen Organe der DDR; die Wahrung der Interessen und Rechte der vier Großmächte und der Interessen aller Völker Europas an Frieden und Stabilität, an Unabhängigkeit, Souveränität und sicheren Grenzen; die Einordnung des Prozesses der deutschen Einheit in den europäischen Einigungsprozess, unter Berücksichtigung der Vorschläge zur Schaffung eines »europäischen Hauses« und einer »europäischen Konföderation«, die militärische Neutralität der DDR und der BRD auf dem Wege zur Föderation sowie die Wahrung der staatlichen Souveränität und der Prinzipien der Nichteinmischung und der Unabhängigkeit.

Dieser Prozess sollte sich auf der Grundlage von Vereinbarungen zwischen den Regierungen der DDR und der BRD, unter Beachtung demokratischer und gewaltloser Formen der politischen Auseinandersetzung, eines zivilisierten und kulturvollen Dialogs sowie durch Volksbefragungen vollziehen. Am Schluss hieß es: »Diese Konzeption wendet sich an die Bürger der DDR und der BRD, an alle europäischen Völker und Staaten, an die Weltöffentlichkeit, ihre Meinung, ihre Ideen und Vorschläge zu unterbreiten.« Sie sollte offensichtlich eine Unterschrift tragen. Welche wurde in dem Entwurf offengelassen.

Als sich Gorbatschow und Modrow am nächsten Morgen trafen, kannte Gorbatschow den Inhalt der Initiative. An dem Treffen im Arbeitszimmer Gorbatschows nahmen der sowjetische Ministerpräsident Ryschkow, Außenminister Schewardnadse, der Sekretär des ZK der KPdSU, Falin, der 1. Stellvertreter der Internationalen Abteilung im ZK, Fjodorow, sowie der Berater Gorbatschows, Ostroumow, teil. In der Begleitung von Hans Modrow befanden sich Harry Ott, stellvertretender Außenminister, Karl-Heinz Arnold, persönlicher Mitarbeiter Modrows, und ich. Das Gespräch wurde wie immer mit Sachkenntnis und hoher Präzision von Dr. Helmut Ettinger übersetzt. In der Beratung ging es um eine Reihe von Fragen unserer Beziehungen und nicht nur um die Abstimmung der bekannten »Initiative«.

Noch vor Beginn der eigentlichen Beratung kam es zu einem Vorfall, über den später viel spekuliert wurde. Nachdem wir das Arbeitszimmer Gorbatschows betreten und am Tisch Platz genommen hatten, erhielten Journalisten der DDR und der UdSSR die Möglichkeit, die Atmosphäre vor den Verhandlungen einzufangen. Eine durchaus übliche Praxis. Dabei wandten sich die Leiter der Delegationen, in Abhängigkeit vom Charakter des Treffens oder der Stimmung, auch mal mit einer freundlichen oder scherzhaften Bemerkung an die Journalisten, was auch der Auflockerung der Atmosphäre diente. Ich kann mich jedoch nicht erinnern, dass bis zu diesem Zeitpunkt je ein Korrespondent von dieser Praxis abgewichen wäre.

Vor Beginn des Gespräches zwischen Gorbatschow und Modrow stellte der Korrespondent des DDR-Rundfunks, Christian Neef, unter Anspielung auf die bisherige Zurückhaltung der Sowjetunion bezüglich einer möglichen Vereinigung der beiden deutschen Staaten Gorbatschow die Frage, mit welcher Position zur deutschen Frage er in diese Verhandlungen gehe. Ohne sich offenbar der Brisanz dieser Frage klar zu sein, erklärte Gorbatschow, dass die Sowjetunion die Vereinigung Deutschlands niemals prinzipiell in Zweifel gezogen hätte und das Recht der Deutschen auf Selbstbestimmung achten würde. Auch die Deutschen hätten verstanden, dass diese wichtige Frage, die das Schicksal der Deutschen und der anderen Völker Europas betreffe, verantwortungsvoll gelöst werden müsse. Er denke, dass das nicht auf der Straße geschehen dürfe. Die Probleme Deutschlands gingen sowohl die vier Mächte als auch andere Europäer an. Auf gar keinen Fall dürften die Interessen der Deutschen vernachlässigt werden. Er habe viele Male gesagt, dass die Geschichte entscheiden werde. Das bleibe so. Er glaube, dass sie bereits ihre Korrekturen anbringe.

Diese Äußerungen Gorbatschows wurden bereits in den deutschen und internationalen Medien kolportiert, als die Gespräche noch nicht beendet waren. Gorbatschow muss über die Reaktion der internationalen Öffentlichkeit doch etwas irritiert und betroffen gewesen sein, denn Christian Neef wurde deswegen wenig später durch das Pressebüro des Vorsitzenden des Obersten Sowjet gerügt, im Wiederholungsfall wurde ihm der Ausschluss von ähnlichen Treffen angedroht. In der Pressemitteilung der sowjetischen Nachrichtenagentur *TASS* über das Gespräch zwischen Gorbatschow und Modrow wurde lediglich festgestellt, dass Gorbatschow Verständnis für die legitimen Interessen in der DDR und BRD sowie ihre Bemühungen geäußert habe, den gegenseitigen Austausch und die Zusammenarbeit zu vertiefen.

So erstaunt wie die internationale Öffentlichkeit die Äußerung Gorbatschows aufnahm, kam sie für die Führung der DDR nicht. Diesen Gedanken hatte Schewardnadse, wie bereits erwähnt, schon am 20. Januar im Gespräch mit Oskar Fischers geäußert.

Gorbatschow begann das Gespräch wie immer mit allgemeinen Feststellungen und kaum ernstzunehmenden Aufmunterungen. Der Besuch finde in einer Zeit großen Nachdenkens, großer Sorgen und Hoffnungen statt. Gorbatschow bekräftigte, dass die Sowjetunion die DDR auch weiterhin aktiv unterstützen werde.

In diesem Zusammenhang erwähnte er Bundeskanzler Kohl, der erkläre, dass er sich Sorgen über die Prozesse in der DDR mache, in Wirklichkeit aber störe Kohl, und mache nicht das, was er machen könnte. Kohl wolle die Situation weiter destabilisieren und verschärfen und warte auf eine neue Regierung. Den Hauptschlag führe er gegen die SED, ihre Strukturen und Kader.

Gorbatschow betonte, er habe den Eindruck, dass die Mehrheit des Volkes der DDR ihren Staat erhalten wolle, während eine Minderheit sehr geschickt oder sehr frech agiere. Dabei könnte sie sich offenbar auf die Unterstützung aus Bonn verlassen. Die Erklärungen der BRD-Regierung seien eine Sache, ihre praktische Politik eine ganz andere. Die Lage verschärfe sich weiter. Auf jeden Fall gehe es um ein Spiel mit hohen Einsätzen.

Die Herstellung der militärischen Neutralität der DDR und der BRD auf dem Weg zu einer Konföderation bezeichnete Gorbatschow als die komplizierteste Frage. Es dürfe nicht geschehen, dass im Osten militärpolitische Strukturen abgebaut und damit dem Westen ungerechtfertigte Vorteile verschafft werden würden. Dies wäre nicht im Sinne der Europäer und würde allerseits Besorgnis hervorrufen. Von diesen Positionen rückte Gorbatschow bereits wenige Tage später wieder ab.

Auch sein Vorschlag, dass die Außenministerien der DDR und der UdSSR alle Details gründlich durcharbeiten sollten, klang wie leere Worte. Darauf war Moskau weder vorbereitet noch dazu bereit.

Gorbatschow interessierte sich dafür, wie die Sowjetunion und die DDR gemeinsam handeln könnten, wie der Extremismus in der DDR aufgehalten werden könne, der der Regierung die Möglichkeit nehme, die Prozesse unter Kontrolle zu halten.

Ministerpräsident Hans Modrow gab eine ausführliche, kritische und wahrheitsgetreue Einschätzung der Lage in der DDR und der Etappen ihrer Entwicklung. Er ging auf die komplizierte Situation in der Partei ein und erläuterte die Faktoren und Prozesse, die zur Bildung einer Regierung der nationalen Verantwortung und zu dem Vorschlag geführt haben, die Wahlen zur Volkskammer vorzuziehen.

Angesichts der Tatsache, dass der Gedanke der Zweistaatlichkeit von einem wachsenden Teil der Bevölkerung der DDR nicht mehr mitgetragen werde, seien neue Gedanken notwendig. Modrow übergab offiziell die Initiative »Für Deutschland, einig Vaterland« und erläuterte die Konzeption, die darauf abziele, den bereits laufenden spontanen Prozess unter Kontrolle zu bringen und wenn möglich abbremsen zu können. Er betonte, wenn es jetzt nicht gelinge die Initiative zu übernehmen, werde die andere Seite ihre Vorstellungen rasch durchsetzen.

Modrow unterstrich die strategische Bedeutung der Beziehungen zur UdSSR für die Existenz der DDR. Er bat, die für 1990 angekündigten Reduzierungen der Erdöllieferungen nochmals auf höchster Ebene zu prüfen. In der Frage des gemeinsamen Betriebes SDAG Wismut mahnte Modrow eine schnelle Antwort auf unsere Vorschläge und eine rasche Entscheidung auf sowjetischer Seite an. Es gehe immerhin um das Schicksal von 40 000 Beschäftigten.

Ausgehend von den Verhandlungen der UdSSR mit Ungarn und der Tschechoslowakei über den Abzug der sowjetischen Truppen aus diesen Ländern informierte Modrow, dass von Bürgern der DDR zunehmend Fragen gestellt würden, welche Position die Regierung zum Verbleib der Westgruppe der sowjetischen Streitkräfte in der DDR einnehme. Dazu wolle die DDR zunächst die Haltung der Sowjetunion erfahren. Obwohl bereits während der Beratung bei Gorbatschow am 26. Januar 1990 dazu konkrete Aufträge an Marschall Achromejew erteilt wurden, äußerte sich Gorbatschow zu diesem Problem nicht.

Gorbatschow war offenbar von der Offenheit und Gründlichkeit der Darstellung der realen Lage in der DDR durch Hans Modrow beeindruckt. Er stimmte dieser Einschätzung in allen Punkten zu und erklärte, die Sowjetunion werde die Interessen der DDR gegenüber der BRD aktiv verteidigen. Obwohl ein Treffen mit Kohl bereits fest vereinbart war, erklärte Gorbatschow, er wolle ihm ein solches Treffen in Moskau erst vorschlagen. Dort werde man sehr eindeutig sagen, dass die Politik zur Destabilisierung der DDR nicht weitsichtig sei. Wenn man jetzt die Regierung Modrow nicht unterstütze, könne das weitreichende negative Folgen für die DDR und die BRD, für Kohl persönlich und für Europa haben. Man wolle Kohl klarmachen, dass in dieser bedeutsamen Zeit keine Vertrauenskrise dadurch entstehen darf, dass die eine Seite Aktionen unternimmt, welche die bisherigen politischen Vereinbarungen infrage stellen.

Gorbatschow stimmte der Auffassung Modrows zu, dass die Regierung der DDR jetzt die Initiative ergreifen muss, da sie um die Frage der Vereinigung ohnehin nicht herumkomme. Der Vorschlag eines stufenweisen Ablaufs des Vereinigungsprozesses sowie zunächst einen Vertrag über Zusammenarbeit und gute Nachbarschaft abschließen zu wollen, der bereits konföderative Elemente enthalte, fand Zustimmung. Auch den anderen Elementen der Initiative »Für Deutschland, einig Vaterland« stimmte Gorbatschow zu.

Gorbatschow versprach, die Überlegungen Modrows der sowjetischen Führung vorzulegen. Da aber am gleichen Tisch, gemeint war die bekannte Beratung im kleinen Kreis am 26. Januar, ähnliche Überlegungen geäußert wurden, könne er spontan positiv auf die Initiative reagieren. Auf dieser Beratung sei auch die Notwendigkeit eines Treffens der vier Großmächte auf höchster Ebene erörtert worden, die eine Absichtserklärung abgeben müssten, um die DDR in diesen ganzen Prozess einzuschließen. Es bleibe dabei, die deutsche Vereinigung könne nur im Kontext der europäischen Integration gelöst werden. Diese Bemerkung war der einzige Hinweis auf die oben erwähnte

Beratung bei Gorbatschow. Weitere konkrete Erklärungen wurden wie üblich nicht gegeben.

Auch das Vorgehen gegenüber den Medien nach Abschluss des Gespräches wurde breit diskutiert. Modrow schlug vor, dass er sich auf der anschließenden Pressekonferenz zunächst auf die entsprechenden Formulierungen Gorbatschows gegenüber dem Rundfunk der DDR vor Beginn des Gesprächs beziehe. Ohne auf Einzelheiten einzugehen, werde er andeuten, dass er in dem Gespräch neue Gedanken zum Prozess der Vereinigung beider deutscher Staaten vorgelegt habe. Die sowjetische Seite habe die Prüfung dieser Vorschläge zugesagt.

Mir war sofort klar, dass das nicht den Vorstellungen und Interessen Gorbatschows entsprach. Der schlug vor, dass die Atmosphäre der Offenheit, der ernsthaften Diskussion der Probleme und des sowjetischen Verständnisses besonders gewürdigt werden sollten. Es sollte auf keinen Fall der Eindruck entstehen, dass Modrow in Moskau zu einer Veränderung seiner Position gedrängt worden sei. Das könnte der Position der DDR nur schaden. Ryschkow äußerte sich ähnlich. Es müsse deutlich werden, dass Modrow nicht im Auftrag Moskaus handle.

Für solche Annahmen gab es gar keine Veranlassung, da die sowjetische Führung keine eigenen Vorstellungen zur Lösung des Problems vorlegen konnte und der Initiative Modrows in allen Punkten zustimmte.

Schewardnadse wies darauf hin, dass sich die Sowjetunion gegenüber der Öffentlichkeit nicht mit allen Punkten sofort einverstanden erklären müsse und eigene Vorschläge einbringen könne. Es sei denkbar, im Zusammenhang mit der Neutralisierung auch die Frage der vollständigen Demilitarisierung und Entnazifizierung zu stellen, Aufgaben, die im Grunde genommen seit Kriegsende bestünden.

Das Gespräch zeigte, dass die Sowjetunion bemüht war, das Tempo des Vereinigungsprozesses zu bremsen und damit den Druck auf die Regierung der DDR und auch auf die sowjetische Führung zu mindern. Ihre eigene Haltung, ihre Absichten und nächsten Schritte blieben unklar. Die Bemerkungen Schewardnadses machten zudem deutlich, dass sich die Sowjetunion durch dieses Treffen auch nicht die Hände binden lassen wollte. Wahrscheinlich hatten die sachlichen, kritischen und ehrlichen Ausführungen Hans Modrows über die Lage in der DDR, die völlig berechtigt waren, Gorbatschow und die anderen sowjetischen Teilnehmer des Treffens doch nachdenklicher gestimmt, als zu erwarten gewesen war, und sie damit auch zu einer gewissen Vorsicht und Zurückhaltung veranlasst.

Zu den von Modrow aufgeworfenen Fragen zur wirtschaftlichen Zusammenarbeit zwischen der DDR und der UdSSR äußerte sich der Vorsitzende des Ministerrates der UdSSR, Ryschkow. Auf die Frage nach Beibehaltung der Erdöllieferungen an die DDR in der früheren Höhe gab es keine Zustimmung, nur die ausweichende Antwort, man werde sehen, wie sich die Situation weiterentwickle. Gorbatschow plädierte für die Entwicklung einer dreiseitigen Zusammenarbeit zwischen der Sowjetunion, der DDR und der BRD. Bereits in diesem Gespräch äußerte Gorbatschow die Besorgnis, dass es aufgrund der stark ansteigenden Zusammenarbeit von DDR-Betrieben mit Firmen der BRD zu ernsthaften Problemen in der wirtschaftlichen Kooperation zwischen der Sowjetunion und der DDR kommen könnte.

Gegen Ende der Gespräche stellte Gorbatschow die Frage, was man zum Schutz der Mitglieder der Partei tun könne. Die Verantwortung für die gegenwärtige komplizierte Lage könne man nicht den einfachen Mitgliedern der SED anlasten. Man müsse sehr sauber trennen zwischen der Verantwortung der Führung und der hingebungsvollen Arbeit der Arbeiterklasse, der Bauern und der Jugend.

Er gab den Rat zum umsichtigen Verhalten gegenüber den Mitgliedern der ehemaligen Führung der SED. Wo es sich um konkrete Verbrechen, um die Unterschlagung von Geld und persönliche Bereicherung handle, müsse das Recht konsequent angewendet werden. Wenn es sich jedoch um politische Fehler handle, dann sei behutsames Vorgehen ratsam. Sonst könnte fast jeder Politiker verurteilt werden, weil keiner ohne Fehler sei. Erich Honecker wurde in diesem Gespräch nicht konkret erwähnt.

Über das Treffen zwischen Hans Modrow und Michail Gorbatschow haben sich inzwischen nicht nur Gesprächsteilnehmer geäußert. Historiker und andere Autoren orientieren sich natürlich an den offiziellen deutschen und sowjetischen Dokumenten. Es ist verständlich, dass trotz der allgemeinen Übereinstimmung bei der Wiedergabe des Gesprächs und seiner Ergebnisse, einzelne Passagen und Aussagen der Gesprächsführenden auch unterschiedlich betont oder interpretiert werden. Das ist aus der Teilnahme oder Nichtteilnahme am Gespräch, aus der Sachkenntnis des Themas oder auch aus Sympathie oder Antipathie, vielleicht auch aus Voreingenommenheit oder Vorbehalten gegenüber den Gesprächspartnern zu erklären. Die Veröffentlichungen zu diesem Thema zeigen aber auch, dass die Berufung allein auf das gesprochene und dokumentierte Wort nicht ausreicht. Gerade von Gorbatschow sind in der Endphase Versprechen und Erklärungen abgegeben worden, die ohne Wert waren, hinter denen nichts stand und die nicht nur von uns, der DDR, nicht mehr ernst genommen wurden.

Am Abend des 30. Januar wurde ich kurzfristig zu Valentin Falin gebeten. Falin kam auf das Gespräch zwischen Gorbatschow und Modrow und die Initiative »Für Deutschland, einig Vaterland« zu sprechen. Ich war etwas überrascht, dass er wenige Stunden nach der Abreise Modrows erneut darauf zu sprechen kam. In meinem Beisein wurde nirgendwo, nicht während des Gesprächs zwischen Modrow und Gorbatschow, noch beim offiziellen Essen oder bei anderer Gelegenheit vereinbart, dass Falin den Text des Vorschlags »Für Deutschland, einig Vaterland« prüfen und seine Vorstellungen dazu schnellstens übermitteln sollte.

Das steht auch im Widerspruch zur Gesamtsituation und der damaligen Haltung der sowjetischen Führung. Die Initiative Modrows kam für die sowjetische Seite überraschend, und wie wir bereits wussten und während der Gespräche erneut feststellen konnten, verfügte Gorbatschow nach wie vor weder über Vorstellungen, noch über einen Plan oder eine Konzeption für die Vereinigung beider deutscher Staaten. Wie das Gespräch mit Falin zeigte, konnte auch dieser der Initiative nicht viel Neues hinzufügen. Vor allem Gorbatschow und Schewardnadse waren sich in diesem Moment nicht sicher, welche Folgen die Initiative Modrows für die Interessen der Sowjetunion und deren weitere Schritte gegenüber der BRD und den USA haben könnte.

Falin holte weit aus und hielt mir quasi einen Vortrag über die Verantwortung der westlichen Mächte und der BRD für die

Spaltung Deutschlands. Eines seiner Lieblingsthemen, das er exzellent beherrschte. Was er mir eigentlich sagen wollte, war mir zunächst nicht ganz klar. Einleitend erklärte Falin, er habe sich noch mal alles durch den Kopf gehen lassen und wolle mir seine Überlegungen mitteilen. Um jeglichen Widerspruch zu vermeiden, müsste allen politischen Kräften in der BRD und in der DDR ein ehrliches Konzept unterbreitet werden. Modrow sei dafür der richtige Mann, er gelte als ein ehrlicher Politiker, ihm werde man glauben. Es müsste deutlich gemacht werden, dass es sich bei der Initiative nicht um Propaganda handle, sondern um einen Vorschlag für die praktische Zusammenarbeit zwischen beiden deutschen Staaten. Alle interessierten Staaten müssten erkennen, dass zwei deutsche Staaten besser seien als ein vereintes Deutschland.

Falin verweilte dann ziemlich lange bei der Geschichte der Spaltung Deutschlands. Modrow sollte unterstreichen, dass die DDR schon immer für die Wiederherstellung der Einheit eingetreten sei. Er erwähnte die vielen Vorschläge der UdSSR und der DDR zur Überwindung der Spaltung Deutschlands und ordnete die Initiative Modrows dort ein. Der Vorschlag sei somit nichts grundsätzlich Neues, sondern eine Rückkehr zu den positiven Momenten der DDR-Politik. Die Älteren, Kommunisten und Antifaschisten, hätten nicht umsonst gekämpft, ihre Ideen könnten jetzt verwirklicht werden.

Falin bewertete die Politik der BRD in den 50er und 60er Jahren als eine Politik, die gegen die Wiedervereinigung gerichtet gewesen sei. Es wäre aber gut, auch westdeutsche Initiativen zu Fragen der Einheit zu zitieren, die dem DDR-Vorschlag nahekommen. Er empfahl, den Brief zur deutschen Einheit inhaltlich zu übernehmen, ohne ihn direkt zu nennen. Man dürfe nicht vergessen, dass die Spaltung Deutschlands mit der Spaltung der Sicherheit Europas begonnen habe und nicht umgekehrt. Wer die Spaltung Deutschlands wirklich überwinden wolle, der müsse zuerst der Spaltung der europäischen Sicherheit ein Ende bereiten. Wichtig sei, dass zuerst eine europäische Friedensordnung geschaffen werde und dann darin eingebettet, die deutsche Frage gelöst werde. Falin äußerte auch die Idee, bevor man zu einer Konföderation beider deutscher Staaten komme, sie am Beispiel Berlins auszuprobieren. Mit diesem

Modell würde man sich direkt an die drei Westmächte wenden und sie einbinden. Modrow könnte auch erklären, dass die DDR an Überlegungen für einen Friedensvertrag mit Deutschland oder an einem Plan für die Neutralität Deutschlands arbeite, was man in der BRD am meisten fürchte. Auch zwei Dokumente hielt Falin für möglich, ein kurzes und ein längeres.

Nach diesen längeren und für mich nicht gleich verständlichen Absichten übergab er mir schließlich einen dreiseitigen Text mit seinen Überlegungen zur Initiative »Für Deutschland, einig Vaterland«. Auf meine Frage, ob die Überlegungen Gorbatschow bekannt seien, antwortete Falin, dass es seine persönlichen Überlegungen seien, die er Gorbatschow mündlich vorgetragen und denen dieser durch Kopfnicken zugestimmt habe. Falin unterstrich, dass es natürlich ausschließlich eine Sache der DDR sei, ob Hans Modrow davon etwas verwende.

Beim Durchsehen des Textes stellte ich fest, dass es sich faktisch um einen überarbeiteten Entwurf unserer Initiative handelte, der allerdings auf dem DDR-Entwurf aufgebaut war und den entscheiden Teil unseres Entwurfs, die Etappen des Vereinigungsprozesses, fast wörtlich übernommen hatte.

Am 31. Januar übermittelte ich Minister Oskar Fischer telegrafisch die Überlegungen Falins. Aus Zeitgründen, ich wusste, Hans Modrow wollte schnell an die Öffentlichkeit gehen, verzichteten wir auf eine stilistische Bearbeitung der Übersetzung. Der einleitende Satz lautete: »Gen. Falin übermittelte mir am 30.1. Gedanken (entspricht neuem Entwurf) zu unserem Dokumentenentwurf.« Mein Hinweis auf einen faktisch neuen Entwurf, verstärkte offensichtlich in Berlin den Eindruck, dass es sich um einen sowjetischen Gegenentwurf handele. Falin selbst wollte ihn so jedoch nicht sehen. Er betonte während unseres Gesprächs mehrmals, es handle sich um seine Überlegungen und um nichts mehr. Das ist bei der Übermittlung des Textes von mir offenbar nicht deutlich geworden.

Faktisch alle Vorstellungen und Vorschläge der DDR und alle Gedanken Falins finden sich in der von Modrow der Öffentlichkeit vorgelegten Konzeption und seiner Erklärung vor der Presse am 1. Februar 1990 wieder.

Die Veröffentlichung der Konzeption »Für Deutschland, einig Vaterland« führte vor allem in der PDS, aber auch bei den

Bürgern, die für den Erhalt der DDR eintraten, zu tiefen Irritationen. Die Überschrift, die das Ziel benannte, lenkte von dem eigentlichen Inhalt der Initiative ab, die einen gangbaren Weg zur deutschen Einheit aufzeigte, der für die Bürger der DDR wahrscheinlich weniger schmerzlich verlaufen wäre. Auch der Alleingang Modrows wirkte sich abträglich aus. Wie viele andere Schritte der DDR kam der Vorschlag zu spät. Während die Regierung noch über die Etappen zu diesem Ziel nachdachte, visierten die Mehrheit der Bevölkerung der DDR und die Bundesregierung bereits das Endziel an. So wurde die Konzeption im Verlauf weniger Tage zur Makulatur.

Treffen Gorbatschow – Gysi

Am 2. Februar sah ich Gorbatschow erneut. Diesmal begleitete ich den Vorsitzenden der SED/PDS Gregor Gysi zu seinem ersten Treffen mit Gorbatschow. Nach der herzlichen Begrüßung begann Gorbatschow seine Ausführungen mit einem Exkurs über die Lage in der DDR. Offensichtlich fühlte er sich nach dem Gespräch mit Modrow dazu gut gerüstet. Das Gespräch zwischen Gorbatschow und Gysi war sehr lang und ausführlich. Mir fiel auf, dass Gorbatschow viele Fragen stellte und Interesse für die Probleme in der DDR zeigte. Er interessierte sich für die Situation in der Partei, in den Sicherheitsorganen und der Armee, die Haltung der oppositionellen Parteien und Bewegungen, die politische und soziale Situation in der Arbeiterklasse, die Vorbereitung der Volkskammerwahlen und die Chancen der SED/PDS, für die wirtschaftlichen Probleme der DDR und andere Fragen.

Gregor Gysi beantwortete alle Fragen sehr ausführlich und gekonnt. Ich hatte ihn auf dem außerordentlichen Parteitag im Dezember 1989 und auf Tagungen des Parteivorstandes erlebt und wusste, dass er das Thema beherrschte. Trotzdem war ich angenehm überrascht, wie schnell er sich in diese komplizierte Materie eingearbeitet hatte und damit umgehen konnte. Gorbatschow war von den Ausführungen Gysis offensichtlich beeindruckt. Als ich ihnen beim Reden zuhörte, hatte ich das Gefühl, dass sie sich in mancher Hinsicht sehr ähnlich waren.

Ich hatte den Eindruck, dass beide um die Initiative »Für Deutschland, einig Vaterland« zunächst wie um den heißen Brei herumschlichen. Schließlich sprach Gorbatschow das Thema an, allerdings fast gegen Ende des Gesprächs. Gorbatschow erklärte, dass er den Sinn der neuen Vorschläge Modrows vor allem darin sehe, die Initiative nicht zu verlieren und den Gang der Ereignisse nicht der BRD, vor allem aber nicht der Straße zu überlassen. Die aufgezeigten drei Etappen – Vertragsgemeinschaft mit konföderativen Elementen, Konföderation und schließlich im Rahmen des europäischen Prozesses die Föderation – sollten stets in engstem Zusammenhang mit den Beziehungen zwischen den drei Staaten, UdSSR, DDR und BRD gesehen werden. Ein solcher Ablauf könnte nicht nur bei allen drei Völkern, sondern auch in Europa und in der Welt auf Verständnis stoßen.

Gysi betonte dagegen, dass die Straße das so nicht verstehe, und das sei die Masse der Wähler. Er verwies auf die Erklärung des Präsidiums des Parteivorstandes der SED/PDS vom 1. Februar, in der der Vorschlag faktisch abgelehnt wurde. Wie Gysi erklärte, bliebe die Partei bei der Aussage des außerordentlichen Parteitages, dass es um eine schrittweise Annäherung der beiden deutschen Staaten gehe. Das bedeute gegenwärtig, Unabhängigkeit und Nichteinmischung zu gewährleisten, damit es überhaupt zu Verhandlungen zwischen gleichberechtigten Partnern kommt. Für die dritte Etappe – die Bildung der Föderation – für die militärische Neutralität beider deutscher Staaten gefordert werde, gehe die Partei noch einen Schritt weiter und fordere die volle Entmilitarisierung. Die Losung von »Deutschland, einig Vaterland« komme ihm gegenwärtig nur sehr schwer über die Lippen.

Im Gespräch mit Gregor Gysi machte Gorbatschow an zwei Stellen Bemerkungen über das Verhalten Honeckers. So sagte Gorbatschow, dass er Erich Honecker seit langem zahlreiche Anregungen und Vorschläge gemacht habe, um die Probleme in der DDR in Angriff zu nehmen, und wenn früher mit dem Nachdenken darüber begonnen worden wäre, hätte dieser Prozess sicher in anderen Formen verlaufen können, und alles wäre jetzt leichter.

Dem maß ich damals keine besondere Bedeutung bei. Hätte die Führung der SED sich früher zu Reformen durchgerungen, dann wäre die Entwicklung vielleicht tatsächlich anders verlaufen. Dem konnte ich nur zustimmen.

Zu dem ersten Teil seiner Bemerkung war ich allerdings anderer Meinung. Die Probleme der DDR sind von Gorbatschow in den Treffen mit Honecker nie direkt und offen angesprochen worden und Vorschläge hat er erst recht nicht unterbreitet. Gorbatschow sprach stets von den Problemen in seinem eigenen Land, von der Notwendigkeit der Erneuerung und Umgestaltung in der UdSSR, natürlich immer in der Hoffnung, Honecker möge begreifen, dass er auch diesen Weg beschreiten müsse. Das tat dieser jedoch nicht und deshalb tragen in erster Linie Honecker und das Politbüro der SED die Verantwortung für die Fehler, die in der DDR gemacht wurden. Mit meinen Bemerkungen will ich keinesfalls die Verantwortung für die Fehler der DDR auf Gorbatschow oder die sowjetische Führung verlagern, aber die verbreitete sowjetische Darstellung, man habe mit Honecker oder anderen Generalsekretären offen und konkret über die Probleme oder Aufgaben in den sozialistischen Ländern gesprochen, entspricht nicht den Tatsachen.

Ich komme hier auf diese Bemerkung zu sprechen, weil ich erst in den 90er Jahren die Niederschriften über die Gespräche von Jakowlew und Fjodorow mit Gysi und anderen Mitgliedern des Parteivorstandes im Dezember 1989 in Berlin zu lesen bekam, und mir auffiel, dass auch sie dieser Linie folgten. Das entspricht nicht der Wahrheit. Gorbatschow und die sowjetische Führung sind, wenigstens seit 1987, einer gemeinsamen Diskussion der Situation und der Probleme in den sozialistischen Ländern oder auch unseres gemeinsamen Vorgehens gegenüber der BRD stets ausgewichen. Ende 1989 wurde Honecker in der DDR und auch in der BRD als der alleinige Schuldige und Prügelknabe betrachtet, zu einem Zeitpunkt, als er politisch keine Rolle mehr spielte und sich nicht wehren konnte. Er wurde von seiner ehemaligen Partei diskriminiert, durch die Justiz verfolgt und gedemütigt. Gab es keine anderen Probleme, als über die Schuldfrage zu spekulieren? Was sollte die einseitige Schuldzuweisung an Honecker? Hatte in Moskau jemand ein schlechtes Gewissen und wollte sich selbst reinwaschen?

Was Gysi darüber dachte, entzieht sich meiner Kenntnis. Aber er bemerkte in diesem Zusammenhang im Gespräch mit

Gorbatschow, dass er nicht verschweigen wolle, dass im Präsidium der Partei manchmal der Gedanke auftauchte, das vieles anders verlaufen wäre, wenn Michail Gorbatschow 1985 noch einmal Stalinist gewesen wäre und die damalige Führung der DDR auf den richtigen Weg gebracht hätte. Aber Gorbatschow wäre bereits damals ein Demokrat gewesen und wäre konsequent für die Unabhängigkeit der Parteien eingetreten. Ganz so einfach war es leider nicht, aber der Kern stimmte. Bei einer anderen Politik der KPdSU gegenüber den sozialistischen Ländern hätte vieles anders verlaufen können und müssen.

Vielfältige Kontakte vor der Volkskammerwahl

Trotz der krisenhaften Entwicklungen in der DDR und in der Sowjetunion war der Regierung der DDR mit Ministerpräsident Modrow bewusst, dass das Schicksal der DDR eng mit der Sowjetunion verknüpft bleiben würde und ihr Überleben nur im engen Einvernehmen mit der UdSSR gesichert werden konnte. Also tat sie alles, um die engen Bündnisbeziehungen allseitig zu nutzen. Sie trat für den Erhalt und dort, wo das möglich war, für den Ausbau der politischen und wirtschaftlichen Zusammenarbeit ein.

So änderte sich auch an der grundsätzlichen Orientierung und den Aufgaben der Botschaft in Moskau nichts. Korrekturen traten lediglich ein, weil durch die Trennung von Partei und Staat der Botschaft Aufträge nur noch vom Ministerpräsidenten, dem Außenminister bzw. dem Außenhandelsminister oder deren Beauftragten erteilt werden konnten. Manches wurde dadurch einfacher und effektiver. Wir konzentrierten uns auf die politische Betreuung von Delegationen und Konsultationsgruppen, die Information über die innenpolitische und wirtschaftliche Entwicklung sowie über die Außenpolitik der Sowjetunion; im Bereich der Handelsvertretung und der anderen Wirtschaftsvertretungen auf die Erfüllung der Aufgaben im Ex- und Import der DDR.

Zunächst verringerte sich die Anzahl der anreisenden Mitarbeiter aus den zentralen staatlichen und anderen Organen kaum. Neu war, dass sich die politische Zusammensetzung änderte. Die für den 18. März 1990 angekündigten Wahlen zur Volkskammer warfen ihre Schatten voraus. Den anreisenden Delegationen gehörten nun auch Mitglieder anderer politischer Parteien und Bewegungen an. Das brachte manche Überraschung, verlangte ein sensibles Vorgehen unserer Mitarbeiter, mehr Geduld und Verständnis im Umgang mit den Delegationsmitgliedern. Die Mitarbeiter der Botschaft stellten sich schnell auf diese etwas ungewohnte Situation ein.

Anfang März führten Ibrahim Böhme, Vorsitzender der Sozialdemokratischen Partei Deutschlands in der DDR, und Dr. Walter Romberg, Minister ohne Geschäftsbereich in der Regierung der nationalen Verantwortung, Gespräche in Moskau.

Ibrahim Böhme war für mich ein völlig unbeschriebenes Blatt. In den Gesprächen mit ihm gewann ich den Eindruck, dass er politisch unerfahren und unsicher wirkte. Er war aber ein angenehmer Gesprächspartner, sehr interessiert an Informationen über die Situation in der Sowjetunion und die Politik Gorbatschows sowie über die Probleme in den Beziehungen zwischen der DDR und der UdSSR. Erst später verstand ich, warum er so nervös wirkte und sehr nachdrücklich ein Gespräch mit Markus Wolf suchte, der sich zu dieser Zeit zufällig ebenfalls in Moskau aufhielt. Offensichtlich bedrückte ihn die Tatsache, dass er als informeller Mitarbeiter für das Ministerium für Staatssicherheit tätig gewesen war.

Zu Dr. Walter Romberg hatte ich aus dem Außenministerium einige Hinweise erhalten. Im Falle des Wahlsieges der Sozialdemokratischen Partei galt Dr. Romberg als designierter Außenminister. Er verfügte durch seine Mitarbeit in der Friedensbewegung über gewisse Erfahrungen in den internationalen Beziehungen. Von ihm stammen einige Veröffentlichungen zur Sicherheitspolitik und Abrüstung, zu alternativ-defensiven Militärstrukturen und Abrüstungsmodellen. In außenpolitischen Fragen galt Dr. Romberg als durchaus kompetenter Gesprächspartner. Ich habe mich an die Gespräche mit ihm und Ibrahim Böhme, also für mich Andersdenkende, gelegentlich erinnert und bedauert, dass Dr. Romberg nach der Volkskammerwahl und der Bildung einer neuen Regierung nicht das Amt des Außenministers, sondern den undankbaren Posten des Finanzministers übernehmen musste.

Böhme und Romberg wurden vom sowjetischen Außenminister Schewardnadse zu einem Gespräch empfangen. Auf ihre ausdrückliche Bitte begleitete ich sie. Später wurde mir die Frage gestellt, warum ich von diesem Gespräch eine Gesprächsnotiz anfertigte, obwohl mich weder Böhme noch Romberg darum gebeten hatten. Der Grund ist ganz einfach. Bei allen Gesprächen, an denen ich teilnahm, ob mit führenden sowjetischen Persönlichkeiten oder weniger wichtigen Diplomaten, ob mit Auftrag oder ohne, den Gesprächsverlauf schrieb ich immer auf, auch auf die Gefahr, dass die Niederschrift niemanden interessieren würde. Das war auch oft genug der Fall, aber manchmal traten nach den Gesprächen Probleme auf, weil man vergessen hatte festzulegen, wer den Vermerk anfertigen sollte, und dann waren meine Aufzeichnungen schon gefragt.

Böhme und Romberg fertigten eigene Aufzeichnungen an und fragten nicht nach meiner Niederschrift. Ich hielt das Gespräch aber für so bedeutungsvoll, dass ich den Gesprächsvermerk meinem Ministerium zur Kenntnis gab. Er ist später in dem Dokumentenband »Countdown zur deutschen Einheit« veröffentlicht worden.

Im Mittelpunkt des Gesprächs standen die Vereinigung der beiden deutschen Staaten und die Politik der Sowjetunion in dieser Frage. Schewardnadse brachte zunächst die Beunruhigung der Sowjetunion darüber zum Ausdruck, dass der Prozess der Vereinigung der beiden souveränen deutschen Staaten an Tempo zunehme und alles getan werden müsste, damit der Prozess der Vereinigung mit der Herausbildung europäischer Strukturen, vor allem auf sicherheitspolitischem Gebiet, synchron verlaufe. Die Einheit sei unvermeidlich, betonte er, es müssten jedoch Bedingungen geschaffen werden, die von den Völkern Europas und den Deutschen als normaler Prozess verstanden würden. Jede künstliche Beschleunigung dieses Prozesses rufe bei allen Beteiligten Besorgnis und Befürchtungen hervor. Die Vereinigung werde von den sowjetischen Bürgern schmerzhaft empfunden und das Fehlen entsprechender Sicherheitsgarantien für die Sowjetunion sei ein Schlag gegen die Perestroika.

Ibrahim Böhme stimmte den Ausführungen Eduard Schewardnadses zu und brachte seine Sorgen bei einer forcierten

Vereinigung auf der Grundlage des Artikels 23 des Grundgesetzes der BRD zum Ausdruck. Er bat zu verstehen, dass das Tempo dieses Prozesses auch den Politikern der DDR Schwierigkeiten bereite. Dem Volk fehle die Richtung, die früher vorgegeben worden sei. Jetzt sei jeder auf Selbstorientierung angewiesen. Ein großer Teil der Bevölkerung rufe nach der Einheit, ohne zu wissen, was sie bedeute und ohne sich Sorgen um die europäische Sicherheit zu machen. Diese Kompliziertheit aufzugreifen und sie politisch zu kanalisieren, damit das Volk verstehe, welche sozialen Veränderungen es geben werde, sei Aufgabe der neuen Regierung.

Schewardnadse lehnte die NATO-Mitgliedschaft des vereinigten Deutschland ab und gab auch dem »Geschenk« Genschers, wie er es nannte, keine NATO-Truppen auf dem Territorium der DDR zu stationieren, keine Chance. Bei allem Respekt für Herrn Genscher, der klug und listig sei, aber er irre, wenn er annehme, alle im Osten seien naiv.

Schewardnadse sprach sich für einen verstärkten Dialog mit der Sozialdemokratischen Partei Deutschlands aus, der nach Aufgabe der ideologischen Dogmen durch die Sowjetunion bereits zu einer weitgehenden Annäherung der politischen Ansichten geführt habe. In seinen Ausführungen kamen das Interesse und die Hoffnung der Sowjetunion zum Ausdruck, dass nach den kommenden Wahlen in der DDR eine sozialdemokratisch geführte Regierung gebildet würde, die, ohne auf Kohl zu blicken, im Interesse des Volkes der DDR und der Völker Europas selbstständig handeln möge.

Minister Romberg sprach sich für einen geordneten Verlauf der Vereinigung aus, sonst gäbe es eine Katastrophe für das deutsche Volk und Europa. Er plädierte dafür, die Balance der Kräfte in Europa zu erhalten. Eine Verschiebung des strategischen Gleichgewichts zum Schaden der Sowjetunion, wie sie durch die Mitgliedschaft des vereinigten Deutschland in der NATO eintreten könnte, lehnte er ab. Romberg sprach sich für eine verstärkte Europäisierung des gesamten Prozesses und den verstärkten Aufbau europäischer Strukturen aus.

Die Politiker der SPD und, wie mir schien, auch Schewardnadse waren mit dem Gespräch zufrieden. Auch ich hatte von den Herren Böhme und Romberg einen guten Eindruck.

Von der jahrelangen Tätigkeit Ibrahim Böhmes als inoffizieller Mitarbeiter für das Ministerium für Staatssicherheit wusste ich zu dieser Zeit noch nichts. Umso mehr war ich überrascht, als Ibrahim Böhme Ende März 1990 enttarnt und von einem Tag auf den anderen von der politischen Bühne verschwand.

Walter Romberg spielte als Finanzminister in der Regierung de Maizière noch eine ehrenhafte Rolle. Seine Bemühungen um gerechtere Regelungen für die DDR fanden jedoch bei der BRD-Regierung kein Verständnis und keine Unterstützung. Ich habe später bei Veranstaltungen Walter Romberg als einen sachlichen und kompetenten Gesprächspartner kennengelernt.

Im Frühjahr 1990 gab sich eine Delegation der DDR nach der anderen, eine Persönlichkeit nach der anderen in Moskau die Klinke in die Hand. Meistens waren es Persönlichkeiten, deren Tage im Amt gezählt waren. Für sie waren die Besuche in Moskau zugleich Abschiedsbesuche bei ihren Partnern, bei manchen auch die Verabschiedung aus dem politischen Leben. Die sowjetischen Partner stimmten diesen Vorhaben in der Regel zu, obwohl sie wussten, dass diese Personen künftig in den Beziehungen zwischen beiden Staaten keine Rolle mehr spielen würden. Es war wohl vor allem ein Ausdruck der Solidarität und der Freundschaft mit der DDR. Nach den vielen Jahren oder gar Jahrzehnten enger und treuer Zusammenarbeit wäre es unsolidarisch und unanständig gewesen, ihnen den Besuch in Moskau zu verweigern. Über sie erhielten die sowjetischen Gesprächspartner und unsere diplomatischen Mitarbeiter, die sie bei ihren Treffen begleiteten, auch die neuesten Informationen über die jeweilige aktuelle Lage in der DDR. Wir waren in dieser Zeit recht gut über die Situation in der DDR informiert. Nicht weniger interessant waren für uns die Informationen, die wir über die internen Vorgänge in der Sowjetunion erhielten.

Am 6. März 1990 besuchte Hans Modrow mit einer Delegation der Regierung der nationalen Verantwortung Moskau. Es war sein letzter Besuch als Ministerpräsident der DDR in der Sowjetunion, sein Schwanengesang, wie er es selbst bezeichnete. Er und die Mitglieder der Delegation wurden von Gorbatschow und dem Vorsitzenden des Ministerrates der UdSSR, Ryschkow, zu getrennten Gesprächen empfangen. An den Gesprächen nahm ich teil.

Im Unterschied zu anderen politischen »Abschiedsgesprächen« verliefen sie sehr konkret und sachlich. Die Minister der Regierung der nationalen Verantwortung beteiligten sich aktiv an den Aussprachen. Ministerpräsident Ryschkow betonte, man sei sich bewusst, dass die Veränderungen in Osteuropa und in der DDR und deren Folgen Auswirkungen auf andere Länder und damit auch auf die Sowjetunion haben würden. Daraus ergebe sich für die Wirtschaft, dass künftig andere Grundsätze wirken würden. In Moskau frage man sich, wie unter diesen neuen Bedingungen die Zusammenarbeit aussehen solle. Modrow erwiderte darauf, dass in der wirtschaftlichen Zusammenarbeit zwischen der DDR und der Sowjetunion alles dafür getan werden sollte, die in über 40 Jahren entwickelten effektiven Verbindungen zwischen beiden Ländern zu bewahren, sie als einen positiven Faktor in den Vereinigungsprozess einzubringen und im beiderseitigen Interesse weiter auszubauen. Es sollte jeder denkbare Vorteil für beide Länder wahrgenommen und auch künftig keine für beide Länder nützliche Position aufgegeben werden. Es wäre sicher notwendig, den Realitäten, die auf beide Länder zukommen, klar ins Auge zu sehen.

Modrow appellierte an Ryschkow, die nötigen Schlüsse zu ziehen und entsprechende Vorbereitungen zu treffen. Die DDR-Regierung vertrete den Standpunkt – und den werde sie als Empfehlung an die kommende Regierung weitergeben –, den Nutzen auch mit gesamtdeutscher Wirtschaftskraft für die Sowjetunion und die DDR zu erhalten und zu vergrößern. Die DDR sei daran interessiert, den bestehenden und bis 1995 bereits abgestimmten Warenaustausch zwischen der DDR und der UdSSR für die weitgehende Aufrechterhaltung von Produktionskapazitäten in der DDR und Arbeitsplätzen für DDR-Bürger zu nutzen. Man gehe davon aus, dass die Lieferungen aus der DDR von der Sowjetunion benötigt werden würden. Das sollte weder durch die Einführung der D-Mark in der DDR noch durch Verrechnungen in konvertierbarer Währung zwischen den Ländern Schaden erleiden. Natürlich ergäben sich hieraus Konsequenzen, aber auf keinen Fall sollten sie so schlagartig zur Wirkung gebracht werden, dass der unmittelbare Schaden für beide Seiten größer wäre als ein künftiger Vorteil.

Hier sah wohl selbst ein solcher Realist wie Hans Modrow die Zukunft allzu optimistisch.

Modrow betonte auch in diesem Gespräch die Bedeutung der Regierungserklärung zu den Eigentumsfragen. Diese Frage sei nicht nur für die Betriebe der Industrie und der Landwirtschaftlichen Produktionsgenossenschaften außerordentlich wichtig. Zu beachten sei auch, dass viele Bürger der DDR beunruhigt seien und sich um ihr Eigentum sorgten. Die Erklärung sei der Bundesregierung übergeben worden. Es bleibe zu hoffen, dass sie auch in den Zwei-plus-Vier-Verhandlungen Beachtung finden werde. Modrow mahnte an, dass man sich in den Verhandlungen nicht nur den Sicherheitsfragen widmen dürfe, sondern auch den Rechtsfragen die notwendige Aufmerksamkeit schenken müsse.

Nach den Ausführungen von Hans Modrow erfolgte eine lebhafte Aussprache, an der sich auch die Minister der Regierung der nationalen Verantwortung aktiv beteiligten.

Der sowjetische Ministerpräsident bewertete das Treffen mit der Delegation der Regierung der nationalen Verantwortung als nützlich und betonte, dass man sich der neuen Situation nicht verschließen dürfe. Ab 1991 müsste die wirtschaftliche Zusammenarbeit auf frei konvertierbare Währungen umgestellt werden. Grundlage seien die Weltmarktpreise.

Er meinte, in völliger Verkennung der wirklichen Konsequenzen, dass sich die Wirtschaftsbeziehungen weiter normal entwickeln werden würden.

Am Nachmittag fanden die Gespräche mit Gorbatschow statt. Nach meiner Niederschrift sprach sich Gorbatschow im Einzelgespräch mit Modrow erneut für ein etappenweises Vorgehen bei der Herstellung der deutschen Einheit aus und betonte, dass Achtung und Aufmerksamkeit gegenüber dem Volk der DDR und der BRD ein solches Handeln verlangten. Die Menschen dürften nicht zu Geißeln irgendwelcher Politiker und einfach vereinnahmt werden. Man wolle in diesem Sinne mit der SPD weiter arbeiten, da sie offenbar diese Meinung teile. Sie würden mit einer guten Zusammenarbeit rechnen. Zur Klarstellung wolle er noch einmal unterstreichen, dass sie auch in der Öffentlichkeit die Positionen verträten, die sie heute einnehmen und von denen sie keinen Schritt zurückweichen würden. Eine Vereinigung der beiden deutschen Staaten in Etappen wäre im Interesse des Volkes der DDR. Offen und unbeantwortet bleibe die Frage, wie die Etappen entsprechend den veränderten Realitäten aussehen sollten.

Gorbatschow versprach erneut, dass die Sowjetunion alle Möglichkeiten nutzen werde, um stärkeren Druck auszuüben. Die Etappen der Vereinigung müssten mit dem europäischen Prozess synchronisiert werden. Für die Sowjetunion stehe die Sicherheit, der Schutz der Grenzen im Vordergrund.

Wenn ich heute lese, dass er sagte, die Sowjetunion werde bei Gefahr den Druck erhöhen und starke Schläge austeilen, dann kann ich nur mitleidig lächeln. Er war offensichtlich immer noch überzeugt, dass die Europäer (welche eigentlich?) mit uns, der Sowjetunion und der DDR, sympathisieren würden. Für die Sowjetunion bleibe das Wichtigste, dass das vereinigte Deutschland, mag es aussehen wie es wolle, weder in der NATO noch im Warschauer Vertrag Mitglied sein dürfe. Bis dahin blieben die Truppen in der DDR stationiert. Der Westen würde mit den Schwächen rechnen, die sie hätten, aber sie seien nicht so schwach wie der Westen denken würde, betonte Gorbatschow. Damit wurde das Gespräch zwischen Gorbatschow und Modrow beendet und die übrigen Mitglieder der Delegation hinzu gebeten.

Als sich die Tür öffnete und an der Spitze der Gruppe Minister Rainer Eppelmann mit einer großen brennenden Kerze in der Hand den Saal betrat, herrschte zunächst betretenes Schweigen. Als er näher kam, konnten wir sehen, dass auf der Kerze senkrecht das russische Wort »Spasibo« (deutsch »Danke«) geschrieben stand.

Wir warfen uns fragende Blicke zu, ob jemand dafür eine Erklärung habe. Von dieser Aktion hatte ich vorher nichts gewusst, war verwundert und leicht verärgert, weil diese Geste etwas Devotes, Anbiederndes an sich hatte und auf billigen Populismus ausgerichtet war. Ich empfand sie, angesichts der anhaltenden Untätigkeit der UdSSR und der mangelnden Unterstützung für die DDR als unangebracht und peinlich. Wie ich nach dem Gespräch feststellte, hatten auch seine Ministerkollegen eine differenzierte Haltung zu Eppelmanns Alleingang.

Selbst die sowjetischen Teilnehmer, allen voran Gorbatschow, wirkten überrumpelt. Natürlich wahrte Gorbatschow die Contenance und bedankte sich für dieses Geschenk. In den sowjetischen Medien wurde die Aktion kurz erwähnt, ohne dass sie eine besondere Wirkung gehabt hätte. Gorbatschow musste in dieser Zeit besonders taktieren. Seine Politik wurde zwar im Westen bejubelt, in der Sowjetunion fand sie jedoch immer weniger Unterstützung. In der KPdSU und in breiten Teilen der Bevölkerung ging man davon aus, dass Gorbatschow die Ergebnisse des II. Weltkrieges leichtsinnig verspiele. Gorbatschow war ein eitler Politiker, der solche Gesten nicht verachtete, aber er konnte gerade jetzt kein Interesse daran haben, dass ihm nun auch noch die Opposition der DDR öffentlich und in dieser auffälligen Form für seine Unfähigkeit und Untätigkeit gegenüber der DDR, andere sprachen schon offen von einem Verrat an der DDR, Dank sagte.

Gorbatschow hieß die Mitglieder der Delegation herzlich willkommen. Am Anfang des Gesprächs wies er auf die Verantwortung vor den Deutschen und Europäern hin, dass der Prozess der Vereinigung normal verläuft und für die ganze Welt mit einem positiven Ergebnis endet. Auch in diesem Gespräch fiel mir auf, dass er über die Verantwortung sehr allgemein sprach. Selbst wenn erkennbar war, dass es um die Verantwortung der Sowjetunion ging, hatte man den Eindruck, dass er eher die DDR meinte.

Die Vereinigung sei von Bedeutung für die Welt. Alle würden die Anstrengungen der Regierung der DDR beobachten. Angesichts der komplizierten Situation würde die Regierung mit großer Verantwortung handeln. Es gäbe Momente in der Geschichte eines Staates, wo man sich über persönliche Ambitionen, die Sorge um den eigenen Sessel und jeden parteipolitischen Streit im Interesse des Volkes erheben müsse. Das sei patriotische Verantwortung vor dem Volk. Er wandte sich direkt an die Mitglieder der Delegation, bezeugte ihnen Achtung und Respekt und erinnerte sie an die bevorstehenden Wahlen und die Verantwortung, die sie vor dem Volk und der Zukunft hätten.

Nach kurzen Dankesworten von Modrow ergriff Minister Eppelmann als erster das Wort, offensichtlich in der Absicht, das Wort »Danke« auf der Kerze zu erläutern. Er möchte, so Eppelmann, der Sowjetunion dreimal Danke sagen:

Erstens für die Befreiung vom Faschismus, obwohl man die sowjetischen Streitkräfte in der DDR eher als Besatzer, denn als Befreier erlebt habe. Erst mit Gorbatschow sei eine Änderung eingetreten. Zweitens ein Danke für die Politik der Abrüstung und des »Neuen Denkens«. Die Sowjetunion habe uns mit ihren einseitigen Schritten Kraft und Hoffnung gegeben. Drittens sei Gorbatschow mit der gegenwärtigen Situation in der DDR eng verbunden. Sie wäre ohne die Politik Gorbatschows nicht möglich gewesen. Er habe die Beziehungen mit den Bürgern der DDR auf eine neue Basis gestellt. Die Bürger der DDR würden »Gorbi« lieben.

Minister Wolfgang Ullman wollte von Gorbatschow wissen, wie er sich zum Schreiben des Ministerpräsidenten der DDR zum Schutz des Eigentums in der DDR verhalte.

Minister Matthias Platzeck überbrachte Grüße, auch im Namen der jungen Generation, der Gorbatschow sehr viel Mut gemacht hätte. Die Freundschaft zwischen den Völkern habe natürliche Quellen, sie kann aber zu vielen Formalismen führen. In Zukunft sei die Vertiefung der Freundschaft zwischen der Jugend unserer Staaten, gemeinsam mit der BRD, sehr wichtig. Natürlich dürfe den Nachbarn kein Schaden zugefügt werden. Das Jugendwerk könne helfen, psychologische Vorbehalte abzubauen.

Minister Gerd Poppe betonte, dass die Bürgerbewegungen in der DDR für die Auflösung der Militärblöcke in Europa eintreten würden. Die Sowjetunion möge ihren ganzen Einfluss geltend machen und entscheidende Signale für die Fortsetzung des KSZE-Prozesses setzen, um damit die Illusionen über die Vereinigung zu zerstreuen und durch die Ideale für ein freies, vereinigtes Europa zu ersetzen.

Hans Modrow betonte, für ihn habe die Begegnung besondere Bedeutung, sie sei faktisch ein »Schwanengesang«. Noch nie hätte es in der DDR eine Regierung gegeben, die so breit die unterschiedlichen Schichten der Bevölkerung vertreten habe. Noch nie seien so stark unterschiedliche Standpunkte dargelegt und so freimütig diskutiert worden. Er unterstütze alle Wünsche, die darauf gerichtet seien, die Vereinigung fest in den europäischen Prozess einzubinden. Der Prozess der Vereinigung sollte in Etappen verlaufen, überschaubar bleiben und die Sicherheit in Europa stärken.

Gorbatschow brachte zum Abschluss des Gespräches seine tiefe Genugtuung über die Aussprache zum Ausdruck und betonte, dass die Bürger der DDR ihren Stolz hätten. Sie hätten in den vergangenen 40 Jahren viel geleistet. Das seien die Realitäten und hinter diesen Erfolgen stünden mehrere Generationen. Die Sowjetunion stehe fest an der Seite des Volkes der DDR. Wir seien in Jahrzehnten fest zusammengewachsen. Hinter uns liege eine große Vergangenheit, obwohl man nicht voll zufrieden sei. Die Lehren der Geschichte besagten, dass wir in Frieden und freundschaftlicher Zusammenarbeit leben sollten. Die Jagd der BRD auf das intellektuelle Potenzial der Sowjetunion kenne er. Die ökonomischen Bedingungen künftiger Beziehungen müssten noch gründlich durchgearbeitet werden. Auch die Probleme, die sich aus der Währungsunion für die Beziehungen zwischen der DDR und der UdSSR ergäben, müssten noch gründlich analysiert werden.

Unbestritten ist, dass Gorbatschow mit seiner Zustimmung, die deutsche Einheit sei Sache der Deutschen selbst, den Vereinigungsprozess beschleunigt und die UdSSR unter Zeitdruck gesetzt hat. Umso unverständlicher sind seine Ausführungen gegenüber der Delegation der Koalitionsregierung der DDR.

Nach dem Verzicht der Sowjetunion auf die »Breshnew-Doktrin« hat sich Gorbatschow stets geweigert, Vorgänge innerhalb anderer Länder zu kommentieren oder gar die Innenpolitik der Regierungen dieser Länder zu bewerten. Daran hat er sich leider gehalten. Politiker anderer Staaten haben sich weder damals noch heute nach diesem Prinzip verhalten.

Trotzdem gibt es einige Aussagen, die von ihm zwar mit aller Vorsicht, der Bitte ihn richtig zu verstehen und sich quasi für seine Bemerkungen entschuldigend, vorgetragen wurden. Auch sein Interview, welches er nach Abreise der Regierungsdelegation den Korrespondenten von *TASS* und des Fernsehens der DDR und der BRD gegeben hat, vermittelt seine widersprüchliche Haltung. Bezug nehmend auf die Feststellung Gorbatschows, dass die komplizierten Prozesse in Deutschland ein verantwortungsvolles Herangehen an alle Fragen erforderten, wurde er gefragt, ob am Vorabend der Wahlen diese Verantwortung in Deutschland ausreiche. Er antwortete – und ich werde die Antwort Gorbatschows im vollen Wortlaut zitieren –: »Wissen Sie, es gibt delikate Fragen und in innere Angelegenheiten darf man sich nicht einmischen. Wir stehen fest auf dieser Position: keine Einmischung in innere Angelegenheiten. Das bedeutet natürlich nicht, dass uns alles gleichgültig wäre. Im Gegenteil, mit manchen Prozessen fühlen wir uns solidarisch, andere beurteilen wir negativ. Aber letzten Endes trifft die Wahl jedes Volk selbst. Und deshalb, die Wahlkampagne von hier, aus Moskau beobachtend, sehe ich, dass dieser und jener sich beeilt, dass mancher anderen seine Meinungen, seine Beurteilungen aufzwingen will. Ich sehe, dass es Versuche gibt, auf die Deutschen in der DDR im Interesse von Parteien und ihrer politischen Absichten Druck auszuüben.

Sie stellten mir die Frage, um meine Antwort zu provozieren. Ich hoffe, dass man in der BRD wie auch in der DDR das nicht so versteht, als ob ich mich in die Wahlkampagne einmische. Im Gegenteil, ich sehe, wie viele Besucher aus der BRD gegenwärtig in die DDR kommen und sich in ihre Angelegenheiten einmischen, als ob die DDR schon ihre Souveränität verloren hätte, als ob die DDR schon kein unabhängiger Staat mehr wäre, der durch die Weltgemeinschaft anerkannt ist. Das alles gibt es dort, es ist vorhanden. Aber sollen sich die Deutschen doch selbst damit auseinandersetzen. Ich meine, dass das Volk gut überlegen sollte, wenn es sich entscheidet, wem es Priorität einräumt. Denn in dieser Etappe ist es besonders wichtig, dass sich im Parlament, in der Regierung, in allen Machtorganen Menschen befinden, die fähig sind, die Angelegenheiten im engen Zusammenwirken mit allen interessierten Regierungen und Völkern, verantwortungsbewusst zu führen.«

Diese Passage zeigt, dass man in Moskau die Einmischung der BRD in die inneren Angelegenheiten durchaus wahrnahm und dies, wenn auch mit großer Zurückhaltung, in der Öffentlichkeit aussprach. Die wiederholt vorgetragenen starken Worte in der Öffentlichkeit standen jedoch im Widerspruch zu den fehlenden Konzeptionen und den dann folgenden Handlungen der sowjetischen Führung. Damals versuchte man noch, sich gegenseitig die Verantwortung für die ungewissen Entwicklungen in der deutschen Frage zu zuschieben. Sie zeigt aber auch, dass Gorbatschow die ganze Verantwortung für die kommende Entwicklung auf die Bevölkerung und die Regierenden in der DDR und der BRD abschob. Das hat natürlich auch seine Berechtigung, aber man kann sich schwer des Eindrucks erwehren, dass diese und ähnliche Äußerungen Gorbatschows weniger zur Unterstützung der DDR erfolgten, als vielmehr zur Rechtfertigung vor der Opposition im eigenen Lande und der internationalen Öffentlichkeit. Wenn überhaupt, dann hat sich die sowjetische Seite in dieser Zeit sehr selten an ihre Bündnisverpflichtungen gegenüber der DDR erinnert.

Es war und ist kein Geheimnis, dass man in den westlichen Staaten über die Probleme und Schwierigkeiten Gorbatschows im Lande sehr genau informiert war und darüber wachte, dass er nicht zu Fall kam, dass die Reformen in der UdSSR fortgesetzt werden können und der Prozess der Loslösung der Republiken vom Zentrum durch militärische Aktionen nicht gestört oder gar behindert wird. Das wussten auch Gorbatschow und die sowjetische Führung. Und trotzdem hat Gorbatschow diese Situation weder für sich und erst recht nicht im Interesse der UdSSR genutzt.

Volkskammerwahl in Moskau

Noch im Dezember 1989 lösten die vorgesehenen Wahlen unter den DDR-Bürgern in der Sowjetunion noch keine wesentlichen Diskussionen oder Aktivitäten aus. Die Absicht, den Entwurf einer neuen Verfassung zu erarbeiten, bewegte jedoch viele Mitarbeiter, sich mit Vorschlägen und Initiativen für die neue Verfassung an mich oder andere Vertreter zu wenden. Jedoch sorgten die ersten Informationen über den Entwurf eines neuen Wahlgesetzes, die schon Anfang Januar 1990 bekannt wurden, für Unzufriedenheit.

Der Entwurf des Wahlgesetzes verweigerte nicht ausdrücklich den im Ausland tätigen Bürgern das Wahlrecht, sah es jedoch auch nicht zwingend vor. In Berlin hatte man zunächst die Absicht, aus welchen Gründen auch immer, auf die Wahlen im Ausland zu verzichten. Wer sein Wahlrecht wahrnehmen wollte, hätte in die DDR reisen müssen. Da es alle Wahlberechtigten betraf, war das aus verschiedenen Gründen faktisch unmöglich. Über die Gründe dieser absurden und politisch sträflichen Entscheidung, von wem und vor allem warum sie getroffen wurde, kann man nur spekulieren. Allerdings fällt das nach den Wahlergebnissen in der UdSSR zu urteilen, nicht so schwer. Nach dem öffentlichen Getöse über die ersten freien und demokratischen Parlamentswahlen in der DDR war diese Entscheidung eine herbe Enttäuschung. Die Bürger der DDR fühlten sich um die Wahrnehmung ihres Wahlrechts betrogen. Von allen Seiten hagelte es heftige Kritik und scharfe Proteste. In empörten Anrufen und Briefen wurde ich aufgefordert, in Berlin dagegen zu protestieren.

Ich unterstützte die Bildung einer Initiativgruppe von Mitarbeitern der Vertretungen der DDR in der UdSSR, die Vorschläge für die Durchführung der Wahlen in den Auslandsvertretungen der DDR erarbeiten wollten. Am 12. Januar 1990 übermittelten sie ihre Überlegungen und Bedingungen an den zuständigen Volkskammerausschuss. In Punkt 1 bzw. 2 hieß es, »das verfassungsmäßige Wahlrecht kann keinem DDR-Bürger vorenthalten werden. Die Staatsorgane haben dafür Sorge zu tragen, dass die im Ausland tätigen DDR-Bürger von ihrem Wahlrecht Gebrauch machen können«. Danach wurden verschiedene Vorschläge zu seiner Realisierung unterbreitet. Sie reichten von der Briefwahl, über ein »Sonderwahllokal für die im Ausland tätigen DDR-Bürger« bis hin zur Bildung von Wahllokalen im Ausland, den Wahlkommissionen und deren konkreten Aufgaben. Diese letzteren Vorschläge wurden schließlich auch von der zentralen Wahlkommission beschlossen.

Am 2. Februar 1990 wandte ich mich an den Präsidenten der Volkskammer, Günther Maleuda, und forderte im Namen der in der Sowjetunion lebenden und arbeitenden DDR-Bürger eine schnelle Entscheidung und eine Korrektur des Beschlusses über die Wahlen im Ausland. Die rund 20 000 DDR-Bürger in der UdSSR wollten in ihrer übergroßen Mehrheit unbedingt an den ersten freien, demokratischen Wahlen seit 40 Jahren teilnehmen. Das fand unter anderem seinen sichtbaren Ausdruck in der breiten Unterstützung der Initiative eines Bürgerkomitees von Mitarbeitern der Botschaft, der Handelsvertretung und anderen Einrichtungen der DDR in der UdSSR. Dieses Komitee rief zu einer Unterschriftensammlung zur Unterstützung der Forderung nach Gewährung des Wahlrechts auf. Die Listen mit den Unterschriften wurden dem zuständigen Volkskammerausschuss zugeleitet. Ich bat den Präsidenten der Volkskammer, seinen Einfluss geltend zu machen, dass die legitimen Interessen und Rechte der Bürger der DDR, die unsere Republik im Ausland vertreten, dort leben und arbeiten, beachtet und respektiert werden. Wie ich später erfuhr, gab es analoge Reaktionen der DDR-Bürger auch in anderen Ländern und ähnliche Initiativen meiner Kollegen. Die Proteste hatten Erfolg. Der Beschluss wurde aufgehoben.

Als Botschafter wurde ich für die technisch-organisatorische Absicherung, Vorbereitung und Durchführung der Wahlen auf dem Territorium der Sowjetunion verantwortlich gemacht. Das war mit umfangreichen Arbeiten verbunden. In der Sowjetunion befanden sich zum Zeitpunkt der Wahl 8119 wahlberechtigte DDR-Bürger, die über das ganze Land verstreut waren. Dazu gehörten die Mitarbeiter der Botschaft, der Generalkonsulate, der Handelsvertretung und anderer Wirtschaftsvertretungen, Mitarbeiter des RGW, Militärangehörige an Akademien und Hochschulen der sowjetischen Streitkräfte, Studenten, DDR-Bürger auf Baustellen und in der Sowjetunion ständig lebende DDR-Bürger. Wir bildeten eine zentrale Wahlkommission und 18 Stimmbezirke, davon zwei in Moskau. Hier gab es eine Konzentration von DDR-Bürgern, mehr als 25 Prozent der Wahlberechtigten lebten in Moskau. Für die Mitarbeiter an der Erdgastrasse wurde die Wahl vom zuständigen Ministerium organisiert.

Die Wahlbeteiligung am 18. März 1990 war mit 7917 abgegebenen Stimmen sehr hoch. Davon waren 7848 gültig und 69 ungültig. Das Wahlergebnis in der Sowjetunion sah allerdings anders aus als in der DDR. Für die PDS stimmten 44,6 Prozent der Wahlberechtigten, für die SPD 32,6 Prozent und für die Allianz für Deutschland 15,8 Prozent. Im Stimmbezirk 1 in Moskau wählten sogar 78,2 Prozent die PDS, die SPD erhielt 16,7 Prozent und nur 35 Bürger stimmten für die Allianz für Deutschland. Im Stimmbezirk 2 in Moskau, in dem vorwiegend Studenten abstimmten, die in den vergangenen Wochen am heftigsten gegen die SED und die PDS opponiert hatten, wählten 65,1 Prozent die PDS, und nur 21 gaben ihre Stimme der Allianz für Deutschland. Dieses für die PDS überragende Ergebnis wurde ohne Wahlkampf und trotz der Massenaustritte aus der Partei erreicht. Die restlichen sieben Prozent der Stimmen verteilten sich auf die anderen Parteien und Organisationen.

Unser Wahlergebnis hatte natürlich keinen Einfluss auf eine gründliche Umgestaltung der Parteienlandschaft in der DDR. Dort sah das Wahlergebnis ganz anders aus.

Botschafter unter der letzten DDR-Regierung

Am 18. April 1990 trat die neue Regierung unter Ministerpräsident Lothar de Maizière ihr Amt an. Als Minister für Auswärtige Angelegenheiten wurde von der Sozialdemokratischen Partei der weitgehend unbekannte Pfarrer Markus Meckel vorgeschlagen und von der Volkskammer bestätigt

Mit dem Ausscheiden von Minister Oskar Fischer verließen auch seine Stellvertreter und weitere leitende Mitarbeiter das Ministerium für Auswärtige Angelegenheiten.

Die Erwartungen an die neue Regierung waren sicher unterschiedlich, aber insgesamt hoch. Die Mehrheit der Bevölkerung glaubte an eine spürbare Verbesserung der Lage in der DDR, an eine schnelle Angleichung an das Lebensniveau in der BRD und viele sicher auch an eine baldige Vereinigung beider deutscher Staaten. Nach den Enttäuschungen der vergangenen Monate und Jahre waren diese Hoffnungen und Erwartungen verständlich.

Angesichts der massenhaften Versuche in der DDR die alten Eliten zu diskreditieren, ja der offenen Hetze gegen sie, hegte ich weder besondere Erwartungen noch Hoffnungen in die neue Regierung. Ich hatte eher Befürchtungen und Zweifel an einem längeren Bestand dieser Regierung. Ich konnte davon ausgehen, dass die neue Regierung kaum Wert auf eine weitere Zusammenarbeit mit mir legen und mich bald abberufen würde. Es ist ein ungeschriebenes Gesetz, dass neu gewählte Regierungen auch ihre Ministerien mit den ihnen ergebenen verantwortlichen Mitarbeitern besetzen. Es war ja kein Geheimnis, dass die politischen Kräfte in der neuen Regierung der DDR zu meinen politischen Gegnern gehörten, denen ich nicht ergeben war, und denen ich auch nicht dienen wollte. Angesichts dieser Situation hätte ich meine Abberufung respektiert und verstanden. Dass ich trotzdem bis September 1990 als Botschafter in Moskau verblieb, hat verschiedene Ursachen. Sie hängen mit dem schnellen Verlauf des Vereinigungsprozesses und der bald abzusehenden begrenzten Amtszeit der DDR-Regierung, aber auch mit der Loyalität zu meinem Staat, der DDR, der mir alles gegeben hatte, und der Verantwortung gegenüber meinen Mitarbeitern zusammen. Über mein Verhalten in der damaligen Zeit werde ich noch zu sprechen kommen. Über mein Verbleiben kann man geteilter Meinung sein, und tatsächlich haben Freunde und Bekannte damals darüber unterschiedlich geurteilt. Ich habe mir später selbst die Frage gestellt, ob es nicht besser gewesen wäre, dem Beispiel des sächsischen Königs zu folgen, den neuen Herren alles vor die Füße zu werfen und ihnen zu sagen, macht euren Mist alleine. Trotz mancher Zweifel halte ich mein Verbleiben als Botschafter auch heute noch für richtig und der Sache dienlicher.

Für die Tätigkeit der Botschaft ergaben sich zunächst kaum Veränderungen. Über die Vorgänge in Berlin und besonders über die Situation im Ministerium wurden wir relativ schnell und sachlich von den Mitarbeitern des Ministeriums informiert. Natürlich kochte auch die Gerüchteküche. Ein beliebtes Thema waren die Veränderungen in der 1. Etage, der Ministeretage. Dort waren inzwischen die neuen Staatssekretäre und ihre westdeutschen Berater eingezogen. Die Namen der Staatssekretäre sagten mir nichts. Noch viel weniger verrieten die Namen der westdeutschen Berater, die plötzlich, aber nicht unerwartet im Ministerium auftauchten. Ich kann nicht behaupten, dass ich diesen mir unbekannten Personen gegenüber unvoreingenommen gewesen wäre. Das hatte ganz einfache Gründe. Es sind zwei völlig verschiedene Dinge, in Opposition zu einer Politik zu stehen, die von der Mehrheit des Volkes schon nicht mehr mitgetragen wird oder Verantwortung für die Ausarbeitung und Verwirklichung einer alternativen Politik zu tragen. Ich hatte beträchtliche Zweifel, dass die in der Außenpolitik und den internationalen Fragen unerfahrenen ehemaligen Dissidenten dazu in der Lage wären. Aus meiner Sicht waren die Zweifel durchaus berechtigt, und wenn das Voreingenommenheit oder Misstrauen bedeutet, dann waren die auch erlaubt.

Im Vorgriff möchte ich sagen, dass ich mit den Ministern und Staatssekretären der Regierung de Maizière später recht unterschiedliche Erfahrungen gemacht habe, manchmal überraschend positive, aber auch manche negative und peinliche. Trotzdem versuchte ich, mich stets an den Sachfragen zu orientieren und peinliche Vorfälle möglichst zu ignorieren. Unser Verhalten zu den Neuen aus Berlin hing jedoch nicht nur von uns ab. Wir mussten schnell lernen, auch mit dem Misstrauen der neuen Partner, deren Ignoranz, ihrer politischen Naivität und gleichzeitigen Besserwisserei, aber auch mit ihrem eitlen, selbstgefälligen, herablassenden, oft auch arroganten Auftreten und anderen menschlichen Schwächen umzugehen.

Eine besonders negative Rolle spielten manche Mitarbeiter der neuen Minister und Staatssekretäre, aber nicht nur die, die Bürger der BRD waren, sondern mehr noch die opportunistischen Mitarbeiter wissenschaftlicher Einrichtungen. Diese Verhaltensweisen ließ man uns von Anfang spüren. Allerdings traten sie im Laufe der Zeit immer deutlicher hervor. Während man uns anfangs noch brauchte, schob man uns im Verlauf des Vereinigungsprozesses immer mehr an die Seite und grenzte uns aus. Das war ein Vorgriff auf das, was uns später erwartete. Bei mir wuchs der Unwille, das Misstrauen und die Auflehnung, aber auch die Gleichgültigkeit gegenüber der Regierung und deren Entscheidungen.

Kein Bedarf an Informationen der Botschaft

Zurück zu den Sachfragen. Am 19. April 1990 traf sich Botschafter Kotschemassow mit Markus Meckel im Außenministerium der DDR zu einem ersten Gespräch. Kotschemassow kam ohne lange Vorrede zur Sache. Er erklärte, dass die Sowjetunion zum Vereinigungsprozess zwischen beiden deutschen Staaten eine positive Haltung einnehme. Die grundsätzliche Position der UdSSR sei in der Vergangenheit wiederholt dargelegt worden. Er habe den Auftrag erhalten, darüber hinaus auf einige Aspekte aus der Sicht der sowjetischen Regierung aufmerksam zu machen. Weil sie die Auffassungen der sowjetischen Seite widerspiegeln, die man der Regierung de Maizière gleich zu Beginn ihrer Amtszeit vermitteln wollte, werde ich auf die wichtigsten kurz eingehen.

Kotschemassow bestätigte nochmals, dass die Sowjetunion der Vereinigung keine Steine in den Weg legen wolle. Die Form der Verwirklichung des Rechts auf staatliche Einheit sei Sache der Deutschen. Es müsse aber Klarheit über die äußeren Bedingungen geschaffen werden. Da das deutsche Problem die Interessen vieler Staaten berühre, müssten die inneren und äußeren Prozesse synchron verlaufen. Wichtig sei, dass die Interessenbalance nicht zulasten einer Seite verändert werde.

Der sowjetische Botschafter betonte, dass die Vereinigung der beiden deutschen Staaten fundamentale Interessen der UdSSR berühre. Die DDR habe sich zu den Verpflichtungen bekannt, die sich aus dem Potsdamer Abkommen ergäben. Es liege im fundamentalen Interesse der UdSSR, dass es vor der Annahme neuer Beschlüsse zum Komplex der deutschen Vereinigung nicht zu Abweichungen von diesen Vereinbarungen komme. Es gelte das Prinzip »pacta sunt servanda«. Die sowjetische Regierung müsse auch die Reaktionen der sowjetischen Bürger beachten, die die Entwicklung in Deutschland sehr aufmerksam und sensibel verfolgen würden. 26 Millionen Kriegstote seien ihnen Mahnung.

Im Zusammenhang mit den sicherheitspolitischen Aspekten verwies der Botschafter darauf, dass die Sowjetunion unter der Vereinigung beider deutscher Staaten das Zusammenwachsen und nicht eine Einverleibung des kleineren Staates durch den größeren verstehe. Deshalb könne die UdSSR der Anwendung des Artikels 23 des Grundgesetzes der BRD nicht zustimmen. Mit der Anwendung des Artikels 23 werde offensichtlich das Ziel verfolgt, die Verpflichtungen der DDR gegenüber der UdSSR und anderen Verbündeten bezüglich des Territoriums der DDR aufzuheben. Das betreffe auch die Verpflichtungen militärpolitischen Charakters. Die UdSSR sehe darin einen Anschlag der NATO auf die ureigensten Rechte und die Verantwortung der Sowjetunion gegenüber Deutschland als Ganzes, die Bestandteil des geltenden Völkerrechts und in der UNO-Charta fixiert seien.

Kotschemassow warf im Gespräch mit Meckel auch die Frage eines Friedensvertrages mit Deutschland auf. Die UdSSR vertrete den Standpunkt, so der Botschafter, dass der II. Weltkrieg durch einen Friedensvertrag mit Deutschland, ein anderes adäquates Dokument oder ein ganzes Paket einzelner Dokumente abgeschlossen werden müsse. In ihm sollten die Verpflichtungen Deutschlands gegenüber den anderen Staaten festgeschrieben werden. Der Vertrag könnte im Rahmen der Zwei-plus-Vier-Verhandlungen ausgearbeitet werden. Seine Grundsätze dürften Deutschland nicht diskriminieren und die nationale Würde der Deutschen nicht verletzen. Der Vertrag müsste das Problem der Nachkriegsgrenzen juristisch unanfechtbar lösen und den legitimen Interessen der Staaten Rechnung tragen, die Opfer der Hitleraggression gewesen seien. Die UdSSR sei bereit, bei der Ausarbeitung entsprechender Grundsätze eines solchen Vertrages eng mit der DDR zusammenzuarbeiten.

Wenige Tage später wurde bekannt, dass Ministerpräsident de Maizière mit einer repräsentativen Delegation von Regierungsmitgliedern zu offiziellen Gesprächen in Moskau eintreffen werde. In die gesamte Vorbereitung wurden wir offiziell nicht einbezogen. Der Besuch wurde, wie in der Vergangenheit, über die sowjetische Botschaft in Berlin vereinbart. Konkrete Aufträge wurden mir, entgegen anders lautenden Behauptungen, weder vom Ministerpräsidenten noch vom Außenminister erteilt. Also entschieden wir, so vorzugehen, wie bei ähnlichen Besuchen in der Vergangenheit. Wir übermittelten einige Informationen zu aktuellen Fragen der sowjetischen Politik und zur politischen und wirtschaftlichen Situation in der UdSSR an die Länderabteilung. Da ich annahm, dass der Außenminister Mitglied der Delegation sein werde, wandte ich mich am 24. April, wie früher an Minister Oskar Fischer, an Markus Meckel mit einem Schreiben, in dem ich auf einige aktuelle Aspekte der sowjetischen Politik einging, die aus meiner Sicht von besonderer Relevanz bei der weiteren Gestaltung der Beziehungen zwischen der DDR und der UdSSR sein könnten. Im weiteren einige Aussagen aus meinem Schreiben.

Meine Gespräche nach der Wahl zur Volkskammer und der Bildung der neuen Regierung mit sowjetischen Persönlichkeiten und unsere Beobachtungen der Öffentlichkeit hatten uns den Eindruck vermittelt, dass man die Entwicklungen in der DDR mit außerordentlicher Aufmerksamkeit und hoher Sensibilität verfolgte.

Die Erklärung des Ministerpräsidenten vor der Volkskammer wurde überwiegend als ausgewogen und sachlich-konstruktiv eingeschätzt. Das betraf insbesondere die Aussagen zur Sowjetunion und zur weiteren Gestaltung der Beziehungen zwischen der DDR und der UdSSR.

Mit Aufmerksamkeit wurde auch vermerkt, dass in der Regierungserklärung die sicherheitspolitische Stellung des künftigen deutschen Staates offen gelassen und keine Aussagen zu seiner Einbindung in die NATO getroffen wurden. Zugleich wurde die Frage gestellt, ob damit eine Korrektur früherer DDR-Aussagen verbunden sei.

Neben den positiven Wertungen ging es mir jedoch vor allem darum, die vorherrschenden Zweifel und das Misstrauen in der sowjetischen Öffentlichkeit deutlich zu machen. Für viele sowjetische Politiker und erst recht für die Mehrheit der Bevölkerung hatten der Umdenkungsprozess und das Einstellen auf die neue politische Situation im Verhältnis zur DDR erst begonnen. Diese Haltung, die oftmals stark emotional geprägt war, äußerte sich besonders vor dem 45. Jahrestag der Befreiung und des Sieges über den Hitlerfaschismus. Sie resultierte nicht zuletzt aus dem Empfinden eines großen Teils der Bevölkerung, dass mit dem Einigungsprozess der strategische Bündnispartner DDR verloren gehe und damit der mit hohem Blutzoll errungene Sieg über Hitlerdeutschland nachträglich in eine Niederlage verwandelt würde. Verstärkt wurden solche Bewertungen noch durch die Entwicklungen in den Staaten Osteuropas und im Warschauer Vertrag, durch die der Eindruck wachsender Gefahr außenpolitischer Isolierung und das Gefühl gewisser Hilflosigkeit gegenüber den USA und deren NATO-Verbündeten entstanden.

Viele meiner Gesprächspartner erklärten ganz offen, die sowjetische Führung sollte diese Stimmungen und Meinungen großer Teile der Bevölkerung ernster nehmen und in ihrer praktischen Politik mehr Rechnung tragen. Man warnte davor, dass eine weitgehend als Niederlage empfundene Lösung der deutschen Frage unvorhersehbare innenpolitische Konsequenzen nach sich ziehen könnte. Es war auch noch ungewiss, wie der Oberste Sowjet und der Kongress der Volksdeputierten eine solche Politik beurteilen würden.

Trotz weitgehender Unklarheiten über den Standpunkt der sowjetischen Führung und darüber, was die Sowjetunion wirklich erreichen wollte, versuchte ich einige Positionen ihres Vorgehens deutlich zu machen. Die sowjetische Politik war unter anderem darauf gerichtet, den Prozess der Vereinigung eng mit der Schaffung kollektiver Sicherheitsstrukturen in Europa zu verknüpfen. Faktisch sollten beide Prozesse synchron verlaufen. Damit hoffte man in Moskau, auch die Frage der deutschen Blockzugehörigkeit aufzulösen.

Ausgehend davon war zu erwarten, dass die UdSSR in der bevorstehenden Runde der Zwei-plus-Vier-Verhandlungen eine NATO-Mitgliedschaft des vereinten Deutschland strikt ablehnen werde. Alle Kompromisslösungen, zu denen die UdSSR angeblich prinzipiell bereit war, wären für die sowjetische Seite nur für einen klar fixierten überschaubaren Zeitraum annehmbar gewesen. Im Außenministerium der UdSSR wurde mir gegenüber nachdrücklich betont, dass eventuelle Zwischenlösungen nur vertretbar wären, wenn auf dem angestrebten KSZE-Gipfel dauerhafte Regelungen für die Wahrung der sowjetischen Sicherheitsinteressen verbindlich vereinbart würden.

Die sowjetische Seite ging nach wie vor davon aus, dass für die Festlegung des militärpolitischen Status Deutschlands, der völkerrechtlichen Anerkennung der bestehenden Grenzen und der Rechte der ehemaligen Siegermächte ein Friedensvertrag mit dem vereinten Deutschland die optimale Lösung wäre. Allerdings wurde auch in dieser Frage deutlich, dass man einen Kompromiss mit der BRD und den anderen westlichen Staaten nicht ausschloss. Man hielt es für realistisch, ein Vertragswerk von zwei- und mehrseitigen Abkommen zwischen den beteiligten Staaten zu erarbeiten und zu vereinbaren, mit dem alle offenen Fragen geregelt werden könnten, ohne einen gesonderten Friedensvertrag abschließen zu müssen.

Den größten Teil meiner Ausführungen widmete ich Fragen zur weiteren Gestaltung der Beziehungen zwischen der DDR und der UdSSR und den vorerst vagen Vorstellungen der sowjetischen Seite zur Überleitung des bestehenden Beziehungsgefüges in die Zusammenarbeit mit einem künftigen einheitlichen deutschen Staat. Die DDR konnte davon ausgehen, dass von sowjetischer Seite die feste Bereitschaft bestand, das erreichte Niveau in den Beziehungen auf allen Gebieten zu erhalten und möglichst noch auszubauen. Vor allem die Erwartungen auf ökonomischem Gebiet waren recht hoch. Nach unseren Informationen lag dem sowjetischen Ministerpräsidenten eine Konzeption über die notwendigen Abstimmungen mit der DDR vor.

Die Versicherung der DDR-Regierung, die ökonomischen Vereinbarungen auch unter den neuen Bedingungen unbedingt erfüllen zu wollen, wurde zwar begrüßt, jedoch wurden zunehmend Zweifel an deren möglicher Realisierung geäußert. Ende April 1990 hatte die DDR ihre Exportverpflichtungen gegenüber der UdSSR mit 23,8 Prozent des Jahresprotokolls erfüllt. Das war ein sehr respektables Ergebnis. Andererseits zeichneten sich bereits Probleme bei den Kooperationslieferungen aus der DDR in die UdSSR und eine sinkende Abnahmebereitschaft vieler DDR-Betriebe für sowjetische Waren ab. Die Finanzierung der sowjetischen Importe wurde immer brisanter. Der Währungssaldo hatte inzwischen einen Stand von 1290 Millionen Rubel zugunsten der DDR erreicht und wies eine steigende Tendenz auf. In einer internen Weisung wies der sowjetische Ministerpräsident an, die maximale Höhe der Exporte der UdSSR beizubehalten, um die notwendigen Importe aus der DDR, vor allem der Erzeugnisse aus den Kooperationsabkommen und der Konsumgüter, sichern zu können. Allerdings konnte ich nicht verhehlen, dass ich angesichts der miserablen Wirtschaftslage in der Sowjetunion erhebliche Zweifel an der Realisierung der sowjetischen Absichten hatte.

In der Vergangenheit hatte sich die DDR in den Fragen der deutschen Minderheit in der Sowjetunion oder in anderen sozialistischen Staaten immer zurückgehalten. Ob eine solche Politik richtig war, kann man sehr bezweifeln. Mit den wachsenden Autonomieforderungen der Unionsrepubliken verstärkten sich auch die Forderungen nach Rückkehr der Deutschen in ihre angestammten Gebiete an der Wolga und die Wiederherstellung der autonomen Republik der Deutschen. Diesem Begehren stimmte die sowjetische Regierung nicht zu. Die sowjetische Seite erwartete von der DDR Unterstützung für die Sowjetdeutschen, weshalb ich Außenminister Meckel darauf aufmerksam machte.

Ich glaubte, mit dem Brief meiner Pflicht genüge getan zu haben. Ob der Minister den Brief überhaupt zu Gesicht bekam und wenn ja, ob er ihn gelesen hatte, vermag ich nicht zu sagen. Fakt ist, dass eine Reaktion des Ministers nicht erfolgte. Ich glaube, es war das einzige Mal, dass ich mich direkt an Minister Meckel wandte.

Zu den Eigentumsfragen in der DDR

Im Verlaufe des Einigungsprozesses wurde über die Regelung der offenen Vermögensfragen in der DDR eine heftige politische und juristische Auseinandersetzung geführt. Die drei beteiligten Staaten, die DDR, die BRD und die UdSSR, vertraten von Anfang an eindeutig und prinzipiell unterschiedliche Positionen.

Die Regierungen der DDR, alle politischen Kräfte und die Mehrheit der Bevölkerung vertraten die Auffassung, dass die in der DDR bestehenden Eigentumsverhältnisse, die durch Enteignungen auf besatzungsrechtlicher bzw. besatzungshoheitlicher Grundlage, also durch Beschlüsse der vier Alliierten von 1945 bis 1949 erfolgten oder durch Gesetze und Verordnungen der Länderregierungen der sowjetischen Besatzungszone bzw. der Regierung der DDR zwischen 1949 und 1972 in Volkseigentum überführt wurden, nicht angetastet werden sollten.

Einflussreiche politische Kräfte der BRD, allen voran die Alteigentümer, betrachteten die Enteignungen dagegen als Unrecht. Sie hofften, im Zuge der Vereinigung ihr früheres Eigentum ungehindert und vollständig zurückzuerhalten, ungeachtet ob die Enteignung auf besatzungsrechtlicher bzw. besatzungshoheitlicher Grundlage erfolgte oder durch Entscheidungen der Regierung der DDR.

Um diese Fragen entbrannte in der BRD eine heftige politische und juristische Auseinandersetzung. Die Bundesregierung, die an einer schnellen Herstellung der deutschen Einheit interessiert war und die die Stimmungen in der DDR und in der Sowjetunion realistischer einschätzte, suchte nach einem für die DDR und die UdSSR akzeptablen Kompromiss, der schließlich auch gefunden wurde.

Aufgrund meiner eigenen Erfahrungen und Kenntnisse behaupte ich, dass die Regierung der Sowjetunion erst von den Politikern der DDR auf das Problem der vermögensrechtlichen Fragen aufmerksam gemacht wurde. Nach kurzem Zögern nahm sie jedoch schnell eine klare Position ein. Sie vertrat die Auffassung, dass die Enteignungen auf besatzungsrechtlicher bzw. besatzungshoheitlicher Grundlage nicht mehr rückgängig zu machen seien.

Letztlich wurde zwischen beiden deutschen Staaten und der Sowjetunion eine einvernehmliche Regelung der offenen vermögensrechtlichen Fragen gefunden, die in zwei grundsätzlichen Dokumenten ihren Niederschlag fanden. Es handelt sich um den Vertrag zwischen der Bundesrepublik Deutschland und der Deutschen Demokratischen Republik über die Herstellung der Einheit Deutschlands (Einheitsvertrag) vom 31. August 1990 und um den Vertrag über die abschließende Regelung in Bezug auf Deutschland vom 12. September 1990, dem so genannten Zwei-plus-Vier-Vertrag. Der Weg bis zu einer vertraglichen Regelung verlief jedoch nicht konfliktlos. Die Komplikationen und Probleme werden von Zeitzeugen, Historikern, von Publizisten und Autoren verständlicher Weise nicht einheitlich interpretiert. In den vergangenen Jahren stand die Diskussion dieser komplizierten Fragen zusätzlich unter dem Einfluss unbegründeter Emotionen, die gerade von den Hauptakteuren dieses Prozesses hineingetragen wurden.

Als Zeitzeuge fühle ich mich verpflichtet, auch meine Sicht auf die damaligen Vorgänge darzustellen. Die Regierung der DDR unter Ministerpräsident Hans Modrow stellte bereits Ende 1989 Überlegungen über eine einvernehmliche Regelung offener vermögensrechtlicher Fragen an. Hier sei zunächst nur festgestellt, dass die Materialien, selbst aus heutiger Sicht, durchaus realistisch die damalige Lage einschätzten und von den zu erwartenden Ergebnissen ausgingen. Damals war mir nicht aufgefallen, dass sich unter diesen Materialien kein Positionspapier zu den offenen Vermögensfragen befand, obwohl diese Fragen von westdeutscher Seite bereits in der Öffentlichkeit aufgeworfen wurden.

Im Gespräch Modrows mit Gorbatschow am 29. Januar 1990 in Moskau spielte dieses Thema noch keine Rolle. Wenige

Tage später, am 2. Februar 1990, informierte Gregor Gysi, der Vorsitzende der PDS, Gorbatschow darüber, dass »heute bereits das Eigentum der Bauern an Grund und Boden gefährdet sei, weil die Großgrundbesitzer sich schon für ihre früheren Ländereien interessierten«.

Auf die Frage Gorbatschows nach der Position der Bauern antwortete Gysi, »diese wären durchaus für die Wiedervereinigung, wenn ihnen ihr Land gesichert wäre. Dies sei aber nicht gesichert, vor allem, wenn darüber einmal westdeutsche Gerichte zu entscheiden hätten«. Wie sich heute herausstellt, eine sehr zutreffende Bemerkung. Gorbatschow stellte dazu keine weiteren Fragen, betonte jedoch, »dass das Volk und die Führung der Sowjetunion sehr aufmerksam verfolgen, was in der DDR geschieht. Sie seien solidarisch mit den Werktätigen der DDR, die nach Verbesserung ihres Lebens streben. Dies finde in der Sowjetunion großes Verständnis«. Das Thema wurde also angesprochen, aber es kam zu keiner ausführlicheren Diskussion über die Eigentumsfragen in der DDR.

Das erste entscheidende Dokument war die Erklärung der Regierung der DDR zu den Eigentumsverhältnissen vom 1. März 1990. In der Erklärung hieß es: »Die Regierung geht davon aus, dass es im unmittelbaren Interesse aller Bürger der DDR liegt, aber auch Anliegen der Regierung der BRD sein sollte, die Eigentumsverhältnisse in der DDR, wie sie sich nach dem II. Weltkrieg aufgrund völkerrechtlicher Abkommen, der Gesetze des Alliierten Kontrollrates für Deutschland und Bestimmungen in der ehemaligen sowjetischen Besatzungszone sowie der Gesetze und Rechtsvorschriften der DDR herausgebildet haben, nicht in Frage zu stellen.« Im Zusammenhang mit der Bodenreform wurde festgestellt: »Auf dem Lande werden die Eigentumsverhältnisse auf dem heutigen Gebiet der DDR maßgeblich durch die 1945 durchgeführte Bodenreform bestimmt.«

Am 2. März 1990 übermittelte Ministerpräsident Modrow die Regierungserklärung zu den Eigentumsverhältnissen in der DDR an Michail Gorbatschow und an den Bundeskanzler Helmut Kohl.

In dem Schreiben an Gorbatschow wird betont, dass die Eigentumsordnung der DDR, wie sie sich nach dem Sieg über den Hitlerfaschismus in der damaligen sowjetischen Besatzungszone herausgebildet hatte, bei der Schaffung einer Währungsunion und Wirtschaftsgemeinschaft mit der Bundesrepublik Deutschland und auch in einem späteren einheitlichen Deutschland nicht in Frage gestellt werden dürfe. Von Modrow wurde die Bitte geäußert, dass die UdSSR mit ihren Rechten als Siegermacht des II. Weltkrieges in Bezug auf ein späteres Gesamtdeutschland sowie unter Nutzung ihres bedeutenden internationalen Einflusses für die Sicherung der Eigentumsverhältnisse in der DDR eintreten werde. Gleichzeitig wurde die Bereitschaft geäußert, durch die Abstimmung zwischen den Ministerien für Auswärtige Angelegenheiten der beiden Staaten ein gemeinsames koordiniertes Auftreten der DDR und der UdSSR zu sichern. Am 5. und 6. März 1990 weilte eine Delegation der Regierung der nationalen Verantwortung unter Leitung von Modrow in Moskau. Modrow und andere Mitglieder der Delegation hatten in den Gesprächen mit den sowjetischen Politikern, vor allem mit Gorbatschow, alle grundsätzlichen Fragen angesprochen, die es im Prozess der Vereinigung der beiden deutschen Staaten zu beachten galt. Modrow erläuterte auch die Notwendigkeit, die Eigentumsverhältnisse in der DDR zu wahren. Alle sowjetischen Gesprächspartner stimmten dem Standpunkt der DDR zu und unterstützten ihn.

Man kann davon ausgehen, dass die von der sowjetischen Nachrichtenagentur *TASS* am 27. März 1990 veröffentlichte Erklärung der sowjetischen Regierung zu den Eigentumsfragen in der DDR das direkte Ergebnis der Gespräche zu dieser Problematik zwischen der DDR und der UdSSR war. In der Erklärung wurde festgestellt: »In Übereinstimmung mit den Zielen des Potsdamer Abkommens, mit Zustimmung der sowjetischen Militäradministration und auf Forderung der Massen der werktätigen Bauern wurde 1945 von den Landesbehörden Ostdeutschlands die Bodenreform verwirklicht. Unter Berücksichtigung ihrer Rechte und Verantwortung in den deutschen Angelegenheiten tritt die Sowjetunion für die Wahrung der Gesetzlichkeit in den Eigentumsverhältnissen der DDR ein. Sie ist gegen Versuche, die Vermögensverhältnisse in der DDR im Falle der Bildung der Währungs- und Wirtschaftsunion mit der BRD sowie im Falle des Entstehens des einheitlichen Deutschlands in Frage zu stellen. Das setzt voraus, dass beide deutsche Staaten im Prozess ihrer Annäherung und Vereinigung davon ausgehen, dass die von 1945 bis 1949 von der sowjetischen Militäradministration in Deutschland verwirklichten Wirtschaftsmaßnahmen rechtens waren. Absolut unannehmbar wären eventuelle Versuche, die Rechte der gegenwärtigen Eigentümer an Boden oder an anderem Vermögen in der DDR in Abrede zu stellen.«

Auch auf diplomatischen Ebenen gab es mit der sowjetischen Seite Kontakte und Gespräche über die offenen Vermögensfragen. Anfang März 1990 übergab ich im sowjetischen Außenministerium ein sogenanntes Non-Paper des Ministeriums für Auswärtige Angelegenheiten der DDR, in dem die DDR um Unterstützung bei der Klärung der Rechtslage bezüglich des Volkseigentums bat.

Eine Antwort auf das Non-Paper der DDR habe ich nicht erhalten. Es ist durchaus möglich, dass die Antwort durch die sowjetische Botschaft in Berlin direkt dem Ministerium übergeben wurde. Als ich 1997 im Archiv des russischen Außenministeriums Nachforschungen nach diesem und anderen Materialien anstellte, wurde mein Wunsch mit dem Hinweis auf das russische Archivgesetz und die international übliche Sperrfrist von 25 oder mehr Jahren abgelehnt.

Die DDR nutzte auch Gespräche und Verhandlungen mit der BRD, um ihren grundsätzlichen Standpunkt zu den Eigentumsfragen deutlich zu machen. Als am 9. März 1990 die erste Expertenberatung beider deutscher Staaten zu den äußeren Aspekten der deutschen Vereinigung stattfand, forderte der stellvertretende Außenminister der DDR, Ernst Krabatsch, dass die im Ergebnis des II. Weltkrieges entstandenen Eigentumsverhältnisse in der DDR im Interesse der Stabilität des Einigungsprozesses unangetastet bleiben sollten. Von ihm wurde ausdrücklich unterstrichen, dass sich diese Feststellung auf die Respektierung der Maßnahmen zur Enteignung der Kriegs- und Naziverbrecher und auf die durchgeführte Bodenreform ebenso, wie auf das durch die Bevölkerung der DDR in 40-jähriger Arbeit geschaffene Volkseigentum beziehe.

Unter Hinweis auf die Ottawa-Formel lehnte der westdeutsche Verhandlungsführer, Dieter Kastrup, die Behandlung aller

Fragen bezüglich des staatsrechtlichen Weges zur Einheit und der Problematik der Eigentumsverhältnisse ab. Das Außenministerium der DDR gab sich jedoch mit der Antwort Kastrups nicht zufrieden. Während der ersten Zwei-plus-Vier-Verhandlungsrunde auf Beamtenebene am 14. März 1990 in Bonn beantragte der Verhandlungsleiter der DDR, Ernst Krabatsch, die Tagesordnung um den Punkt »Schutz der Eigentumsverhältnisse in der DDR« (z. B. die Enteignung der Nazi- und Kriegsverbrecher, die Bodenreform) zu erweitern. Kastrup versicherte daraufhin erneut, »dass die Bedeutung der Eigentumsfragen durch die BRD nicht verkannt würde. Seine Regierung sei bereit, in Gesprächen mit der neuen Regierung der DDR diese Frage zu erörtern. Es handele sich jedoch um einen inneren Aspekt der deutschen Einheit. Die Behandlung im Rahmen ›Zwei-plus-Vier‹ sei durch das Mandat von Ottawa nicht gedeckt«.

Der DDR-Vorschlag wurde durch den Leiter der sowjetischen Delegation, den stellvertretenden Außenminister Adamischin, unterstützt. Den aktiveren Part spielte in diesen ersten Gesprächen jedoch eindeutig die DDR-Seite.

Die Aktivitäten der Modrow-Regierung in den Eigentumsfragen in der DDR sind eindeutig und überschaubar. Es war ihr Verdienst, dass sie die Fragen der Eigentumsverhältnisse in der DDR auf die Tagesordnung der Verhandlungen mit der UdSSR und mit der BRD setzte und eine Lösung der offenen Vermögensfragen im Interesse der Eigentumsnutzer zielstrebig und konsequent verfolgte.

Es gibt auch keinen Zweifel, dass die sowjetische Seite und selbstverständlich auch Gorbatschow die Forderungen der DDR bewusst zur Kenntnis nahmen und sie unterstützten. Der Standpunkt der Sowjetunion zu den vermögensrechtlichen Fragen in der DDR war eindeutig und klar. Sie trat während des gesamten Einigungsprozesses, trotz gelegentlicher Schwankungen, für den Erhalt und die Sicherung der bestehenden Eigentumsverhältnisse in der DDR ein. In den Zwei-plus-Vier-Verhandlungen wurde jedoch über die vermögensrechtlichen Fragen zu keinem Zeitpunkt ernsthaft verhandelt. Ob die Regelung der Eigentumsfragen eine Vorbedingung für die deutsche Einheit gewesen sei, ist umstritten.

Aus der »Ottawa-Formel« erklärt sich meiner Ansicht auch, dass von sowjetischen Vertretern zwar zu jeder Zeit Stellungnahmen und Erklärungen zur sowjetischen Haltung in den Vermögensfragen abgegeben wurden, sie sich aber mit der Problematik, vor allem mit dem Schutz ihrer eigenen Interessen und der Formulierung ihrer Forderungen erst dann intensiv befasste, als sich der Zwei-plus-Vier-Vertrag bereits in der Endfassung befand und die Verhandlungsposition der UdSSR äußerst geschwächt war. Es ist Zeit, sich von eventuell noch vorhandenen Vorstellungen zu trennen, dass die Sowjetunion im Sommer 1990 noch über einen großen Verhandlungsspielraum verfügt und ein besonderes Interesse am Schicksal der DDR-Bürger gehabt hätte. Sie hatte Sorgen ganz anderer Art, die vor allem mit ihren eigenen Interessen zusammenhingen, und daher schloss sie sich immer mehr und faktisch bedingungslos den von der BRD empfohlenen oder vorgeschlagenen Formulierungen an. Die letzte Regierung der DDR setzte die von der Modrow-Regierung eingeleitete Politik zur Regelung der Vermögensfragen konsequent fort. In ihrer ersten Regierungserklärung vom 12. April 1990 stellte Ministerpräsident de Maizière im Namen der Regierung bezüglich der Vermögensfragen fest: »Die Ergebnisse der Bodenreform auf dem Territorium der DDR stehen nicht zur Disposition. Wir gehen aber davon aus, dass künftig alle Eigentumsformen gleichgestellt werden müssen. Ein völlig neues Bodenrecht wird die Verfügbarkeit des Eigentums am Boden unter Berücksichtigung des Gemeinwohls und bei Ausschluss von Möglichkeiten zu Spekulationen sichern.« Und an anderer Stelle wird erklärt: »In den nächsten acht bis zehn Wochen wollen wir die Grundlagen für die Wirtschafts-, Währungs- und Sozialunion legen, damit diese vor der Sommerpause in Kraft treten kann. [...] Dazu gehört die Sicherung der Eigentumsrechte aus der Bodenreform und aus Eigentumsübertragungen, die nach Treu und Glauben rechtens waren und daher auch rechtens bleiben müssen.«

Da sich die Regierung der DDR mit der Ankündigung über die schnelle Herbeiführung der Wirtschafts- und Währungsunion selbst unter Zugzwang gesetzt hatte, drängte sie weiter auf eine baldige Regelung der offenen Vermögensfragen. Die konnte durch die willkürliche Trennung der inneren von den äußeren Aspekten nur zwischen den beiden deutschen Regierungen getroffen werden.

Als die Bundesregierung merkte, wie schwierig sich die Auseinandersetzungen um die Eigentumsfragen gestalten würden, wurde Klaus Kinkel, damals Staatssekretär im Justizministerium beauftragt, eine Lösungsformel zu erarbeiten. Sein Partner auf DDR-Seite war der Staatssekretär im Finanzministerium, Günther Krause. Es war wohl vor allem die kompromisslose Haltung von Ministerpräsident de Maizière, dessen Einsicht in historische Realitäten, dessen Kenntnisse über die konkrete politische Situation und die Stimmung der Menschen in der DDR, die den entscheidenden Ausschlag für die dann gefundene Kompromissformel gab.

Am 15. Juni 1990 gaben die beiden deutschen Regierungen eine »Gemeinsame Erklärung zur Regelung offener Vermögensfragen« ab, in der es heißt: »Die Enteignungen auf besatzungsrechtlicher bzw. besatzungshoheitlicher Grundlage (1945–1949) sind nicht mehr rückgängig zu machen. Die Regierungen der Sowjetunion und der Deutschen Demokratischen Republik sehen keine Möglichkeit, die damals getroffenen Maßnahmen zu revidieren. Die Regierung der Bundesrepublik Deutschland nimmt dies im Hinblick auf die historische Entwicklung zur Kenntnis. Sie ist der Auffassung, dass einem künftigen gesamtdeutschen Parlament eine abschließende Entscheidung über etwaige staatliche Ausgleichsleistungen vorbehalten bleiben muss.«

Die Chronologie der Ereignisse zeigt, dass die Sowjetunion in der ersten Hälfte 1990 wiederholt auf die Legitimität der Maßnahmen und Verfügungen der vier Alliierten in ihren Besatzungszonen von 1945 bis 1949 hingewiesen und darauf bestanden hat, diese weder in Zweifel zu ziehen, noch zu revidieren. Am 9. Juni übergab die sowjetische Seite auf einem Beamtentreffen im Rahmen der Zwei-plus-Vier-Verhandlungen in Berlin ein Arbeitspapier, in dem es hieß: »Anerkennung der Legitimität und Unumkehrbarkeit der Maßnahmen, die von den vier Mächten in ihren Besatzungszonen zu politischen, militärischen und wirtschaftlichen Fragen getroffen wurden.«

Der in der Gemeinsamen Regierungserklärung gefundene Kompromiss zu den Eigentumsfragen in der DDR unterlag in den folgenden Monaten keinen Veränderungen mehr. Bereits im Juni hatten die Regierungen der BRD und der DDR eine Entscheidung getroffen, die sie später, trotz neuer Vorschläge der UdSSR, nicht mehr korrigierten. Die relativ schnelle Einigung auf die Gemeinsame Regierungserklärung war zweifellos auch der Versuch, zumindest von Seiten der Bundesregierung weitergehenden Forderungen der Sowjetunion zuvorzukommen. Angesichts dieser Sachlage verwundert der Streit um angebliche oder tatsächliche Äußerungen Gorbatschows.

Es bleibt eine Tatsache, dass die beiden deutschen Regierungen die weitgehenden und grundsätzlichen Vorschläge der Sowjetunion zur Rechtmäßigkeit der alliierten und sowjetischen Entscheidungen in den Eigentumsfragen nicht mehr berücksichtigten. Für die nach der Vereinigung aufgetretenen Probleme in den Eigentumsfragen kann nicht die Sowjetunion oder gar Gorbatschow verantwortlich gemacht werden, sondern einzig und allein die Bundesregierung und der Bundestag des vereinigten Deutschland.

Der Sowjetunion ging es in erster Linie um die Sicherung ihrer eigenen Interessen, die sich allerdings in grundsätzlicher Übereinstimmung mit denen der DDR befanden. Die Rechtmäßigkeit der von ihr zwischen 1945 und 1949 getroffenen Entscheidungen und Maßnahmen sollte nicht in Frage gestellt werden. Dazu gehörten auch die Entscheidungen über die Enteignungen nicht nur des Bodens der Kriegsverbrecher und Großgrundbesitzer, sondern auch der großen Industriebetriebe. Eine berechtige Forderung, die von der DDR-Regierung leider nicht aufgegriffen wurde. Die sowjetischen Forderungen stellten für die Verhandlungsführung der DDR eine wesentliche Unterstützung dar. Anhand der Dokumente und Berichte ist nachvollziehbar, dass sich die sowjetische Seite nachdrücklich für die Wahrung ihrer eignen Interessen und Rechte in Deutschland einsetzte. Als ein Beispiel mögen die Gespräche über den Rechtsschutz des sowjetischen Eigentums in der DDR dienen.

Während der Verhandlungen zwischen Wirtschaftsminister Gerhard Pohl und seinem sowjetischen Partner Stepan Sitarjan am 28. und 29. April 1990 in Moskau kamen beide Seiten überein, eine Vereinbarung über den Rechtsschutz des sowjetischen

Eigentums in der DDR vorzubereiten und zu diesem Zweck eine gemeinsame Arbeitsgruppe zu bilden. Gemäß dieser Festlegung trafen sich am 12. Mai 1990 die Beauftragten der beiden Regierungen, Staatssekretär Dr. Domke und der stellvertretende Außenminister Obminski, zu ersten Gesprächen in Moskau. Die sowjetische Seite hielt es für wichtig, »im Sinne von Logik, Recht und gegenseitigem Interesse zu handeln«. Ihr ging es vor allem darum, vor der Vereinigung der beiden deutschen Staaten alle bestehenden Probleme zu bereinigen und den Rechtsschutz ihres Vermögens in der DDR zu sichern, um spätere Auseinandersetzungen zu vermeiden. Nach den sowjetischen Vorstellungen sollten die DDR und die UdSSR zeitgleich bilaterale Konsultationen mit der BRD führen, um nach Abschluss der Gespräche mit der DDR, die Verhandlungen unter Einbeziehung der BRD fortzusetzen. Die DDR schloss Konsultationen mit der BRD nicht aus, stellte jedoch infrage, ob derartige Kontakte zu dreiseitigen Verhandlungen führen könnten. Die sowjetische Seite schlug die Inventarisierung des sowjetischen Eigentums in der DDR vor und bat zu prüfen, ob alle das sowjetische Eigentum betreffenden Rechtsnachweise vorhanden seien. In diesem Zusammenhang übergab Obminski eine, wie er feststellte, noch nicht vollständige Übersicht des sowjetischen Eigentums in der DDR und bekundete das Interesse der Sowjetunion, ihre in der DDR genutzten Grundstücke und Objekte zu erhalten. Sollten durch juristische und physische Personen Ansprüche auf sowjetisches Eigentum erhoben werden, so seien sie auf staatlicher Ebene zu klären. Dr. Domke übergab seinerseits eine Übersicht zu Vermögensobjekten der DDR in der UdSSR, die auf der Grundlage zwischenstaatlicher Vereinbarungen Eigentum der DDR waren.

Obminski verwies darauf, dass die Problematik der Wismut und der Westgruppe der sowjetischen Streitkräfte aus der Behandlung in dieser Arbeitsgruppe ausgeklammert wurde.

Abschließend unterstrich die sowjetische Seite, dass weder die UdSSR noch Deutschland in Bezug auf die Vermögenskomplexe einseitige Schritte unternehmen sollten. Dieses Prinzip sollte als Generalklausel festgeschrieben werden. Dr. Domke wollte dies nur als Denkanstoß betrachtet wissen. Er wies darauf hin, dass es auf die genaue Formulierung ankomme, damit jede Seite unter diesem Prinzip das Gleiche verstehe. Die DDR wollte prüfen, welche Formulierung festgeschrieben werden könnte.

Im Herangehen der sowjetischen Seite war die deutliche Absicht zu erkennen, im Geiste bisheriger Freundschaft und noch vorhandener vermeintlicher gemeinsamer Interessen mit Hilfe der DDR offene Fragen und Probleme im Interesse der UdSSR vor der Vereinigung lösen zu wollen. Sie war sich jedoch auch bewusst, dass solche Absprachen oder Vereinbarungen nur Bestand haben können, wenn sie die Zustimmung der BRD finden. Ob der Verhandlungsführer der DDR bereits in enger Abstimmung mit der BRD handelte, vermag ich nicht zu sagen.

Seit einigen Jahren wird in der deutschen Öffentlichkeit eine emotionale und wenig differenzierte Diskussion um die Rolle der Sowjetunion und speziell die Gorbatschows bei der Lösung der Eigentumsfragen in der DDR geführt. Sie wurden vor allem durch politisch naive, wenig hilfreiche Äußerungen Gorbatschows auf einer Veranstaltung des »Göttinger Kreis, Studenten für den Rechtsstaat e.V.« am 1. März 1998 in Berlin ausgelöst. In einem Brief Gorbatschows an Rudolf Augstein vom 16. März 1998 stellte er fest, dass er in Berlin gefragt worden sei, »ob die Sowjetunion das Restitutionsverbot zu einer unabdingbaren Vorbedingung für Gespräche über die Wiedervereinigung Deutschlands gemacht habe und ob es stimme, dass ich persönlich darauf bestanden habe, dass solche Restitutionen auch künftig verboten bleiben sollten«.

In der Presse wurden verschiedene Varianten seiner Antwort veröffentlicht. Aber alle beinhalten zwei Momente: Die Frage der Restitution sei auf höchster Ebene nie besprochen worden, und das Restitutionsverbot sei keine Vorbedingung für die deutsche Einheit gewesen. An Rudolf Augstein vom *Spiegel* schrieb Gorbatschow über seine Antwort: »Auf meiner Ebene als Präsident der UdSSR ist diese Frage nicht diskutiert worden. Erst recht konnte keine Rede sein von einem Ultimatum, wonach es ohne ein Restitutionsverbot keinen großen Vertrag geben sollte.«

Modrow, de Maizière und nach ihnen auch andere bezichtigen Gorbatschow daraufhin der Lüge. Das wiederum veranlasste Gorbatschow, seine Kontrahenten der gleichen Schwächen zu beschuldigen und sie sogar des Gewissensschwundes zu verdächtigen. Meine Meinung zu den Aktivitäten der Modrow-Regierung gegenüber der Sowjetunion habe ich bereits dargelegt. Und sollte Gorbatschow wirklich der Meinung gewesen sein, er habe mit Modrow darüber nicht gesprochen, dann ist die Empörung Modrows durchaus berechtigt.

Anders sieht es mit dem Gespräch Gorbatschow-de Maizière aus, das am 29. April 1990 in Moskau stattfand und auf das de Maizière ausdrücklich Bezug nimmt. Von diesem Gespräch wurde der Botschafter der DDR ausgeschlossen. Vor seinem Treffen mit Gorbatschow ließ mir der Ministerpräsident über seine Mitarbeiterin mitteilen, dass meine Teilnahme an dem Gespräch nicht erwünscht sei. Gründe wurden mir nicht mitgeteilt. Darüber könnte ich nur Vermutungen äußern, worauf ich verzichten möchte. Seine Entscheidung stimmte mich zwar nachdenklich, aber sie überraschte mich nicht, eher hatte ich etwas Ähnliches von den neuen Regierenden erwartet. Befürchtungen, dass mir durch meinen Ausschluss Wichtiges entgehen könnte, hatte ich nicht. Ich war überzeugt, dass mich sowjetische Freunde, Teilnehmer des Treffens, ausführlich über das Gespräch informieren werden. So geschah es auch. Bei meinen weiteren Darlegungen werde ich mich jedoch nicht allein auf meine Aufzeichnungen über diese Information verlassen. Nun zu dem eigentlichen Problem.

Der *Spiegel* veröffentliche im März 1998 unter dem Titel »Gorbatschow sagt die Unwahrheit« ein Interview mit Lothar de Maizière, in dem er behauptete, dass er am 29. April 1990 in dem bereits erwähnten Gespräch mit Gorbatschow auch über »die Unumkehrbarkeit der Maßnahmen der Sowjetunion in der Zeit von 1945 bis 1949 und zwar dezidiert in Vermögensfragen« gesprochen hätte. Offensichtlich verfügte er nicht über das Protokoll dieses Gespräches und war so darauf angewiesen, seine beiden Protokollführer als Zeugen anzurufen. Beide bestätigten ihm, sie seien absolut sicher, dass die Frage der Eigentumsverhältnisse diskutiert wurde.

Bei meinen Recherchen in Moskauer Archiven im April und November 1997 suchte auch ich nach dem Protokoll über das Gespräch zwischen Gorbatschow und de Maizière vom 29. April 1990. Im Archiv des Gorbatschow-Fonds wurde ich schließlich fündig.

Anfangs hatte mir der ehemalige Berater Gorbatschows, Tschernjajew, zugesichert, dass ich in alle Dokumente Einsicht nehmen und sie auch fotokopieren könnte. Es handelte sich ausnahmslos um Dokumente und Materialien zur Vereinigung der beiden deutschen Staaten. Darunter befanden sich Protokolle von Gesprächen Gorbatschows und anderer sowjetischer Persönlichkeiten mit ihren Partner in der DDR und der BRD. Diese Dokumente wurden Mitte der 1990er Jahre für die Veröffentlichung aufbereitet, von der Gorbatschow dann jedoch, aus welchen Gründen auch immer, Abstand nahm. Als ich Tschernjajew die Liste der Dokumente vorlegte, an denen ich Interesse zeigte, wurden mir eine Reihe Beschränkungen auferlegt. Mir wurde nur gestattet, insgesamt nicht mehr als dreißig bis vierzig Seiten zu kopieren. Eine weitere strenge Auflage lautete, keine Dokumente im vollen Wortlaut zu kopieren. Ich war darüber sehr verärgert und enttäuscht. Meine Verärgerung wurde von nicht wenigen Mitarbeitern des Fonds, die mich aus der gemeinsamen Arbeit gut kannten, geteilt.

Erst auf meinen energischen Protest und mit Unterstützung Georgi Schachnasarows wurden die Beschränkungen etwas gelockert. Ich durfte fünfzig bis sechzig Seiten kopieren, aber nach wie vor keine Dokumente im vollen Wortlaut. Aus diesen Gründen verfügte ich im März 1998 nur über einen Teil des Gesprächsprotokolls Gorbatschow – de Maizière.

Als ich das Interview von de Maizière im *Spiegel* las, verglich ich es mit dem mir vorliegenden Text und meinen Aufzeichnungen. Mir lag zwar nur ein Teil des Protokolls vor, aber ich hatte den vollen Text in Moskau gelesen und umfangreiche Notizen angefertigt. Ich war überzeugt, dass beide Gesprächspartner die Eigentumsverhältnisse in der DDR nicht angesprochen hatten. Um ganz sicher zu gehen, rief ich Schachnasarow, früher Berater Gorbatschows, an und bat ihn, die mir noch fehlenden Seiten nach einem Hinweis auf die Diskussion über die offenen Eigentumsverhältnisse in der DDR durchzusehen.

Nach wenigen Stunden rief er zurück und bestätigte meinen Verdacht, dass weder Gorbatschow noch de Maizière das Thema der Eigentumsverhältnisse in der DDR angesprochen hätten. Er war so freundlich, mir die fehlenden Seiten zu übermitteln.

In der Antwort Gorbatschows auf die Diskussionen nach

seinem Auftritt am 1. März 1998 in Berlin, die der *Spiegel* ebenfalls veröffentlichte, gibt er eine kurze Darstellung der mit de Maizière besprochenen Fragen. Gorbatschow stellt darin fest: »Mit keinem Wort, mit keiner Andeutung wird das Thema erwähnt, auf das de Maizière nun anspielt.«

Ob es nun jemanden gefällt oder nicht: Die bisher bekannte Aktenlage ist eindeutig. Die Frage der Eigentumsverhältnisse in der DDR ist in diesem Gespräch *nicht* behandelt worden.

Nach der Antwort Gorbatschows im *Spiegel* hoffte ich, dass de Maizière seine Darstellung überprüfen und korrigieren würde. Als er am 12. Oktober 1998 auf Einladung des Verbandes für Internationale Politik und Völkerrecht in Berlin einen Vortrag hielt, wollte ich ihm zu den Eigentumsfragen eine Frage stellen. Mir kam jedoch ein Teilnehmer zuvor, und zu meiner großen Überraschung trug Herr de Maizière seine bekannte Darstellung des Gesprächs mit Gorbatschow vor. Seine Spitzen über die Vergesslichkeit Gorbatschows wurden von den Teilnehmern mit Zustimmung und Beifall bedacht.

Ich stand vor der Frage zu schweigen oder die Dinge richtig zu stellen und entschied mich für das Erstere. Ich hatte zuvor an anderer Stelle bereits schlechte Erfahrungen gesammelt, als ich versuchte, die damaligen Gespräche etwas differenzierter darzustellen. Ich hatte den Eindruck, dass man mir überhaupt nicht richtig zugehört hatte – als ob man befürchte, dass meine Äußerungen den Alteigentümern neue Nahrung geben könnte, weil ich angeblich die juristischen Aspekte unterschätzen würde.

Ich war mir auch nicht darüber im Klaren, ob de Maizière die politische Tragweite seiner Äußerungen richtig einschätzte.

So sprach ich ihn erst nach dem Vortrag an und erkundigte mich zunächst vorsichtig, ob er inzwischen das Stenogramm seines Gesprächs besitze.

Er erzählte mir, dass sich die Niederschrift des Gesprächs im Archiv in Koblenz befinde, die zwei Schriftführer aber seine Version bestätigt hätten. Ich hatte ihm nicht erzählt, dass ich mit einem der angeblichen Schriftführer bereits gesprochen hatte, der mir bestätigte, dass die Eigentumsfragen mit Gorbatschow nicht besprochen wurden. Er konnte sich auch nicht daran erinnern, dass Lothar de Maizière ihn später zum Gesprächsverlauf befragt hätte.

Als ich ihm nun behutsam zu erklären versuchte, dass ich das Gesprächsprotokoll gelesen, aber seine Version nicht bestätigt gefunden hätte, weil weder von ihm noch von Gorbatschow die Eigentumsfragen angesprochen worden seien, schaute er mich etwas ungläubig an und bemerkte lakonisch, dann lügen die Sowjets und haben die entsprechenden Aussagen im Text gestrichen. Damit wandte er sich ab und ließ mich verdutzt stehen.

Ich habe während meiner diplomatischen Tätigkeit in Berlin und im Ausland unzählige Aufzeichnungen oder Protokolle über Gespräche, auch solcher auf höchster Ebene anfertigen müssen. Es verstand sich von selbst, so genau wie nur möglich die Aussagen der Gesprächspartner, einschließlich der kleinsten Nuancen festzuhalten. Nach 1990 hatte ich die Möglichkeit, meine Aufzeichnungen mit den sowjetischen Aufzeichnungen über dieselben Gespräche zu vergleichen. Dabei musste ich feststellen, dass die sowjetische Seite meistens Wortprotokolle angefertigt hatte, die den Gesprächsverlauf exakt wiedergaben. In keinem einzigen Fall wurden unangenehme Fragen weggelassen oder gar gestrichen. Das trifft sicher auch auf das Protokoll über das Gespräch zwischen Gorbatschow und de Maizière zu, in das ich einsehen konnte, bevor die Eigentumsfragen überhaupt in der Öffentlichkeit diskutiert wurden.

In dem erwähnten *Spiegel*-Interview mit de Maizière unterstellt er Gorbatschow auch andere Äußerungen, die dieser nachweislich nicht gesagt hat. Die Behauptung, Gorbatschow habe deutlich gemacht, »dass die Sowjets nicht wollen, dass die Handlungen, die sie als Besatzungsmacht durchgeführt haben, ihre Tribunale, ihre Deportationen, ihr Kunstraub, ihre Enteignungen einer deutschen Überprüfung unterworfen werden«, ist in den Akten nicht zu finden und wie ich annehmen muss, offenbar frei erfunden.

Es ist nicht meine Aufgabe, über die Beweggründe von Lothar de Maizière zu spekulieren oder gar zu richten. Trotz unserer nicht ganz unproblematischen Beziehungen verhielt ich mich zu seiner Tätigkeit an der Spitze der Regierung mit Achtung und Respekt. Doch seine öffentliche Auseinandersetzung mit Gorbatschow, die eindeutig den Fakten widersprach, rufen bei mir manche Fragen hervor. Ich empfand seine Angriffe als unbegründet, emotional völlig überzogen, enttäuschend und vor allem für die Betroffenen wenig hilfreich, zumal sie von den eigentlichen Fragen und Problemen ablenkte.

Nach Abschluss des Zwei-plus-Vier-Abkommens wurde heftige Kritik an den Bonner Verhandlungsführern geübt, weil diese erklärt hätten, die Sowjetunion hätte ihre Forderung nach Unumkehrbarkeit der Enteignungen von 1945 bis 1949 zur Vorbedingung für die Vereinigung der beiden deutschen Staaten gemacht. Einige der Alteigentümer behaupteten daraufhin, dass es eine solche sowjetische Vorbedingung nicht gegeben habe. Ich habe versucht zu zeigen, dass die Sowjetunion von Anfang an unmissverständlich und nachdrücklich die Unumkehrbarkeit ihrer Maßnahmen zur Entnazifizierung, Entmilitarisierung und Demokratisierung, einschließlich der offenen Vermögensfragen gefordert hatte. Dieser Forderung trugen beide deutschen Regierungen mit der Gemeinsamen Erklärung vom 15. Juni 1990 Rechnung.

Bei großem Wohlwollen kann man die sowjetische Forderung nach Anerkennung ihrer Maßnahmen zur Entnazifizierung, Entmilitarisierung und Demokratisierung als eine Vorbedingung verstehen. Ein Ultimatum war es sicher nicht. Angesichts der desolaten politischen und wirtschaftlichen Situation in der Sowjetunion brauchten Gorbatschow und Schewardnadse ein Verhandlungsergebnis, das auf die sowjetische Öffentlichkeit beruhigend wirken würde. Allerdings kann man darüber streiten, ob Gorbatschow und Schewardnadse die Verhandlungen hätten scheitern lassen, wenn die Bundesrepublik den sowjetischen Forderungen nicht nachgekommen wäre. Nach meiner festen Überzeugung wäre die Vereinigung nicht gescheitert, wenn die Bundesrepublik und ihre westlichen Verbündeten einer solchen Regelung nicht zugestimmt hätten. Es gibt im gesamten Verhandlungsprozess nicht einen einzigen Hinweis, dass diese Forderung für die Sowjetunion unumstößlich gewesen wäre. Außerdem darf man nicht vergessen, dass die Bundesregierung und die Regierung der DDR mit der Gemeinsamen Erklärung vom 15. Juni 1990 und dem Einigungsvertrag bereits unumstößliche Tatsachen geschaffen hatten, auf die sich die Sowjetunion hätte beziehen können. Der Zwei-plus-Vier-Vertrag ist nur noch eine zusätzliche völkerrechtliche Bekräftigung.

Ich darf in diesem Zusammenhang daran erinnern, dass die Sowjetunion lange Zeit gefordert hatte, dass das vereinigte Deutschland nicht Mitglied der NATO sein dürfe. Unter Hinweis auf die Erwartungen der sowjetischen Bürger und der Öffentlichkeit hatte Gorbatschow sogar erklärt, dass es sonst keine abschließende Regelung für Deutschland geben würde. Trotzdem knickte er im Kaukasus schließlich ein und stimmte der Mitgliedschaft Deutschlands in der NATO zu. Ähnlich hätte er sich auch im Falle einer Verweigerung des Restitutionsverbots durch die Bundesregierung verhalten.

An dieser Stelle brechen die Aufzeichnungen von Gerd König ab. Krankheit und Tod ließen ihm nicht die erforderliche Zeit, seine Erinnerungen zum Abschluss zu bringen.

Botschafter König setzte seine Arbeit in Moskau noch bis September 1990 fort. Unmittelbar vor dem Abschluss der Zwei-plus-Vier-Verhandlungen in Moskau beendete er seine Mission und kehrte nach Berlin zurück. Die Botschaft der DDR in der UdSSR wurde, wie alle diplomatischen Vertretungen der DDR, am 2. Oktober 1990 geschlossen.